J.S.Mill's Views on Socialism
―Ethics and Science in the Theory of the Economic System―

J.S.ミルの社会主義論
体制論の倫理と科学

Yasui Shunichi
安井俊一

御茶の水書房

はじめに

　本書は、ミル（John Stuart Mill, 1806-73）が生涯問い続けた経済体制の問題に焦点をあてて、ミルの社会思想をミルの思想形成と思想的特質から捉え、ミルの真意を探ることを目的とする。それは同時に、ミルの社会主義論に関するミル研究者の解釈の隔たりを狭める試みでもある。ミルは早熟の思想家で膨大な学殖の持ち主であるとともに、人間の思考や思想体系における「半面の真理（the half truths）」や「多面性（many-sidedness）」を重視し、異質な思想を吸収してその調和を図る点で幅広くスケールの大きな思想家である。しかしミルの思想の多様性とミルの思想表現の両義性は、ミルの思想に関する研究者の見解を分けることになった。なかでもミルの社会主義論は研究者の間に議論が多く、ミルが述べることのなかった執筆の意図とミルの叙述の背後にある哲学を解明することなしには、ミルの思想を誤解する恐れのあることが問題を複雑にしている。

　研究者がミルの思想を誤解しているのではないかという疑問に関する直接の解明は第3章以降において扱われるが、本書全体がこの解明に関連し、第1・2章はそのための予備的考察である。第1章（若きミルの思想形成）から第5章（遺稿「社会主義論」の再検討）まで、なぜ研究者のミル解釈に誤解が生じているのか、そしてもし誤解が解かれるならばミルの社会思想をいかに理解すべきか、本書はミルの思想形成と方法論からの検討である。

　ミルの思想の解釈について、彼の思想が両義性（ambivalence）を許容している（Berlin 1969）のか、あるいは首尾一貫した一元的な思想である（Ryan 1987）のか、未だ決着をみない哲学的な議論がある（J. Gray, G. W. Smith 1991, 3-5/ 8-10頁）。ミルの社会主義論も、ミルがいかなる経済体制を志向していたのかについて、ミル研究者の間の解釈の相違は決着せずに放置されたままである。

i

バーリンとライアンが対立するミルの思想における両義性と首尾一貫性の問題について、筆者はミルの社会主義論に関しては両義性を含意したまま首尾一貫しており、それが多様性を重視するミルの思想的特質であると理解する。ミルは『ミル自伝』(1873, 以下『自伝』と略す）で自ら思想形成の第2期（1826-40）と呼ぶ時期に、ベンサム（Jeremy Bentham, 1748-1832）やジェイムズ・ミル（James Mill, 1773-1836, 以下、ジェイムズあるいは父ミルという）の思想であるベンサム主義の立場にのみ軸足を置く世界観からの脱却を図り、ベンサム主義とは異質なさまざまな思想に関心を寄せ多様な思想を学んだ。ミルはこれらの思想を吸収する過程で、功利主義を思想の中心に据えながらも、啓蒙思想とロマン主義、自由主義と社会主義、個人主義と社会主義など対立する思想の調和を図った。この結果、社会制度における競争と協同、方法論における帰納法と演繹法、普遍主義と歴史主義あるいはエソロジー（ethology, 性格形成の科学）ないしポリティカル・エソロジー（国民性の科学）、哲学における自由と必然など、ミルの思想の中で対立する重要な概念が共存して残されることになった。だがミルは1840年頃から異質な思想をミルなりに整理するため、1830年頃着手し10余年かけて完成した主著『論理学体系』(1843, 以下『論理学』と略す）において、方法論的な基礎を固めて自分の思想的立場を確立していったのであった。それゆえ、ミルの思想的特質や思想の全体像を捉えるためには、ミルの方法論からミルの思想の両義性を解釈することが求められるのである。

　問題は、ミルの思想体系の中でミルが自分の思想として両義性を許容したのか、あるいはそれがミルの意図しない整合性なき矛盾なのかを見極めることが重要なのである。著者はミルの社会主義論の思想は体制論の倫理と科学の調和を図る思想として、あくまでも首尾一貫していると解釈する。ミルは私有制（資本主義）の改善と共産主義の理想の追求を両極として、「功利の原理」を究極目的として体制論の科学的な検討を目指しており、ミルの思想においては、時代環境や国民性、および人民の知的道徳的水準の違いによって異なる経済体制がありうる。ミルの社会主義論において結論が未解決のままであるのは、ミルが問題の解決を放棄したのではなく、ミルが両体制の範囲でさまざまな体制の可能性をみているからであるとみられ、そこには両義性を許容しつつ一貫性

がみられるのである。

　ところがミルの社会主義論の解釈で、問題を複雑にしているのは、ミルの思想とは隔たりのあるハリエット・テイラー・ミル夫人（Harriet Taylor Mill, 1807-58, 以下ハリエットという）の所説がミルの思想と混在して『経済学原理』（1848-71, *Collected Works of John Stuart Mill*, University of Toronto Press, Ⅱ, Ⅲ、以下 *CW*Ⅱ、*CW*Ⅲと略す）の第4編「労働階級の将来の見通しについて」（*CW*Ⅲ、以下「将来の見通し」の章という）に存在することである。ミルが『自伝』で「将来の見通し」の章が「全面的に彼女の恩恵を受けている（"entirely due to her", Ibid. 255/ 343頁）」と述べているために、この章が彼女の影響の下にミルが同意したことを前提に叙述されたものとして理解されるのである。しかもミルは『自伝』で「将来の見通し」（第3版、1852）の改訂の意義を強調しているために、多くの研究者の間で、「将来の見通し」の章が重視されることになった。

　例えば、イギリスにおける社会主義の歴史を見事に描いた名著といわれるマックス・ベア『イギリス社会主義史』においては、ミルの社会主義論について「将来の見通し」の章がミルの社会主義論を代表する著述であり、この章がミルの社会主義への探究の軌跡を示すものと理解されている（Beer 1921, vol. 2, 187-189/ (3) 275-278頁）。またシュンペーターも『経済分析の歴史』で「将来の見通し」の章をミルの社会主義論の最終的な立場であると解釈している（Schumpeter 1954, 531, 532/ (中) 288-290頁）。

　しかしながら、ミルの社会主義論は「将来の見通し」の章に止まらず、『経済学原理』第2編第1章「所有論」（*CW*Ⅱ）と遺稿「社会主義論集」（1879, *CW*Ⅴ、以下「遺稿」という）で展開されており、「将来の見通し」の章は「所有論」および「遺稿」とは読者に異なる印象を与えている。「所有論」と「遺稿」においては、体制についての結論は未決のまま、資本主義と社会主義の両体制を視野において検討するという比較体制論によって原理的に同一の主張がなされているのに対し、「将来の見通し」の章では「労働者アソシエーション」への体制移行が主張されているため、二つの異なる主張の整合性が問題とされるのである。

　筆者は、ミル研究を続けながら「所有論」と「将来の見通し」の章の矛盾に

納得がいかず、ミルの社会主義論における異なる主張の存在は、単にミルの思想の両義性の問題とは片づけられない矛盾であると感じていた。この疑問に対して、「J. S. ミルとハリエット・テイラー」（山下 1999, 2000 年）を執筆した山下教授が、「J. S. ミル研究会」で「ミル研究者はミルに騙されている」といわれた言葉は、この矛盾の解明に関するその後の研究にヒントを与えてくれた。

　この時以来ミルの異なる主張の疑問の謎を解くべく、ミルの社会思想を『論理学』や『自由論』(1859-69) をはじめとするミルの主要著作から読解できるミルの思想との関連を探ることに努めた。そしてこの課題の探究のためには、ミルの思想全体の把握が重要であるとともに、ミルの思想的動機を形成する家庭環境、すなわちミルの両親とミルの妻ハリエットとの関係が異常であり、この異常性がミルの知性史に深く関係しているという思いを強めた。

　著者は、本書第 3 章「ミルの社会主義論とハリエット・テイラー」を 2003 年『三田学会雑誌』に投稿し、この論文で「将来の見通し」の章におけるミルの思想と異質なハリエットの思想が混在していることが、研究者に誤解を招いていると述べた。この拙論に対する批評の中に、「ミルとハリエットの思想の異質性は理解できるとしても、ミルの名前で出版している「将来の見通し」の章（第 3 版）における異なる思想をミルが合意していないなどとなぜいえるのか？」という至極もっともな疑問が寄せられた。この疑問に答えるためには、ミルが自分の思想を変更せずに保持しつつ、妻の異質な思想を自分の思想として著書の中に挿入するという、通常の研究活動では考えにくいミルとハリエットの特殊な関係を明らかにすることが求められた。だがこの点を解明しようとしても、『経済学原理』初版 (1848) から第 3 版 (1952) への改訂時の二人の往復書簡のうち、ミルのハリエット宛書簡に対する妻の返信の書簡が残されていないため、本件に関する彼女からミルへの意思表示は確認することができない。しかしながら、ミルのハリエット宛書簡、ミルの両親と妻との関係がミルに与える精神状況の変化に関するベインやボーチャードによる解明、ジェイコブズによるハリエット研究 (Jacobs 1998) などを総合的に判断するとともに、ミルの社会主義論をミルの方法論とミルの思想的特質から捉えることによって、第 3 版に混在している妻の思想はミルの思想を正しく理解する上で誤解を招くこ

はじめに

とが明らかにされたと思われる。

　トロント大学版『ミル著作集』全33巻が1991年に完成して以来、ミル研究の動向は、ミルの思想の全体像の把握を志向している。だが、これまでのところその試みは片寄りをみせており、十分とはいえないことはキャパルディによって指摘されている（Capaldi 2004, xi）。ミルの思想の中で、特に方法論を重視する馬渡教授の研究には大いに啓発されたが、ミルの社会主義論を方法論から読み解く試みは部分的にはあっても本格的にはなされているとは思われない。また、ミルが言及していないために、オウエンやサン・シモン主義よりミルと共通する主張が多いとみられるウィリアム・トンプソンとミルとの関係が研究者の間で看過されるのも、ミルの叙述からの解釈に囚われていることが禍していると思われる。更にミルに与えた影響についてのミルの叙述がないために、注目されないのがミルとフィヒテの関係である。父の精神的呪縛から思想的に解放されるヒントになった思想が自由意志論である（キャパルディ）なら、啓蒙主義の欠陥をロマン主義で補い、自由と必然の相克の悩みを自由意志論にヒントをえて自由論と決定論との調和を図るフィヒテは若きミルの思想形成の核心部分で類似性がある（本書 第2章 第3-1節）。だがミルは「実践の論理（アートと科学）」を述べる『論理学』第6編最終章で「ドイツの形而上学者から実践理性の名称を借りる」とだけ述べるに止め、その哲学者の名前を挙げない。『論理学』でミルが認識論の立場の異なるカントやフィヒテの名前を明示しないのは理解できないことではない。しかし自分の知性史を回顧する『自伝』において、「感情の陶冶」など精神の危機を脱却する重要な概念についてフィヒテとの関連に何も言及しないのには疑問が残るのである。ミルの社会主義論については、経済学系統の文献にはシュンペーターの解釈が影響していると思われ、どちらかといえば、「将来の見通し」の章を重視する傾向がある。しかしミルの真意を捉えるためには、ミルの体制論を経済思想のみならず哲学、政治思想、社会思想などを含めた、より広い視角からの探究によって解釈の隔たりを縮める試みが要請されるのである。

　以上のような問題意識をもって本書は次の章別に編成される。
第1章　若きミルの思想形成

v

ミルの幼少時の家庭環境と厳父による英才教育がミルの父への精神的依存を強めたことを示し、ミルの精神的成長の第3期にあたる1840年までの社会思想の基礎をつくる思想形成を概観する。第1章第7節（ハリエットの影響に関する予備的考察）は、ミル解釈の対立のもととなっているミルのハリエットに対する精神的依存に焦点があてられる。

第2章　ミルの社会主義論の形成

ミルの所有と制度に対する問題関心に基づいて、ミルが18歳の時のオウエン主義者との討論から「遺稿」に至るまでのミルの社会主義論の形成を概観する。本章の中で、第3節「ミルとウィリアム・トンプソン——ミルに対するオウエン主義の影響を探る」は『J. S. ミルとヴィクトリア時代の思潮』(2013)の中の「オウエン、トンプソン、J. S. ミル——ヴィクトリア時代のアソシエーション論」と内容的にはほぼ同一である。ミルの社会主義論に与えたサン・シモンの影響が『自伝』でミルのいうほどでないとみられる一方で、トンプソンの刺激が大きかったことが判明したことは本研究の収穫の一つであった。ミルは既存の体制を批判する社会主義者の主張に共感を覚えながら、体制論に倫理と科学の調和を図るミルの方法論から独自の社会主義論を展開する多様性が示される。

第3章　ミルの社会主義論とハリエット・テイラー

「将来の見通し」の章に、「所有論」や「遺稿」におけるミルの比較体制論とは違うハリエットの体制移行の思想が混在しているために、ミルの社会主義論に誤解を生んでいる。二人の思想は整合せず矛盾するので、二人の思想を峻別した上でミルの思想を読む必要があることを述べる。

第4章　『論理学体系』の方法から『経済学原理』の社会主義論を読む

ミルの「実践の論理（アートと科学）」に従って、『経済学原理』初版から第3版への改訂の推移を読む。ミルの実践の論理の方法を基礎としてミルの体制論における倫理と科学の調和が図られていると思われ、またミルの社会主義論の結論は、功利主義、自由主義、経験主義というミルの思想的特質がみられることを明らかにする。

第5章　遺稿「社会主義論」の再検討

はじめに

　ミルの社会主義論に関するシュンペーター以降、最近までの研究動向をみた上で「遺稿」を再読する。「遺稿」はミルの社会主義論の最終的な論考であり、人間の所有の観念が歴史的に可変性をもちながら、人間が私的所有にこだわる両義性が述べられ、体制の問題は最大幸福原理を究極のアート（目的）とし、人間の自由と自発性を規準として、常に光のあてられるべき問題であるというミルの主張が述べられる。

第6章　ミルの社会主義論に対する評価とエッカリウス（マルクス）のミル批判

　ミルの社会主義論に対する評価の中でマルクスおよびマルクスが自分の名前を伏せて行ったといわれるエッカリウスのミル批判を中心に検討する。マルクスのミル批判が、経済理論の分野を別とするなら、マルクスの思想的立場からの批判でありミルの思想の内在的な批判ではないことを明らかにする。

第7章　マルクスの批判に対するミルの思想からみた反論

　ミルは恐らく『資本論』やエッカリウスによるミル批判を意識していなかったといわれ、従ってマルクスの批判に対するミルの反論はみられない。しかしマルクスのミル批判はミルの思想の過小評価につながり、ミルの思想研究にとって好ましくない影響がみられる。そこでミルの思想からのマルクスの批判に対する反論を試みる。ミルとマルクスの思想の対比は、シュンペーターのいうようにミルの思想的な特徴を浮き彫りにするのに役立つものである。

第8章　ミルの体制論の倫理と科学

　本書全体の論点をまとめ体系の理解を図るために本稿の主張を要約する。

J. S. ミルの社会主義論

目　次

目　次

はじめに　i

第1章　若きミルの思想形成 ——————————— 3

1．幼少時の家庭環境と父による英才教育　3

2．フランス留学の収穫　28

3．ベンサム主義への傾倒と哲学的急進派による社会活動　31

4．ミルの思想的独立への転機となる精神の危機　42

5．ベンサムとコウルリッジ　50

6．トクヴィルの影響　59

7．ハリエットの影響に関する予備的考察　61

第2章　ミルの社会主義論の形成 ——————————— 81

1．所有と制度に関するミルの問題提起　81

2．ミルとウィリアム・トンプソン
　　——ミルに対するオウエン主義の影響を探る　91

3．ミルとサン・シモン主義——近代思想の危機の表現　112

4．「労働の主張」——ミルの社会主義論の出発点　135

5．「フランス二月革命の擁護」と「ニューマン経済学」
　　——政治思想と経済思想の立場の表明　142

6．『経済学原理』と「遺稿」における
　　社会主義論の概要と問題の所在　150

7．ミルは果たして社会主義者といえるのであろうか？　169

第3章　ミルの社会主義論とハリエット・テイラー ─── 179
はじめに　179
1．ハリエットの影響をめぐる諸見解　181
2．『経済学原理』におけるミルとハリエットの主張の混在　184
3．ミルと異なるハリエットの思想の異質性について　187

第4章　『論理学体系』の方法から『経済学原理』の社会主義論を読む ─── 195
はじめに　195
1．実践の論理（アートと科学）　196
2．「所有論」と「将来の見通し」の章の方法　200
3．「所有論」における第3版の改訂　204
4．「所有論」における哲学的社会主義の評価と批判　206
5．「所有論」における共産主義の検討　210
6．「所有論」の結論とミルの思想的特質　214
7．「将来の見通し」の章における第3版の改訂　216
8．「議会証言」におけるアソシエーションの実験への期待　217
おわりに　221

第5章　遺稿「社会主義論」の再検討 ─── 225
はじめに　225

1．シュンペーター説の検討　227

   2．シュンペーター説と近年の諸論文にみる研究動向　236

   3．「遺稿」の内容の吟味　253

   おわりに　276

第6章　ミルの社会主義論に対する評価と
　　　　エッカリウス（マルクス）のミル批判 ──────── 281

   1．ミルの社会主義論に対するさまざまな評価について　281

   2．マルクスのミル批判　286

   3．エッカリウスのミル批判　291

第7章　マルクスの批判に対するミルの
　　　　思想からみた反論 ───────────────── 305

   1．マルクスのミル批判の要旨　305

   2．先行研究における共通の解釈　306

   3．マルクスによるミルの経済学批判に対するミルの
　　　思想からみた反論　309

   4．マルクスによるミルの方法論批判に対するミルの
　　　思想からみた反論　311

   5．マルクスによるミルの歴史観批判に対するミルの
　　　思想からみた反論　315

   おわりに　321

第8章　ミルの体制論の倫理と科学 ─────────── 327

あとがき　349

参考・引用文献　351

人名索引　383

J. S. ミルの社会主義論

―― 体制論の倫理と科学 ――

第 1 章　若きミルの思想形成

1．幼少時の家庭環境と父による英才教育

(1) 時代を反映するミルの思想の変化

　自由な人民の支配を目指すアメリカの独立革命（1776）とフランス革命（1789）という二つの市民革命を経た後、ミルが活躍した 1830 年代から 1870 年代に至るヴィクトリア時代のイギリスは、前世紀後半からの技術革新を基礎とする経済発展の波にのって工業化が進み、産業資本家を中核とする資本主義体制が確立した時代であった。1815 年にナポレオン戦争が終結した後、イギリス社会は工業化の影響が広がるが、急速な工業化に伴う体制の変化はイギリスに社会的な対立と混乱をもたらす。1820 年代末には、労働階級の失業と貧困の克服を目指すオウエン主義者の活動により、協同組合がイギリス各地で設立され、また労働組合も活動を開始する。ミルは 1832 年の選挙法改正に不満をもつ労働者による 30 年代末からのチャーティスト運動と 1848 年フランス二月革命の一連の労働運動を体験した。

　ミルの社会思想の展開は世界の工場として繁栄したイギリスの経済発展とその矛盾という光と影を反映している。この時代を思想的にみると、自由・平等・友愛というスローガンを掲げた市民革命が、真の人民解放には程遠いという人々の幻滅は、市民革命の指導原理の背景にある啓蒙思想の批判を招く。ミルはイギリスの経済繁栄をもたらした資本主義の背景にある啓蒙思想と、啓蒙思想を批判する新しい思想の対比を「18 世紀と 19 世紀の闘い」として捉える。ミルは啓蒙思想を新しい思想で置き換えるのではなく、功利主義とロマン主義、そして自由主義と社会主義が一つの思想体系の中で両立可能なものと考えてこれらの思想の和解を図ったのであった。ミルは私有財産制度（以下私有制という）と憲法の枠内で社会改革を目指すベンサム主義に基づく父ミルの徹底した

教育を受けながら、オウエン主義のアソシエーションの思想に刺激を受け、20代の若い時から所有と制度の問題に関心を抱いた。ミルは1830年代にサン・シモン派との交流を通じて社会主義に関する理解を深め、『論理学』(1843) で自らの方法論を確立した後、「労働の主張」(1845) を出発点として社会主義論を展開する。ミルにとって二月革命は思想の転機となった。ミルはこの時代の不可避的な傾向によって、社会主義の含む諸問題がたえず次第に社会の前面に引き出されるに違いないという確信を強めたのであった (Helen Taylor, 1831-1907、ハリエットの前夫の娘、以下ヘレンという CWV 705/391 頁)。ミルは『共産党宣言』が出版された年と同じ1848年に『経済学原理』初版を出版する。しかし、『経済学原理』初版の原稿は二月革命以前に執筆され、体制の問題の緊急性や社会改革の意義などの表現が不十分であった (CWI 239-241/332-334 頁)。しかも、『経済学原理』に対する『ノース・アメリカン・レヴュー』の書評は、ミルが反社会主義的な思想の持ち主であるように誤解していた ($CWXIII$, 740, 741)。これは所有と制度の問題を真剣に考えていたミルの問題意識に反する。ミルはハリエットと議論を重ね、彼女の要求を聞き入れた上でこの修正を図ったのが『経済学原理』第3版の改訂である。

　一方1851年のロンドン万国博覧会から、73年の大不況までの時期に、イギリス経済は農工業ともに安定的に成長し、60年代の中頃からは、労働者の実質賃金も上昇している (村岡1999年、169頁)。『経済学原理』におけるミルの社会主義論は、第3版の改訂にもかかわらず、ヴィクトリア時代の経済繁栄の実態を目の当たりにしたミルがイギリス経済の前途に自信を深め、社会主義者の体制のヴィジョンと私有制 (資本主義) の利点の片方を排除することなく両体制を公平な眼でみることを意識して議論が展開されている。

　しかし1864年にロンドンで結成された「国際労働者協会 (Assoziation Internationale des Travailleurs、以下第一インターナショナルという)」はミルの社会思想に大きな衝撃を与えた。ミルは第一インターナショナルの結成を最初は歓迎しその動向を注目する。しかし彼らの思想と動向が次第に分かるようになると、社会主義の中でも共産主義を目指して革命的に体制変革を図る主として「大陸の社会主義者達」[1] の一部にみられる過激な思想に対してミルは、人

間の自由を脅かす危険性があるという懸念を強め、これを社会主義論の考察から除外するのである。このような経緯のもとに1869年頃執筆されたのが「遺稿」である。ミルの社会主義論は原理的には一貫性がみられるものの、「将来の見通し」の章（第3版）と「遺稿」の間に異なる印象がみられるのは、ハリエットの影響による印象を除くと、1850年代はじめから1860年代に至る時代の変化を反映しているものと思われる。以下、時代の推移に従ってミルの思想形成をたどることにしたい。

(2) ミルの両親と家庭の不和

ミルは1806年5月20日ジェイムズ・ミル（James Mill, 1773-1836）と母ハリエット・バロウ・ミル（Harriet Burrow Mill, 1782-1854、ミルの妻ハリエットと同名のため、以下母ハリエットという）との間にロンドンで生まれた。兄弟姉妹は全部で9人と多くミルは四男五女の長兄である。

ジェイムズは1773年、スコットランド北部のアンガス州ノースウォーター・ブリッジで靴屋兼農業を営むジェイムズと農夫の娘イザベルとの長男として生まれた。彼の抜群の才能は、ジェイムズの生家の近くに住んでいたスコットランド財務裁判所判事ジョン・ステュアート卿（1744-1813）夫妻の目にとまり、ステュアート夫人が共同で創設した奨学金で彼は1790年エディンバラ大学に入学する。ジェイムズは普通課程ではギリシャ語、ラテン語、論理学、ギリシャ哲学などを履修し、神学部では神学、教会史、ヘブライ語などを学んだほか、ヒューム、スミス、ファーガスン、トマス・リードなどの著書を読み、デュガルド・ステュアートの講義に出席している（Bain 1882, 13-19、小泉1997年、3、4頁）。

ジェイムズは1798年にスコットランド長老派のキリスト教伝道者の資格を取得したがその職には就かなかった。彼が伝道者の資格を取得しながらその道を選ばなかったのは、教会の堕落と悪に満ちた現実の世界を知り「道徳の最大の敵である宗教」がこの世を救えるわけがないと自覚したことによるとミルはいう（*CW* Ⅰ 7/36頁、43/82、83頁）。ジェイムズは1805年にハリエット・バロウ（Harriet Burrow）と結婚し翌年ミルが生まれた。ミルの名前ジョン・ステ

ュアートは父ミルの恩人の名前にちなんでつけたとみられる（山下1997年、11頁）。

　ミルの両親は子宝に恵まれたが夫婦仲は円満ではなかった。両親の不仲の原因についてはさまざまな視点から分析されている。それらを要約するとジェイムズ独自の女性観に基づく妻への過度の期待と幻滅、彼の個性の強い性格、そして子沢山による生活苦など複数の要因が重なって普通の明るい家庭を築けなかったとされる。

　キリスト教の伝道者として歩む道を棄てたジェイムズは1802年に下院議員となったジョン・ステュアート卿とともにロンドンに出て居を定める。1819年に東インド会社に就職するまでは著述以外の生活手段をもっていなかったジェイムズ（CWⅠ6/36頁）は1803年に創刊された『リテラリィ・ジャーナル』の主筆として編集の任にあたり、また『セント・ジェイムズ・クロニクル』の主筆もかねて旺盛なジャーナリズム活動を行った（山下1997年、32, 33頁）。ジェイムズは文筆業に従事しながら恋に陥る。その恋は、彼がジョン・ステュアート卿の一人娘ヴィルヘルミナ[2]への初恋に破れてから十余年を経てのことであった。彼はロンドンに出て間もなく知り合いになったバロウ夫人（Mrs. Burrow）の家をしばしば訪ねるようになる。バロウ夫人は精神病院を経営していた美しい女性で二人の息子と三人の可愛い娘がいた。32歳のジェイムズは9歳年下の長女ハリエットと結婚する。彼女は活発で魅力的であったが、社交好きで衣装など外見にこだわる女性であった。彼女は自分の性格には合わない地味な文筆家ジェイムズとの生活に違和感を覚えたにもかかわらず、親切で義務感が強くよき主婦となる素質をもっていた（Borchard 1957, 5, 6）。ボーチャードは、彼女がジェイムズとの間に円満な関係が築けなかった理由を次のように述べる。

　ジェイムズは母の強烈な個性とヴィルヘルミナの感じやすい知性に慣れ親しんでおり、愚か者を容赦しない男だった。思いやりや親密な交わりは夫婦の間に育たなかった。しかしジェイムズ夫妻は不仲でありながら9人の子供を産んだ。可愛いハリエット・バロウはまもなく愚かで常にあくせく働く主婦

になった。彼女はおしゃべりの相手がいれば夢中になり、今なお容貌には大変な気の使いようであった。しかし彼女は短気で皮肉な夫の恐ろしい癇癪の気質におびえる悲惨な生活を強いられた。彼女の幸福はひそかに子供たちに見出す以外になかったに違いない（Ibid. 6）。

パックは父ジェイムズと母ハリエットの夫婦関係についてミルの妹である三女ハリエットが真実に近い事実を語っているとして彼女の書簡を引用している（Packe 1954, 33）。

夫と妻の二人が同じ屋根の下で北と南に離れて暮らしている一例があったのです。私の可愛そうな母親に何の落ち度（fault）もないことは全く確かなことです。結婚後何年かの間、ごくわずかの所得で家族が増えていく中で、女性はドイツの主婦（a German Hausfrau）以外の何になれたのでしょう？　母がどうして父のような心をもった人の「知的な」伴侶になることができたのでしょう？（1873年10月26日付クロンプトン宛書簡）。

また『ジェイムズ・ミル伝』（1882）を書いたベインはミルの両親の結婚を次のように批評している。

ジェイムズは余りに容易に妻が彼の知的な伴侶になるだろうと思ったのである。彼は大勢の家族に囲まれて家の中がどうなるかの見通しもない中で、妻がイギリス人の母親の家庭的な美徳を保つこと以外の何も受け入れようとはしなかった。彼女は家事と子供たちのために一生懸命に尽くし、主人にすべて従った。人が讃える美貌をもちながら結婚後のこの有様では彼女はさぞ悔しかったに違いない。この結婚は夫と妻の双方にとって失望であり幸福ではなかったのである（Bain 1882, 59, 60）。

以上のように、ミルの家庭状況を調査しミルの『伝記』を執筆したボーチャード、パック、ベインの三人とも、ミルの母ハリエットが美貌で家庭的な主婦

であったにもかかわらず、ジェイムズの強い個性と知性的でない女性を軽蔑する独特の女性観から不仲となり、ミルの家庭が平和で幸せな雰囲気ではなかったと伝えている。夫の横暴におびえる母親の気持に子供たちは敏感に反応するのが普通の感覚であろう。ところが、愚かな妻を許さないジェイムズと、癇癪持ちの父におびえる子供たち、このような家庭の不和に対して長男のミルは母親に同情するどころか父親の立場からこの問題を評価している。ミルが両親の不和を母の立場を考慮せずに父の側から評価している事実はミル『自伝初期草稿』の中の「破棄草稿（Rejected Leaves）」から次のように伺うことができる。

　私の母はどんなに好意的にいったとしても子供たちのためにあくせく働いて生涯を送ることしか知らない人でした。彼女は子供たちのためにできることは何でもしてくれたし、優しかったので子供たちも母のことを好きでした。しかし彼女は、子供たちが彼女の個性を愛し尊敬して従うだけの資質は不幸にも持ち合わせておりませんでした。こうして私は愛が不足し（父の）恐怖のある中で育ちました（CW I 612/102 頁、小泉同上 9、10 頁）。

　ミルが母から優しく愛されても母の知性が低いために愛が不足していたとは一体いかなることなのであろうか？　父ミルの短気で皮肉で恐ろしい癇癪の恐怖の環境の下で、ミルの精神は父の教育に依存し知的な女性を敬愛して知的でない女性を軽蔑する父の女性観まで無意識のうちに感じとっていたように思われる。ミルは『自伝』では当時の家庭環境について、苦労した母に対する感謝ではなく、父に対する尊敬と感謝の気持ちを次のように述べる。

　父は諸雑誌への寄稿による以外に収入がなかった境遇の中で結婚し大家族をかかえこんだ。父が長年の執筆だけで全く負債を負わず家族を支えたということだけでも並々ならぬことであった。父はこれほどの重荷を背負いながら『インド史』の計画をたて約 10 年でこれを完成させた。感謝すべきことは、本書の執筆の全期間をつうじてほとんどすべての日々のかなりの部分を父が子供たちへの教育に費やしたことである。長男の私に対して父は自分自身の

考え方に従って最高度の知的教育を与えようと努力して莫大な労力と配慮と忍耐力を注ぎ込んだのである（CW I 7/36, 37頁）。

　怒り易く個性の強い父と両親の不和に心を痛めながら、次節でみるように、ミルは厳父による徹底した幼児教育によって父への精神的依存を強めた。そして特異な女性観を含めた父の社会観や人生哲学はミルの精神の成長に大きな影響をおよぼし、父の死後、父に対する尊敬の念は、1830年代のはじめに知り合った知性あふれる恋人ハリエットへの精神的依存に大きく転化したものとみられるのである。

(3) 父による英才教育の特異性
　3歳にしてギリシャ語を学び7歳にしてプラトンの対話編の最初の6編を原書で読んだというミルの幼児教育は広く知られている。しかしミルの幼児教育の特徴は、教育水準の高さばかりでなく、教育の目的が父とベンサムによる社会改革の継承者を育てるための実験でもあった。ボーチャードは次のように述べる。

　ミルは幼児教育によって、父ミルとその友人で偉大な改革者ベンサムによって動かされる「つくられた理性的な人間（manufactured reasoning man）」を製作するため、その純粋培養の実験台に置かれた。父ミルは息子にイギリスにおける社会改革というライフワークの継承を望んだ（Borchard, 2, 3）。

　ジェイムズがなぜ社会改革をライフワークとして選んだのか、研究者によれば、ジェイムズが社会問題と制度改革に強い関心をもつようになったのは、次のような彼の失恋が原因とされる。
　18世紀後半に始まった産業革命はイギリスに飛躍的な経済発展をもたらしたが、その反面、19世紀前半のイギリスでは政治的、経済的、社会的、思想的、宗教的な均衡がくずれて新旧の価値観が混沌としていた。ジェイムズは1890年17歳の時ステュアート卿夫妻の援助のもとにエディンバラ大学に入学

する。そしてステュアート卿の一人娘ヴィルヘルミナの家庭教師を頼まれ4年ほど彼女を教える。ヴィルヘルミナは知的な魅力をもった女性でありジェイムズは三歳下の彼女に恋のとりこになる。だがジェイムズの初恋は実らず、1897年にヴィルヘルミナは富裕な銀行家ウィリアム・フォーブズ卿の息子と結婚する。ジェイムズはかなわぬ恋の原因を靴屋の息子とステュアート家の貴族の娘の家柄の違いと判断しこの失恋を転機として、価値観が混然としていた歴史的状況のもとでの社会問題と制度改革に強い関心をいだくようになる（Borchard, 4, 5）。キャパルディはジェイムズの失恋による心境の変化を次のようにいう。

それ以降、ジェイムズはイギリスの階級制度の情け容赦のない敵（the implacable enemy）となったのである（Capaldi, 1, 2）。

このジェイムズの階級制度との闘いの思想は、息子のジョンにも受け継がれていくことになる。

1808年35歳のジェイムズは熱狂的にベンサムを慕い、25歳年上のベンサムの弟子となる。温和なベンサムはジェイムズを信頼し学問の分野に止まらず私的にもミル一家に目を掛けた。ベンサムは毎年ミル一家をフォード・アベィ[3]の別荘に招き、ジェイムズの執筆と子供たちの教育を助ける。1814年からミル一家はベンサムの家を借りウェストミンスターのベンサム家のそばに移り住む。一方、ジェイムズもベンサムの思想の全体の理解につとめ「哲学的急進派（The Philosophic Radicals）」の指導的役割をになないベンサム主義に基づく社会改革の実践に携わる。ミルは父親を評して次のようにいう。

父はベンサムの倫理、統治、法律に関する見解全般を徹底的に理解し、何らかの影響力あるイギリス人の中でベンサム主義を主要な部分で採用した最初の人である。このため二人の間には自ずと共感の感情が流れ、その後のベンサムの生涯にわたる親しい仲間としての付き合いが続けられた。ベンサムは父と知り合うまではずっと少数の訪問者しか許さなかったのである（*CW* I 55/92頁）。

第 1 章　若きミルの思想形成

　ミルに対する幼少からの英才教育が父ミルとベンサムの思想的後継者を養成しようという二人の共同計画であるという証拠として山下は、ジェイムズの1812 年 7 月 28 日付ベンサム宛書簡を示している（山下 1997 年、109 頁）[4]。
　このような父とベンサムの思想的後継者を育成しようというジェイムズのミルに対する幼児教育は父ミルの観念連合説に基づくものであった。ジェイムズの教育理論については次節で扱うが、ミルは『自伝』で次のように述べる。

　　心理学について父の基本的な理論は、あらゆる人間の性格の形成は普遍的な観念連合の法則（the universal Principle of Association）をつうじて形成されるということである。従って父は教育によって人間の知的道徳的状態の無限の改善が可能であると考える。父のすべての理論の中でこの理論ほど重要で強調する必要があるものはないのであるが、不幸にして父の時代からずっと、この理論以上に世間一般の思考傾向に対立するものはないのである（CW I 109-111/161 頁）。

それでは観念連合説に基づいて、父ミルはミルにいかなる教育を授けたのであろうか？
　ジェイムズはミルが生まれた 1806 年に『英領インド史』（1817）の執筆を開始している。幼児教育はジェイムズがインド史を書きながらミルが 3 歳の時から始められた。その教育の様子をミルは次のようにいう。

私は父と同じ机に向かい合って座らされて勉強した。父は一枚一枚ギリシャ語の単語カードの裏に英訳を書いてくれた。当時英語で引くギリシャ語辞典がなかったので、私は知らない単語がでる度に父に質問せざるをえなかった。だが父は短気であったにもかかわらず私のひっきりなしの質問に応じて仕事を中断して教えてくれたし（CW I 9/38 頁）、厳しかったが決して詰め込み教育ではなかった（not an education of cram）（Ibid. 35/55 頁）。

ジェイムズは当時健康上の理由で朝の散歩が欠かせなかったが、ミルはいつ

11

も緑の小道の散歩についていくのが常であった。ミルは散歩の道筋で自発的に前日の勉強の報告をする。父は息子の理解を助け、さらに多くの書物を読ませて口頭で説明させる。そして読んだ書物について議論しながら文明や統治や道徳や「精神の陶冶（mental cultivation）」について説明と考え方を話し、その後にミルが自分の言葉で言い直すことを求めた（Ibid. 11/39, 40 頁）。ミルは父の幼児教育によって読書による学識をえたばかりでなく、自分の頭で考え自分の言葉で表現する思考方法を訓練されたようである。ミルは幼い時から暗記ではなく自ら考えて論理を組み立てるという思想家にとって極めて重要な思考方法の基礎づくりが行われたのである。

　つめこみ教育を避けるジェイムズの方法はこれだけではない。ミルは 8 歳からラテン語を学び始めた。学ぶ方法はミルが妹に教え、妹が習ったことを父に報告する方法である。次々に生徒である弟や妹が増えるのでミルは予習のために相当な時間を費やしたし、弟や妹の学習の責任をもたされたのは大変な苦労であった。しかしミルはこの学習方法によって、教える場合には自分が深く理解しなければならないことや生徒に難しいことを易しく説明して理解させる手法を学んだという。ミルは弟や妹がいかに理解したかによって教師としての成績を父に評価された。ミルは教えることの難しさと、教育は教師による一方交通ではなくて教師と生徒との対話による弁証法が重要であることを体験して学んだ（Ibid. 13/40, 41 頁）。

　ミルがジェイムズによる英才教育で何を学んだかについてミルは『自伝』で詳述している。ミルはギリシャ・ラテンの語学と古典教育を主要内容として、ロバートスン（William Robertson, 1721-93）、ヒューム（David Hume, 1711-76）、ギボン（Edward Gibbon, 1737-94）などをはじめとする膨大な歴史書を読み、初等幾何と代数、微分学ほかの高等数学を学び、物理学、化学など実験科学に興味をもち、論理学と経済学で徹底的に能力の活性化がなされた（Ibid. 9-33/37-74 頁）。

　急進主義者フランシス・プレイス（Francis Place, 1771-1854）は、1817 年にベンサムの別荘で 11 歳のミルに会い、その学才に驚嘆して次のように述べている。

ジョンは全く天才児であり、最も驚くべき子供だ。彼の倫理学、語学、数学、哲学が人間の世界についての一般的な知識と結びついた時には、全く驚くべき人間になるであろう（Graham Wallas 1951, 74, 75.）。

　このようにしてミルは通常の幼児教育の水準をはるかに超えた高度な学問を学び学殖を豊かにした。ミルが受けた英才教育の特徴のうち、ミルの思想形成上、次の三点が重要であると思われる。
　ミルは、幼年期から青年期に至るまでの精神の成長期に、常に父のそばにいることによって、ベンサムなど歴史に残る思想家を含めた一流の人物と親しく交わる機会に恵まれた。ベンサム以外に当時知的刺激を受けた人物として、ミルはリカード（David Ricardo, 1772-1823）、ジョセフ・ヒューム（Joseph Hume, 1777-1855）、ジョージ・グロウト（George Grote, 1794-1871）、ジョン・オースティン（John Austin, 1790-1859）の4人をあげて『自伝』で回顧している[5]。その一方で、ミルは父の教育方針により俗世間の子供たちと接触することを禁じられ、ミルの交友関係は父が認める人たちに限られた。ミルは、街の少年と違ってこのような特異な交友関係に置かれる純粋培養によって、幼少時より知的道徳的水準の高い人物と接触する環境に恵まれて、制度改革に人間性の向上を重視するミルの思想が育まれるとともに、一途で初心な世間知らずのミルが形成されていったのであった。
　ミルが受けた英才教育の二番目の特徴は、ミルがキリスト教をはじめとする宗教を批判しギリシャ哲学を道徳的規範として社会改革を図る父ミルの影響を受けたことである。19世紀初頭のヨーロッパ諸国の教育で宗教色のないのは珍しい。ミルは自分の受けた教育を宗教上の信仰を放棄したのではなくて全くもったことがなかった教育であり、このような実例は極めてまれであったと述べている（Ibid. 45/84頁）。ジェイムズはスコットランド長老派の教義によって教育を受けながら、宗教界への道を捨てて文筆を武器として社会改革を目指すようになった。ミルはジェイムズが宗教を拒否したのは、神の存在の証明とか神による奇跡の論理性などに対する疑問というような知的な理由によるものではない。現実に悪に満ちた世界を創造主が創ったという矛盾を疑わずに信仰を

説く宗教が、人間の道徳の水準を著しく低下させるという信念に基づき、道徳的な理由によるものであるとして、『自伝』で父の宗教観について詳しく解説している[6]。ミルは父の宗教観を継承し、『宗教三論』(1874)の基本的論調は父の影響によるものといわれる（山下1971年、53頁）。

父ミルの宗教批判はギリシャ哲学の「道徳的確信」となって、ミルはギリシャの道徳哲学の教育を受けることになる。ソクラテス（Sōkratēs, 470/469-399 B. C.）を人格的な理想とし、「正義（justice）」と「節制（temperance）」などプラトン（Platōn, 427-347 B. C.）の徳目を父から厳しく教育されたとして、ミルは次のようにいう。

> 宗教とは全く無縁であった父の道徳的確信は、ギリシャの哲学者たちの確信とその特徴を極めて多くもつものであった。私はソクラテスを理想的な卓越性の模範として心に刻み快楽による安易と享楽より美徳による苦役と栄光を選んだヘラクレスの選択が印象づけられたのを覚えている。「正義」と（父が広く適用した）「節制」などプラトンの高貴な道徳的水準に従って生きること、父はこのような道徳を短い言葉で表現し、厳しい勧告と容赦のない叱責と非難の言葉で教育したのである（Ibid. 49/87頁）。

このように宗教を排除しギリシャの道徳哲学を厳しく教えた父ミルの教育によって、ミルは功利主義にギリシャ的な「徳（virtue）」を融合する思想を醸成させていく。ミルに対する父の幼児教育の影響は大きく、社会改革に倫理を重視するミルの思想の基礎には父の教育があったのである。

最後に通常の教育と異なる父ミルの教育の特徴は、ミルが父の『英領インド史』(1818)の校正の仕事を手伝いながら学んだことであった。ジェイムズは1806年頃からインド史の執筆を始め十年余の年月をかけて仕上げた。ミルは次のようにいう。

> 私の仕事は父の校正刷の訂正のために原稿を読むことであった。父の著書は当時の私にとって最高の教えであり、次の二つのことを学んだ。その一つは

インドの社会や文明とイギリスの制度や行政に対する批判や考察による刺激や衝撃であり、もう一つは父の民主主義的急進主義の思想である。私は父のヒンドゥー社会とインド文明に関する研究によって衝動と教示を受け、将来の研究に有益なものを得ることができたと思う（CW I 27-27/51 頁）。

『英領インド史』はミルに初めて異国の文化を詳しく教えた。ミルはその後14歳の時、フランス留学を経験し、また1830年代後半にはトクヴィル（Tocqueville, 1805-59）の『アメリカの民主主義』（1835, 1840）の影響を受けている。ミルはこのように海外の文化に接することによって、国によって異なる国民性の違いを研究することの重要性を認識し、この認識が『論理学』におけるポリティカル・エソロジー（Political Ethology、国民性の科学）の構想の背景にあるものとみられる。

ミルが『英領インド史』から学んだのはインドの異質な文化のほかに、ジェイムズの「民主主義的急進主義（a democratic radicalism）」の思想であった。急進主義はイギリスにおける名誉革命以降の保守化した体制を批判し議会改革を要求する政治思想である。聖職者の道を捨て階級社会を批判する急先鋒に立ったジェイムズは当時の法曹界を始めとする支配層を痛烈に攻撃する。ミルは次のようにいう。

本書は当時極端だとみられた民主主義的急進主義の見解と判断方法で、極めて異例な激しさでイギリスの国制や法律、影響力ある政党や階級を扱っている。父は権力者たちの敵意を高める以外のことを予想することはできなかったであろう（CW I 27-29/51 頁）。

以上述べたような父の英才教育は、ミルに膨大な学識の基礎と幅広く多面的な思考力を養成した。しかしその反面、ベンサムと父ミルの計画による理性的人間を製造する純粋培養の実験的教育は多くの欠陥ももっていた。ミル自身もその欠陥を意識しており『自伝』で自らの教育を分析している。
　先ず父ミルはミルが街の子供の品性に欠ける考えや行動に感染するのを恐れ

て、近所の子供たちと遊ぶことを禁じた。ベンサムやリカードのような立派な人物には会えても近所の子供たちとは交流できなかったのである。従ってミルは遊び仲間がいないし、普通の遊びを知らなかった。ミルには庶民感覚がなくミルの思想はエリート主義だという批判がある。ミルの思想がエリート主義であるかどうかの議論は別として、もしミルの思想にエリート主義的な感覚が感じられるとするなら、それはミルが庶民の遊び相手をもたず庶民の生活を肌で感じることがなかった少年時代の生活も原因の一つにあげられよう。ミルは父が施した教育に感謝するとともに、知育を重視する父の教育の欠陥を次のようにいう。

精力的な両親の子供は両親に依存するので非精力的に育つものである。父の私に対する教育は、知るための訓練には適していたが行うための訓練には適していなかった（CW I 39/59頁）。私に与えられた教育の欠陥は、主として少年たちが自分自身でやりくりするように突き放されたり、大勢が一緒になることから学ぶようなことを学べなかったことである（Ibid./58, 59頁）。

ミルは勉強から解放された時間は大抵ひとりぼっちであったとみられるから、仲間や遊びから興味が湧いて活動することがなく、勉強における関心以外は興味がわかなかったようである。普通の少年が覚える運動もできず、日常生活に重要な実務能力も開発されず、実際上の細かな作業については全く不得手であった。だがミルの思想形成上重要なことは、ミルの特異な英才教育によって、ミルは精力的なジェイムズに依存することに慣れきってしまったことである。ミルは崇拝する父から家族関係と交友関係を管理され、父だけの学習指導で成長した。ミルが成長の過程で身についた精神的な依存体質は1836年にジェイムズが他界した後も変わらず、妻ハリエットへの精神的依存として残されることになるのである。

(4) ジェイムズの教育思想
ミルの制度改革は、後にみるように人間の教育を重視する。制度改革に教育

を重視するミルの思想は、教育によって成しえない精神の形成はほとんどないという父の思想の影響をみることができる。それではこのような人間の教育を重視する思想とはいかなる理論に基づくものなのであろうか？

ジェイムズは『英領インド史』(1818) を刊行した後、「教育論」("An Essay on Education") を執筆しそれを翌年に『大英百科事典』第5巻の補完に発表している。1819年といえば彼が書斎でミルに学問を特訓していた最中であるから、この論文は初期ミルの思想の形成を導いたジェイムズの教育思想を探る最適の資料とみられる。ミル研究に携わるものが彼の著作の随所に「教育論」で述べられる思想と出合うのは、若きミルの思想形成における父の存在がいかに大きく、またミルの哲学思想の基礎に「教育論」があることを示している。殊にミルが父から継承した思想のうちで重要なのは、ジェイムズが「教育論」第2節で述べる教育の目的、すなわち人間の最大幸福のために知的道徳的に精神を陶冶して人間性の向上を図るという思想であり、ミルはこれを社会改革の目標に据えるのであった。功利主義とギリシャ哲学の融和、そして観念連合説による経験主義など若きミルの思想形成に大きな影響を与えることになった父ミルの教育思想をみることにしよう。

ジェイムズの理論は、功利主義に基づき主としてハートリ[9] (David Hartley, 1705-57) の連合心理学と幼児教育を重視するエルヴェシウス (Claude Adrien Helvétius, 1715-71) の教育論を受理したものと思われる。ハートリの観念連合説はジェイムズの主導する哲学的急進派の理論的支柱の一つとなった。そしてジェイムズは息子に対してこの理論に基づく実験を行ったのであった。

「教育論」は序論と4節からなる。ジェイムズは先ず序論で功利主義の立場から教育を定義して次のようにいう。

教育とは精神をできる限り幸福に役立つ原因とならしめるため用いられる手段のことをいう。言い換えれば教育は人間の精神を最大限に幸福の原因とするため、すべての手段を最もよく利用することである (James Mill 1819, 1/15頁)。

ジェイムズはこのように序論で、彼の教育論が功利主義の立場にあることを表明した後で、その教育論が哲学と歩調をあわせて展開すべきことを述べる。その哲学とは、第1節で扱う観念の組み合わせ（the combination of ideas）による精神の理論すなわち「観念連合（association of ideas）の理論」である。ジェイムズは第2節でこの教育の目的の手段となるのに適した資質について述べ、第3節では教育の目的とは何かをいう。最後に第4節では教育の手段と教育が精神に働きかける物理的精神的環境について述べる（Ibid. 2-4/15-19頁）。ジェイムズのここでの主張は人間性の向上のために果たす教育への無限の信頼と幼児教育の重要性である。

　「教育論」の第1節でジェイムズは人間精神の理論について述べ、教育が精神に対していかに重要な役割を果たすのかを次のようにいう。ジェイムズの理論はミルの認識論に対する影響が大きく、ミルが継承した観念連合説を理解する上で重要なので、彼の主張を丁寧にみることにしよう。

　人間本性（human nature）の科学全体は教育学の一部門である。人間精神の知識は真の知識である経験（experience）によるものと仮定的知識である推量（guess）によるものである（Ibid. 5/20, 21頁）。人間精神の経験の知識を総称して感情の知識（a knowledge of feelings）という。それは見る、聞く、味わう、想像する、恐れる、愛する、欲するなど人間が感じる（feel）経験のすべてである（Ibid. 6, 7/21, 22頁）。次に感情（feelings）について何が単純な感じで何が複雑な感じなのであろうか？　哲学者すべてが認めているより単純な感じとみなしているものは、五官（視覚、聴覚、嗅覚、味覚、触覚）に対応してもつ感じ、および感覚の観念（ideas of sense）といわれるこれらの感覚の写しである。感覚の観念は五官に対応してもつ感じに続いてその後にのみ起きる、いわば最初の感じの再生であり印象（impressions）である。これら二つのもの、印象とそれに対応する観念は単純な感じである。これに対して、印象と観念以外に単純な感じがあるかどうかについては哲学者の見解が分かれる。ハートリやコンディヤク（Etienne B. de Condillac, 1715-80）は印象と観念のみが単純な感じであり、その他のものはそれらの複合にすぎな

18

第1章　若きミルの思想形成

いと考える。これに対して、トマス・リード（Thomas Reid, 1710-92）やカント（Immanuel Kant, 1724-1804）は、記憶する、信じる、判断する、空間、時間等、印象と観念以外に、一定の原初的な感じがあると考える（Ibid. 7, 8/23, 24 頁）。

ジェイムズは観念に関する哲学者の二つの異なる立場について述べた後で、彼がハートリやコンディヤクの観念連合説の立場にたつことを明らかにする。ギリシャ哲学に起源がある観念連合の思想は、ある観念から別の観念を連想したり、さまざまな観念が結びついて複雑な観念を形成したりする仕方、あるいは連想や形成の原理である。ジェイムズは観念連合説を教育理論の中核に置いて人間の幸福を目指す教育の効果（effect）について次のようにいう。

それは人間の思考を形成する感情（feelings）における継起（succession）による。人間が狂気や邪悪の感情をもつか、それとも最高の叡智や美徳の感情をもつかの分かれ目が生じるのは、教育が精神の継起に働きかけることによって、ある一定の感情や思考を生ぜしめたり他の感情や思考の生起を抑制せしめることによって起きる。従って、教育論の基礎には感情や思考の中でいかに継起が生起するのかについての知識をもって、人間精神についての分析が正確になされなければならない。人間精神の分析を行うに際し、観念連合説に従えば、複合観念はすべて単純観念から構成され、それは単純観念に分解される。そして複合観念の正しい分解のためには、単純観念からなる感情がいかなる連鎖（train）の構成部分をなし、いかなる順序で継起するかが明らかにされねばならない。それは哲学（心理学）の研究課題であり、観察と証明の忍耐強い努力が必要なのである（Ibid. 8-12/25-30 頁）。

ジェイムズはヒュームと同時代でヒューム以上によい目標を抱いた二人の哲学者としてコンディヤクとハートリをあげる。彼がこの二人を評価するのは、観念連合説を徹底して進めた点にあるものと思われる。しかしジェイムズは、彼が評価する二人のうちハートリの理論を受容する。ミルは『自伝』で、父に

対するハートリの影響が大きく、父はハートリの精神現象を説明する手法をより広くかつ深く適用して『人間精神現象の分析』(Analysis of the Phenomena of the Human Mind, 1829) を著したと述べている (CW I 71/121 頁)。ジェイムズはロックの知識論を受容した上で観念連合の原理によって連合心理学の基礎を築いたハートリの観念連合説を支持して次のようにいう。

コンディヤクの功績は大きい。彼はヒュームの業績に依拠するところがあったとはいえ、人間精神についての哲学全体を包括するものとして単純観念における連鎖を追究するという考えを形成したことは彼の師であるロックとともに、人間精神の進歩に対して恩恵を与えたと評価することができる。しかしながら、コンディヤク以上にハートリは大きな進歩をもたらした。ハートリは精神現象全体を観念連合の原理によって、力強さと賢明さをもって思索を進め、多くの精神現象を明確に説明したことは疑問の余地がない (James 1819, 16, 17/35-37 頁)。精神の性質は観念の連鎖にある。観念の連鎖は感覚 (sensation) から出発するが、繰り返される感覚の集合をできるだけよい連鎖が生じるようにすることによって効果的な教育がなされるべきである。教育の研究は、有効な連鎖を左右するある繰り返しを最も完全な形で作り出すような手段の探究である (Ibid. 17-19/37-39 頁)。

第1節で教育論の基礎に観念連合の原理を置いたジェイムズは、第2節で教育が目指すべき精神の資質は知的道徳的に人間性が向上することであるとして次のようにいう。

最大幸福という目的を目指すための手段となる教育にとって、精神の望ましい資質は知的道徳的に人間性が向上することである。それゆえ、人間の道徳的向上を目指す倫理学 (Ethics) と知性の向上を図る知性の科学 (the science of Intellectuals) は、教育学以前に発達しているのが望ましい (Ibid. 23/46 頁)。

ジェイムズはギリシャ哲学の四元徳 (the four cardinal virtues) の影響のも

とに、教育のために望ましい精神の資質を次のように述べる。

　ソクラテス（Sōkratēs, 470-399 B. C.）は、徳（virtues）を定義し、徳とは人間の固有の能力である魂を優れたものにすることであると説いた。ソクラテスのこの道徳思想を継承したプラトン（Platōn, 427-347 B. C.）は、勇気・節制・正義・知恵といういわゆる四元徳を説き、徳の実現こそが人間の幸福をもたらすものとした。ギリシャの四元徳は人間精神の訓練（陶冶）のために望ましい資質をすべて含むと評価されるのであるが、四元徳の分類があまりにも一般的であるので、それを細分化して次のように分類することにしよう。

　教育の目的は自分自身の幸福と他人の幸福とを最大化するよう個人の精神の資質を開発することである。先ず自分自身の幸福のためには知性（the intelligence）と節制（temperance）の資質を高めることが要求される。知性は知識（knowledge）と賢明さ（sagacity）からなる。知識は幸福の目的のために何が手段となりうるか豊富な素材を示す。他方、賢明さは特定の目的ごとに手段として最適のものを捉えて組み合わせる。このような知識と賢明さとの組み合わせを、多くの観念とそれを絶妙に駆使する力との結合と呼び、これを教育の仕事といいたい（Ibid. 21/42, 43 頁）。知性に対して節制の役割は、幸福の目的のために豊富な知性が最適に組み合わされたとしても、人間の性格の中に幸福の追求と矛盾するものがもしあるとすれば、知性は目的とは異なる誤った方向に生かされる。これを正しい方向に生かすのが節制の役割である。節制を人間の欲望や欲求に対する完全な支配、それらのものが有害な方向に向かうのを抑制する能力、情欲の幻想に対して自分の判断力を保障し、熟慮の結果賛同したものを忍耐強く追究するものとし、この節制こそ最大幸福のための不可欠の要素である（Ibid. 22/43, 44 頁）。

　一方、他の人々を幸福にするために貢献する資質は、正義（Justice）と思いやり（Generosity）である。正義によって他人に及ぼされる害は抑制され、思いやりによって他人に積極的に善が施される。正義と思いやりとは人類の幸福を増すのに適した二つの資質である（Ibid. 23/45 頁）。

21

このようにジェイムズが第2節で述べた教育のための人間精神の資質は、プラトンの四元徳を基礎とした哲学であった。ミルが幼少の時より父から繰り返し聞かされたのはこの哲学であり、ミルは父から大きな影響を受けた（*CW* I 49/87-89頁）。ミルは「教育論」に示された教育思想に従った父の説法によってギリシャ哲学の徳育を観念連合説で基礎づけることを学んだのである。
　第3節（教育の目指すべき目的である幸福）は2頁の短い節であるが、この節でジェイムズは哲学の重要な課題を提起している。
　ジェイムズはこれまでに教育の目指すべき目的は幸福であるといったが、「人間の幸福はどこにあるか？」ということが明らかにされなければ、「精神を幸福の促進にいかに訓練するのがよいのか？」という教育方針が定まらないという。しかしながら、この重要問題は未解決のままであり、それは教育学が未発達で教育理論を基礎づける哲学の水準が低いことも問題を置き去りにしている原因のひとつであるようである。
　ジェイムズは人間の幸福について考察する場合、哲学的に経験論と先験論の二つの立場があるとして次のようにいう。

　経験論は幸福の要因のすべてを単純な感覚に追跡していく方法である。それは、知性の要因のすべてを単純な感覚に追跡するやり方であり、この感覚が観念に移され、その後、さまざまに結合されて人間性のあらゆる知的道徳的現象が構成されると考える人たちの考察である。これは経験論による観念連合説であり、ホッブズ（Thomas Hobbes, 1588-1679）、ロック（John Locke, 1632-1704）、ヒューム（David Hume, 1711-76）、ハートリ、コンディヤクなどの立場である。これに対し、先験論は人間の幸福は、このような肉体のレベルの上を高く舞い上がる知性の中の何かがあると主張する。この知性の中の何かとは、より粗野な感覚の要素には断じて解消されない知的道徳的形式であり人間の欲求の輝くばかりの対象である。この哲学者たちは永遠不変の真理、我々の有限の経験から独立し、真に普遍的な、感覚の助けなしに認識しうる純粋な知性の対象である真理について語る。彼らは全く経験から得られない正邪の観念があると主張し、それはこの世界で人生の幸福と悲惨とを規

制する法から独立している。この立場をとる哲学者はトマス・リードやカントであった（James 1819, 24, 25/47-49 頁）。

このように経験論と先験論を対比させるジェイムズは、彼が経験論による観念連合説の立場にたつことを次の第4節で明らかにする。

第4節のテーマは教育の手段と実務的な方策である。ここでジェイムズは教育に無限の信頼を置くエルヴェシウスの教育理論を高く評価し、環境による人間の性格形成と幼児教育の重要さを説くエルヴェシウスの主張を紹介する。ジェイムズの息子に対する英才教育は、ベンサムとの協議に基づくエルヴェシウスの教育理論に基づく実践であることが理解される。

エルヴェシウスはフランス啓蒙期の唯物論哲学者である。ロックの経験論やコンディヤクの感覚論を学んで唯物論的認識論から出発し、人間の教育の大切さと教育に対する社会環境の重要性を説いた。ジェイムズがハートリの観念連合説を受容しエルヴェシウスの教育理論を高く評価するということは、ジェイムズの哲学的立場が前節で議論した先験論でなく、先験論に対置される経験論であることを意味している。ジェイムズは幼児教育を重視してこれを体系的に扱ったエルヴェシウスの教育理論を絶賛して次のように述べる。

教育の力が人間性の有用な性質に及ぼす問題に関連して、エルヴェシウスほど理論の完成に貢献したものはいない。エルヴェシウスによれば教育の力は限りないものであり、道徳的・知的に粗野な低い段階と、これからの進歩に期待される高度な段階との間の非常に幅広い領域にわたるものである。エルヴェシウスは幼児教育について、自然の手から生まれてきた存在に対し、その心を変え、感情（feelings）の連鎖を教育が行われなかった場合と異なるように働きかけるものすべてを教育に含めるという広く奥深い考察を行った。人間が生まれる最初の瞬間においてさえ及ぼす環境について、また精神に対し永久の資質を刻み込む環境の力の重要性を証明し人類の目を環境にむけさせただけでも、エルヴェシウスの著作は計り知れないほど貴重なものである。幼児教育の重要性に最初に着目したのはルソーであるが、エルヴェシウスは

この問題をはるかに深く体系的に扱った。教育は万能ではないとしても、教育によってなしえないことはほとんどないことは十分に証明されている。人々が教育によって大きな相違が生じることはエルヴェシウスとともに承認されなければならない（Ibid. 25-29/50-55 頁）。

ジェイムズは、第4節でエルヴェシウスの教育理論を中心に議論をした後で、教育によって精神に働きかける物理的・精神的環境について考察する。先ず人間の肉体や精神に影響をおよぼす物理的環境の観察や研究については、これまでは主として医師の治療のために行われてきた。しかしジェイムズは精神現象に対する物理的環境の影響を学術の分野で研究した例外的な医師としてダーウィン（Erasmus Darwin, 1731-1802）とカバニス（Pierre J. G. Cabanis, 1757-1808）をあげる。二人とも医師ではあるが、カバニスは哲学者であるとともに生理的心理学の創始者の一人である。一方のダーウィンは、有名なダーウィンの祖父で、*Zoonomia*（1794-96）で生物進化の思想を表わした博物学者である。ジェイムズは「人間の性格形成（the formation of human character）」に物理的環境がいかなる働きをするかについて、二人の医師の観察と経験から得られた法則性に関する情報を引用しながら議論を進める。病気と健康、食物と労働などの状況変化によって精神現象がいかなる変化をするか、現代の医学、生理学、心理学からみれば、議論の内容の水準は問題外なのであろうが、人間の性格形成を科学的に捉える思想はミルに受け継がれ、後に『論理学』における「エソロジー（Ethology, 性格形成の科学）」の構想となって提示されることになる（Ibid. 30-47/56-78 頁）。

最後に第5節でジェイムズは、教育によって精神に働きかける精神的環境について、家庭教育、技術教育、社会教育、政治教育の四つの教育について議論する。先ず家庭教育について、彼はエルヴェシウスの説く幼児教育がいかに重要であるかを述べる。ジェイムズによれば、人間の基本的な性格は幼児教育によってつくられるのであり、将来の変化がないとはいえないとしても、幼児教育は人間性の法則によって、決定的に将来の精神の陶冶のすべての手段の方向づけの基礎を形成する。人間性の法則はある感覚から他の感覚への繰り返しに

よって人間の精神の最深部にまで浸透する習慣を生み、感覚の連鎖 (sequence) から精神の連鎖 (the mental train) を生む強力な性向を生ぜしめる (Ibid. 48, 49/79, 80 頁)。そして人間の幸福という教育の目的のための手段として、知性、節制および仁愛の徳の資質を開発する幼児教育が個人と人類の幸福を目指す目標の基礎となるというのである (Ibid. 50-54/81-86 頁)。

次に技術教育について、ジェイムズは、教育が幸福のアート (the art of happiness) を伝えることであるなら、それはすべての階級の人々に伝えられなければならない。そのためには、知性、節制、仁愛の三つの徳のうち特に知性の教育を問題にしたいという。なぜなら知性の教育は多方面にわたり、あるものによっては恐ろしく習得に時間を要するからである。ジェイムズはどんな階級のものでも、その資力をこえないような範囲で教育が受けられる大衆教育のためにベンサムが尽力していた「クレストマティア (Chrestomathia)」(ギリシャ語で有益な学習の意味) のような教育制度の普及が望ましいことを訴える (Ibid. 60-63/93-99 頁)。

家庭教育と技術教育が生まれてから生涯続けられる教育であるのに対し、社会教育と政治教育は、人間が成人してから行われる教育である。ジェイムズによれば、社会教育の目的は、個人の思考・行動様式に多大な影響をおよぼす社会が、個人によい方向に働くようにする手段を探り確かめることである。社会から好意的な評価を受けたいという動機は人間性のうちで極めて強い欲望であるから、この強い動機を刺激して思考の連鎖を生じさせ、人間の思考と行動の習慣となすことによって我々が活動している社会に適合した性格を形成することが社会教育の役目である。そして社会教育が効果的に行われるために、社会教育と相互依存の関係にある家庭教育と技術教育との調和を図ることがのぞましいという (Ibid. 69-72/107-110 頁)。

最後にジェイムズは政治教育の重要性について、政治教育は建物のかなめ石であり、建物の全構造の強度はこのもの如何にかかっているという。ここでいう建物とは教育のことであり、これまでに述べた三つの教育がうまく生かされるかどうかは、すべて政治教育に依存する。しかし、ジェイムズはここで政治教育そのものについてはふれず、人間の精神に対する政治機構 (the political machine）の影響が重要であるという。なぜなら、政治機構の働きは、物理的に人間の精神に対して直接かつ異常な強さで作用する。人間の性格といわれる重要な欲望や感情の対象が得られる手段はほとんど政治機構に依存する。例えば政治権力が少数者の手に握られ、国民の利害が疎かとなるような政治、重要な欲望の対象が美徳や才能の報酬とはかけ離れているような社会の場合は、人間の知的道徳的資質を高めることが期待できないどころか、人間の不徳の悪弊がはびこるというのである（Ibid. 72, 73/110-112頁）。

　以上のようなジェイムズの「教育論」を概観することによって、ミルに対する父の英才教育が幼児教育に絶大な信頼を置く教育思想に基づくことが明らかとなった。それは経験論的な連合心理学に基づく教育実験であり、ミルの思想形成に重要な影響を与えた。最後にミルの思想に対する「教育論」の影響を次のようにまとめることにしよう。

　キャパルディはミルに対する「教育論」の意義を、ジェイムズがロックとハートリから受容した認識論[10]の表明にあるとする（Capaldi 2004, 21）。キャパルディがいうように、ジェイムズがカントやトマス・リードの先験論でなく、ロックやハートリの経験主義的な認識論を展開したことは、ミルの認識論にとって極めて重要な意義をもっている。しかしミルの思想形成における「教育論」の意義はこれに止まるものではない。人間の最大幸福という目的を目指す教育にとってのぞましい精神の資質を、ギリシャ哲学の徳（virtue）から考察する道徳哲学、精神現象を物理的・精神的環境から考察する連合心理学とエソロジー（性格形成の科学）の思想、社会主義論において教育による人間性の向上を重視し倫理と科学の調和を目指す思想など多面的な影響がみられるのである。

　先ず認識論については、ジェイムズはロックの知識論を基礎としたハートリの経験主義を継承した。ジェイムズの『人間の精神現象の分析』（1829）は、ハートリの観念連合説に依拠し、精神現象を説明する手法を更に広くかつ深く適用するという目的で、1822年に執筆が開始された。ミルは父の指導のもとに、ハートリ『人間論』（Hartley, *Observations on Man*, 1749）を読み、更に執筆中の父の原稿を読むことを許された。ミルは、ハートリの人間の精神現象の分

析をロックやコンディヤクより本物の精神分析として評価している（*CW* I 71/121頁）。ミル親子は、イギリス経験論を基礎とする観念連合説をハートリ理論から理解し、それを理論的根拠の一つとして哲学的急進派の活動を展開したのであった。

　次に道徳哲学については、ジェイムズが功利主義の立場にあることは、彼が序論と第3節で表明している通りである。ジェイムズは第2節で人間の最大幸福を目指す手段である教育のためのぞましい精神の資質は、知的道徳的に人間性を向上させることであるとして、ギリシャ哲学の四元徳を基礎に彼独自の徳（virtues）の理論を展開する。ジェイムズが、教育の目的は幸福のアート（the art of happiness）を伝えること（James 1819, 60/93頁）と述べ、人間を幸福にする徳について議論したのに対し、ミルは『論理学』の最終章（第6編第12章）で「人生のアートまたは社会のアートの目指す目的（*CW* VIII 950/（6）209）」を議論する。ミルが社会主義論で、体制選択を握る鍵を人間の「自由と自発性を最大限に発揮する」制度であるかどうかとともに、いかなる制度が「人間の性格を最もよく完成する（*CW* II, xciii/（1）27頁）」のに貢献するかを問う。このようにミルは、制度論における知的道徳的な人間性の向上を最も重視し、社会主義論における倫理と科学の調和を図る。それはミルがギリシャ哲学に基づいた「教育論」の思想を継承し、功利主義とギリシャ哲学の道徳論の調和を図ったものとして評価されるのである。

　第三に教育に無限の信頼を置く環境決定論を説くエルヴェシウスの思想は、父を通してミルに継承される。ミルは社会改革のための教育の重要性を生涯にわたって主張したが、同時に人間が知的道徳的に人間性を高めるための教育の性格形成に対する影響を科学的に探る構想を抱いた。ミルが『論理学』第6編で展開した社会科学方法論はコント（Auguste Comte, 1798-1857）の影響を受けている。しかしミルは、コントの骨相学を批判し、コントの主張する社会学に満足せずに、教育が人間の精神形成におよぼす影響の法則性を捉えるため、心理学とともに「エソロジー（性格形成の科学）」を学問として提唱している。ミルのエソロジーの提唱は、ミルの教育重視の思想の表れであり、エルヴェシウスの教育論を継承した父の思想の影響とみられる。

最後に政治機構が人間の精神に物理的に影響を与えるというジェイムズの思想である。彼は人間が知性、節制、仁愛の知的道徳的資質を高めるためには、人間の欲望や感情の対象が得られる手段が依存する政治機構を優れた制度にしなければならないと考える。山下はこのジェイムズの政治機構の主張は、当時のイギリスの政治状況に対する厳しい批判であり、「教育論」の翌年に発表される「統治論」(1820) へと連続していると解釈している（山下、1997年、174頁）。ジェイムズが「教育論」の最後にすべての教育を人間の幸福に生かすことのできる政治制度の確立を主張することは、いかなる政治制度がのぞましいのかを問う「統治論」に直結する。そして、それは息子ミルの制度への問題関心を高めて、政治制度改革を目指す哲学的急進派の活動や社会主義論をはじめとする制度をめぐる議論に展開していったのであった。

2．フランス留学の収穫

　父ミルの英才教育から解放されたフランス留学はミルにとって新しい経験であり、若きミルの思想形成にこれまでとは異なる影響をもたらした。ミルは1820年5月から翌年の7月まで1年余りをフランスで過ごす。ミルをフランスに招いたのは、サミュエル・ベンサム（Samuel Bentham, 1757-1831）[11] である。サミュエルは思想家ベンサムの弟で優秀な造船技師であり工学系の発明家であった。ベンサムの「パノプティコン」[12] のアイデアは1785年ロシアに滞在していた弟から学んだ。ミルは当時、南フランスに移住していたサミュエルの家に滞在し、フランスの生活に親しみフランス語を覚えた。そしてギリシャ語、ラテン語、数学、化学、論理学、経済学、音楽などを勉強したほか、モンペリエの理科大学で化学、動物学、論理学などの講義を聴講[13]した。だがミルがフランスで学んだのは学問の分野だけに止まらず、生まれてはじめてピレネー山脈の大自然にふれ、イギリスとは異なるフランスの文化と国民性を知り、頭で覚えた自由主義と民主主義を肌で感じ取ることができたことであった。

　ミルはフランス滞在中、1820年8月から2ヶ月近くピレネーの山地を旅行し、大自然の素晴らしさに感動し深い印象を刻みつけられた（CW I 59/94頁）。

この体験は、ミルが後に大自然を賛歌する湖畔詩人たちに接近するロマン主義への関心を強め、『経済学原理』第4編第6章の「定常状態論」において、大自然に囲まれた孤独の中での精神の陶冶や自然環境保護を主張する素地になったように思われる。そして14歳のミルが初めて訪れた外国であるフランスで感じとったものは自由で陽気な雰囲気であるとして、ミルは英仏の国民性の違いについて次のようにいう。

私がフランスで受けた教育から得た多くの利益の中で恐らく最大のことは、大陸の生活の自由で陽気な（free and genial）雰囲気を呼吸したことである。私のイギリスでの生活についての経験はごく僅かである。私が接触した少数のイギリス人は父の友人がほとんどであり知的道徳的水準の高い人々だったので、英仏の生活様式や国民性の相違を一般的な庶民の水準で比較し評価することはできない。しかしながら、私が体験した限りでは、両国人の長所と短所を比較して眺めると、すべての点で違っている。フランス人の間では、少なくとも比較的「高尚といわれる感情（sentiments called elevated）」が、人間関係の通貨（coin）である。この感情は共感（sympathy）によって刺激されて、多くの人々の活動的な部分を形成し、国民全体の中で生き生きと維持されている。これに比べて、普通のイギリス人の間では非利己的な事柄についての関心は低いのである。フランス人の人間関係の社会性と親しみ易さとイギリス人の生活様式の対照（the contrast）を知り、私は個性と国民性（individual and national character）における英仏両国の異質性を感じたのである（*CW* I 61/95, 96頁）。

ミルがこのようにイギリス人とフランス人の気質と生活様式、個性と国民性の異質性を学んだことは、後の『論理学』での「エソロジー（ethology、性格形成の科学）」と「ポリティカル・エソロジー（political ethology、国民性の科学）」の提唱の背景になっているものとみられる。

ミルはフランスで自由で陽気な雰囲気を感じとると同時に、自由主義と民主主義への関心を強めた。ミルの自由主義と民主主義への強い関心は、社会主義

を含む制度改革への関心を強めることになる。ミルはフランス留学中、サン・シモン（Saint-Simon, 1760-1825）とセー（J. B. Say, 1767-1832）に会っている。ミルはサン・シモンとの面会については、取り立てて述べることもないが、著名な経済学者セーとはフランス留学の行きと帰りに彼を訪れ、しばらくの間パリのセー宅に滞在した。セーは自由主義派の首領格の人々と知り合いでミルに彼の仲間を紹介した。ミルは彼らから学んでイギリスに持ち帰った「第一の収穫は、大陸の自由主義に対する強烈で永続的な関心」であり、以後、大陸の自由主義に対する情報収集はイギリスの政治に関する情報と同じ位怠らなかったという（*CW* I 57-63/92-96 頁）。

　ミルはフランスから帰国後、フランス革命史[14]を読んで感激する。ミルは当時のヨーロッパでは、少数派であった民主主義の原理が、30 年前のフランスであらゆるものを打倒して、全国民の信条となっているのに驚き、この時から「民主主義の闘士になる」決意をしたのであった。ミルがフランスから帰国後 9 年たった 1830 年フランス七月革命の際には、ミルは自由主義と民主主義に対する大きな期待をもって直ちにパリへ飛び、ラファイエット（La Fayette, 1757-1835）やサン・シモン派の首領格であるバザール（Saint-Amand Bazard, 1791-1832）、アンファンタン（B. P. Enfaftin, 1796-1864）と会い、人民の支配を妨げるフランスの現実を知る。ルイ・フィリップの立憲君主制のもとで出版の自由は弾圧され、財産資格による制限選挙制の維持により七月革命を闘った民衆は見放されていた。一方、当時のイギリスの政体は富豪や貴族階級が優位に立ち、国を著しく堕落させるもとになっていた。ミルは、フランスの情報をできるだけ入手して、イギリスの社会改革のために役立てようとしたのである。ミルは、1830 年当時の心境を次のようにいう。

　　この頃急進主義と民主主義に対してますます熱心になるとともに、オウエン主義やサン・シモン主義など私有財産に反対する理論が社会的に広く理解されることを願った。それは必ずしも社会主義が実現することを望んだからではなく、民衆に対する教育の普及によって、財産への不当な侵害に導くことなく制度改革を図ることができると考えたからである（*CW* I 179/230, 231

頁)。

　このように父からベンサム主義の薫陶を受けた当時のミルは、私有財産制の弊害を意識しつつも、教育の普及により人々の知的道徳的水準が向上することによって民主化や議会改革を図り、現体制を維持しつつ私有制の弊害を除去する社会改革を意図したものと思われる。
　以上のように、フランス留学の体験から自由主義を肌で感じ、民主主義の闘士になろうと決意したミルが、フランスからの情報を収集しつつイギリスで図ろうとした社会改革とは、いかなるものなのであろうか？

3．ベンサム主義への傾倒と哲学的急進派による社会活動

(1) ベンサム主義とミル

　フランスで自由主義と民主主義の刺激を受けたミルは、ベンサム主義による哲学的急進派の活動に入る。ミルは1821年の冬、ベンサムの思想をデュモン (Pier É. L. Dumont, 1759-1829) が解説した『立法論』(1802)[15]を読んで感銘を受けたのが転機となって、功利の原理により人類の現状を変革する抱負をもつに至ったと述べている (*CW* I 67-69/118-120頁)。ミルはベンサムの唱える功利主義者になったとしてその時の事情を次のように語る。

　『立法論』を読んだことは、私の人生の一大画期であり、私の精神史上の転換期の一つであった。私が父から受けたこれまでの教育も最大幸福という規準を適用するように常に教えられてきたベンサム主義の課程であった。しかしながら、今や思想の新時代が始まったのだという感情が私を襲ったのは、ベンサムが諸行為の結果のさまざまな種類と連鎖とを分析することによって、幸福原理を諸行為の道徳性に科学的な形態を与えた手法による。ベンサムが理解したような功利の原理によって私の考え方は統一性を与えられた。私は今や、意見、信条、理論、哲学、言葉の真の意味での宗教をもつようになり、その理論によって「人類の現状を変革する」という壮大な考えをもつことが

できた（Ibid.）。

　ベンサムは、イギリス経験論とフランス啓蒙思想の影響のもとに、社会を経験科学の対象として社会科学の確立を図った。彼の思想は最大幸福原理を規準として科学的な手法によって法と政治の改革の実践を目指すものであった。15歳のミルは、ベンサムの唱える功利主義に感銘し、「幸福原理を諸行為の道徳性に科学的な形態を与える手法」によって、「人類の現状を変革する」壮大な考えを抱いた。ミルに対する父ミルの教育は、ベンサム主義および人間の精神現象を観念連合から説明する連合主義に基づく幼児教育の実験である。それは、師であるベンサムとの協議の上であり、功利主義による社会改革を志す後継者を育成するという目的があったのである。山下はミルが功利の原理により世界の改革者になるという人生の目的をもったということは、観念連合の人為的操作による父ミルの実験が、一応の成果をあげたことを意味すると述べる（山下2003年、140頁）。

　ミルはフランスから帰国後1、2年の間に父の指導のもとに膨大な読書による研鑽を積んでいる。読書の範囲は、ベンサムが批判した思想も含めてベンサム主義に関連のあるもので、デュモン『立法論』のほかコンディヤク、ロック、エルヴェシウス、ハートリ、バークリ、ヒューム、リード、デュガルド・スチュアート、トマス・ブラウンなど幅広い。だがミルは1822年頃からこれまでの読書のみからの知的陶冶を、自分の執筆に切り替えベンサム主義の普及活動に入る（CW I 66-73/117-123頁）。

　功利の原理によるミルの社会改革の最初の実践は、「哲学的急進派（The Philosophic Radicals）」の活動である。哲学的急進派は名誉革命（1688-89）以来イギリスの貴族や大地主の支配する統治の体制を旧体制として急進的に変革し、功利主義の哲学的原理の実践を図る。彼らの信条である哲学的急進主義は、功利主義に基づくベンサムの社会改革の思想と古典派経済学により、民主主義を徹底し、代議政治と言論の自由を通じて私有財産制度と立憲君主制の枠内で、トーリとウィグの党派の枠を越えて急進的に議会改革を図り政治的経済的自由を目指す運動である。父ミルが指導的役割を果たし、その成果は、第一次選挙

法改正（1832）と穀物法撤廃（1846）に結実した。哲学的急進派の人々は、ミル父子のほかに、リカード、バーデット、フランシス・プレイス、ジョセフ・ヒューム、ジョージ・グロウト、オースティン兄弟（ジョンとチャールズ）、アイトン・トゥーク、エリス、グレイアム、J. A. ロウバック、ウイリアム・モウルズワスなどがいた。父の活動にミルはよく協力し、『エディンバラ・レヴュー』（ウィグ）に対抗した機関紙『ウェストミンスター・レヴュー』（1824創刊）に14編寄稿している。

哲学的急進派の人々は、ベンサムの急進的な改革思想を共有していたとはいえ、異なるさまざまな思想をもつ人々のグループである。それゆえ、『哲学的急進派』（*The Philosophic Radicals*, Thomas 1979）の著者トマスは、グループに属する人々の思想や活動と哲学的急進主義ないしベンサム主義とを区別している（Thomas 1979, 11）。トマスは、哲学的急進派の活動を、ベンサムが普通選挙権と秘密投票を中心に急進的な議会改革を主張した『議会改革の計画』（*The Plan of Parliamentary Reform*）が出版された1817年に始まり、1832年の選挙法改正を経過して30年代末に終わる実践的な活動としてみている。

では哲学的急進派が信条とする哲学的急進主義とはいかなる思想であろうか？　哲学的急進主義はベンサム主義ないし功利主義とほぼ同義語として使用される（Thomas, Ibid. 1）。このため、先ず功利主義の意味から考察することにしよう。

功利主義は、「功利（utility）または最大幸福」を一切の価値の原理とし道徳の基礎とする思想であり、utilityは福祉ないし幸福という意味がある。そしてutilityないしutilitarianismには公益と私益の二つの意味が含意され、社会全体の最大幸福を究極的目的とする一方で、最大幸福を個人個人の私的善の和を最大化するという個人主義の基調が貫かれるという両義性の意味に理解される（泉谷2007年、173、174頁）。しかしわが国では功利という訳が、あたかも功利主義が打算的な倫理学説であるかのように誤解[16]され易いという声がある。しかし「功利」と「功利主義」の訳語はすでに学会で定着しているので、最大幸福が公益と私益の最大化とその調和を図る思想という意味で本書ではこの訳語を用いることにしたい。

さて人間の行為の究極目的を幸福におく思想は古代ギリシャにさかのぼる「幸福主義（eudaimonism）」である。アリストテレスは『ニコマコス倫理学』でポリス共同体の幸福の実現を主張し、人間の究極目的を最高善である幸福とした。アリストテレスにおいては幸福は人間による人格の徳と理性の徳の両面の活動であり、幸運（happy＝happen）とは異なる訓練と習慣によって人間が自ら獲得するものであった。中世ではトマス・アクィナス（Thomas Aquinas, 1225頃-1274）が愛徳（caritas）をもって神と隣人を愛する倫理思想を展開する。彼の詳細な至福論の考察によって、神の超越的な「完全な至福（beatitudo perfecta）」とが区別され、人間の「不完全な至福（beatitudo imperfecta）」による倫理が示された（稲垣1979年、164-166頁）。そして近代以降、幸福主義は快楽主義（hedonism）、神学的功利主義、功利主義、利己主義的幸福主義、社会的幸福主義など多様な思想となって復活[17]し展開されていった。

その中で功利主義を神学から切り離し「功利の原理」を体系的に理論展開したのがベンサムである。彼はベッカリア（Cesare Beccaria, 1738-1794）とヒュームの影響を受けながら彼らの思想を批判し、功利主義による社会改革を図った（永井2003年、59、71頁）。ベンサムは自然法思想に基づく法理論を展開するブラックストン（William Blackstone, 1723-80）を批判した『統治論断片』（1776）と『道徳および立法の諸原理序説』（1789、以下『原理序説』という）で功利主義思想を展開する。

『統治論断片』はブラックストンの『イングランド法注釈』（1764-69）の批判である。ベンサムは1763-65年にオックスフォード大学でブラックストンの講義を聴講した。彼の著書はその講義録をまとめたものである。ベンサムは『統治論断片』の序文で功利主義の立場を次のように表明する。

道徳の世界で自然界の発見と改良に対応するのが改革（reformation）である。改革のための基礎に役立つと思われる考察の中には恐らく、これまで十分には注目されなかったが、発見と名付けることができるとみられるものがある。それは最大多数の最大幸福という基本公理（the fundamental axiom）であり、この基本公理が正しいか間違っているかの規準である。しかしこの基本公理

の重要性は、これまで秩序だてて正確には展開されなかった（Bentham 1776, 3/158頁）。

　ベンサムは主著『原理序説』において功利主義思想を展開する。それは「刑法典の一試案」として書かれた（Bentham 1789, 115/71頁）のであるが、単なる法理論ではなく、立法の原理とともに道徳の原理として、ベンサム主義の思想的特質が述べられる。ベンサムの影響のもとに実践活動をする哲学的急進派の人たちにとってベンサムの『原理序説』は、活動の主たる理論的根拠であった。哲学的急進派の活動の主役の一人であったミルにとって、『原理序説』は、思想形成の上で重要な役割を演じたのである。
　ベンサムは自然科学に比べて精神科学が未発達な原因は、精神科学が自然権のような人間の観察や経験では認識できないものから出発しているからと考える。自然法思想に基づいて人権や政治的秩序を要求するフランス革命もベンサムの社会改革と方向を異にしていた。自然科学が物体の実験と観察から帰納的に分析して法則性を発見するように、精神科学も人間の精神の自然法則を経験的に探究して、人間や社会の幸福を促進する法を発見し、人々をこの法に従わせなければならないのである。このようにベンサムの立法論は道徳論と結びつき、人々を啓蒙することを課題とした（関1967年、25、26頁）。
　ミルはベンサムの自然一元論を受容し、功利の原理を社会科学と不可分のものとして社会改革を図る思想を継承する。それは、「幸福原理を諸行為の道徳性に科学的な形態を与える手法」によるものである。ミルが影響を受けるベンサムの『原理序説』における道徳の原理である功利主義の叙述を、特にミルの社会主義論の方法と関係のある「アートと科学」に焦点をあててベンサムの主張をみることにしよう。
　ベンサムは、『原理序説』の序言の最後の部分で、法学における「アートと科学」の方法について次のようにいう。

　論理学（学問）には悟性（the understanding）の論理学に対して意志（the will）の論理学がなければならない（Bentham 1789, 123/79頁）。悟性の論理

学は法則性を探る存在の科学であり、意志の論理学は科学の目的を示す当為の学問である。人間の病気を治療するという目的をもつ医学に対する解剖の科学と同じように、法律の科学は、人間の幸福を増進するという目的をもつ立法のアート（the art of legislation）の役に立たねばならない。法律の科学と立法のアートの関係は政治の科学と道徳科学の関係であり、『原理序説』の課題はアートと科学を結びつける困難な問題に取り組む新しい科学の創出である（Ibid. 123, 124/80, 81 頁）。

ベンサムにとって、「アートと科学」は不可分の関係にある。ベンサムは学問論を書いた『クレストマティア』（1816）でも、アートと科学の不可分の関係とそれが幸福学あるいは幸福の一部門であることを議論している（Bentham 1816, 179-80）。スコフィールドはベンサムにおけるアートと科学の関係を次のようにいう。

アート（an art）は、実践（Practice）の領域で人間の幸福（happiness or wellbeing）を目指す幸福学（Eudaemonics）の包括的な名称である。科学はアートに対応する存在（being）に関する知識（knowledge）の学問であり、アートの目的を知識によって遂行する任務を担う。アートと科学は、人間の思考と行動の全領域にまたがる概念である（Schofield 2006, 9-11）。

ベンサムが『原理序説』で述べる意志の論理学は道徳科学であり、人間の幸福を増進するための当為の学問であるからアートを意味し、そして、悟性の論理学はアートに対応する知識の学問であるから、科学を意味すると理解される。ミルはこのベンサムのアートと科学の思想を継承して、後にみるように、『論理学』第6編の最終章で「実践の論理学（アートと科学）」の方法として議論を展開するのである。

　それでは、ベンサムの道徳科学における功利の原理を、ベンサムは『原理序説』でいかに表現しているのであろうか？　ベンサムは人間の最大幸福を、個人の私的善の和を最大化する原理に従って、理性と法律の手段によって幸福の

体制を築くことであるとして次のようにいう。

　自然は人類を二人の主権者の統御のもとに置いた。苦痛と快楽（*pain and pleasure*）である。人間が苦痛を避け、快楽を求めるのは、善悪の規準であるとともに、人間の思考や言動の原因と結果の連鎖である。このように人間が、苦痛と快楽に従属（the subjection）している原理を、「功利の原理（the principle of utility）あるいは最大幸福または至福の原理（the greatest happiness or greatest felicity principle）」という。最大幸福はすべての人々の最大幸福である。『原理序説』の目的は、この原理を認めて、理性と法律の手段によって、幸福の体制を築くことである（Bentham 1789, 125/81, 82頁）。

　ベンサムは幸福主義に基づいて功利の原理の説明を続け、計算可能とみられる諸個人の幸福感を最大化しそれらを総計すると、諸個人からなる社会全体の最大幸福に等しいのであるから、諸個人は個人の行為の規準となるべき、政府による統治の客観的な規準に従わなければならないとして次のようにいう。

　人間の幸福を促進するか、それとも幸福と対立するかというこの原理は、個人のすべての行為にあてはまるだけでなく、政府のすべての政策をも含むものである（Ibid. 126/82頁）。すなわち功利の原理は、人間の行為の規準であるだけでなく、政府による統治の規準でもある。そして幸福は、個人と社会の双方の幸福を意味し、社会の利益は社会を構成している個々の成員の利益の総計である（Ibid./83頁）。功利の原理が人間の行為と政府の統治のあらゆる場合に統御されなければならない（Ibid. 132/88頁）規準であるなら、それは客観的なものであるべきである。従って、功利の原理を誤って適用する禁欲主義（asceticism）や、自分自身の感情に相談するだけでよい（Ibid. 140/99頁）主観的な価値基準を適用する共感と反感の原理（the principle of sympathy and antipathy）は、客観性に乏しく行為や統治の規準にはなりえない。人間一人一人感受性は異なるとはいえ、統治者は各人に共通の快苦の尺度があるものとし、また快苦の計算は可能である（Ibid. 151-154/113-116

37

頁)。

　このように計算可能というベンサムの功利の原理は、後にミルによって批判されることになるが、ここではこのようなベンサム主義に従ってミル親子がいかなる活動を行ったかをみることにしよう。

(2) 哲学的急進派におけるミル親子の活動
　以上のようなベンサムの功利主義は、哲学的急進派の活動の理論的主柱ではあったが、哲学的急進派を支える思想はベンサム主義のほかにもあった。ミルによれば、彼らは父ミルの観念連合説と教育に無限の信頼を置く人間改造の思想、代議制民主主義と言論の自由による政治改革、ハートリ哲学とリカード経済学、マルサスの人口原理などを旗印に実践活動がなされたという。ミルは『自伝』で次のように述べる。

　哲学的急進主義といわれる若手の小集団に色彩と性格を与えた主要な要素は次のような父の意見であった。彼らの思考様式は、ベンサム主義 (Benthamism) として特徴づけられるが、ベンサムを指導者として仰ぐといったものではなかった。それは、ベンサム主義の視角から近代経済学（ジェイムズ・ミルとリカードの経済学……筆者）とハートリの形而上学とを結合させるという特徴をもつものであった。マルサスの人口原理は、ベンサムのどの理論にも劣らず、我々の旗印であった。
　哲学的急進派は、父の指導により政治については代議政治と完全な言論の自由の効果に対して、ほとんど無限の信頼を置いていた。父は、人間の心に影響を与える理性の力を全面的に信じ、人々が読み書きを覚え言論の自由のもとで、普通選挙によって国民の意思を反映した統治が実現されれば、問題のすべてが良い方向に向かうかのように感じていた。父にとって、民主的な参政権は、すぐれた統治の保障の中の最も根本的なものとして主張されたのである。その反面、父は政体が君主政か共和制かということについては比較的無関心であった。そして貴族の次に国教会については、人間精神の進歩に

対立するものとして父の憎悪の的であった。倫理については、父の道徳感情は、人間の幸福にとって重要とみられたことはすべて精力的で厳しかった。心理学については、父は人間の性格が普遍的な観念連合の法則を通じて、形成されるのであるから、人間の知的道徳的状態の無限の改造が教育によって可能であるということであった。父の理論の中で、これ以上に重要で強調する必要があるものはないのである。我々は、18世紀のフランス啓蒙哲学者を模範として、彼らに劣らない成果を挙げることを望んでいた（*CW* I 107-111/159-161 頁）。

ミルは1822年の冬、活動の一環として功利主義協会（the Utilitarian Society）を組織した。その時の模様を次のようにいう。

この会は、政治と倫理の規準としての功利の哲学から派生する思想を認める青年達のグループで、二週間に一度、輪読し論文をもちより議論する会で、26年に解散するまで3年半続いた。功利主義の名称は、私がスコットランドの作家ゴールト（John Galt, 1779-1839）の小説『教区年代記（*The Annals of Parish*）』（1821）の中の、福音を棄てて功利主義者になってはいけないという戒めに飛びついて、その戒めに逆らう意味で功利主義と命名したのである（*CW* I 81/128, 129 頁）。

功利主義協会は、最初の会員数3人から始まり、10人に満たない少人数の会であった。しかし、ミルはこの会によって、アイトン・トゥーク（W. Eyton Tooke, 1806-30、経済学者トゥークの子）、ウィリアム・エリス（William Ellice, 1800-81）、ジョージ・グレィアム（George J. Graham, 1801-88）、ロウバック（John A. Roebuck, 1801-79）、チャールズ・オースティン（Charls Austin, 1799-1884、法律家ジョン・オースティンの弟）、グロウト（George Grote, 1794-1871）など、哲学的急進派の活動の中心となる仲間と親しくなり、活動の情熱を燃やしていった。彼らは、グループ内の勉強や討論会に止まらず、1825年からは、オウエン主義者との公開討論、ロンドン弁論会（the London Debating Society）

の設立による保守系法律家との論戦、そしてジャーナリズムによる民主化運動を拡大していくのである。

　父ミルは哲学的急進派の指導的役割を果たし、1824年にはベンサムの意向を受けて、急進派の機関紙『ウェストミンスター・レヴュー』を創刊する。ベンサムと父ミルは、以前よりウィグ（自由党）系の『エディンバラ・レヴュー』(1802創刊)とトーリ（保守党）系の『クォータリ・レヴュー』(1809創刊)に対抗して、父ミルが主筆となる機関紙を発行する計画を話題にしていたが、東インド会社勤務とは両立が困難なことなどにより、計画はのびのびになっていた。ところが、1823年にベンサムが自費でこの計画を実現する決意を固めたため、父ミルは主筆を辞退するかわりに、『ウェストミンスター・レヴュー』の執筆に全面的に協力する。

　父ミルの執筆の主題は政治改革が中心である。彼は先ずミルに『エディンバラ・レヴュー』の創刊号から全巻の重要な論文のノートをつくらせ、急進的立場からウィグとその政策の総評を行う。創刊号は異常なほどよく売れ、名声と影響力の絶頂にあったので、『エディンバラ・レヴュー』がかつてなき恐るべき攻撃がなされたというほどの衝撃を巻き起こした。ミルは『自伝』で、当時の父ミルの評論をその理念についても、出来栄えについても、父の著述の中で最も注目すべきものの一つであると批評している（*CW* I 93-97/150-152頁）。

　父ミルは『エディンバラ・レヴュー』に続いて『クォータリ・レヴュー』も批判の標的にした。彼はイギリスの国制（constitution）を全面的に分析し、その貴族主義的な性格による癒着と腐敗を暴露した。その意味では、ウィグもトーリも同類である。すなわち、下院議員の大多数が数百の家族によって指名されるような偏狭な寡頭階級と、比較的独立している地方選挙区選出議員が大土地所有者と癒着し、権力を握った寡頭階級が地方議員に便宜を図るという腐敗の構造である。父ミルは、このように利権と結びついて腐敗するイギリスの寡頭政治を支える国教会と法曹界の存在も指摘し政治改革を訴える（Ibid. 95/150, 151頁）。

　ミルによれば、当時のイギリスは自由主義の勃興期であった。人々は、フランスとの戦争に伴う恐怖と憎悪の感情も次第に醒め、国民の間で内政に目を向

第1章　若きミルの思想形成

ける余裕がでてくると、ウィグとトーリの政治腐敗を厳しく批判し、政治的経済的自由を掲げる哲学的急進派が注目を浴び、ベンサム型の急進主義がジャーナリズムの論壇や討議の場で認められる地位を獲得した（Ibid. 101/154 頁）。ミルは当時の状況を次のように述べる。

　潮は改革の方へ向かって流れ始めていた。急進派のヒューム（Joseph Hume, 1777-1855、父ミルの親友）の公的支出についての入念な調査による世論への強烈な訴えは、その気のなかった政府に、少額ながら多岐にわたる予算削減を認めさせた。1820 年にトゥーク（Thomas Tooke, 1774-1858）によって起草されたロンドンの商人たちの自由貿易の請願、リカードの議員としての気高い行動、リカードの地金論争に触発された諸論文とそれに続く父ミルとマカロック（John R. MacCulloch, 1789-1864）の解説は内閣の内部にも部分的な改宗者を生みだし、当時内相であったピール（Robert Peel, 1788-1850）は、ベンサム流の法律改革の道に慎重に立ち入りつつあった（Ibid. 101, 102/155 頁）。

　哲学的急進主義が論壇に定期的に登場し、世間の注目の的となったのは、時代の流れも幸いしたが、彼らの政治的確信とベンサム主義の普及に示した父ミルの才覚はおおきな役割を果たした。自由主義が時代の風潮となりつつあり、諸制度の改善が最上層の人々からも主張され、議会制度の根本的な改革が最下層の人々の間で声高に要求されていたこの時代に『ウェストミンスター・レヴュー』の売れ行きはよかったことと思われる。急進派は非妥協的にウィグとトーリに強烈な確信をもって真向から打撃を加え、父ミルの論文は才能と迫力に満ちていて公衆の心をとらえた。ミルは、急進派の活動におけるベンサムと父ミルとの役割について次のようにいう。

　ベンサムは歴史上、偉大な人物ではあるが、彼の影響は彼の著述によるものである。一方、ベンサム主義の普及には、父ミルの若者を惹きつける話術と人間的魅力、目的を同じくする人々に対する指導力が力を発揮した（Ibid.

41

103, 105/155-157 頁)。

　このようにして哲学的急進派の活動は、1820年代のイギリスの政治的経済的改革に影響を広げ、1832年には、ウィグ党のグレィ内閣は、大衆運動の圧力のもとに（第一次）選挙法改正法案（Reform Bill）を成立させる。第一次選挙法改正によって、腐敗選挙区はかなり是正されたが、選挙民の数は中産階級を中心に改革前の約43万人から65万人余に増加したに過ぎなかった。貴族と大地主は依然として支配階級に居座り、労働階級は改革の恩恵にあずかることはできなかった。地方労働者を中心に500万人の選挙民に増えるのは、第三次改革（1884）であるから、イギリスで女性参政権なしの普通選挙が実現するまで、第一次改革から半世紀の年月を要するのである。しかしながら、哲学的急進派の人々は、第一次選挙法改正で勢いづき、改革後の新選挙法の下での選挙で20名の当選[18]を果たした。ミルは彼らの活動による政治経済的改革に期待し、30年代を通じて文筆による支援を行ったのである（Ibid. 203-207/272-277頁)。

4．ミルの思想的独立への転機となる精神の危機

　1826年の秋、ミルは自分の人生の目的を失ったような感覚に襲われる精神の危機に陥る。ミルは約半年の間悩みぬくが、マルモンテルの『回想記』（Marmontel, *Memoires*, 1800-06）を読んで感動し、これを契機として危機を脱する。20歳の時に経験したこの精神の危機は、ミルにとって重大な思想の転機をもたらした。観念連合の原理に基づいて教育に無限の信頼を置く父ミルの強烈な個性のもとで成長し、15歳の時、功利の原理により世界の改革者になろうと決意したミルは、この危機を転機としてこれまでミルの心を支配してきた父親に秘かに反発し、ベンサム主義とは異質の思想の吸収につとめる。ミルは功利主義を保持しながらそれとは異なる多様な思想との調和を図る軌道修正がなされるのである。それは以下にみるようにミルの思想的独立の船出を意味するものであった。ミルの言葉を借りれば、それは「18世紀と19世紀の闘

い」の和解を図る思想の探究であり、対立する思想のそれぞれに「半面の真理」を認めて異質な思想の総合を図る試みなのである。

　ミルがなぜ精神の危機に陥ったか、その原因は『自伝』におけるミルの叙述から推測すると、心身の疲労という物理的要因と父の精神的重圧という心理的要因が考えられる。先ず物理的要因についてみると、ミルは1823年の春から父ミルの斡旋により、東インド会社に就職している。ミルの所属は父直属のインド通信部で、ミルは幹部候補生として発送文書を起草する業務で教育を受けた（Ibid. 83/130頁）。もしミルが会社生活を人生の中心に据えるなら、余暇は緊張を和らげる趣味に興じるなどによって、健康を維持し人生を楽しむことができたはずである。しかしミルは、世界の改革者を目指して勤務時間以外の余暇を、調査、研究、執筆などの活動に打ち込んだ。1822年からの功利主義協会の事務局と急進派の仲間との輪読、1824年からの『ウェストミンスター・レヴュー』への原稿執筆に加えて、父の指示によるデュモンの『法廷証拠論』（1823）の編集作業に続くベンサムの『法廷証拠の原理』（1827）の原稿整理と注解の作成など著述にまとめる作業は、ミルの進歩にとって極めて有益であった反面、ミルの過労の原因であった（Ibid. 117-119/165-167頁）。このように1820年代の中頃、東インド会社の業務のほかに加わった研究や文筆活動の激務がミルの心身の疲労を呼び、精神の危機を招いた要因になったものと思われる。ミルは、『自伝』では、危機の原因となった要因を誰にでもありがちな、神経の鈍くなった状態（Ibid. 137/204頁）に陥ったとだけ述べて、その原因を心理的要因からのみ説明する。これに対して、『J.S.ミル評伝』を書いたベインは、精神の危機の主たる原因の一つは、頭脳と肉体両面の過労にもよるのであって、ミルが頭脳と肉体の物理的要因に言及していないのは説明が片手落ちであると指摘している。ベインはミルの親友としてミルの性格をよく知っているので、ミルが心身に害を及ぼすことなど意に介せずに仕事をやり抜く気性の持ち主であり、仕事による過労が精神の病を呼んだとみている（Bain, 37, 38/45頁）。

　ミルが精神の危機に陥った二番目の理由は父からの重圧という心理的要因であり、それは父ミルの教育の帰結であった。ミルが父から受けた英才教育は、

功利主義を基礎としてハートリの連合心理学とエルヴェシウスの教育理論に依拠し、教育に限りない信頼を置くものである。父によって、ミルの読書と交友関係は管理され、父の存在が成長過程におけるミルの精神と生活を支配した。ミルが父とベンサムの代弁者であり、当時の政治的状況を知識として把握していながら、世間知らずであったというミルの批評をしたロウバックの手紙があるので、ミルの当時の生活の様子を知る参考にしたい。ロウバックは1824年に東インド会社でミルに初めて会い、その後急進派の仲間としてミルと親交を深めた。この手紙は、ミルを紹介してくれた親戚のピーコック（Thomas L. Peacock）という人物にロウバックが送ったもので、ミルの第一印象を次のように語っている（Capaldi, 42, 43, Packe, 66）。

　ミルは政治的世界の多くを学びそれに精通しているとはいえ、父ミルとベンサムの思想の単なる代弁者であることは明らかだ。ミルは社会というものすなわち彼を取り囲んで動いている世間を知らない。ミルは、何よりも女性を知らない子供なのだ。ミルは子供の仲間たちと決して遊ばなかった。ミルは生活の中で何も知らなかった。今や我々はミルの同僚となったが、我々は、ミルが付き合う最初の仲間なのだ（Leader, 1897, 28）。

　ロウバックは、第一印象にしてはミルの人物像をうまく描写していると思われ、ミルの『自伝』での叙述から想像する当時のミルの姿とほぼ符合するのである。しかしミルは20歳にして父がすべてを管理し支配する生活に疑問を感じて、父から独立する道を模索し始めていた。精神の危機といっても、ミルは医者の診断を仰いだわけではない。東インド会社の勤務と旺盛な改革のための活動は従来通り続行したまま生き続けるべきかどうかを考えながら、ミルは憂鬱な青春の日々を過ごした。父の精神的な支配に疑問を感じても、ミルは正面から反発することができず、自分に内向するだけであったようである。ミルがマルモンテルの『回想記』を読んで衝撃を受けたのは、父の教育によって学んだ知的陶冶とは異質な「感情（the feelings）の捉え方」であるという。ミルは当時の様子を次のように述べる。

私が父から受けた教育によれば、すべての精神的道徳的感情とその性質の違いは、善悪いずれにせよ、観念連合の結果である。従って、教育の目的は、好ましいクラスの最強の観念連合を形成して、全体の人々に有益なすべての事柄をもって快楽の連想を、そして、有害なすべての事柄をもって苦痛の連想の習慣をつけることでなければならないと私は信じた。このように、感情と観念連合とが結合した結果として、私は精神的道徳的感情を純粋に感じることなしに分析する習慣が身についてしまった。私は分析の習慣が感情を摩耗させる傾向をもち、分析以外の精神的な習慣を涵養せず、深慮と洞察については有利であるが、情熱と美徳にとっては害虫であると考えた。私の知的陶冶は、分析の影響力に抵抗して私を幸福にするような感情を育成するのに失敗したのである（CW I 141-143/206-208 頁）。ところが、私はたまたまマルモンテルの『回想記』を読み、父が死に家族が悲嘆に暮れていた時に、子供である主人公が霊感を感じて一家のために立ち上がる情景に出合い涙を流した。私はこの涙を流した瞬間から、分析とは全く関係のない人生の価値と幸福の源泉となる感情が自分に枯渇していないことを実感し、人生の楽しみを享受する勇気が湧いてきた（Ibid. 145/209, 210 頁）。

　ミルが『回想記』を読んで、精神における知的陶冶とは異なる道徳的感情が人間の幸福の源泉になることを発見したことは、ミルにとって大きな思想の転機となった。すなわちミルはこの危機を契機として、人間の理性の力で社会改革を図る18世紀啓蒙思想の流れをくむベンサム主義に対して、人間の感情（the feelings）の働きを重視するロマン主義（19世紀）、功利主義や近代化を批判するカーライルの思想、資本主義による経済発展の社会を批判して勤労の組織化による理想社会を描くサン・シモン主義などベンサム主義とは異質な思想に接近するというミルの思想の軌道修正がなされるのである。ミルによれば、ベンサム主義に疑問をもち思想の軌道修正をした動機に密接に関係するのは、次の三つの重要な要因である。

　先ず、ミルの幸福観の変化がミルの功利主義思想に変化をもたらす。『立法論』を読み、ベンサム主義に従って人類の現状を改革するという抱負を抱いた

ミルは、精神の危機を経て、人間が苦痛を避け快楽を求める存在として捉えるベンサムの人間性の把握に疑問を感じる。もし人間の快苦がいかなる人間にも同質であるならば、ベンサムのいうように幸福の量はおおよそ計測可能かもしれない。しかし人間の幸福感は多様であるから、自らの苦痛を耐え忍んでも他の人々あるいは人類全体の幸せを目指して努力することに自分の幸福を見出す人もいるに違いないとミルは考える。このように考えるミルはしかし、低次元の快楽を否定したわけではなく、低次元の快楽は質的に高度な幸福と両立可能と考え（Skorupsky 2006, 55）、幸福感の質的差異を考慮して功利主義を広く捉えることになるのである。
　ミルは質的に高度な功利は、自分自身の幸福とは限らない何か他の目的、他人の幸福や人類の進歩あるいは芸術や研究などのアート（目的）を目指して、その目的に集中することによって感じることができると次のようにいう。

　　最大幸福を第一原理とする人生の目的のためには、自己の幸福を直接求めず、他の人々の幸福、人類の進歩、芸術や研究のような、手段ではなく理想を求める目的としての何らかのアート（some art）または追求（pursuit）に集中することによって付随的に幸福感が得られるものである（*CW* I 145/210, 211頁）。

　ミルのこの思想は、ベンサムからアートと科学の関係を学びながら、ベンサムを遠くさかのぼって、ギリシャの四大徳目のひとつである節制の徳に喜びを見出し、自己の感覚的な快楽の世界ではない徳に即した活動に幸福をみるアリストテレスの幸福主義に思想的源泉を見出せるように思われる。しかしミルは自分の思想をカーライル（Thomas Carlyle, 1795-1881）の反自我意識説[19]に類似性があるという。カーライルは、ゲーテの影響の下に、『衣服哲学』（*Sartor Resartus*, 1834）で、人間の責任ある自由意志による社会的義務の遂行を主張した。ミルは、カーライルと1831年から約15年間交流を続けた。特に最初の数年間はお互いの思考様式が接近し、率直に主張を述べ合う親しい関係にあった。ミルは『衣服哲学』が『フレーザーズ・マガジン』に1833・34年に連載され

た時、熱狂的な礼賛と強烈な喜びの気持ちで読んだ（*CW* I 183/233 頁）と語っている。ミルは『自伝』でカーライルが、ミルがベンサムや父から受けた思想に敵意さえもつ異質な思想の持ち主であったにもかかわらず、彼から影響を受けたことを次のように述べている。

> カーライルは詩人であり直観の人であるが私はそうでない。彼は私の思想様式の基礎であった宗教的懐疑主義、功利主義、環境説、民主主義や論理学や経済学に対して強烈な敵意をもっていた。このように私とカーライルとの間に大きな隔たりがあったにもかかわらず、私が彼から受けた影響は、カーライルの初期の諸著作が私の初期の偏狭な信条から視野を拡げさせたことによる。そして、私が彼の著作から真理を認めるようになったことから得た利益は私が詩情をかきたてられたことである（*CW* I 181-183/232, 233 頁）。

キャパルディは、ミルが理想を求める目的としての何らかのアートに集中することによって幸福感が得られるという思想には、自由意志 (free will) の概念が核としての役割を果たしており、自由意志の概念が父の観念連合の精神的呪縛から脱却する鍵であったとして次のようにいう。

> ミルはカーライルの反自我意識説の教義にヒントを得て、個人の幸福と人類の社会的改善による理想の追求とを調和させようとした。ミルが観念連合説を基礎とする父ミルの呪縛から抜け出る鍵の一つは自由意志の概念である (Capaldi, 60, 61)。

しかしながら、ミルは人間の感情の働きの重要性に気づいて精神の危機を乗り越えたのであるが、観念連合説を放棄したわけではない。ミルは観念連合の経験主義的な認識論を保持しつつ、人間の自由意志による社会的義務を主張するカーライルの思想にヒントを得て視野を拡げ、理想を求めるアート（目的）を自発的に追求するところに人間の幸福があることを悟ったと思われる。ミルは『自由論』第3章において人間の幸福に果たす自由意志の役割について次の

ようにいう。

　人間の個性の自由な発展は幸福の主要な要素の一つであり、個人の自発性（the individual spontaneity）は幸福にとって重要である（*CW* X Ⅷ261/115, 116頁）。

　この個人の自発性は個人の自由意志の働きによって発揮される。ミルは人間が苦痛を避け快楽を求める存在であるだけでなく、理想を求める存在として捉えて質的に高次元の功利の原理を認め、功利主義を広く捉えたことによってミルの幸福感は人間の自由と結びつき、後にみるように、体制選択を握る鍵を人間の自由と自発性を最大限に発揮する体制にみる思想の形成を基礎づけることになるのである。
　ミルが思想の軌道修正をすることになった動機に関係する二番目の精神的変化は、人間の幸福にとっての個人の「精神の内的陶冶（the internal culture）」における感情の働きの重要性である。ミルが父から教えられた精神の陶冶は、プラトンの四元徳を観念連合説で基礎づけて人間精神の資質を高める訓練であり「能動的な」知的能力の開発を重視する。これに対し、精神の危機でミルが悟ったのは、人間の道徳的感情の開発であり、ミルはこれを「受動的感情（the passive susceptibilities）もしくは感情の陶冶（the cultivation of the feelings）」と呼ぶ（*CW* Ⅰ147/211頁）。ミルに個人の内的陶冶の倫理的意味づけを教えたのは、1828年の秋に初めて読んだワーズワス[20]であった。ミルは、ワーズワスの詩が精神の薬となって危機を脱却できたのは、その詩が単に外面的な美だけでなく、美に触発された感情の状態とそれに彩られた思想を表現する感情の陶冶であり、幸福の永遠の泉であると述べている（Ibid. 151/214頁）。ミルはこの頃、哲学的急進派の親友ロウバック[21]とワーズワスの詩をめぐって論争している。ミルはワーズワスの詩による想像力に富む情緒（the imaginative emotion）の育成は、性格の形成と人間の幸福にとって重要であると主張したが、ロウバックは感情の陶冶の意味を認めるどころか、感情は人間の精神的成長を妨げるなどといって譲らなかった。ミルは仲間の中では詩や芸

術を愛するロウバックまでもが、人間精神に対する知性の役割に偏重し、知性と感情の調和を理解しないのに失望したという。ミルはこの頃から哲学的急進派の仲間と次第に疎遠になっていくのであった。ミルは経験論とロマン主義とは矛盾しないと考え、その調和を図るのである（Ibid. 153-163/215-220頁）。

　感情の陶冶の重要性を認める思想はベンサム主義の主知主義批判といわれる。ミルは父の知的教育偏重を批判し、人間の動機に感情の働きを軽視するベンサム主義に修正を加えた。山下はミルの精神の危機を、人間の認識や実践的行為の動機や判定に知的要素の働きの優位を認めるベンサムの主知主義に対する批判として捉えている（山下1971年、115-118頁）。ミルは個人の幸福と社会的改善の理想の追求に知性の働きとともに自由意志の役割を認め、精神の内的陶冶による知性と感情の調和のとれた人間の能力開発のための教育を重視することになる。

　最後に、精神の危機がミルの精神におよぼした第三の変化は、これまでのミルの思考を支配してきた父ミルの理論の枠を超えてミルが独自の思考を展開し始めたことである。例えばミルは、哲学的急進派の理論的支柱の一つであった父の政治論が必ずしも正しいとは限らないと考えるようになった。ミルは精神の危機以降の数年間の思索によって急進主義者、民主主義者でありながら、代議制民主主義を絶対の原理とは考えなくなって、政治制度を「時代と場所と環境の問題（a question of time, place and circumstance, *CW* I 177/230頁）」として選択する問題として考えるようになったと次のようにいう。

　精神の危機後の数年間の転換期に私が続けた思索の中で、私は「自由と必然」の問題に私なりの結論を得て、後の『論理学』の最終章にその思索の成果を収めることができた（Ibid. 175-177/228, 229頁）」。しかし、こと政治学に関しては、私はいよいよ急進主義者、民主主義者になっていたにもかかわらず、父の政治理論を科学的理論とは受け入れず、代議制民主主義も絶対の原理とは考えなくなった。制度問題は時代と場所と環境の問題であって、物質的利益の問題というよりもむしろ道徳的教育的な問題として理解するようになった。制度問題はいかなる制度を選択するかが重要であり、いかなる制

度が人民の教養や生活を改善し、どのような順序でいかなる改善を行うかが大事なのである。私は民主制度だけでなく、オウエン主義やサン・シモン主義のような私有財産に反対する理論も人民の間に広まって検討されるのがのぞましいと考えた（Ibid. 177-179/229-231 頁）。

　ミルがこのように父の政治論から脱皮する過程で、制度問題を一つの原理や制度を絶対化することなしに、時代や国や精神的物質的な社会的状況を考慮して広く捉えようと考えたことは、ミルの社会主義論の特徴をなす要因となっていくのである。
　以上のように、精神の危機はミルに心境の変化をもたらし、ミルはこれまでの思想の軌道修正を図ることになった。ミルはそれ以来、哲学的急進派と距離を置き、父の指導のもとに学んだベンサム主義、古典学、イギリス経験論、フランス啓蒙思想、功利主義と連合心理学、古典派経済学などとは異なる思想の吸収を探ったのである。ミルが18世紀の反動として新たに関心を強めた思想の中でミルの社会思想の形成に関係が深いのは、ロマン主義ではワーズワスとコウルリッジ、民主主義論ではトクヴィル、方法論では コント、社会主義論では ウィリアム・トンプソンとサン・シモン派の思想であると思われる。

5．ベンサムとコウルリッジ

　ミルは1830年代の後半に「ベンサム論」（1838）と「コウルリッジ論」（1840）という二本の論文を著し二人の思想を対峙的に捉えて議論している。功利主義の立場にたつミルが精神の危機を経てベンサム主義の修正を図る契機を与えた点でロマン主義は重要な役割を果たしたのである。ミルが功利主義を自らの思想の主軸に置きながら、ベンサム主義の短所をロマン主義によってどのように補おうとしたのか、ミルの功利主義思想の特質と社会主義論を理解する上で重要な論点なので、ミルの試みを探ることにしよう。
　ミルは、1820年代の後半に哲学的急進派の活動の一環としてロンドン弁論会を立ち上げた。ミルはこの会で知り合ったコウルリッジ派のモリスとスターリ

ングとの交流を通じて、コウルリッジへの理解を深める。コウルリッジ (Samuel Taylor Coleridge, 1772-1834) は、ロマン主義詩人として有名であるが、彼は詩作活動とともにプラトンの思想やドイツ観念論哲学を基礎として独自の思想体系を構築した。ミルは、ベンサムが18世紀の啓蒙思想を、そしてコウルリッジが19世紀のロマン主義を代表する思想家として捉え、二人の思想を評価するとともに批判する。それはミルが以前より関心を強めていた18世紀と19世紀の闘いの和解への試みであり、ミルは啓蒙思想とロマン主義との調和を図る。ミルはこの目的のために二人の思想を採りあげる意義について次のようにいう。

　ベンサムとコウルリッジは、啓蒙思想とロマン主義の代表者として、現代イギリスの二人の偉大な創造的思想家であり、あらゆる点において相補う補完者である（*CW*X77/229頁）。

　ミルはベンサムとコウルリッジを相補う補完者として啓蒙思想とロマン主義の総合をいかに図ろうとしたのであろうか？　二人の思想に対するミルの受容と批判を要約すると、方法論、認識論、倫理学の三分野および、それぞれの評価と批判が分かれている。ミルは、方法論においてはベンサムの欠陥をコウルリッジで補う一方で、認識論ではベンサムの側に立ち、倫理学ではコウルリッジを支持している。
　先ず方法論についてのミルの議論をみることにしよう。ミルは、ベンサムが社会現象を自然現象と同様に法則化して捉えられるものとして、功利の原理を規準として細目法という科学的分類法を適用して社会通念と闘い、法や議会改革を通じて社会改革を図る方法を評価して次のようにいう。

　私は父から受けた教育で論理学とプラトンの弁証法（dialectics）による正確な分類による訓練を受け、またこの方法に強い興味を抱いていた。ベンサムは、社会科学の確立を図り細目法（the method of detail）という科学的分類法を犯罪という重大で複雑な問題に適用し快楽および苦痛の結果という功利

の倫理的原理の導きの下に展開した。ベンサムの主題は立法であって法学はその中の単に形式的な部門にすぎない。彼はあらゆるところで、人間の意見と制度はいかにあるべきであり、現状がそれとはいかにかけ離れているいるかについて、明快で広範囲な考え方を開拓してくれるように思われた。彼の方法は細目法という科学的分類法を適用して社会通念と闘い、法や議会改革を通じて社会改革を目指す方法であった（CW I 67, 69/118-120 頁）。

ベンサムは『原理序説』と『クレストマティア』で人間の幸福を増進するための幸福学におけるアートと科学の関係を論じた。ベンサムによれば立法の科学は人間の幸福を目指すアートと社会の法則性を探る政治の科学と密接に結びついていた。その方法は意志の論理学と悟性の論理学である。意志の論理学は当為の論理学であり、科学の目的を示す。これに対し悟性の論理学は法則性を探究する科学の領域である。ミルはベンサムからアートと科学の思想を学び、「功利の倫理的原理を導きの糸として」、誤った社会通念と闘い、制度の問題を科学の対象として社会改革を図る方法を受容したものと思われる。後にみるように、ミルが社会主義者の改革の目標を評価しながら特定の体制を理想化せずに、さまざまな体制を比較して探る方法を採るのも、功利の原理をアートとしてよりよき制度を科学の対象として探究するベンサムの方法をミルが継承しそれを基礎として社会主義論を展開しているものとみられるのである。

ミルはベンサムの方法を評価しながら、その欠陥も意識していた。精神の危機以降ベンサム主義の見直しを図るミルは、ベンサムの方法の基礎にある人間性の把握について次のようにいう。

　ベンサムは第一原理（功利の原理）を規準として、自由、社会秩序、憲法などの抽象論に潜む誤謬を暴露し、社会通念の中の虚偽と不合理に対して徹底的に闘った（CW X 83-88/238-246 頁）。だがベンサムの人間性（human nature）の把握は、人間を快楽と苦痛を感じる存在としてみる狭い世界観に立つため、社会も私利を追求する諸個人の集合体という一面的な把握となる。ベンサムにとっては、社会秩序を保つために、法、宗教、世論による制裁の

第1章　若きミルの思想形成

みが重要となるから、ベンサムの主要な関心は法学研究にあり、彼は法と政治改革に力を注いだ。だが社会現象を法則化して捉えるためには、政治哲学と社会哲学を基礎として、個性豊かな人間性と多様な国民性（national character）をみるべきである（Ibid. 94-99/256-264 頁）。

　ミルが社会科学を確立して社会改革を図るベンサムの課題を継承しながら、ベンサムの方法の基礎にある人間性の把握が狭すぎるという批判は、個性豊かで複雑な人間性や多面的な国民性を科学的に探究する方法として、後の『論理学』におけるエソロジー（性格形成の科学）とポリティカル・エソロジー（国民性の科学）の方法の提案につながることになる。
　方法論におけるミルのもう一つの論点は、ミルがベンサムの功利の原理の抽象性を批判して、究極の目的としての目的論の第一原理に従属する二次的アートを設定したことである。ミルの社会主義論の目標設定につながるこの二次的アートの設定について、ミルは次のようにいう。

　ベンサムのように功利の原理を第一原理として強調するだけでは、究極の目的を達成することはできない。究極の目的に従属するさまざまな二次的目的（various secondary ends）を媒介することによってのみ、人間の行為が具体性をもつことになり功利性を哲学の規準として採用することができるのである（CW X 110, 111/281, 282 頁）。

　ミルはベンサムの欠陥をコウルリッジで補う。ミルによるロマン主義の受容は方法論的にみると次の二点を指摘できると思われる。
　先ず、ミルはコウルリッジの主張する半面の真理（the half truths）[22]、あるいはゲーテの多面性（Vielseitigkeit）の思想を受け入れ、多様な人間性と社会現象を捉えたために半面の真理の総合（the synthesizer）を図る方法を受容する。ミルは、プラトンの対話編からソクラテスの弁証法を学び、相手を否定する論理と相手の論理にある真理の多様性を知った（CW VIII 251/90-92 頁）。そしてミルは、あらゆる半面の真理を総合し、調和のとれた全体にまとめること

を重視し（*CWX* Ⅷ1-13）、半面の真理を総合する（reconciling and combining）ところに人間の自由をみたのである（*CWX* Ⅷ251-254/91-97頁、Ibid. 261, 262/113-115頁）。ミルは『自由論』第2章で、無知の自覚から半面の真理を認識し、上にみたような半面の真理を総合する方法を精神の訓練（a discipline to the mind）と呼び、この方法なしには卓越した思想家は生まれないと述べている（*CWX* Ⅷ251/91, 92頁）。

ダイシィは、ミルが半面の真理の方法を重視して、自分の思想形成に適用していることを認め、次のようにいう。

ミルは、1838年より40年までの時代の変化に感情を動かされた。ミルが学んだのは半面の真理である。ミルは、ベンサムや父ミルの思想には適用できないゲーテのモットーである多面性を自分の思想に取り入れようとした。ミルはそれ以後、生涯を通じて、父ミルとベンサムから受け継いだ知的遺産と、それとは異なる時代の知的道徳的思想との調和を図ったのである（Dicey 1908, 423, 424）。

キャパルディもダイシィと同様に、ミルはベンサムを批判しコウルリッジのロマン主義を方法論的な次元で受容したと次のようにいう。

コウルリッジはカント、シェリングなどのロマン主義観念論を受容する。彼は自然と精神の二元論を否定するが、弁証法的矛盾とその解決が生命の基本的特徴であり、創造の源泉であるとみなした。コウルリッジのミルに対する影響は、啓蒙主義の人間本性に対するロマン主義的批判を方法論的次元で受容したことであり、アートと科学の緊密な関係と半面の真理の方法を採り入れたことである（Capaldi 2004, 98-100）。

ダイシィとキャパルディがいうように、ミルがロマン主義の啓蒙主義批判を方法論的次元で受容したことは、ミルの思想形成にとって極めて重要なこととみられる。ソクラテスの半面の真理の方法を従来にも増してミルの思想展開に

応用したばかりでなく、ロマン主義的自由主義の弁証法の影響をミルが受けたのではないかとみられるからである。ロマン主義的自由主義において、矛盾の認識とその解決の繰り返しが創造や発展の源と考えられるなら、矛盾の解決は「一つの目的 (one end)」の達成に終わることなく、矛盾は限りなく続くのである。しかしこの点についての『論理学』におけるミルの言及はなく、ミルはロマン派（ドイツ・コウルリッジ学派）が人間社会の存続と発展に関する法則を、体系的に探求したと述べるに止めている（CWX 138, 139/60頁）。

　次にミルは、認識論[23]においてはベンサムの側に立つ一方で、倫理学[24]においてはコウルリッジの側に立つ。ミルは認識論ではイギリス経験論の立場を貫きながら、道徳の世界ではロマン主義の自由意志を徳として認めたものと思われる。ミルは先ず認識論においてコウルリッジの先験的観念論を批判して次のようにいう。

　コウルリッジの哲学は、カントをはじめとするドイツ観念論の影響のもとに、人間の精神が物自体 (Things in themselves) の本質と特性を直覚によって知覚し先験的に認識する能力を有すると主張している。これに対し、ロックに始まって、ハートリ、ヒューム、ベンサムへと継承される経験論の哲学では、人間のすべての知識は経験に基づく概念からなる理論である。この理論によれば、先験的な知識 (knowledge apriori) というものは存在せず直覚的な証拠 (intuitive evidence) の上に打ちたてられるいかなる真理も存在しないのである（Ibid. 125/34頁）。

　ミルはこのように二つの学派の対立を述べた後で、自分の思想が経験論の立場にあることを次のように述べる。

　真理は、ロックおよびベンサム学派の側にある。なぜなら、経験の対象である現象の背後にある物自体の本質と法則は人間の能力にとって本来近づき難いものであり、人間の経験から推論できるもののほかに信ずべき根拠を見出しえないからである（Ibid. 128, 129/40, 41頁）。

ミルの認識論は第4節でみたように、父ミルの経験論を継承している。ミルは、『論理学』(1843) でヒューエル (William Whewell, 1794-1866) とハーシェル (John F. W. Herschel, 1792-1871) の科学哲学について述べる。ミルは二人の哲学から多くを学ぶが、両者のうち実験を重視するハーシェルを評価するのに対して、カントの影響を受けたヒューエルの仮定 (presuppositions) の概念が人間の観察によって基礎づけされていないことを批判する (*CW* Ⅶ 295/ (3) 24, 25頁)。経験論の立場からコウルリッジとヒューエルを批判したミルは、のちに『ハミルトン哲学の検討』(1865) で、カント哲学とリードの常識哲学を支持するハミルトン (William Hamilton, 1788-1856)[25] を批判する。ミルは、先験的なハミルトン哲学と自分の思想を、直覚主義 (intuitionism) と、経験と観念連合派の対立として捉える。ミルは、この対立を単なる哲学上の論争ではなく社会改革の妨げになる恐れがあるとして次のようにいう。

　人間性が環境によって形成されることを否定し、自分の都合のよい理論を直観的な真理とする直覚派の主張が悪用されると、人種、男女の差別、労働問題などの社会問題の改革が妨げられる恐れがある (*CW* Ⅰ 269-271/360, 361頁)。

　最後に倫理学においては、ミルはベンサムを批判しコウルリッジを評価する。このミルによる批判と評価は、ミルが精神の危機の際に悟った自由意志と感情の陶冶の思想を基礎とするものである。ミルは次のようにいう。

　ベンサムは、人間の自己教育 (self-education) すなわち、人間自ら感情と意志 (his affections and will) を訓練することの真理を見落としている (*CW* Ⅹ 98/262頁)。ベンサムは、人間性が私利 (self-interest) に支配されていると考えるために、人間が自分の利害を超えて、純粋に精神的完成を目標として追求できる道徳的な存在であることを看過した (Ibid. 94-98/256-262頁)。ベンサムに対して、コウルリッジは精神の自制的訓練 (restraining discipline) を重視する。それは、個人の人間性を高めるために、幼年から生

涯継続されるべき教育である。その内容は、個人的な衝動と目的を、社会の目的に従属させる習慣をもつように人間を訓練することであり、それが市民社会の永続性を保つ条件である（*CW* X 133/49 頁）。

こうして、ミルはコウルリッジの認識論を批判する一方で、方法論と倫理学の分野ではベンサム主義の欠陥をコウルリッジで補ったものと思われる。コウルリッジの自制的訓練の思想は、カーライルの反自我意識説とともに、ミルが社会改革のためには制度改革とともに感情と意志の訓練を含む精神の内的陶冶による人間性の向上を目指す教育を重視する思想へと形成される素地をつくったものとみられる。ミルがワーズワスの感情の陶冶から学び、カーライルの反自我意識に近いという精神の内的陶冶は、いずれも人間の自己教育（self-education）として自制的訓練と共通し、ゲーテ、フンボルトの人間形成（Bildung）と通じる思想であり、これらの思想がミルが父より教えられたギリシャ哲学の徳の思想と融合されてミル独自の思想が形成されていったものと考えられる。

キャパルディはミルの二つの思想の評価と批判をベンサム主義とロマン主義との融合（reconciliation）の試みとして捉える（Capaldi 2004, 88, 89）。そしてバーリンは、この試みについて次のようにいう。

ミルは合理主義とロマン主義を融合させようとした。この試みはゲーテとフンボルトの目標と共通しており、それゆえに、ミルの思想が豊かで、自発的（spontaneous）で、多面的で、しかも合理的で、自律的な性格をもつことになった（Berlin 1969, 199/438 頁）。

一方、スコラプスキーは、ミルのこの自己陶冶の思想をロマン主義の感情の陶冶とギリシャ哲学の自己制御の融合を試みた自由意志の道徳の思想と捉えて次のようにいう。

ミルにとっては、個人の自己陶冶（self-culture）の概念が、社会の発展のた

めにも重要であるが、この思想は、ロマン主義の感情の陶冶とギリシャ哲学の自己制御（self-government）の融合である（Skorupski 2006, (2) 53, 54）。そして、感情の陶冶は外部から強制されない自発性の働きであり、他方、自己制御も自由な意志（the will）の働きである。ミルはカントと同様に、自由意志を徳（virtue）と呼び、『論理学』の「自由と必然」の章で、経験論とロマン主義の調和を試みた（Ibid. 55, 56）。

以上のように、キャパルディ、バーリン、スコラプスキーはともに、ミルによるベンサム主義とロマン主義の調和の試みを、功利主義とイギリス経験論からのみ解釈するのではなく、自由主義との両立可能性を認めている。ミルは、ベンサムと父ミルから継承した政治的経済的自由主義に加えて、ロマン主義から倫理的自由主義を継承したと思われるのである。ミルはカントのように、先験的な道徳法則を認めたわけではない。またカントのように現象界と物自体の世界を分け、人間の自由を物自体の世界にみるわけでもない。しかしながら、ミルはカントの影響を受けたフンボルトから「Bildung（人間形成）」の理念を学び、『自由論』第3章で個性の自由な発展が人間の幸福の主要な要素の一つであるとして、個性論を展開した。ミルは、認識論においては、自然法則に支配される決定論の立場に立ちながら、人間の道徳の世界では自由意志を認め、自然法則と人間の自由が両立すると考える。ミルの場合、フンボルトのように、個性の重要性が超越的絶対的な道徳律から命令されるのではなく、自由と自発性による精神の内的陶冶が幸福の要素となって幸福と結びついている（山下 2009年、111頁）。

ミルは必然的な法則の支配する自然と、環境に支配されながら主体的に環境に働きかけ、自分の性格を含む環境を変える能力のある自由意志とが全く両立する（entirely consistent）と考えている（CW I 177/229頁）。ジェイムズ（William James, 1842-1910）が、自由意志と決定論との両立を認める思想を「やわらかな決定論（soft determinism）」と呼んでから、ミルの思想はヒュームとともにやわらかな決定論に分類される。だが、経験主義的に決定論の基礎の上で自由意思との整合性を図るヒュームと、ロマン主義の影響を受けて経験論と

道徳的自由とを半面の真理として調和させようとするミルとは、方法論が異なる。決定論と自由意志の両立を図るミルの思想を決定論に分類するのは、ミルに対するロマン主義の影響を軽視して、認識論に片寄りすぎた解釈をしているようにみられるのである。

6．トクヴィルの影響

　トクヴィル（Alexis C. H. M. C. de Tocqueville, 1805-59）は、ミルが1830年代、ベンサム主義とは異質な思想に接近する時期に、ミルの社会思想の形成に大きな影響を与えた思想家[26]の一人である。ミルはフランス滞在の経験によって、当時のヨーロッパでは少数派であった民主主義の原理がフランスでは国民の信条になっているのに感激し、民主主義の闘士となる決意をした。若きミルの民主主義に対する関心は並々ならぬものがあった。ミルはトクヴィルのアメリカ社会の観察から経験的に得られた国際的な制度比較を高く評価して、人間の自由の視点から、民主主義という政治制度の長所と欠点を真剣に考えるヒントを得たものとみられる。ミルがトクヴィルの影響を受けた重要な思想は、以下にみるように、民主主義における「多数の専制（the tyranny of the majority, *CW* XVIII156/（4）132頁）」と「民主主義に潜む中央集権の危険性と地方自治の重要性（*CW* I 201-203/272, 273頁）」の二つであると思われる。ミルに対するトクヴィルのこの影響はミルの社会主義論に表われる。ミルは、人間の平等を重視する共産主義的なアソシエーションにおいて、多数者による世論の形成が少数意見を圧倒し、また、アソシエーションの指導者の公権力の増大が官僚性を強めることによって個人の自由を圧迫する危険性を恐れるのである。

　トクヴィルは、フランス七月革命の翌年1831年に9ヶ月にわたって、官吏としてフランス政府からアメリカに派遣された。アメリカの民主主義が、果たして人間の自由と両立しているのかどうかという問題関心のもとに、アメリカ見聞の集大成を著したのが、『アメリカの民主主義』（1835, 1840）である。ミルはトクヴィルの著書第1巻の書評（1835）で、民主主義が個人の自由を侵害する恐れのある「多数の専制」の危険性を有していることとともに、個人の大

衆への埋没と個性の喪失について詳しく紹介する。ミルはその翌年、「文明論」(1836)で、民主主義が普及し中産階級が支配的となる高度の文明社会では、個人が大衆（the multitude）の中に埋没し多様性を失ってしまう危険性があることを議論する。トクヴィルから示唆を受けたミルは今から一世紀半以上も前から、大衆社会論を問題にしていたのである。

　ミルがこの「多数の専制」のほかに、トクヴィルから得られたもう一つの教訓は、中央集権（Centralization）の基本問題であるという（Ibid.）。トクヴィルはフランスにおいては議会政治が根付かないのに対して、アメリカでは、民主的で共和主義的な政治が支配的となった理由をアメリカの地方自治の精神と制度に見出す。トクヴィルはフランス革命が王政に反対すると同時に地方制度にも反対し、共和的であるとともに集権的であるという二重性を有していると把握する。そしてこの二重性が人間の自由を促進する一方で、専制に好都合な条件を形成したが真の自由を育成することを不可能にしたと考え次のようにいう。

　フランス革命は王政に反対すると同時に、地方制度にも反対した。革命は共和的であると同時に集権的であった（Tocqueville 1835, 80/（上）154-156頁）。これに対し、アメリカ革命は人民主権の原理が自由とともに拡大し、人民主権が法の上の法となった（Ibid. 45, 46/（上）89-91頁）。アメリカ革命の帰結が人民主権であるのは、アメリカでは、タウンシップ（自治体）において民主的共和的な政治生活が支配していたからである（Ibid. 33/（上）65, 66頁）。

　ハンナ・アーレントはトクヴィルがアメリカ革命における地方自治の役割を重視したことを評価する。彼女はフランスとアメリカの二つの革命を比較して、人民の政治に参加する自由を創造したアメリカ革命の起源をタウンシップの地方自治の精神に求めたトクヴィルの分析は正しく、説得力をもっていると述べている（Hannah Arendt 1963, 310/288頁）。ミルはトクヴィルの著書に強い刺激を受け、中央行政と地方自治のあり方について真剣に取り組むことになった（CW I 201, 203/272, 273頁）。中央集権の弊害を排除し、地方自治の役割を高めるミルの思想は、「遺稿」における中央集権的共産主義批判と、トンプソンの

小規模で民主的なアソシエーションやフーリエ主義の小規模なコミュニティであるファランジュに対するミルの期待に現れる。だがミルは、トクヴィルの思想に刺激を受けた時から、中央集権の弊害とともに地方自治の一方に片寄る弊害も強く意識しているので、ミルの問題関心は常に両者の長所の調和を図る制度は何かを探っていたように思われるのである（Ibid./同上）。

若きミルがトクヴィルから受容した民主主義における「多数の専制」を排除する思想と「地方自治」を重視する思想は、ミルの社会思想の形成に大きな影響を与えた。山下はトクヴィルがミルに与えた影響について次のようにいう。

トクヴィルがミルに与えた多数の専制の思想は、ミルにおいてはロマン主義の人間の自由の概念と融合して『自由論』(1859)、『代議制統治論』(1861)における個性を重視する思想の基礎をつくった（山下1980年、(3) 114頁）。

ミルは、次章でみるように、18歳の時すでにオウエンの協同組織における中央集権による過剰管理への懸念を表明し、人間の行動の完全な自由を主張していた。そしてトクヴィルが提起した中央集権と地方自治の問題に接し、共産主義における自由の問題と小規模のアソシエーションへの問題関心を強めていったものと思われる。

7．ハリエットの影響に関する予備的考察

若きミルの思想形成を概観する章[27]の最後に、ミルに対するハリエットの影響がいかなるものかについて予備的に考察することにしよう。ミルは『自伝』で自分の精神的進歩の第3期と呼ぶ1840年以降、つまりミルが34歳を過ぎてからの精神的変化は語るほどの変化がないので、『論理学』や『自由論』をはじめとするミルの著書から彼の思想を理解して欲しいと述べている（*CW* Ⅰ229/325頁）。そしてこれに続く段落で、ミルの第3期にもし精神的進歩というものがあるとすれば、それはミルの思想に深みと広がりが増したことであり、その進歩はミルがハリエットと手に手を携えて進む緊密な協力関係によるもの

であると述べて彼女の貢献に対する感謝の言葉を表している（Ibid. 237/331 頁）。ミルが 34 歳以降大きな精神的変化がなく、その後の精神的進歩がもしあるとするならハリエットの恩恵によるものと述べるのであれば、ミルの第 3 期の著作の背景にあるハリエットの影響がいかなるものかを問うことは、ミルの思想を理解する重要な鍵の一つになるとみられる。

　ミルの第 3 期からの思想展開がハリエットとともに歩むという叙述は、ミルの伝記に即してみると第 2 期における精神の危機およびハリエットとの恋愛と父親の死というミルにとっての三つの大きな事件が転機をもたらしたと解釈される。すなわち、ミルの第 1 期（1806-28）から第 2 期（1826-40）への移行は、精神の危機を契機として父ミルの精神的呪縛から脱却するという画期的な変化に表われる。そして第 2 期においては、父親の死去によってミルが精神的に依存し知的刺激を受ける人が父親から恋人であるハリエットに移ったという彼の心情を支配する大きな身辺の変化が起きた。従ってミルにとって第 2 期はミルの精神的環境の不安定な時期であり、ベンサム主義への反動から多様な思想に接近した思想的変化の多い時期であった。ところが第 3 期からは、ミルが精神的に依存する人はハリエットだけとなって変わらず、ミルはそれまでに吸収した思想を糧として安定した執筆活動に専念できたという意味であると理解される。従ってミルの思想形成は第 2 期に一応の区切りがつけられるので、第 3 期におけるミルの著作からミルの思想を理解するためには、第 2 期に父からハリエットに移った精神的依存がミルの著述活動に対していかなる影響をおよぼしているかが問題となるのである。

　ミルは 1830 年に既婚のハリエットと知り合い、相思相愛の仲となる。そしてその 6 年後の 1836 年に父親が死去する。この 30 年代に起きた出来事は、ミルの心に大きな変化をもたらす。ほとんどすべての生活行動を父によって管理され、父に精神的に依存していたミルは、精神の危機以降徐々に父の呪縛から解かれていったが、父の死によって精神的に完全に解放された。そして急進派の仲間であるロウバックがミルを「女性を知らず生活を知らない子供であった」と批評（第 7 節）するように、純粋で初心なミルは、父亡き後、才女ハリエットに精神的に依存するようになったものと思われる。1849 年にハリエッ

トの前夫ジョン・テイラー（John Taylor, 1796-1849）が死去しその2年後にミルとハリエットは結婚する。そしてこの結婚から彼女の死までの58年11月までの7年半、彼女はミルの研究と執筆活動に対し献身的に協力した。このような二人の緊密な関係が、果たして父ミルの場合と同様の思想的な影響をミルにもたらしたのであろうか？

ミルは『自伝』で、サン・シモン主義とともに、ハリエットのお蔭で彼が社会主義者になり、『経済学原理』第3版（1852）第4編に全面的に彼女の恩恵を受けた「将来の見通し」の章を妻の要請によって掲載したと述べている（CWⅠ 255-257/343-345頁）。ミルの社会主義論に対するハリエットの影響がいかなるものかという問題については、第3章「ミルの社会主義論とハリエット・テイラー」の章で検討されるので、ここではその検討のために参考となる事情を予めみることにしよう。

ミルは『自伝』で『経済学原理』における二人の役割分担と両者の関係を、ミルが抽象的で科学的な部分を担当するのに対し、ハリエットが哲学の実践的な応用を担当したとしてミルは次のように述べる。

抽象的で純科学的な部分は、概して私のものであったが、人間的な要素は彼女から出てきた。すなわち、哲学を人間社会と進歩の急務に適応させるためのすべてについて私は彼女の生徒であった（CW 255-257/343, 344頁）。

以上のようにミルとハリエットの協同作業における二人の役割分担があることは理解されるとしても、その一方で、哲学を社会に応用する人間的な領域についてはすべてミルが彼女の生徒であったというような、彼女の役割と能力を表現するミルの叙述に対して研究者の間で疑義が生じている。ミルの親友でミルとハリエットの関係を身近に知り、『J. S. ミル評伝』（1882）や『ジェイムズ・ミル伝』（1882）を著したベイン（Alexander Bain, 1818-1903）は、ミルの著作に対する妻の協力関係をミルが冷静に描写するのではなく、彼女を比類のない天才として描き過度にほめそやすことによって、ミルの叙述は合理的な信憑性を失ったとして、ミルとハリエットの間に異常な従属関係があったと次の

63

ように述べる。

　我々は、ミルが率直に公言し、誇りとしたような他人の意志への従属関係を正常な関係として受け取ることはできない。それは、彼の妻の人格的資質に関する彼の異常な幻想の自然の成り行き（the natural outcome of his extraordinary hallucination）にほかならないのである（Bain 1882, 171/203 頁）。

　ベインは、ミルがハリエットに対して幻想を抱いていたという関係の裏付けにそれを身近に知っているミルの末の弟のジョージ・ミルの次の言葉を引用する。

　テイラー夫人（ハリエット）は賢明で注目すべき女性ではあるが、ジョン（ミル）がそう考えていた人とは全く違う（Ibid. 166/198 頁）。

　『J. S. ミル著作集』を編集したロブソンは、ハリエットの評価について、このジョージのハリエット観に基づいて議論を進めている（Robson 1968, 54）。小泉はロブソンが引用したジョージのハリエット観を大変穏当で説得力があると評価している（小泉 1997 年、100 頁）。
　ミルとハリエットの交際は、1830 年のはじめ、ユニテリアンの牧師フォクス（Willam J. Fox, 1786-1864）邸に、ミルが友人ロウバックやグレイアムとともに招かれた時に始まる（Borchard 1957, 46）。ミル 24 歳、ハリエット 23 歳の時である。知的でない女性を軽蔑する父ミルの女性観を受け継ぎ、知性に劣る母親が両親の不和の原因と思っていたミルは、教養が高く詩や芸術を愛するハリエットに会って、彼女が既婚であるにもかかわらず恋のとりことなる。他方、彼女の夫ジョン・テイラーは精力的な実業家で急進的な政治運動にも参加する人物であった。しかし彼女は妻の知的活動に理解を示さない夫に不満をもち悩んでいた。ハリエットはミルに愛情を感じる。だが当然のこととして、夫ジョン・テイラーは妻とミルとの交際に不快感をつのらせるから、ミルとテイラー夫妻との間は三角関係となり、この関係はジョン・テイラーの死まで続くこと

になる。ボーチャードは、ミルの恋の衝撃とその後のミルの人生における心の変化を次のようにいう。

　初恋のミルは、愛がすべてを変える道を経験したことがなかった。ハリエットが興味のあるものは何でも、魔法の杖として彼の喜びとなった（Ibid. 47）。ハリエットに従うことは、ミルが生きるために必要となった。これはまさに、ミルとハリエットとの関係のすべてを言い表している（Ibid. 55）。

　このようにミルの伝記の研究者は、彼のハリエットに対して抱く幻想の自然の成り行きから生まれた両者の異常な従属関係を指摘する。だが「彼女に従うことが生きるために必要である」というこの従属関係はミルの著作における不可解な謎を生んでいるのである。
　例えば、その典型的な例が『自伝』に見受けられる。ミルは『自伝』の冒頭で、この著書はいわゆる普通の自叙伝ではなく、ミルが父から受けた並外れた教育からなる精神的進歩の歴史、ミルの言葉でいえば精神の「知的道徳的発達の歴史」を叙述したものという（CWⅠ5/35頁）。しかしミルの『自伝』を読んで最初に奇異に感じるのは、ミルの生誕がジェイムズ・ミルの長子であると述べられるだけで、母ハリエット（Harriet Burrow Mill, 1782-1854）については何も言及されないことである。ミルの母親に対する記述が全くないわけではない。なるほど、ミルと妻ハリエットが共同で執筆し、『自伝』では削除した『自伝』の初期草稿には、母親に関する叙述がある。しかしそれは、父ミルが東インド会社に定職を得るまでの間、経済的困窮の中で9人の子供を養育した母親に対する同情よりも、むしろ「母は子供たちのためにあくせく働いて、いかにその生を過ごすかということしか知らない」人というように、母親が知性に欠けていたのが家庭不和の原因であるとして、母親に対して厳しい口調で書かれた叙述である（Packe 33, 早坂1976年、284、285頁）。ミルの『自伝』執筆の意図からすれば、自分の知性史を綴った『自伝』に、思想的に何の影響も受けていない母親について言及しないのは当然なのかもしれない。しかしながら、いかに自分の知性史を描いた自伝であるにしても、両親のお蔭で自分が存在す

る事実を知性には無関係のこととして、『自伝』における自分の生誕に関して母親について何も言及しないというのは、いかにも不自然である。早坂は、ミルが母親を無視するのとは対照的な妻への讃辞というミルの『自伝』をめぐる謎として次のように述べる。

　ミルの『自伝』を読む時に恐らく読者の抱く奇異の念の一つは、父に関する叙述が詳細をきわめているにもかかわらず、母や弟妹についてはほとんど何の記述もないことであろう（早坂、同上284頁）。そして、妻の生存中に妻と共同で、最終稿以上に妻への讃辞を連ねた自伝を、公刊を目的として書くとは一体どういうことなのであろうか？（同上300頁）。

　早坂が指摘する謎は、ミルの育った家庭環境と父ミルの英才教育と女性観の帰結であるとともに、ミルのハリエットに対する異常な従属関係において生じたものと思われる。この異常性は、ベインのいうように、ミルのハリエットに関する叙述の合理的な信憑性に対する疑問を生むのである。ミルの著作における抽象的で純科学的な部分はミル独自のものとして理解されるとしても、果してミルが述べるように、人間的な要素、哲学を人間社会の進歩と急務に適応させるすべてのものについて彼女がすぐれており、ミルが彼女の生徒として彼女の思想を受容したのかどうかが問題となる。この点の解明のために先ず『ハリエット著作集』を編集したジェイコブズのハリエット像をみることにしよう。ジェイコブズは彼女の生涯と知的資質について次のように要約している。

　ハリエットは1807年に生まれ、18歳の時、ジョン・テイラーと結婚した。彼女は結婚後4年の間に、ハーバート（Herbert）とアルガノン（Algernon）の二人の男児を生んでいる。アルガノン誕生の2・3か月後に彼女はJ. S. ミルと会い、ミルとハリエットとの交際は瞬く間に愛の関係に発展していった。それは、彼女の第3子であるヘレン（Helen Taylor, 1831-1907）を妊娠中であり、アルガノンが9か月にもならない頃である。彼女は、ヘレンの妊娠中に著述活動を始めており、詩や書評を出版し『マンスリー・レポジトリ』

(Monthly Repository) に論文を投稿している。この時期に彼女は、多くのエッセイを書き、女性教育、結婚、離婚、倫理、宗教、芸術についてノートに文章を残している。

　ヘレンが2歳の時、彼女は労働階級に教育を広める目的の組織（「有用知識普及の会」）のための長い論文を仕上げている。この年に彼女は、短い間、夫と別居した後、夫との形式的な結婚生活とミルとの親密な友達付き合いの両方の目的で、住まいを用意している。ミルは週末と週日の夕方に彼女に会い、しばしば彼女と旅行に出かけた。二人の旅行はその後20年間、彼らの結婚まで続いた。ミルとハリエットは、ともに繰り返し健康を患い、またゴシップの種となった。

　ハリエットは肺結核と身体の一部が麻痺したため病弱の体であったが、それにもかかわらず、1840年代と1850年代のはじめ、彼女はミルの研究に協力した。この時期に彼女は、『経済学原理』の一章（「将来の見通し」の章……著者）を書き、『ウェストミンスター・レヴュー』のために「女性の参政権」を執筆し、ミルとともにジャーナリズム活動を行っている。夫ジョン・テイラーは1849年に死去し、ミルとハリエットは1851年に結婚した。ハリエットは『自由論』と『自伝』の原稿執筆に協力したが、どちらも彼女の死後、1858年に出版された。

　彼女の知的資質はいかなるものであろうか？　彼女の知識の広さは驚くべきものである。彼女は、外国語ではフランス語、ドイツ語、イタリア語、ギリシャ語、ラテン語を理解し、原語で文章を著書に引用する力をもっていた。その上、彼女は、母国語に外国語を加えたこの六か国語を駆使して諸国に歴史上登場する哲学者、詩人、小説家、エッセイスト、思想家の文章を採りあげている。また彼女は実践的な才能も持ち合わせており、カリフォルニアのゴールド・ラッシュの際には、夫テイラーの扱う医薬品の需要が増えることを見抜いている。彼女の実践的な関心は政治に向けられ、彼女は女性の参政権、女性教育、結婚、離婚、男女の平等論、家庭内暴力について書き、これらを部分的に出版している（Jacobs 1998, xii‒xiv）。

以上がジェイコブズのハリエット像の要約である。ジェイコブズのハリエット像をみる限り、彼女の語学力と高い知的水準、哲学、芸術と政治的社会的な問題関心については、ミルの賞賛もあながち否定はできないと思われる。しかしながら、ジェイコブズはミルに対するハリエットの影響は全くなかったわけではないが大きなものではなかったとして次のようにいう。

　ハリエットの思想を研究した歴史家の結論は、彼女がミルに対して、ある種の偽りの (bad) 思想を強制した (Hagberg, Himmelfarb) か、彼女がミルの思想に全く影響を与えていない (Loesberg, Stillinger, Pappe, Mineka) かのどちらかにしぼられる。本書 (ジェイコブズ『ハリエット著作集』) は、一方で、彼女がミルの思想に大きな影響を与えたわけではないことということを示すとともに、他方で、ミルの知的生活に彼女の影響が全くなかったというわけではないということを示すものである (Ibid. xⅴ)。

　500頁を超える『ハリエット著作集』に収められた彼女の文書を吟味した結果、ジェイコブズはミルがミルの名前で出版した著書の中の重要な思想の多くが、才女の魔法にかけられた哀れなミルに強制した産物とは思われないという (Jacobs, xⅱ)。いいかえれば、ジェイコブズの結論は、ミルの知的生活に対する彼女の影響があるとしても、ミルのいうようにすべてではなく、ミルの思想の内容に直接およぼしている部分はごく一部に限られていると理解される。ミルの社会主義論についてジェイコブズは、ミルがハリエットの影響を受けたのではなく、彼女自身の思想をミルの名前で出版した例として、「将来の見通し」の章を『ハリエット著作集』に全文 (291-315頁) を掲載する。すなわち、ジェイコブズは「将来の見通し」の章をミルではなくハリエット自身の思想を著した著述として捉えているのである。「将来の見通し」の章以外で影響が問題とされるのは『自由論』である。ジェイコブズによれば、ハリエットの次の二つの文章は『自由論』の中の「個人の自由」と「思想の多面性」に関するミルの主張と共通しているが、ハリエットの書いた他の多くの文章からみて、彼女の与えた影響とは判断していない (Ibid. xⅴ)。

いかなる人間も他人の幸福を妨害しない限り、あらゆる個人的な自由に対する権利を有するものである（この文章は、1831年に結婚について書いた彼女のエッセイの中の彼女の主張である）(Ibid. 19)。

　真理は多面的であり、人はいつもその一面を語っているに過ぎない（この文章は彼女の個人的な文書の中の一文である）(Ibid. 232)。

　もし上の二つの文章が、『自由論』を先取りした彼女の思想であるとすれば、ミルの思想に対するハリエットの貢献は極めて多大なものといわざるをえない。しかしながら、ミルは1820年のフランス留学以来、自由主義への強い永続的な関心をもち続け、1825年の協同主義協会との公開討論では可能な限り行動の自由を許す制度が望ましいという立場から、オウエン主義を批判している。またミルは『自伝』で「半面の真理」や真理の「多面性」の思想は、精神の危機以後の数年間、すなわちハリエットと知り合う前にゲーテやコウルリッジから学んだといい（CW I 161/217頁、Ibid. 171/224頁）、彼女については何も言及していない。ミルの自由主義への強い関心と真理の多面性の思想は、1820年代のミルの思想であることから、『自由論』を先取りするかのようにみられる彼女の文章は、逆にミルが彼女との交流において与えた影響とも推測されるのである。

　このように、ミルの思想に対するハリエットの思想的な影響が限定的であったに過ぎないとするなら、ミルが「人間的な要素についてはすべて彼女の生徒であった」とはいかなる意味に解釈できるのであろうか？

　シュヴァルツは、ハリエットの影響を、父ミル亡きあと彼女に依存したミルの後半の人生における彼の感情（his sentiments）による動機の表現として理解する（Schwartz 1968, 191）。

　『J. S. ミルとハリエット・テイラー神話』の著者パップは、ハリエットのミルに与えた感情的な動機について次のようにいう。

　彼女はミルと悩みを共有し、彼女の才覚をもって優柔不断なミルに閃きを与える戦友であった。彼女のミルに対する理論的な影響はないと思われるだけ

でなく、ミルが『自伝』で詳細に述べる彼女の知的支配力による思想的影響は全く考えられない。ハリエットなしのミルはやはりミルであっただろう。彼女はミルが戦っている時も、また孤独な時もその悩みを分かち合う能力をもっていた。ミルがジレンマに陥るのを助けたのは彼女の理解力と人格のお蔭である。『自伝』におけるミルの知的支配力に対するミルの主張は、彼女の献身的で多分苦悩に充ちた心を表わした感謝の意味がこめられているのである（Pappe 1960, 47, 48）。

一方ロブソンは、パップの解釈を認めた上で、科学者ミルに対するアーティストであるハリエットという風に二人の役割分担を認める。そして彼女の役割をより積極的に解釈し、次のように述べる。

ミルとハリエットの二人の改革者は二つの思考領域において分業した。ミルは功利主義者であると同時に科学者として理論的な領域を担当したのに対し、ハリエットはアーティストとして、すぐに役に立つ実践的に成就しうるものは何かという領域で遠い将来の見通しにも極めて大胆に、ミルに対して、常に人間の可能性について、より希望のある思想を吹き込んだ（Robson 1968, 60）。ハリエットは絶えずミルが改革（reform）に熱心になるように促したという点では、ミルの助けとなった。しかしながら、ミルとハリエットの思想は異なる。ミルの究極の目的（the end）は最大幸福原理であり、最終的に、理論的な根本原理はミルの仕事だったのである（Ibid. 67, 68）。

ロブソンに従って解釈すれば、ミルは科学者であり、ハリエットは改革者である。ミルとハリエットの二つの思考領域での分業において、彼女がミルに促した感情的な動機とは、ハリエットから発せられた社会改革への熱意であったと理解される。フランス二月革命（1848）に刺激されて、自分の革命の思想をもつに至ったハリエット（Jacobs, xv）は、人間と社会の将来に希望をもつ彼女の哲学の適用として、ミルに『経済学原理』第3版の改訂を迫った。これに対して、「彼女に従うことを生きるために必要とする（Borchard）」ミルは彼女

の要請に応じて第三版を改訂したとはいえ、理論的な領域においては彼女の生徒ではなく、決して自分の思想や理論体系を修正したり崩したりしたわけではなかった。ロブソンがいうように、ミルの社会改革の究極の目的は功利の原理であり人類の最大幸福である。ミルは、後章で考察するように、社会主義者の掲げる改革の目標に共鳴しながらも、自由主義者、経験主義者であるとともに科学者としての立場から制度改革の結論を示さなかった。ハリエットの提示する社会改革の目標（アート）の課題に対して、アートと相互依存の関係にある科学は、ミル自身の方法に忠実であったと解釈されるのである。

ミルのハリエットへの異常な精神的依存は、ミルの理論体系への影響に現れるのではなく、通常の研究ではありえない二人の研究方法に現れたとみられる。ジェイコブズは、ミルとハリエットの共同作業の過程における二人のやり方について次のように指摘する。

ミルとハリエットは、お互いの見解の相違について無視することはしなかったが、相手の立場や論証について、あえて論争して一致を図ることはしなかった。ハリエットは、ミルが思想を文章に表現する偉大な能力の持ち主であることを認めたので、彼女自身が抱いた思想であっても、ミルの思想としてミルに書かせたのである（Jacobs 1998, xvi）。

このように述べるジェイコブズは、「将来の見通し」の章を、ハリエットの思想を表わした彼女の作品として『ハリエット全集』に掲載する。ジェイコブズのこの指摘は、ミルの社会主義論を解釈する上で極めて重要である。なぜなら、たとえ二人に見解の相違が生じても、ミルは自分の意見を修正するのではなく、ハリエットの思想を尊重してそれを生かすことを考える。無理に意見の合意を求めるのではなく、彼女の要請に応じて、彼女の思想をミルの思想として書いたと理解されるからである。すなわち、二人の共同作業におけるこの方法は、「将来の見通し」の章の中に、ミルの思想ではないハリエットの思想を、なぜミルの名前で公表したのかという謎に対する答えを示唆しているように思われるからである。しかし、この謎は二人の異常な関係のみならずミル自身の

思考方法に関係しているので、第3章以降でこの問題を取り上げ検討することにしたい。

ところで、本節の最初にふれたようにミルは自分の思想的発展の歴史を『自伝』で三つの時代に分類している。三つの時代的分類の特徴を簡単に示すと次のようになる。

第1期（1806-28）父ミルの徹底した英才教育を受け、父の指導のもとでベンサム主義を軸とする哲学的急進派の中心的役割を担って活躍した時代。

第2期（1826-40）精神の危機を転機としてベンサム主義に反発し、ロマン主義や社会主義など啓蒙思想とは異質の思想に関心をよせ、それらの思想に接近した時代。

第3期（1840-70）ベンサム主義に対する反動の行き過ぎを反省して、ベンサム主義と第2期に吸収した思想との調和を図り、功利主義、自由主義、経験主義を思想的特質とするミル独自の思想を『論理学』をはじめとする主要著作に著した時代。

以上の分類に従えば、我々は若きミルの第3期に至るまでの思想形成を考察したことになる。ミルの社会主義論の基礎をなす若きミルの思想は、ミルの異常な家庭環境と父の厳しい教育を出発点として、父ミルとベンサムとの合意によりミルをベンサム主義の思想的後継者として育成し社会改革を図るという意図のもとに形成されていった。ミルがベンサムから学んだ「アートと科学」の方法により「功利の倫理的原理を導きの糸として」、歴史社会を人間性の科学の対象として改革を図る思想は、その後の思想的変遷にもかかわらずミルの思想を貫くことになった。第2期において、ミルはベンサム主義に反発しロマン主義や社会主義の吸収を図ったとはいえベンサム主義から離脱するのではなく、ベンサム主義と異なる思想を半面の真理として異質の思想との総合を図った。ミルは功利主義を思想の柱として認識論においては観念連合説と経験主義、倫理学においてはギリシャ哲学の徳とロマン主義的自由主義を基礎に熟成しつつ、『論理学』(1843)をはじめとして示される第3期の著作に結実していった。次章ではこのようなミルの思想形成を念頭に置きながら、ミルが生涯を通して取

り組んだ「所有と制度」のあり方について、ミルの思考の歩みを辿ることにしたい。ミルに対するハリエットの影響に留意しつつ、ミルの社会主義論を彼の思想的特質と方法論から倫理と科学の調和する思想の展開として考察することにしよう。

1) ミルは、「遺稿」では「大陸の社会主義者達」の具体的な名前をあげていない。しかし、その文脈からして、「大陸の社会主義者達」は第一インターナショナルに関与したプルードン主義者、バクーニン派、マルクス派を指すと推測される。ミルは、彼らとオウエン主義者、サン・シモン派、フーリエ主義者などのミルのいう「哲学的社会主義者」とを区別して、「大陸の社会主義者達」を「遺稿」の検討の対象から除外するのである。
2) ヴィルヘルミナ（Wilhelmina）はジェイムズの恩人であるステュアート卿夫妻の一人娘である。ジェイムズの三歳年下で彼は1790年から4年間彼女の家庭教師をしていた。ヴィルヘルミナは知的で美しくジェイムズは「初恋で唯一の真実の愛」を彼女に感じていたようである（Borchard 4）。
3) フォード・アベィ（Ford Abbey）はイギリス南西部のサマーセットシャー（Somersetshire）州にある中世の僧院である。ベンサムは1814-17年までこの僧院を賃借し毎年の半ばをここで過ごした。ベンサムはミル一家を僧院に招き、ジェイムズの執筆と彼の子供たちの教育のために場所を提供した（山下2003年111頁）。
4) ジェイムズの1812年7月28日付ベンサム宛書簡。この書簡は当時結核に感染していたジェイムズがもし病気で万一他界した場合、長男ジョンの教育をベンサムが引き受けようというベンサムの申出に対するジェイムズの返事である。二人の共同計画の意図が、次のようにはっきりと記されている。

> もしも私がこの哀れな息子（ジョン……筆者）が成人する前に万一死ぬことがあったならば、私をもっとも心痛させることはあの子の心を私がのぞんでいる程度にすぐれたものにしないままに放置せざるをえないことです。しかし、その苦痛を和らげる唯一の希望は、彼をあなたの手にまかせることです。私としては、あなたのお申出を真剣に受け止めてできるだけのことをいたします。そうすれば、彼を私達二人にふさわしい後継者として残すことができるでしょう（Bentham 1812, vol.8, 255）。

5) ミルは、リカード、ジョセフ・ヒューム、グロウト、ジョン・オースティンに関して『自伝』で次のように回顧する。

リカードは、『経済学および課税の原理』が出版されて2年後、1819年に私が経済学を学んでいた時に、私を自宅に招き経済学の話をしてくれた。リカードは慈悲深い顔つきと優しい態度で人に接するので若者たちに魅力的な人物であった（CW I 55/92頁）。ジョセフ・ヒュームは父の学友でジェイムズに感化され、哲学的急進派の下院議員として活躍した。彼は議会改革にための政治活動によってイギリスの歴史に名誉ある位置を占めた（Ibid.）。グロウトはアテネの民主政を賞賛する『ギリシャ史』(1846-56)を著した歴史家であるが、哲学的急進派の活動家でもあった。グロウトと政治的、道徳的、哲学的な主題について話をしたことによって、多くの貴重な知識を得たばかりでなく、知的道徳的にすぐれた人物と共感して交流する大きな喜びと利益を得ることができた（Ibid. 75/124頁）。ジョン・オースティンは、法哲学者で初代のロンドン大学法理学教授である。オースティンの私に与えた影響は道徳的な意味で多大であり、特定の思考様式や社会集団による偏見と偏狭性に断固として反対する広く公平な思考方法を教えてくれた（Ibid. 75-79/124-126頁）。

6) ミルは『自伝』でジェイムズの宗教観について次のように解説している。

　　父は宗教的信仰と呼ばれるものすべてを拒否するが、それは彼が無神論者であるからではなく、道徳的理由により万物の起源について全く何も知ることができないという確信をもつに至ったことによるものである。彼はバトラー（Joseph Butler, 1692-1752）の『宗教の類推』(1736)によって心の転機をもたらされ、彼自身の研究と内省とによって啓示宗教ばかりでなく理神論（自然宗教）も拒否していった。

　　バトラーは18世紀の道徳哲学に影響を与えた神学者であり『宗教の類推』で理神論を批判し、利己心と利他心の調和する人間の世界で利他的な良心に道徳の根源を求めようと試みた（島内2007年、631頁）。ジェイムズがバトラーを評価するのは旧約聖書と新約聖書が完全に賢明で善良な存在に由来することを信じることの困難を示して理神論を批判したことである。ジェイムズはバトラーの理神論批判の正当性は認めつつも宗教そのものに対する疑問を深め、悩み抜いた末に啓示宗教か理神論かという神学上の問題を超えて、人類に最大幸福をもたらすのは宗教ではないという結論に達するのである。ミルは次のようにいう。

　　父はこれほど害悪に満ちている世界が無限の力と完全な善と正義とを併せ持つ創造主が創りあげたものだと信じることはできなかった。父は宇宙を支配しよう

として善と悪の原理が闘争しているというサバ教[7]やマニ教[8]の理論に対しては仮説と考え、堕落的な影響をもつとは考えなかったように思われる（*CW* I 41-45/81-84 頁）。

7) サバ教（Sabaean, Sabian）は古代南アラビアの拝星教である。それは星を媒介として創造主への到達を信じて星を崇拝した宗教である。イスラム教の経典 Koran では、サバ教徒をイスラム教、ユダヤ教、キリスト教徒と同じく真の神の信者として捉えている（The Oxford English Dictionary, 2nd ed. Vol. XIV, 317、『岩波イスラーム辞典』2001 年、113 頁）。

8) マニ教（Manichaeism）はメソポタミア（現在のイラク）で生まれた Manes が 3 世紀頃創始した宗教である。キリスト教、仏教、ゾロアスター教ほかさまざまな宗教の教義の要素を混交したもので、光（善）と闇（悪）の二元的世界観に立つ。マニ教においては人間は禁欲的な生活によって救われるものと説いている。マニ教は、欧州、アフリカ北部、中央アジア、中国にまで民族を超えて広がり世界的な宗教となったが 11 世紀頃から衰退し滅亡した。

9) ハートリ（David Hartley, 1705-57）はイギリスの医師、心理学者、哲学者であり、『人間についての観察』（*Observations on Man*, 1749）を著した。彼はこの書物でニュートンの流体の粒子の振動に関する理論を生理学に応用し、観念連合によって精神現象を説明した連合心理学の先駆者といわれる。幼児にみられるように自動的反射運動が感覚や観念と連合され反復されるうちに習熟し思考や行為が可能となるという緩やかな決定論である。どんな複雑な観念でも感覚から始まり、人間の感官への外的刺激が脳内運動を引き起こす。この脳内運動による印象の連鎖が継起して単純観念から複合観念へと発展するという。ハートリはまた道徳と宗教についても心理学的な道徳的発展による幸福の実現を説いた。ジェイムズはハートリの影響を強く受け、「教育論」ではハートリの連合心理学を高く評価している。ミルは、1822 年に父からハートリの著書と観念連合説に基づいて書かれた父の『人間精神現象の分析』（1829）の原稿を読むことを許され、人間の複雑な心理現象を観念連合の法則で説く思想に感銘を受けている（*CW* I 71/121 頁）。

10) ジェイムズはロックとハートリの認識論（epistemology）を受容した。

　認識論は、知識論ともいわれ、知識の起源、構造、方法、妥当性などを考察する哲学の主要な分野である。古くはソクラテスの「無知の知」の自覚から「真の知（エピステーメー）」を問う哲学に示されるように、ギリシャ哲学の中核をなす課題の一つであった。ロックの認識論は、デカルト、スピノザ、ライプニッツなどの大陸合理論と対比されるイギリス経験論の立場である。すなわち、合理論が数学的世界観に基づき生得的原理からの演繹による体系的認識を重視したのに対し、

ロックは実験と観察に基づく感覚論や経験主義の立場から帰納的な認識を重視する。ロックによれば、知識は感覚と内省の経験からくるものであり、生得の観念や原理を否定される。そして一切の観念は経験に由来する単純観念の複合によって成り立つとされる。ハートリの認識論については、註9）参照。

11) ベンサムの弟であるサミュエル・ベンサム（Samuel Bentham, 1757-1831）は、造船技師であり、発明家である。兄のベンサムとは多くの分野で改革や改良の情熱をともにし、生涯にわたって協力しあった（Oxford Dictionary 5, 235, 2004）。

12) サミュエルが1780年から1791年までロシアに渡り女帝エカテリーナに仕える間、彼を訪ねてきたベンサムと共同でパノプティコン（panopticon、一望監視装置）の構想が生まれたといわれる。パノプティコンはベンサムによるギリシャ語からの造語である。すべて（pan）を見る場所（opticon）という意味であり、獄房の囚人が分からずに看守が常時監視することのできる円形監獄のことである。ベンサムは1790年代からイギリス政府にパノプティコンの建設を熱心に働きかけたが、1811年この構想は議会によって拒否された。ベンサムが普通選挙の実施を目指す哲学的急進派の活動を推進したのは、議会によるパノプティコンの否定に一因があるといわれる。しかしながら、ベンサム主義におけるパノプティコンの思想的意義は、囚人の悪習を改善するための監視施設であるというに止まらず、代表民主制における主権者である市民の公職者に対する監視として理解することにあるといわれる（戒能2007年、422, 423頁）。

13) ミルのフランスでの生活については『自伝』のほか、ミルが書いた日記（"Journal and Notebook of a Year in France" / 山下訳、CW XXVI /『J. S. ミル初期著作集』(1)）がある。

14) ミルが読んだのはトゥランジャンの『1789年の革命以降のフランス史』（Francois E. Toulangeon, *Histoire de France, depuis la revolution de 1789*, 4 vols., Paris, 1801-10）であろうと推測されている（山下2003年、139頁）。その後ミルはフランス革命に対する関心をもち続け、1826年には、『ウェストミンスター・レヴュー』のためにミニュエの『フランス革命史』(1824)を評論する。ミルはフランス革命について研究し、著書を出版する考えを抱くが、1831年より親しく交流を始めたカーライルがフランス革命の出版の意図を固め、すでに先行していることを知って、出版を断念する（*CW* XX, xxxviii, ix）。

15) スイス人エティエンヌ・デュモンは、1780年代にシェルバーン伯爵（宮廷に距離をおくカントリィ・ウィグの政治家）のサークルでベンサム主義者となり、ベンサムの思想のヨーロッパ大陸、中南米など国際的な普及につとめる。『立法論』（*Traités de legislation civile et pénale*, ed. Etienne Dumont, Paris, 1802.）はベンサムの法学理論をフランス語で立法原理、民法論、刑法論の三巻にまとめたものである。

16歳のミルはこの著書を読んで「人生の一大画期」を迎えるという表現でその感激ぶりを表わしている。ミルは、ベンサムの原典よりも「犯罪の分類については明快で簡潔で迫力があった」として『立法論』を評価している（*CW* I 67/119, 140 頁、永井 2003 年、79、147 頁）。

16）わが国では utilitarianism が功利主義と訳されるために功利主義は打算的な学説と誤解されることがある。この誤解を避けるために永井は utility を「有益性」、功利主義を「公益主義」と改めることを提唱する（永井 2003 年、v-vii 頁）。永井の主張は、utility ないし utilitarianism が打算的な意味にとられる誤解を放置している状況をみて学会に一石を投じたものであり、この提案は傾聴されるべきものと思われるが utilitarianism は公益とともに個人の幸福を目指す思想でもある。しかしながら、個人と社会の最大幸福を調和させる思想を端的に表現する訳語は未だ見出されていないのが現状である。

17）ロック、マンデヴィル、カンバーランド、ジョン・ゲイ、シャフツベリ、ハチスン、バトラー、ベッカリア、プリーストリ、ペイリィ、ヒュームはそれぞれの思想的立場から人間と社会の幸福を議論している。カンバーランド（Richard Cumberland, 1631-1718）は、ホッブズの利己主義を批判し、人間相互の社会的感情を重視した。カンバーランドは、全般的な幸福を育むことは神の意志であり、他者に対する合理的な仁愛が社会全体と個人の両方の幸福を築くとして神学的功利主義の先駆的な思想を示した。ハチスン（Francis Hutcheson, 1694-1746）は、「仁愛（benevolence）」は徳の源泉であり、この生来的感情が拡大して万人の幸福を願う時に真の徳が実現するとして「最大多数の最大幸福」という表現を用いて功利主義の思想を述べている。またペイリィ（William Paley, 1743-1805）は神の摂理のもとでの人間の幸福の実現を快苦と関連づけ、功利の原理を規準として人間の行為の正・不正を論じた。以上のように、古代ギリシャの幸福主義は、近代になって多様な思想に復活し展開された。

18）第1次選挙法改正後の選挙で、改選されたジョセフ・ヒューム、オコンネル（Daniel O'Connel, 1775-1847）、ウォーバートン（Henry Warburton, 1784-1858）、ストラット（Edward Strutt, 1806-44）などに加えて、グロウト、ロウバック、ブラー（Charles Buller, 1806-48）、モウルズワス（William Molesworth, 1810-5）などが新たに選出され、急進派の議員は 20 名の当選を果たした。

19）カーライルはスコットランドの思想家であり歴史家である。彼は近代化の帰結である拝金主義を批判し、啓蒙思想や功利主義の是認する個人の物質的欲望の追求を否定する。ドイツ文学や観念論哲学にひかれ、ゲーテの教養小説（ein Bildungsroman）『ヴィルヘルム・マイスター』をモデルとして『衣服哲学』（*Sartor Resartus*, 1834）を書き、自然的超自然主義と称する思想を説く。神の衣装である偉

大な自然の下で、人間は幸福を追い求めるのを止め私利を棄てることを説く理想主義的な思想である。反自我意識説（doctrine of anti-selfconsciousness）は、カーライルがゲーテに依拠して、滅私（Annihilation of Self）や自制（Renunciation）により自我を捨てて行動し、社会に対して忠実に義務を果たすことを説いた思想をいう。ミルは、18世紀の啓蒙思想に対する19世紀の反動の思想家としてカーライルを評価し、ベンサム主義とは異質の思想に接近する1830年代にカーライルと親交を深める。だが1835年にカーライルの『フランス革命』の原稿をミルの不注意によって燃やしてしまう事件があり、その後ミルとハリエットとの私的な関係も複雑に絡んで、1846年頃ミルはカーライルとの交際を絶つのであった。

20）コウルリッジとともにイギリス・ロマン主義を代表する詩人であるワーズワス（William Wordsworth, 1770-1850）は湖水地方に生まれ、自然の美しさと大自然の背後にある霊的存在と人間との交感から人間が学ぶ「想像力（imagination）」の働きと思想をテーマにした。ミルは、ワーズワスの詩から感情による精神の内的陶冶の倫理的な意味づけを学び、1831年7月にGrasmereのワーズワス邸を訪問している（CW I, X VII 80, 81）。

21）ミルの親友のひとりであるロウバック（John A.Roebuck, 1802-79）は1822年にミルが組織した「功利主義協会」の仲間である。ロウバックは、ミルとともに「哲学的急進派」の活動をともにして、1832年から下院議員として教育改革やカナダの自治のために活躍した。ミルは『自伝』で、仲の良いロウバックと次第に疎遠になったのは、ミルの精神の危機以後、ワーズワスの詩の評価をめぐって、ミルが感情による精神の内的陶冶を人間形成の鍵と悟ったことを、ロウバックが理解しようとしなかった時以来であると述べている（CW I 153-159/215-217頁）。山下はミルとロウバックのこの論争は、「精神の危機」以来「感情の陶冶」の重要性を痛感するに至ったミルの立場を反映するものとして注目している（山下1971年、119頁）。ロウバックは、ミルが精神の危機を転機にベンサム主義に修正を加え、功利主義とロマン主義との調和を図ろうとした時の分岐点に位置する人物とみられる。

22）ミルはコウルリッジが哲学的問答法の意義を認めることによって半面の真理（the half truths）を重視する方法を主張したと解釈している。

　コウルリッジは『方法の原理』(1818)で、一般には相容れないものと誤解されている二人の権威者をプラトンとベイコンであるとして、二人の思想を和合させる試みについて述べている（Coleridge 1818, 488-495/51-59頁）。コウルリッジがプラトンとベイコンという時代も異なり、思想も対極にある両者の思想に共通するのは思想を形成する方法であると解釈して、小黒は次のようにいう。

　コウルリッジは「方法の原理」で、プラトンとベイコンという国も時代も異にす

る二人の哲学者の思想を対比させて彼らを相対立する二極に置き、その相反する二者の間に共通するのが彼らの方法であることを見出した。プラトンは哲学的問答法（ディアレクティケー）という前進的で確実な方法によって、人間の精神における虚像（イドラ）を浄化して観念（イデア）を探る道を示した。これに対しベイコンは、彼が実験と呼ぶ人間が目的をもって行う経験によって、人間の精神と自然の法則との呼応性（Correspondence）を通じた自然の本質を探り出す方法を示したのである（小黒2004年、200-203頁）。

哲学的問答法は、プラトンがソクラテスの問答法を継承した対話を通して行う哲学的探究の方法である。対話の中での矛盾する命題における見解の対立や衝突を媒介として、事物の本質を探る思考の方法である。矛盾する二つの命題においては、対立する片方の命題が互いに真理であるようにみえても、それらは半面の真理であって、全体的な視点からみると部分的な真理に過ぎないのかもしれないのである。ミルが自由主義と社会主義という対立する二つの思想の調和を図ったり、あるいはベンサムとコウルリッジを対峙させてベンサム主義の欠陥をロマン主義で補う思想を示したのは、ミルがプラトンとコウルリッジの半面の真理の方法を継承したものと思われる（CW I 171/224頁；I (Mill) applied to Coleridge himself his sayings about half truths.）。なおコウルリッジが半面の真理について言及している叙述については、例えば遺稿（Coleridge 1838）で、コウルリッジが「半面の真理（the half-truths）で全体をみるのは最も悪意ある誤り（Ibid. 145）」と述べる叙述にみられる（山下2003年、259頁）。
23）ミルは父ミルの経験論と観念連合説を継承し、「コウルリッジ論」においてカントの超越論哲学を批判し、ベンサムの経験論の立場にあることを表明する（CW X120-129/23-41頁）。父ミルの認識論は既にみたようにロックの認識論の影響を受けたハートリに依拠し、実験と観察に基づく認識を重視するベンサムの流れにある。
24）倫理学は社会における人と人との関係を定める規範、原理、規則についての学問である。それは、国家の強制を伴う法律とは違い、人間性のあり方、人間のよりよい生き方を問う。ミルは、幼少の時よりソクラテス学徒である父ミルからギリシャ哲学の教育を受け、節制（temperance）をはじめとする徳（virtue, arete）の重要性を学んだ。ミルによるコウルリッジの自制的訓練の評価は、ギリシャ哲学の徳に加えて、精神の危機を克服する過程で学んだワーズワスの感情の陶冶、カーライルの反自我意識説などの思想が合成されてミル独自の倫理思想を形成する過程の一環であると思われる。
25）ミルは、カント哲学の影響を受けトマス・リードの常識哲学を支持するハミル

トン（William Hamilton, 1788-1856）の『形而上学・論理学講義』(1860, 61)、『リード論』(1846)、『哲学・文学論考』(1852) を読む。ミルは最初ハミルトンの認識の絶対性を拒否する相対主義と心理学の見解に共感を覚えるが、次第にハミルトンとミルの思想が一致するのは表面上言葉の上だけであり、両者の思想が基本的に異なることを知る。ミルは、ハミルトンの直覚主義（intuitionism）を連合主義に依拠する経験論の立場から批判する。ミルは、人間の感性や精神を環境や観念連合から説明することに反対する直覚主義の弊害が、制度上の問題を軽視することによって社会改革に支障をきたすことを恐れたと述べている（CW I 269/359, 360 頁）。

26) ミルに対するトクヴィルの影響については、川名の詳細な研究を参照されたい（川名 2012 年、第 3 章）。

27) 若きミルの思想形成の研究は、我々が概観した流れに加えて、「時代の精神」(1831) や「文明論」(1836) ほか数多くのエッセイを書いた 1830 年代の旺盛なジャーナリズム活動、1830 年から 33 年にかけての「経済学試論集」、1830 年から 5 年間の中断を経て 10 年余を費やした論理学の研究など、政治思想、経済思想、哲学をはじめとする多面的な研究視角からの接近が課題であろう。しかし小論では社会主義論に特に関係が深いと思われるミルに対するハリエットの影響に焦点を絞って本章の考察を終わることにしたい。ミルの思想形成について、最近では川名が 1820 年代末から 1848 年代末までの思想形成をミルの意図にそって探ることによる歴史的再構成を試みている（川名　同上書）。

第2章　ミルの社会主義論の形成

1．所有と制度に関するミルの問題提起

　ミルの社会思想が形成される1830年から1840年代のイギリスは、改革の時代といわれる。前世紀のさまざまな技術革新が経済発展をもたらし、都市の発展と工業化の進展によって力を蓄えた商工業者が、支配階級の貴族・ジェントリィ層と闘いながら、いくつかの自由主義的な制度改革を勝ちとっていった。第一次選挙法改正（1832）、救貧法改正（1834）、穀物法撤廃（1846）、航海法廃止（1849）と相次ぐ制度改革によりブルジョワジーの権益が増大し、ヴィクトリア中期の繁栄が準備された。

　他方、経済的自由の果てしなき拡大は、深刻な労働問題を引き起こすことになる。当時の綿工業や炭鉱では、大勢の女性と10歳にも満たない児童を含む労働者が苛酷な労働条件で働いていた（村岡1999年、398、399頁）。エンゲルスの『イギリスにおける労働者階級の状態』（1845）は、コレラの流行の犠牲者の大半が労働者であったことなど、労働者階級の悲惨な状態を伝えている。

　このように労働問題が社会問題として深刻化する状況のもとで、ミルは父から学んだ古典派経済学のように現存の所有制度を前提とするのではなく、所有と制度の問題を原点に戻って検討し制度改革を図る必要性を痛感する。ミルは『経済学原理』第2編第1章「所有論」で、生産論で扱う生産の法則が自然法則であるのに対して、分配論で扱う分配の法則が経済体制との関係で人為的に決まる法則であるとして、所有と制度の問題提起を行うのである。

　マルクスにとって所有と制度の問題は、歴史法則に則って資本主義から社会主義へと必然的に移行する問題であるのに対し、ミルの場合は分配的正義を目指す制度を「選択する」問題なのであった。ミルは、「所有論」について、社

会の根本問題を考える社会哲学上の一問題として、土地および労働生産物の分配的正義をいかに実現するかを問い、これを私有財産の原理に基づくのか、あるいは何らかの共有共営の制度に基づくのかを選択する問題であるとして次のように述べる。

> 私有財産制度がひとたび確立されると、この制度の有用性が私有制の維持の理由とされて、現体制を守ることが当然のように思われる。政治の目的である治安の維持を図るため、法律によって個人の努力の成果である財産の所有を保護するという保証が与えられたのである。しかしながら、現体制における富のはなはだしい不平等から生じる貧困と不正とを是正しうるという希望から、社会の根本原理を思索する視点で所有論を探究するには、生産ほかの経済活動を私有財産の原理に基づいてなすか、それとも何らかの共有共営の制度に基づいてなすかを、まず選択すること（to choose）を仮定して考察すべきである（*CW* II 201, 202/（2）16-19頁）。

財産の私的所有か、それとも共同所有かという所有の問題、あるいは分配的正義を実現するには、いかなる所有制度を選択すべきかという体制の問題は、古くギリシャ哲学に起源をもち、現在に至るまで議論される社会哲学の主要な問題の一つである。幼い頃からギリシャ哲学に慣れ親しんでいたミルは、所有の問題の基本に立ち返るにあたって、ギリシャ哲学者の問題提起とベンサムに至るまでの思想家たちのさまざまな所有論を脳裏に思い浮かべたに違いない。コリーニは、ミルの政治の科学や政治経済学など社会科学の基礎には社会哲学があり、ミルがその社会哲学を考察する場合、プラトンからベンサムまでの哲学を念頭に置いて独自の思想を形成したと述べている（Collini 1983, 132-135/110-113頁）。ミルは精神の危機を乗り越えた後、父の政治理論を絶対的に正しいとは考えなくなり、政治制度を「時代と場所と環境に適する制度を選択する問題（*CW* I 177/230頁）」として多面的に考えるようになった。ところがプラトンとアリストテレスにおいては、時代と場所と環境がほぼ同一とみられるのにも拘わらず、選択の後に社会の在り方がまったく異なる相矛盾する思想

第2章　ミルの社会主義論の形成

を述べている。ミルは所有制度に関する諸思想の矛盾につき、特定の理論に固執することなく過去のさまざまな思想と制度を広い視野から眺める姿勢を貫き、私有と共有の思想の半面の真理をみる。人間と社会の多様性をみるミルの思想は、ベンサム批判をはじめとしてコント、ギゾー、ニューマンに対する批判などミルの叙述の随所に現れるのである。このミルの思想は、いかなる思想を背景とし、ミルはどのような思想を意識したのであろうか？

　アテナイの民主政の下でソクラテス（Sōkratēs, 470/469-399 B. C.）の非業の死に直面したプラトン（Platōn, 428/427-348/347 B. C.）は、師を殺し貧富のある階級間の争いの絶えないアテナイには厳しかった。彼はアテナイとは異なる人間の幸福を増進する理想の国家を探究し、『国家』で哲学者による統治を説いた。彼は当時のアテナイで徳性を失い、堕落していた統治階級を諌めて、理想の国を統治する人々は、必要不可欠のもの以外は私有財産を所有せず、家族制度の廃止を主張した。そして財産を厄介の源と考え、力のあるものへ財産をもたせず、財産をもっているものに力を与えないことが、財産の政治への悪影響を根絶する方法と考えた。プラトンは、人々が公共精神に富み、私利私欲に夢中にならず、階級闘争を起こさず、海外への冒険に興味をもたないような社会秩序の設計を試み、統治する人々の徳性に期待したのである。しかし、プラトンは共産主義の現実的な困難を意識していたようで、『法律』では、政治的生活の諸条件の全面的変容による抜本的解決法からは後退しているといわれる（Ryan 1987, 9-14/14-19頁）。

　『国家』で財産の共有制による人間の幸福の増進を説いたプラトンに対して、人間の有徳の行為に幸福をみるアリストテレス（Aristotelēs, 384-322 B. C.）はプラトンを批判し、財産の私的所有の有用性を主張する。通商と金儲けでなく、徳を発揮する農業を振興し、個人、その中でも穏健で革命を嫌う中間層による財産の所有がのぞましい。共有よりも個人が自分の財産をもった方が責任感を増し、ポリスの安定に寄与するという考えである（Ryan, Ibid. 15-22/24-33頁）。

　アリストテレスは『ニコマコス倫理学』においても、正義と中庸を論じ、分配的正義を説く。彼は、『ニコマコス倫理学』第5巻第1章の冒頭で、正義とはどのような性質の中庸であるかと問い（アリストテレス（上）169頁）、第3

83

章で均等な人々が価値に相応せず均等でないものを取得したり配分したりすれば、闘争や悶着が生じると述べる（同上179頁）。そして第4章で共同なもろもろの事物の配分、共同的な資材に基づいて配分が行われる場合の正しい配分の在り方について議論する（同上181、182頁）。

　ミルは幼少の時に父の指導を受けながらギリシャ哲学者の思想を学び、プラトンの『国家』を読んだ。だが幼いミルが所有に関するプラトンとアリストテレスの思想の対峙を意識したとは考えにくく、またミルの「所有論」にはギリシャ哲学についての言及はない。しかしミルが「所有論」で、分配的正義に関わる社会制度を人為的なものとして、何らかの共有共営の制度を探るのか、あるいは、徳に根差した私有の原理を選択するのかを探るのは、まさにプラトンとアリストテレスの提起した問題にほかならない。そして現体制における富のはなはだしい不平等から生じる貧困と不正を是正するという正義はアリストテレスの中庸の徳であり、また土地所有農民が所有によって徳性を高めるという思想は、アリストテレスに源流があるとみられる。ミルは、『経済学原理』第2編（分配論）第6章（自作農）で小規模の土地を所有する自作農を称賛して次のようにいう。

　　自作農は土地を私有することにより、土地改良への意欲と責任感を増し、経済的な改善のみでなく、農民の人間性の向上すなわち知性（the intelligence）とともに深慮（prudence）、節制（temperance）、克己（self-control）という自立の徳性を高めることができる（CWⅡ281／(2) 169頁）。

　このようにミルの社会主義論の一方の極はアリストテレスがすでに述べている思想に源が認められる。他方プラトンの『国家』における共有の思想についてのミルの言及は見当たらないが、ミルはルソーの思想に一定の評価を与えており、「人間の進歩の終極の結果としてみなされる（CWⅡxciii／(1) 26頁）」共産主義をもう一方の極として私有財産制度と対峙させている。ギリシャの哲学者が提起した私有財産と共産主義とを両極としていかなる社会制度が人類の幸福を増進するか、という社会の根本原理に関わる問題は、中世を経て近代か

ら現代に至るまで思想家の主要課題の一つとなり、ミルもこの課題に取り組んだひとりなのであった。

　ミルが所有と制度の思想の一方に片寄ることなく、所有の思想の多様性をみることを重視していることはミルの社会主義論の結論が述べられる「遺稿」で示されるが、それは『自由論』第 2 章におけるルソーの思想の評価に表れている。「言論および思想の自由について」主張するこの章でミルは、「財産と平等 (property and equality, CWX Ⅷ254/97 頁)」、「協同と競争 (co-operation and competitoion, Ibid./ 同上)」など所有と制度にかかわる問題を含む思想について、少数意見を含めた意見の多様性をみることの重要性を強調している。それは「半面の真理」をみるソクラテスの弁証法により相矛盾する思想に含まれる真理をみるべきであるとして、私有と共有の対立する思想の例がルソーの思想であるという。ミルはヒュームやスミスをはじめとする私有財産に基づいて近代文明を賛美する 18 世紀の思想家たちは多くの真理を語っているにも拘わらず、それらの真理は半面の真理にすぎないことを見抜いたルソーが「逆説をもって」18 世紀の思潮の中に「爆弾のごとく炸裂して」当時の「一般的な意見に欠けていた真理」を述べたというのである (Ibid. 252-254/93-89 頁)。それではミルがいう 18 世紀の思想に含まれる多くの真理とこれに対峙する半面の真理を背景として、ミルがいかに所有と制度の問題を探究するに至るのかをみることにしよう。

　ルソー以前の共有の思想としては、ルネッサンス時代に当時の公共社会（コモンウェルス）の土台を侵食している貴族と地主を弾劾し、「土地囲い込み」による農民の悲惨を根絶するため、私的所有を廃止し貨幣のない財産の共有にもとづく社会をユートピアとして描いたのはトマス・モア (Thomas T. More, 1478-1535) であった。だが、商業経済が発達し富が蓄積しつつあった 17 世紀以降になると分配的正義よりはむしろ、私有財産を前提として市場を守る交換的正義が所有論の主題となる。ホッブズ (Thomas Hobbes, 1588-1679) は、人間の自然状態が「万人の万人に対する戦い」の状態にあり人間が自己保存のためにもつ自然権が自己否定されるため、人間の理性が発見する自然法によって、この自然権を制限し、社会契約による絶対主権の設立により国家が成立すると

いう。ホッブズの後に自然法と社会契約の思想に基づいて、近代的な所有の正当化を主張したのは、ジョン・ロック（John Locke, 1632-1704）である。ロックは、私有財産を基礎とする社会契約によって人々の生活が安全を保たれると考えた。彼によれば、人間は自然状態においては自由で平等な人々が、理性によって相互に生活を営んでいる。自然状態において人間の自由を制約するものは自然法のみである。自然法は理性による道徳的法則であり、理性は自分および他人の生命、健康、自由、財産に対する自然権を犯してはいけないことを教える。人間は固有の身体から自然物に労働を投下することにより労働所有権が発生する。一方人間は、無政府の自然状態では生活に支障をきたすので、自然状態での権利を放棄して、人々の合意によって政体を形成する。人々が国家をつくる目的は、人々の生活の安全を守り、自然権を擁護することにあるという。しかしロックの思想によれば、もし政府が人民の自然権を擁護できないなら、人民は政府を替えることのできる抵抗権や革命権を有することになる。ロックの思想は、人間の労働が富の源泉であることを示すことによって、後の労働価値説や労働全収権の思想、名誉革命の市民的社会観を代表する理論としてその後の市民革命に影響を与えたといわれる。だが、ロックは近代市民社会と貨幣経済の発展により、所有権と経済の拡大が貧富の差を生み出すことも認識していた。しかしロックは、仮に社会に貧富の差が拡大したとしても、私有制と競争による経済の拡大の利点の方が、貨幣が発生する以前の平等と貧困の社会より人々の豊かさにおいてはるかに上回ると考えた（水田 2006 年、81、82 頁）。

　18 世紀に入り、株式や公債という新しい財産形態が発達し、金権腐敗政治が批判された。私的所有の限りなき発展は公益の敵であり、自由な土地所有者の自己規律の徳を賛美する思想に対して、「私悪は公益」として、利己心による利益追求を擁護したのはマンデヴィル（Bernard de Mandeville, 1670-1733）である。マンデヴィルは、ハチスンやスミスに影響を与えたシャフツベリ伯（第 3 代、Anthony Ashley Cooper, 1671-1713）の性善説に基づく利他主義思想を批判する。彼は、『蜂の寓話』（1714-32）において、人間社会を蜂の巣にたとえて利己心を是認し、各人が利益追求に没頭することによって社会全体が繁栄することを説いた。マンデヴィルによれば、私利の抑制は不可能であり、私利

を抑制しすぎると経済は破局に至るととして、腐敗した社会に新しい種類の自由をみる（Mandeville, vol. 1, 3-16/3-9 頁）。個々人の私益の追求を許しても社会全体が調和を保つという彼の思想は、スミス（Adam Smith, 1723-90）の「見えざる手」やハイエク（1899-1992）の「自生的秩序（spontaneous order）」の論理につながる先駆的思想とみられる。

人民の自由と私有財産を保障する政府の成立根拠を問題にするホッブズやロックと異なり、18 世紀スコットランド啓蒙思想の展開は、名誉革命体制における政府や市場経済を前提として文明社会のより実質的な実現を課題とする。ヒューム（David Hume, 1711-76）は人間学の構築を目指す主著『人間本性論』（1739、40）で、ルソーやマンデヴィルと異なる理論で所有の問題を論じる。ヒュームは、ロックの労働所有論や仁愛（benevolence）と道徳感覚の論理でロックを批判したハチスン（Francis Hutcheson, 1694-1746）を継承しながらこれを批判し、ロックやハチスンとは違う黙約（convention）の論理で正義と所有権＝財産を説明する（坂本 2011 年、68-76 頁）。「利己心を社会における富と幸福の原動力として捉えるヒューム（同上 64-68 頁）」にとって、私有財産や結婚制度の廃止などで知られるプラトンの『国家』やトマス・モアの『ユートピア』は「空想物語として一蹴される（同上 307 頁）」。また、18 世紀のイギリス社会を私的所有に基づく腐敗と堕落の体制と批判して理想的な共和主義国家を描いたルソーに対しヒュームは、当時腐敗をもたらすとして批判された奢侈（luxury）を「技芸の洗練（refinement in the arts）」として、それが逆に道徳的・経済的効果のあることを指摘する。そしてルソーのような平等主義的理想主義を私有財産と市場経済に基づく文明社会の基本原理に反するものとして、スミスと同様に終始批判し続けたのであった（坂本 1995 年、372、373 頁）。

アダム・スミス（Adam Smith, 1723-90）はルソー『不平等起源論』を意識しつつ、ロック、マンデヴィル、ヒュームとは異なる方法で私的所有を擁護した。スミスは法的政治的平等が経済的不平等と両立するという「近代商業社会のパラドックス」を認め、プラトンの「理想共和国（the ideal republic）」に対するアリストテレスの論評を引用（Smith 1776, 387, 388/（2）199-202 頁）して、財産を所有しない奴隷に比べ自由人による土地所有の著しい生産性の向上を述べ

る。スミスによれば、文明社会では労働者と不労所得を得るものとの間に 10 倍から 100 倍もの貧富の格差があるにもかかわらず、最も貧しい職人であろうとも、彼が質素かつ勤勉であるなら、未開人の誰よりも多くの生活必需品や便益品を享受することができるのである（Ibid. 10/（1）20 頁）。スミスは自然法に従って推移する人類の歴史の狩猟・採集、牧畜・農業、商業という四段階も自然的自由の秩序の発展の帰結と考える（Hont 2005, ch. 5/258-267 頁）。スミスは近代社会における富の著しい不平等を認識しながらルソーのようにそれを人間の堕落とは考えず、正義ではなく人間労働の有用性の観点から、私的所有を人間本性の自然な発展として捉えたのである（Hont, Ibid. 91-97/68-74 頁、坂本 2014 年、134 頁）。

　以上のような私有財産を前提とする 18 世紀の思潮に対し、ルソー（Jean-Jacques Rosseau, 1712-1778）は、利己心も私有財産も存在しない未開の「自然状態」に汚れのない自然な人間の本質をみる。ルソーはフランスやイギリスの文明社会の現状を腐敗した不平等の状態として捉え、文明社会に人類の未来を期待する啓蒙思想を人間の不正と不平等に迫ることのできない思想であるとして批判する。ルソーは『人間不平等起源論』（1755）において、人間の不平等は私有財産に基づく社会制度にあるとして、人間の欲求と満足の調和する自然状態と対比して私的所有の体制を批判する。ルソーは人間の利己心による活動を認めながら、私有制の下における私利追及による道徳の腐敗をみて、社会における自然人の道徳的人格の形成に期待した。また『社会契約論』（1762）では、自然法思想や社会契約論に基づいて、立法権に優位をおく人民主権思想や理想的な共和主義思想を主張し、フランス革命やアメリカ革命に影響を与えたといわれる。

　ミルは 18 世紀の思潮に欠けている半面の真理をルソーが主張したとしてルソーを評価する。しかしミルが思想的独立を果たして所有の思想を究める前は、父ミルより徹底したベンサム主義の教育を受けている。ベンサムはヒュームを継承しながら、功利主義の立場から所有権を正当化し自然法学を批判する。ハチスンは最大多数の最大幸福という功利主義の先駆的な表現を用いた（Hutcheson 1725, 163, 164/160 頁）が、ヒュームはハチスンに続いて『道徳原理

の研究』(1751)で、功利性が人類に関係する道徳の主要な部分の基礎であるとして功利性の意義を強調した。ベンサムは、このヒュームにある功利主義の思想に感銘を受け（泉谷1996年、165、166頁）つつも、ヒュームと原理的な適用を異にして最大幸福原理を立法の原理として法律の判断基準とした（永井2003年、71、72頁）。ベンサムは私有財産制度を前提として、功利の原理を規準に法体系を構築して社会改革を図るのである。ベンサム主義に基づいて哲学的急進主義を推進したジェイムズ・ミルは、政府の目的を「公共の善（ロック）」と「最大多数の最大幸福（ベンサム）」の両方ともに正しいが、これらの定義をより完全なものにするために、労働生産物を保障することであるとして次のように述べる。

　政府の目的は、最大多数の最大幸福をつくりだすことである。人間の生存のための手段の大部分は労働生産物（the produce of his labour）であるから、社会の幸福を可能な限り大きくするためには、すべての人に対して彼の労働生産物を最大限保障してやることである（J. Mill 1820, 1-5/115-119頁）。

　功利主義は、道徳と法の受容と強制が人間の幸福を増進させる限りで認められる規範的理論である。それは、神の意志である自然法に基づく自然権の教義とは異質の思想である。従って生存権や所有権は自然の命令ではなく、そのような権利の保有と実現が人々に幸福をもたらすから、実定法で守らなければならないと考える。私的所有が生活の安定への人々の要求を満たし、労働への自然な動機が報われるものと考えると、功利主義は私的所有権を法的に承認することを最大幸福促進の手段として弁護することになる。16歳の時、デュモンの『立法論』を読んで功利の原理を基礎とするベンサム主義に従って人類社会の改革者になろうと決意したミルは、1820年代の後半までは私有財産を前提として議論を展開していた。
　しかしながら、功利主義は人間の最大幸福を目指す思想であるから、功利主義が法的に弁護する所有権は私的所有に限定されるとは限らない。私的所有権を功利主義的に批判する場合は、私有制が最大幸福をもたらさない制度である

として批判する。功利主義の立場からは、いかなる財産制度が人類に最大幸福をもたらすかという問題が問われることになる。ミルにとって「私有か共有か？」というプラトンとアリストテレスの提起した所有と制度の問題が社会哲学の根本原理の問題として、古代から浮上してくるのである。

　ミルが精神の危機の後に傾倒した湖畔詩人ワーズワスやコウルリッジは学生時代にゴドウィンの著書を貪り読み一時的に熱烈な共産主義者となった。ゴドウィン（William Godwin, 1756-1836）は、フランス革命の熱狂理に『政治的正義』(1793)で個人的判断以外の一切の権威や権力を否定するアナーキズム（無政府主義）を唱え分配的正義に基づいて私有財産を否定した。彼の思想は当時のロマン主義者やロバート・オウエン、リカード派社会主義者などに広く影響をおよぼした。ミルはワーズワスとコウルリッジからロマン主義を学んだが、彼らから直接共産主義の思想的刺激を受けたわけではなかった。ミルが社会主義への理解を深めたのは、主としてフランスのサン・シモン派の伝道者デシュタル[1]（A. S. D'Eichthal, 1804-86）を介するサン・シモン派との交流を通じてであった。しかしミルはデシュタルより前にオウエン主義者ウィリアム・トンプソン（William Thompson, 1775-1833）と接している。ミルとトンプソンとの交流はミルが社会主義者と接する最初の機会であり、私有の思想（ベンサム）に対するアンチテーゼ（反立）として、体制論の検討を真剣に始める契機となるのである。

　本節でみたように、ギリシャからベンサムに至る思想家達は、プラトンとアリストテレスが提起した所有と制度の問題について、私的所有に基づいた近代文明を賛美する18世紀の思潮とこれに反対するルソーをはじめとする共有の諸思想にみられるように、私有と共有の一方を否定するか、あるいはそのいずれかに軸足を置いて思想を展開した。これに対し以下みるように、ミルは私有か共有か、いずれかの制度を選択することを仮定して所有の原点にさかのぼって問題を考察すべきであるとしながら、制度の選択を「時代と場所と環境に適する制度を選択する問題」として所有と制度の思想の多様性を認め、私有と共有のいずれも否定することなしに私有財産と社会主義の利点と欠点とを探り、人類の幸福を増進するために適切な所有制度の在り方を探究したのであった。

2. ミルとウィリアム・トンプソン
――ミルに対するオウエン主義の影響を探る

はじめに

　自由・平等・友愛のスローガンを掲げた市民革命が現実には人民の真の解放に程遠かったと感じる人々の幻滅は、市民革命の指導的理念の背景にある啓蒙思想に対する批判[2]を招いた。人間の理性を中心に考える近代合理主義を批判する思想は、人間の非合理的な感情と想像力を重視するロマン主義や、人間を取り巻く環境や制度の改善を図る社会主義思想となって現れた。ミルは、18世紀啓蒙思想を批判する新しい思想に接し、新旧の思想の対立を18世紀と19世紀との闘いとして捉えそれらの思想の和解を図った。ミルは啓蒙思想を別の思想で置き換えるのではなく、功利主義に対してロマン主義、そして自由主義に対して社会主義が調和する可能性を探ったのである。反資本主義の思想を唱える初期社会主義者の中でも、ロバート・オウエン（Robert Owen, 1771-1851）とオウエン主義者ウィリアム・トンプソン（William Thompson）は、ヴィクトリア時代のアソシエーションの展開に大きな影響を与えたが、ミルはサン・シモン主義やフーリエ主義とともにオウエン主義に強い関心を示した。本節はオウエンの陰に隠れて、これまでに十分に議論されたわけではないトンプソンに光をあてて、ミルに対するオウエン主義の影響を探る試みである。

　ミルは『自伝』で当時の新様式の政治思想の筆頭にサン・シモン主義をあげ、社会主義に関する影響はサン・シモン主義とハリエットから受けたと述べている（*CW* I 171/224, 225頁、Ibid. 257/344頁）。精神の危機を脱却した1820年代の終わり頃からベンサム主義とは異質の思想を探っていたミルにとって、動的な発展史観のもとにベンサム主義や自由主義を鋭く批判し、所有と制度の問題を根本から問い直すサン・シモン主義は魅力的にみえたに違いない。しかしながら、ミルはサン・シモン主義を知る前にオウエン主義者と出会い、「競争か協同か」という体制の問題の重大さを知る刺激を彼らから受けている。ミルは18歳の時、公開討論会でオウエン主義者と議論の応酬をする機会を得て哲学的急進派の立場からオウエン主義を批判した。この時のオウエン主義を代表す

る論敵はトンプソンである。ミルはトンプソンを批判したとはいえ、この批判を通じて社会改革の目的を彼らと共有していると述べている。ミルのオウエン主義批判は、ミル、オウエン、トンプソンの三人の関係を推測する貴重な素材を提供している。以下オウエンとトンプソンのアソシエーション論を比較しながら、ミルのオウエン主義批判がミルの社会主義論の形成にいかなる影響をおよぼしているかを探ることにしよう。

(1) オウエンとトンプソンのアソシエーション論

ロバート・オウエンは、エンゲルスがサン・シモン、フーリエと並んで、空想的社会主義者と呼んだ思想家のひとりである。オウエンはスコットランドのニュー・ラナーク綿紡績工場の総支配人として工場経営に携わった際に、労働条件や労働者の生活の改善によって、生産性が著しく向上し経営の成果が表われることを経験的に学んだ。オウエンがニュー・ラナークの経営実践から得られた思想の指導原理は、四つのエッセイからなる『社会に関する新見解』(1813、14) で示された性格形成原理である。彼はこの書でその原理を解説しながら幼児、児童、労働者などに対する教育の重要性を訴えた。そして機械破壊（ラダイト）運動に象徴される労働問題に心を痛めるオウエンは、最大多数の最大幸福を目標に掲げて社会改革の提案を行う。彼は人間の性格は教育を含めた環境によって形成されると考えるから、人間の狭い利己心を超え広く公益を考えることのできる精神を形成するように環境改善を図るのが彼の改革の重要な施策となった。オウエンが社会改革に教育の役割を重視した点ではミル父子と同様である。オウエンはこの原理が貧困や失業問題をはじめとする深刻な社会問題を解決する道であるとして、その教義に基づく相互協働社会の建設とその普及を図った。彼はナポレオン戦争後のイギリスの経済不況のもとで、世界で最初の幼稚園を開き、労働者に対する教育や労働時間の短縮のための工場立法、万人が恒久的な幸福を享受する環境整備を図るための共産主義的な協同の村の設立、公正な分配と正常な交換のための労働貨幣による通貨改革案などを政府、財界、ラナーク州などに提言した。しかしながら、1815年からの彼の数々の提言は、一部の関心を呼んだものの、州政府などの関係先や世間一般に

そのまま受け入れられることにはならず、オウエンは失意と敗北感のうちに実業界から身をひき、アメリカへ渡る。1825年にオウエンは、インディアナ州のニュー・ハーモニー協同体をドイツ人の宗教団体ラップから買収し、理想主義的な協同の実験を開始する。オウエンは、1826年にニュー・ハーモニーでアメリカ建国50年を記念して精神的独立宣言の演説を行っている。彼はこの演説の中で、悪の三位一体として私有財産、既成の宗教、結婚制度の三つをあげる。オウエンはニュー・ハーモニーで3年間、多くの障害と闘いながら実験を試みるが成功せず1828年には実験の失敗を認める（Beer 1940, 160-180/（2）7-40頁）。

オウエンは、イギリス社会主義の父、協同組合運動の父と呼ばれる。オウエンの実験は失敗に終わったとはいえ、競争と私有財産を社会的に有害なものとみる彼の協同社会主義の教義は、イギリスの労働運動や協同組合運動に大きな影響をおよぼした。彼の教義によってチャーティストの運動家が育成され、また1844年ロッチディル公平先駆者組合（以下ロッチディル組合という）[3]もオウエン主義の影響にもとに生まれたといわれる。クレイズはオウエンの経済思想の評価について次のように言う。

オウエンの思想はラダイトに基礎を置き貧困の主たる原因は機械の発達によるものと考える。彼は労働価値説を認めたが、リカード派社会主義者とは言い難い（Claeys 1987,（2）57, 58）。オウエンには搾取の思想はなかったが、分配的正義を図る教義を示す交換論で市場の完全な廃止への道を示し、労働と労働の交換を唯一公平な交換とした（Ibid. 63-65）。彼の競争の記述、資本主義においては富の集中化が進み体制のすべての基礎を崩すというオウエンの予言は、経済法則が歴史的に体制を改変することを認める動的な思想として、彼以前の社会主義者を越えて、マルクスに近い発想が認められる（Ibid. 66）。

永井はオウエンの思想について次のようにいう。

オウエンの思想の核心は環境決定論から教育を基礎として分業と私的所有の止揚を主張したことである。環境決定論は、人間の性格が遺伝および社会的環境によって決定されるという理論であるから、すべての人間は罪に対して責任を欠く。それゆえ、社会的調和をもたらすために近視眼的な利己心など調和を錯乱する要因を除去することが先決である。このためには、最大幸福を目指す性格形成原理が解決の道であり、この原理によって、教育と国家による分業の止揚（協同生産原理の導入と私的所有廃棄）を強制力の発動なしに実現できるというのである（永井 1993 年、182 頁）。

一方、土方はオウエンとオウエン主義について次のようにいう。

オウエンの思想は、成功した工場主の体験に根差す経営者的視点から、公正な企業倫理を実現するためのコーポレート・ガヴァナンスを先駆的に示した思想として捉えられる。オウエン主義については多様な研究[4]が進んでおり、マルクス主義の科学的社会主義に対するユートピア社会主義として単純化する解釈は改められなければいけない（土方 2003 年、1-9 頁）。

以上のようにオウエンは、環境決定論に基づき自らの工場経営の体験から、競争と私有財産を廃止して社会的調和をもたらす道を探り、実際に共産村の建設によるアソシエーションを試みた。オウエンの思想は空想的社会主義として単純化されるものではなく、経済法則が体制を改変するというマルクスに近い発想があり、オウエン主義に関する多様な研究が進んでいる。しかしここではオウエン主義とミルとがいかなる関係にあるのかという点に焦点をしぼって議論を進めることにしよう。オウエンの協同的実験は無惨な失敗に終わったが、利己主義に基づく競争が社会的に有害なものであるという資本主義批判と共産主義的協同社会の建設を唱えるオウエンの教義は、多くのオウエン主義者を輩出しその後のイギリスの政治・社会運動に影響をおよぼすことになった。そのオウエン主義を代表する思想家のひとりがトンプソンであった。

　トンプソンは、南アイルランドのコーク州の大地主でリカード派社会主義の

立場にたつ協同運動の理論的指導者である。彼は自分の生活は地代収入に依存しながら、他方で不労所得を否定する思想を主張し、相互協働によるオウエン主義を唱えて私財を投入しその普及を図った。また『人類の半分である女性の訴え』(1825) で、共同体と関連した女性解放の先駆的な思想を著している。

トンプソンは、ベンサムの倫理学、リカード経済学、オウエンの社会思想を源泉として思想体系を形成した (Beer 1921, vol.1, 218/ (2) 931頁)。ベンサムを崇拝するトンプソンは、教育思想をめぐってベンサムと交信し交流を深める。1822年10月から4かベンサム邸に招かれ、オウエンやジェイムズ・ミルと面識を得ている。

トンプソンは1824年に主著『人間の幸福にもっとも連なる富の分配の諸原理』(以下『分配の諸原理』という) を著す。『分配の諸原理』における富の分配の規準をなす指導原理は功利の原理であり、ベンサムの唱える最大多数の最大幸福である (Thompson 1824, 1/ (1) 3頁)。しかしトンプソンはこの著書で最大多数の最大幸福を指導原理としながら、ベンサムにはない「自発的な相互協働 (voluntary Mutual Co-operation)」という思想を主張する。トンプソンが、ベンサムを尊敬しながらベンサムと思想的に異なる道を歩んだのは、オウエンの影響が大きいことと並んで、彼が分配論を重視しこれを研究したことによるとみられる。彼は人々の最大幸福のためには労働者に労働生産物のすべてを保障する分配の方式が必要であるという労働全収権の思想を主軸として、オウエン主義を思想的基盤とした相互協働のシステムによる解決の道を探った。しかしトンプソンの協働主義の立場はオウエン主義に依拠しているとはいえ、オウエンのアソシエーション論とは違いがみられる。トンプソンはオウエンとの出会いと彼の協働制度の方式の違いについて次のように述べている。

私がはじめてオウエンの協同体制の世界を知った時、オウエンの思想は貧民管理の改善されたシステム位にしか思わなかった。その一方で、私は人間の幸福に連なる富の分配という課題に取り組んでいたので、この課題のために多数の労働者の相互協働による労働組織の研究を辛抱強く続けることによって、労働によって生まれた成果のすべてを労働者に保障するという、以前か

ら私が目指した目標に近づくための唯一の方法は、労働者の自発的な相互協働による労働組織を採用すること以外にはないと確信するに至った。私はこのような状況のもとでオウエンと知己を得たのであるが、ヨーロッパの専制的な法令に習い、立法者の援助を求めるオウエンのやり方は、政府や資金提供者に管理されるという制約を受けるから好ましくないと考えた。これまでの研究や熟考の積み重ねと、実験や経験によって得た知識によって、私は労働者の自発的なアソシエーション（the voluntary association）の制度と労働生産物の平等な分配（the equal distribution）を強く好ましいと思うようになったのである（Thompson 1827, 99）。

　このようにトンプソンはオウエンの影響とともにオウエンとの違いを述べるが、彼はオウエンを知る前にベンサムの影響を受けている。ベンサムは経験主義の立場から、先験的な自然法の思想を批判し、功利主義の下に法律の改善によって社会改革を図る。ベンサムは私有財産や資本を前提として漸進的に平等に接近し最大幸福を追求しようとした。これに対してトンプソンは、労働の果実の自然な分配による完全な平等の保障がなければ最大幸福は追求できないと考える。それではベンサムを継承しながら、ベンサムともそしてオウエンとも異なる道で、「安全」[5]と平等の調和を図るトンプソンの相互協働の思想を理解するために、分配の自然法則を論じた『分配の諸原理』（1824）と、平等を保障する制度を論じる『労働報酬論』（1827）および共同体建設のための手引書である『共同体建設の実践的指針』（1830、以下『実践的指針』という）を概観することにしよう。
　『分配の諸原理』の冒頭でトンプソンは、社会科学の目的を功利主義の立場で次のように述べながら、貧富の格差を認識しない父ミルを批判する。

社会科学ないし政治経済学の目的は、功利の原理に基づき「社会的幸福のアート（the art of social happiness）」を目指すことである（Thompson 1824, viii/ix‐x頁）。本書の目的は、分配の自然法則による正しい分配を探究し、人々に安全と平等が両立し、知的道徳的教養を伴った幸福を探る試みである。

『経済学綱要』(1821)の著者ジェイムズ・ミルは、分配の自然法則を自由にまかせればよいというが、彼は富が著しく偏在している現状を不問に付す推論の誤謬を犯している。彼の理論によって人類が最大幸福を目指すことができるとは思われない(Ibid. ix-xⅲ/ⅹⅰ-xⅳ頁)。

　『分配の諸原理』は6章からなり、トンプソンはこの著書で、彼の分配論が最大幸福を指導原理として理論的には労働価値説の立場にたつこと、最大多数の最大幸福を実現するための労働全収権の思想、その理論の核心となる安全に立脚した分配の自然法則、法則の障害となっている「搾取(abstraction)」、搾取から生じる「剰余価値(surplus value)」、搾取をなくすために労働者自身が資本家になること、分配の自然法則の支配する相互協働の社会における経済的ならびに道徳的効果について次のように述べる。

　富の分配の目的は富を生産する人の(感覚的か知的道徳的快楽かによる)最大幸福を獲得することでなければならない。富は労働によって生産され、労働が富の(価値の)唯一の普遍的尺度である。そして、富による人間の幸福は、多数者の幸福すなわち最大多数の最大幸福でなければならない。この目的のために、労働を刺激して生産性を高めるには生産者に労働生産物のすべてを使用する「安全(security)」を与えることである(Ibid. 6-35/10-54頁)。
　分配の原理の核心である分配の自然法則とは、すべての労働が自由で自発的であり、生産を担う労働者に労働生産物のすべてを安全に使用することを保障し、その労働生産物のすべての交換が自由で自発的であるという思想である(Ibid. 178/266頁)。ところが現実の分配様式はこれとは異なり、労働をせずに生産手段を所有しているに過ぎない資本家が労働者を収奪することによって不平等が生じ、労働者は労働生産物の保障を得ることができない。この資本という生産手段の所有者のために、労働者は労働によってつくられた生産物のいかなる割合を払う義務があるのか？　労働手段の所有者達は、働かないで死せる労働である資本を所有するだけで勤勉で熟練した生産者の楽しみを奪い、生産者の楽しみを自分たちで享受している。彼らはどんな手段

で金儲けをしたかは問われずに、蓄財の額に応じて懸命に働いた労働者の10倍、100倍、1000倍もの富を得るのである。このような富の不平等は労働生産物からの限りなき控除（the immense deductions）が現存の分配制度において生じるからである。この控除こそが資本家による労働者からの「強制取り立て（exactions）」であり、労働から生まれる「剰余価値（surplus value）」なのである（Ibid. 163-167/245-251 頁）。

　分配の自然法則に従う搾取のない平等な分配制度、労働生産物の資本家による収奪を排除して労働者に富の平等な分配を保障する制度は、相互協働の社会において労働者が資金を出し合って労働者自身が資本家になることによって実現される。分配の自然法則が守られている場合には、競争原理は現在のように害悪をもたらすものではなく、大きな経済的効果をもたらすであろう（Ibid. 255-259/383-389 頁）。そして相互協働の社会においては、競争原理が経済的効果をもたらすばかりでなく、次のような著しい道徳的効果を生むのである。すなわち、安全に立脚した分配の自然法則の支配する協働社会では悪徳は同感を受けられない。協働社会において勤労する人々の道徳の第一原理は「自由意志（voluntariness）」（Ibid. 265/398 頁）であるから、自発的な労働によって徳の高い社会が形成される。自制（self-restraint）、節制（Temperance）、普遍的同感（universal sympathy）などの道徳的効果によって個人的競争は人々に知的道徳的快楽を誘発し幸福の増大に寄与するであろう（Ibid. 262-264/394-396 頁）。人生に仁愛（benevolence）とは相容れない利己主義（selfishness）を行動原理とする個人的競争の制度は、相互協働の労働制度への代替によって、人間に美徳と幸福をもたらすのである（Ibid. 366-369/141-145 頁）。

　トンプソンは第二の著書『労働報酬論』（1827）で、労働者が労働組合に出資して組合の株主となり、労働組合が生産活動によって資金を蓄えて漸進的に相互協同の国家を建設する思想を述べる。『労働報酬論』はトマス・ホジスキン（Thomas Hodgskin, 1787-1869）の『労働擁護論』（1825）批判である。ホジスキンは労働全収権をよりどころとして資本家による搾取を非難し個人主義と

競争の制度による社会改良を主張した。これに対しトンプソンは、個人的競争制度は労働全収権と両立しないことを見抜いて相互協働制度の主張をしたといわれる（鎌田 2000 年、211-222 頁）。トンプソンは次のようにいう。

労働者が労働組合の株主になれば資本家＝労働者（capitalist-laborers）となるために、資本家による労働者からの搾取がなくなり、労働者自身が経営活動を行い資本家と労働者という階級が消滅する。労働の報酬は組合と労働者の間で決められ、搾取のない労働によって資本が形成される。組合は節約した資金で生産手段を購入して組合工場（Trades-Manufactories）で製造販売し利益を蓄積して投資活動を行う。これらの組合工場は労働者自身の共同出資会社（joint-stock companies of the laborers themselves）によって所有される。各労働組合の上にたつ総連合は、組合から集められた資金で組合への資金援助や投資活動の支援や失業救済の活動を行う。労働者の平等を図るため労働者は１株を超える株主となることは許されない。組合工場は資本家との企業競争にさらされるが、組合工場は搾取のない分競争力において優位を保つであろう。同じ原理で増えると予想される農業アソシエーション（Agricultural Association）とともに、組合工場が経済社会で支配力を発揮することになれば、資本家の搾取や中間業者による利益が排除され、孤立した個人的競争がもたらす悪徳がなくなり、労働者に労働全収権を保障する相互協働のコミュニティ（Communities of Mutual Co-operation）を建設することができるのである（Thompson 1827, 86-94）。

トンプソンは 1830 年に、協同主義者のために『実践的指針』を発行し次のような相互協働のコミュニティの構想を描いている。彼は序論で、コミュニティの目的、平等な分配の思想とコミュニティの概要について次のように述べる。

我々の目的は、最小限の労働の支出をもって、最大幸福を獲得するコミュニティを建設することであり、このコミュニティは、自分の労働で各人相互の欲求のすべてを供給する人々のアソシエーションである（Thompson 1830, 2,

3)。男女の労働は平等であり、個人の能力と成果に従って最大幸福を目指して自発的に発揮された労働であれば、労働の質は捨象されて各人の労働は平等なものとして評価される。各人の分配は平等な労働の量に依存し、すべての人々に平等に幸福が保障される (Ibid. 4-10)。コミュニティの株式は額面20ポンドであるが、労働者はコミュニティに加入するために出資金を（成人男女一人あたり）5ポンド、（子供）2ポンド10シリング支払わなければならない。額面と出資金との差額は労働者に融資される。コミュニティの成員は当初は200名から出発するが、コミュニティの成員全員の幸福達成のためには、経済的な最適規模である老若男女合わせて2000名にまで適宜増員を図るものとする (Ibid. 13, 14)。2000名のうち未成年者を600名とすれば、成人の数は1400名である。そのうち400名強が農業労働、200名弱が製造業に従事するとして、残りの800名は工場や住宅建設、生活備品の製造ほかの雑務にあたる。これらの活動に要する敷地は2000エーカーの土地を必要とするであろう (Ibid. 29, 30)。このコミュニティの建設資金は、借入金と労働階級自身のわずかな出資金から出発する (Ibid. 11, 12)。このように、資本家や政府の援助を仰ぐことなしに労働者自身が出資者になることによってコミュニティの経営活動は、労働者＝資本家によって行われるのである。

以上のようなアソシエーションの思想におけるオウエンとトンプソンの違いについて鎌田は次のように述べる。

オウエンは協働社会の創設にあたって、その資金や土地を少数大株主による出資や政府の支援に依存した。必ずしも社会構成員の出資を条件とせず、有能な経営者による家父長制的・効率的運営を待ち、相応の利益をあげることで高配当を予想できてこそ協働社会を支援してくれる資産家を見出しうるという企業家的発想をした。これに対して、トンプソンは協働社会のメンバーの最低の資格として、株式を所有することを原則として、メンバーの選挙による運営委員会のもとで、いわば小生産者による民主的経営を想定していた（鎌田2000年、360頁）。企業家的発想をするオウエンと、労働全収権思想に

基づいて実験的に小規模で民主主義的なアソシエーションを建設しようとしたトンプソンとの構想の差は明らかであった。1832年4月にロンドンで開催された第3回協同組合コングレスで両者の明確な対立として現れた。労働紙券（labour notes）を交換手段として労働交換銀行の設置による大規模な共同社会の建設を図るオウエンの計画が、資金、規模、専制的な管理などの点で異なるトンプソンに近いメンバーの理解を得られるはずはなく、会議で激論の末トンプソンの提案が合意書として採択された（同上345-353頁）。

一方、クレイズはオウエンとトンプソンの違いについて次のようにいう。

トンプソンはマルクス以前に「剰余価値」の用語を使い、オウエン主義者の中で彼だけがオウエンと対等に議論をすることのできた独創的な思想家である（Claeys 1987,（2）90, 91）。トンプソンはベンサムの功利主義を受容し、政治経済学の目的を導く新しい社会科学を「社会的幸福のアート（the art of social happiness）」と名付けた。彼の社会科学は道徳原理である人間の幸福に結びつく学問領域の一部門となって、分配の自然法則を明らかにすることを課題とする（Ibid. 92）。トンプソンとオウエンとの違いはオウエンが競争の必要のない正しい交換の制度を提案したのに対し、トンプソンは、分配の自然法則が貫徹することによって競争が徳を発揮する自発的な交換を主張した（Ibid. 98）。彼は競争原理を放棄したのではなく、協働の利益と競争の経済効果を調和させ、管理と統制ではなく、分配的正義と相互の仁愛の支配する道徳革命を図ったのである（Ibid. 109）。

クレイズのトンプソン解釈のように、分配の自然法則を探究する社会科学を社会的幸福のアートとして、競争原理を認めて分配的正義を図る制度改革の道徳性を重視すると、トンプソンからミルへの道が開けるのである。土方は、トンプソンの思想の高い道徳性を認め「ベンサムとミルの中間に位置する」思想家として次のようにいう。

101

トンプソンは、富の分配こそ幸福実現にとって重要であるとして、分配論を重視した（土方2011年、43頁）。彼はベンサムの功利の原理の補助的原理（安全・生存・豊富・平等）を継承し、労働全収権による平等な分配と所有の安全が矛盾するのでなく、自発的な相互協同コミュニティで労働者が資本家になることにより両立し融合すると考える（同上47-52頁）。彼はオウエンの環境決定論を更に発展させ、人間の性格は後天的に可変であるという前提にたって、労働者の自立と共感感情（sympathy）によって、オウエンとは異なるアソシエーションの原理を主張した。トンプソンは自制心によって徳を高め、快楽の質の区別を導入して労働者の質の高い人生を保証することを模索する点でベンサムとミルの中間に位置する思想家である。トンプソンは、労働者の経済的自立の思想を功利主義道徳と結びつけることによって社会主義へのパラダイム転換を試みたのである（同上72-76頁）。

　以上のように、オウエンとトンプソンはともに功利主義者であり、アソシエーションの創設による穏健かつ漸進的な制度改革を進める点では共通していた。しかしながら、オウエンは共産主義的な理想社会[6]を目指したアソシエーションの設立に資本家の出資を期待し、アソシエーションの経営は有能な経営者による家父長的で専制的な経営を想定した。これに対しトンプソンは、労働全収権の思想と自由で自発的な労働観に基づく、労働者が資本家になる民主的で小規模なアソシエーションの実験を主張した。トンプソンの自由で自発的な労働観の基礎に彼の自由な人間観があり、競争原理を認めて実験的に、分配的正義を図る制度改革が労働者の自立と最大幸福を目標とする道徳の向上を目指すのであれば、ミルのアソシエーション論は、以下にみるように、オウエンよりもトンプソンに近い思想を示すことになる。

(2) ミルのオウエン主義批判——社会主義論の萌芽

　1825年にミルは、哲学的急進派（The Philosophic Radicals）と協同主義協会（The Cooperative Society）との間で行われた公開討論会でオウエン主義者と出会う。哲学的急進派は、父ミルが主導してベンサム主義、リカード経済学、マ

ルサスの人口原理、ハートリの哲学（観念連合説）などを共通の理論的基盤として、議会の全面的な改革を図る運動を展開した活動グループである。彼らはベンサム主義に基づいて私有財産と憲法の枠内で改革を図るから、私有制に反対するオウエン主義者とは激しい議論の応酬となった。ミルは哲学的急進派を代表し、トンプソンはオウエン派を代表した。人口問題に始まった議論の応酬で、ミルは哲学的急進派とオウエン主義のお互いの論点が明らかとなり、特に両者が「見解における同じ諸目的（the same objects in view）」をもっていることが分かったと述べている（CW I 129/172 頁）。ミルは演説の中で体制論に関連して次のようにいう。

オウエン主義者は哲学的急進派と同じく人類社会の最大幸福を追求するという共通の目的を有しているとはいえ、彼らは人間性について誤った考えをもっているために、彼らの社会改革の目的は達成されずに徒労に終わるであろう。問題は、富の分配が正しい人間性の把握に基づいていかになされるべきかであり、果たして私有財産を廃止したオウエン主義の共同体で所有の不平等が是正されるかどうかが問われるのである（CW XXVI, 308-313）。

ミルはオウエン主義を批判しながらも、その半面の真理を認めてオウエン主義の主張には空虚で非現実的であると同時に、真実で重要な主張も含まれていると批評する（Ibid. 318, 319）。このようにミルが討論会で知ったのは、功利の原理を目標に掲げて分配的正義を果たすため社会改革に取り組むオウエン主義者の姿であり、ミルは彼らが真実で重要な主張をしていると評価した。しかしながら、オウエン主義者が誤った人間性の把握によって、私有財産を廃止してオウエン型のアソシエーションによって果たして分配的正義が果たせるのかについて疑問視し、オウエン主義を空虚で非現実的であるとして哲学的急進派の立場から反対するのである。

ミルは先ず労働が富の唯一の源泉であり労働生産物はすべて労働者に帰属すべきであるという労働全収権の理論は誤りであり、過去の労働生産物であり勤勉と節約の結果である資本と私有財産は認められるべきであるとして次のよう

にいう。

　オウエン主義の主張する原理は、労働が富の唯一の源泉であり、一国の富はすべて労働によって生産されるということである。この論理を推し進めると、労働階級のみが富を獲得する権利を有することになる。従って労働階級以外のすべての階級は、労働階級に属する権利の一部を力ずくで強奪するか労働階級の慈善か寛容によって生活していると考えざるをえない。この思想は誤りでありオウエン主義の主張に対する答えは次の通りである。富はまさに労働の産物である。しかし、資本家が資本を提供することなしに、労働者は労働を発揮することができるのであろうか？　資本家は資本という生産手段の提供に対する報酬を得る権利があるはずである。この資本は労働の産物である一方で、資本家あるいはその先祖たちの労働の蓄積された産物であり、生産物を消費せずに節約から生まれた結果として蓄積されたものである（Ibid. 309, 310）。

　ミルはオウエン主義が競争体制の弊害のみを指摘するのは、ものの見方が一面的であることからくる競争原理に対する偏見であり、競争原理の利点をもっと評価するのが正しいという。ミルは富の正しい分配を目指して競争か協同か (whether Competition or Cooperation)、どちらの制度を選択するのかという重大な問題は、両体制の弊害を公平に比較して検討すべきであるとして、次のようにいう。

　オウエン主義は競争が仁愛（benevolence）の原理に反し専ら富の追求に奉仕しているとして競争に反対する。しかし、富を追求する競争が必ずしも悪いわけではなく、好ましくない競争もあれば、良い競争もある。オウエン主義のコミュニティの内部は仁愛の世界であり競争はなくなるというが、商業による商品交換がある限り、多くのコミュニティ同士は互いにライバル関係で競争はなくならない。競争か協同かというこの重大な問題は、人間の幸福にとっていかなる制度がすぐれているかを考えるための最もよいチャンスを与

える。この問題の検討は、オウエン主義のように競争体制の弊害を批判するのではなしに、競争体制の弊害と協同体制の弊害とを公平に比較することによってなされなければならない（Ibid. 316-319）。

このようにミルがオウエン主義批判を契機に認識したことは、分配的正義を目指した競争か協同かの重大な問題は、人間の幸福にとっていかなる制度がすぐれているのかを考える最もよいチャンスが与えられるということである。そしてこの重大な制度問題を決める方法としてミルは比較体制論を主張する。ミルは体制論の比較にあたりオウエン主義の四つの欠点を次のように述べる。

　第一に、共同体においては経済社会のもつ生産力が妨げられる。なぜなら、労働者が働いた労働の成果や貢献度などを問われずに、報酬が完全に平等であるなら多くの労働者の勤労意欲は減退する。この結果、働かない労働者は世論によって非難されるばかりでなく、激しい罰が用意されることになるだろう。もし労働者が罰を恐れて労働することになれば、それは人間性に逆らうことになり、人間の幸福の総計は大きく失われるであろう（Ibid. 319, 320）。
　第二に、共同体において競争原理が弱まれば個人は安易さを好む（the love of ease）傾向が強まる。また働かない労働者と同様に競争意識の希薄な経営者が安易な経営をすれば、よい経営のための十分な保障が得られることにならないであろう（Ibid. 320）。
　第三に、共同体はその性格の本質において全体的な規制の制度である。もし規則や管理によって得られる特別の利点があるなら私は社会における規則や管理に反対はしない。しかしながら、人間は行動の完全な自由（perfect freedom of action）を享受する楽しみがあることを否定するものは誰もいないであろう。たとえ管理者が善意で管理するとしても、管理者の命令に従うよりは、与えられた目標に向かって自由に行動する方が限りなくよいのである。私が共同体に反対するのはそれが過剰管理（overrule）という極めて強い理由があるからなのである（Ibid. 321）。
　最後に、建物だけでも9億ポンド以上も多額の費用がかかることから分か

るように、オウエンの提案する共同体建設の費用は膨大である。イギリスとアイルランド全土にコミュニティを建設して多額の費用をかけるよりは、その費用で英国民全員に可能な限り最善の教育をほどこす方が最大幸福の目的達成のためにはるかに効果的と思われる（Ibid. 321, 322）。

　競争原理に対する偏見、共同体における過剰管理や共同体の膨大な建設費用を批判するミルの演説で明らかなことは、トンプソンの演説が労働全収権の思想を除いてはオウエン主義者を代表して主としてオウエンの構想を表明しているとみられることである。ミルのオウエン主義批判の背景には、ミルが父を通じて、ニューラナークの経営に多額の資金を要し、オウエンが家父長的な経営をしていた情報を事前に得ていたことが推測される。当時ベンサムはオウエンの共同体に注目しニューラナーク会社の一株一万ポンドの株主であった（土方2003年、30-32頁）。ミルは、哲学的急進派の立場から政治的経済的自由と言論および思想の自由を急務と考えていたから、人間の自由を前提とする競争体制と対峙する協同体制は本質的に全体的な規制の制度であると批判したものと考えられる。

　ミルの「競争か協同か？」という問題設定は、トンプソンの演説に対応してミルが使用している両体制の意味であり、対比される二つの体制は、競争と私的所有に基づく制度と共同所有の制度の意味と解釈される。ミルがこの討論会で批判した協同体制における①分配の完全な平等、②労働者の勤労意欲と経営者の競争意欲の減退が予想されること、③人間の行動の完全な自由が保障されるかどうかという問題に加えて、討論会の最初に議論された④制度変化と人口問題という四つの論点は、ミルが後に「所有論」や「遺稿」で述べる社会主義論の主要な論点を先取りしている。18歳のミルは当時哲学的急進派の立場にあったとはいえ、生涯問い続けた経済体制の問題の基本的な論点を「真実で重要な」問題として意識するに至ったのである。

(3) ミルとトンプソンの思想の類似性と差異性
　ミルのオウエン主義批判はトンプソンの構想を直接批判するものではなく、

第2章　ミルの社会主義論の形成

トンプソンが代表者となって表明するオウエン主義の思想を対象とするものであった。そしてミルの批判は同時にトンプソンのオウエン批判と類似しているのである。ミルとトンプソンはオウエンの多額の費用のかかる共同体の建設とその専制的な経営管理に反対する。そしてトンプソンは実験的に小規模で民主的なアソシエーションを構想した。トンプソンは社会科学を社会的幸福のアートを目指すものとし、彼の分配論の核心である分配の自然法則は、労働全収権の思想に基づく自由で自発的な労働と自由で自発的な生産物の交換を主張する思想である。勤労する人々の道徳の第一原理を自由意志として、自発的な労働の回復によって徳の高い社会の建設を図るトンプソンの構想は、体制選択の鍵を人間の自由と自発性にみて人間性の高い社会を目指すミルの思想と目標は共通する。ミルは競争原理を否定するオウエン主義を人間性の誤った把握として批判するが、トンプソンは競争原理を否定したわけではなく、相互協働の社会においては、徳の高い人々の競争が人間の幸福の増進に貢献すると考えたのである。トンプソンの思想は、功利主義を基礎として、経済学における分配論を重視する思想、父権主義に反対し労働者の道徳性と自由と自発性に期待する労働観、労働者の少額の出資によって労働者が資本家となり民主的な運営を行うアソシエーションを実験的に行う思想、女性解放の思想などミルの思想と多くの類似性をもっている。

　トンプソンが社会科学の目的を社会的幸福のアートを目指すというのに対し、ミルは『論理学』第4編の最終章で人間と社会の最大幸福を目指すアートと科学の峻別と相互依存関係を議論している。ミルの社会主義論は、功利を第一原理とする倫理と科学の調和を図る点で、制度論に道徳性を重視するトンプソンの思想と共通している。次に分配論については、ミルは『自伝』で『経済学原理』において自然法則に従う生産論と社会制度 (the arrangements of society) に依存する分配論とを区別し、社会制度はあくまでも一時的なものに過ぎず、社会的進歩によって変化すべきであることを経済思想に採り入れたことが画期的な業績であったと述べている（CW I 257/344頁）。ベンサム主義とリカード経済学の影響のもとに分配論を重視して、所有と制度の問題を探究した点でミルとトンプソンの思想は類似性をもっている。最後に、ミルは「労働の主張」

107

(1845)と「将来の見通し」(1852)の章で、資本家が労働者の面倒をみるという父権主義を批判し、労働者が資本家になる協同組合の原理について議論する。トンプソンはオウエンの父権主義を批判し労働者が資本家となる構想を示したが、ミルは「労働の主張」と「将来の見通し」の章でトンプソン型コミュニティの実験を主張したとみられるのである。

　ミルは『経済学原理』で富の生産と分配とをそれぞれ自然科学と政治経済学の分野に分割して考察した。鎌田はミルのこの思想をトンプソンの手法を踏襲したものと解釈する。そしてミルの著作にトンプソンからの影響が諸処に垣間みられることからミルにはトンプソンを触媒としたオウエン主義の影響があると解釈する（鎌田 2012 年、520 頁）。ミルとトンプソンの思想に多くの類似性があると認める点では、筆者は鎌田と同じ解釈である。しかしながら、ミルとトンプソンの間には多くの共通する思想があるとはいえ、ミルの著作にはトンプソンの思想についての肯定的な言及はみられない。ミルが『自伝』でトンプソンの著作の言及するのは、『分配の諸原理』(1824)と『人類の半分である女性の訴え』(1828)という題目についてふれるのみであり、その内容については述べられることはない。ミルが「労働の主張」でトンプソン型アソシエーションについて述べる場合でもミルはチャールズ・ナイト『勤労の権利』(1831)を引用する。ミルはトンプソンにつて次のようにいう。

　　オウエン主義の代表者はコークのウィリアム・トンプソンという非常に尊敬
　　できる人物である。彼は富の分配に関する書物と、父の『統治論』の女性に
　　関する節に反論する女性の訴えの著者であった（CW I 129/172 頁）。

　ミルがなぜトンプソンの『分配の諸原理』の内容に一言も言及しないのかについて、ミルが当時の哲学的急進主義の立場から、父ミルを批判するトンプソンの労働全収権の思想に反発し彼の著書を無視したということは考えられないことではない。二人の思想には類似性とともに差異性も多いことも確かである。そこでその思想の違いを哲学と方法論、および経済思想の三つの視点からみることにしよう。

ミルは人間性について誤った考えをもっているとオウエン主義を批判した。ミルのこの批判は、競争原理の軽視や分配の完全な平等などミルのオウエン主義批判のすべての論点に関わるのであるが、なかでも人間の自由についての問題はミルにとって最も基本的で重要な問題である。トンプソンもミルと同様に人間の自由についてはオウエンと見解を異にする。土方はトンプソンがオウエンの環境決定論の哲学を更に発展させながら、トンプソンの「自立」の概念がオウエンとの対立を鮮明にしたと解釈する（土方 2011 年、62、63 頁）。ミルは次にみるようにオウエンの環境決定論を批判したが、他方、「自立」の概念を重視するトンプソンとミルとの関係は微妙である。父ミルはミルに教育を重視する環境決定論を教えたが、ミルは父の思想からの軌道修正を探る 1820 年代後半の数年間、環境決定論と自由意志論との関係について熟考する。ミルが悩んだ末に悟ったことは、「自由と必然」の思想が両立するということであり、ミルは『論理学』(1843) 第 6 編第 2 章「自由と必然」で自説を展開したというのである（*CW* I 177/228, 229 頁）。観念連合説に依拠して環境決定論を主張する父ミルの思想にロマン主義的な自由主義の修正を加えるミルは、オウエン主義を批判して次のように述べる。

　我々の性格は、環境によって形成されるのであるが、我々自身の欲求がそのような環境をつくりだすのに大いに役立つ自由意志の理論が人心を鼓舞し崇高にする。我々の意志が我々の将来の環境や意志する能力を変更することができるという自由意志の理論は環境の理論と完全に両立する。私をジレンマから解放したこの思考は今では『論理学』の最終編の「自由と必然」の一章となっている (Ibid.)。しかし我々が意志すれば (If we will)、我々自身の性格を形成することができるといえば、オウエン主義者は次のように答えるであろう。
　我々自身の性格を変える意志は、我々自身の努力によって生ずるのではなく、我々のどうすることもできない環境によって生ずる。その意志は外部の原因からくるか、そうでない時は全く生じないものである。オウエン主義者の答えはこの意味では正しいのではあるが、もし彼らがここで止まるなら思

想の更なる発展はないであろう。我々の性格は我々の経験によって得られた意志（the wish）が促すことによって我々によって形成されるものなのである。我々が意志するならば、我々自身の性格を変えうるという感情は道徳的自由の感情であり、徳を備える人だけが完全に自由である。性格の形成に精神があずかる力をもっているという自由意志の理論は、その支持者に自己陶冶の強い精神を養成したと私は信じる（CWⅧ840-842/ (6) 18-21頁）。

このように人間の自由の観点からオウエンの環境決定論を批判するミルは、功利主義者であるとともに自由主義者であった。第1章第4節で考察したように、精神の危機の際に自由意志の概念によって観念連合の精神的呪縛から脱却したミルは、認識論においてイギリス経験論の立場を貫きながら、道徳の世界ではロマン主義の自由意志を徳として認めた。そしてミルは体制選択の鍵を人間の自由と自発性（human liberty and spontaneity）を最大限に発揮できる制度であるかどうかにみて、いかなる制度が人間の幸福を増進させるかについても人間の自由な判断に委ねるのである（CWⅡ208/ (2) 31頁）。これに対してトンプソンが勤労する人間の第一原理を自由意志とするのは分配の自然法則の貫徹する共同社会においてのみの話である。彼が自由で自発的な労働と交換によって相互協働の社会に環境整備すれば自ずと最大幸福への道が開けると考えたとすれば、ミルにとってそれは人間の自由が環境によって形成される要因のみを重視する半面の真理に過ぎない。制度改革によって自ずから自由が実現できると考えるトンプソンに対し、ミルの場合は人間が働きかけて形成する制度は共同社会を含めて選択する可能性のある制度であり、環境整備が先行して問題が解決する訳ではないのである。

次に方法論の視点からみて、ミルはトンプソンのアソシエーションの構想を体制変革のモデルとして即座に認めることにはならないと思われる。ミルが深刻な労働問題の現状認識をトンプソンと共有し、少額の資金を労働者が出資して自治的なアソシエーションを形成する彼の思想を評価したとしても、それは実験の対象の一つとして評価しているのであって、トンプソンのように資本家の搾取に基づく競争と私有制の経済社会を労働者アソシエーションの制度に体

制移行する唯一の道とまでは考えていない。改革家であるトンプソンと改革思想家でありながら経験主義の流れをくむ科学者としてのミルとの相違である。ミルがアソシエーションの実験の対象として言及するのは、ルイ・ブラン（「二月革命の擁護」）、ルクレール（「労働の主張」）、フーリエ主義（「所有論」）、パリのピアノ工場とロッチディルのアソシエーション（「将来の見通し」の章）などである。ミルが多くのアソシエーションを実験の対象とするのは、ミルがさまざまな体制を比較しながら判断し選択しようという比較体制論の方法によるものである。ミルが『論理学』第6編で著した社会科学方法論によれば、「将来の見通し」の章の『経済学原理』第4編は動態論の領域に属し、「所有論」のある第2編は静態論である。社会の「継起的秩序（進歩）」を探究する動態論は、異なった社会秩序における人間性の法則の分析と比較を行う静態論と相互依存の関係にあるから、ミルが「将来の見通し」の章で詳しく紹介するアソシエーションの実例は静態論の分野で分析と比較が行われなければいけない。功利の原理に基づく相互協働のアソシエーションも、実験による観察と経験を通して制度の長所と短所が明らかにされなければならない。トンプソンが体制変革の目標とするものは、ミルにとっては実験の対象なのである。

　最後に経済思想の視角から、ミルはトンプソンの主張である労働全収権の思想を批判する。ミルの批判は、トンプソンとの議論の応酬での批判のほかに「遺稿」においてなされる。ミルは「遺稿」において社会主義者の経済学的な誤謬としてこの思想を批判し、資本および正当な利潤の意義を説く。ミルによれば、競争と私有制を基礎とする経済制度を前提とすれば、過去の労働と節約の結果得られた資本は、①投資に対するリスク料、②経営者による経営判断など経営技術に対する報酬、③経営管理に対する報酬として、要求をして当然な三つの理由があり、社会主義者が利潤を暴利として非難するのは誤解であるという（CW V 734-736/421, 422頁）。このようなミルの理論からはトンプソンのように「資本家による搾取」という発想は生まれない。そしてミルがトンプソンと見解を異にするもう一つの論点は、経済効率をあげるための人間の利己心の重視である。ミルにとって利己心を生かす競争と私有財産を基礎とする体制はトンプソンのように批判の対象とはならない。私有制の改善は共産主義と対

111

峙される体制として、あくまでも比較検討の対象である。ミルが「所有論」と「遺稿」で共産主義体制における人間の勤労意欲の問題を私有制との比較において詳しく採りあげるのは、異なる体制における利己心の変化とその経済効果を探るためと思われる。

　以上のように、ミルとトンプソンの思想は哲学、方法論、経済思想のそれぞれの視点から差異性がみられた。しかしながら、ミルはハリエットの死後、『経済学原理』第5版（1862）で「将来の見通し」の章にロッチディル先駆者組合を賞賛して書き加えているのは、ミルがフーリエ主義とともにトンプソン型コミュニティをアソシエーションの実験の範囲に入れていた表われと思われる。ミルは言及しなかったとはいえ、トンプソンの目指した労働者アソシエーションは、ミルが関心をよせた実験の中でも有力な対象の一つであったと考えられるのである。

　ミルとトンプソンは、ともに啓蒙思想の残した課題を背負いながら啓蒙思想の限界を超えるべく社会改革の道を模索した。二人は、人類の最大幸福を究極の原理として経済思想の分野では分配論の意義を評価し、分配的正義、勤労の組織化、労働の尊厳を目指すアソシエーションに強い関心を抱いた。だがトンプソンは活動家として相互協働の労働者アソシエーションの思想の実践を図った。これに対しミルは思想家であるとともに科学者であった。ミルの改革は、人間の自由と自発性を目指し教育を重視する点ではトンプソンと共通するが、トンプソンとは異なる体制比較の実験によって科学的にのぞましい制度を探ることに期待したのである。

3. ミルとサン・シモン主義——近代思想の危機の表現

(1) ミルがサン・シモン主義に期待したもの

　サン・シモン主義は、サン・シモン（Saint-Simon, 1760-1825）の死後、弟子達（ロドリーグ、バザール、アンファンタン、オーギュスタン・ティエリーなど）からなる「サン・シモン派（the Saint-Simonians, or the St. Simonian school）」によって、サン・シモンの思想を更に発展させた思想である。それは、私有財

産および相続の廃止、女性の解放、自由恋愛などの問題をテーマに独自に展開され、公開講座や機関紙『生産者 (*Le Producteur*)』で公開された。ミルはサン・シモン主義の思想をサン・シモン自身の著作よりもむしろ、サン・シモン派の文献から学び始めたようである。ミルは、1829年頃からサン・シモン主義の著作を読み始めるが、それはサン・シモン主義普及のためロンドンに滞在していたデシュタルの勧めによるものであった。ミルがサン・シモン主義に理解を深め彼らの動向を知るようになるのもデシュタルとの交流を通じてであり、ミルはデシュタルの世話で当時サン・シモン派の首領格であったバザール[7] (Saint-Amand Bazard, 1791-1832) とアンファンタン[8] (B. P. Enfantin, 1796-1864) にも紹介され、彼らの文献のほとんどを読んだと述べている (*CW* I 173/227頁)。

　精神の危機を経てベンサム主義に対して疑問を感じたミルは、当時の思想的状況を思想の危機として現代をダイナミックな歴史の中で捉える思想に感動し、ベンサム主義にはない魅力をサン・シモン主義に感じたものと思われる。ミルは、この危機がベンサム主義を含む現代思想全体の危機であり、18世紀と19世紀の闘いとして捉える。ミルは18世紀啓蒙思想に対する反動を表現する思想家として、コウルリッジ、ゲーテ、カーライルをあげる (*CW* I 169-171/223, 224頁)。一方、カーライルの著作における「現代に対する手厳しい非難」や、18世紀啓蒙思想を超えドイツロマン派に思想的影響をおよぼしたフィヒテ (Johann G. Fichte, 1762-1814) の現代批判を「より冷静に哲学的に述べている (more calmly and philosophically stated)」のはサン・シモン派とコントであると述べている (Ibid. 171-173/225, 226頁)。フィヒテは自由論と決定論の調和を図り、人間性の完成を目指す感情の陶冶を重視する点で、若きミルの思想形成にとって極めて重要な意味を秘めていることを示唆する哲学者であると思われる。しかしミルは『自伝』ではフィヒテの思想内容については何もふれずに、フィヒテの現代批判を冷静に哲学的に表現している思想としてサン・シモン主義をあげるのである。ミルがサン・シモン主義をオウエン主義やフーリエ主義とともに「革命的社会主義」と区別して「哲学的社会主義」と呼ぶのは彼らが独自の哲学をもって啓蒙思想を批判して社会改革を図っているとミルが評価し

ていることの表れであるとみられる。

　ミルは1826年から27年にかけての精神の危機を経て、父の精神的支配からの解放と新しい思想の吸収を模索していた。ミルはコウルリッジ派のフレデリク・モリスやジョン・スターリング[9]との交流を深めてコウルリッジ、ワーズワス、ゲーテ、フィヒテなど啓蒙思想を批判するロマン主義に触れた。ミルはこの頃の交友がベンサム主義とは異質の思想を吸収して「新しい思想体系を創りあげるのに大いに役立った（Ibid. 161/217頁）」と述べている。主知主義的なベンサム主義や父ミルの観念連合説に対するミルの反発が18世紀啓蒙思想全体に対する疑問となって、啓蒙思想批判を冷静に哲学的に表現しベンサム主義を補う新様式の政治思想としてミルはサン・シモン主義を評価したものと思われる。

　水田は、ミルの精神の危機以降の思想の展開が啓蒙思想を含む近代思想全体の危機の表現であるとして次のように述べる。

父が早期教育にかけた期待を裏切り、ベンサム主義から離脱していく契機となったミルの精神の危機以降の思想の展開は、巨視的にみればミルの著作のすべてが啓蒙思想によって代表される近代思想そのものの危機の表現である。近代思想の危機は、市民革命が自由・平等・友愛のスローガンに表明されたような、平等（等質）な個人を、封建的不平等から解放したことへの、幻滅から始まる。ミルは、解放がどこまで現実のものであったかという疑問を社会主義の問題で扱い、解放が個人の自立であるよりも不安定な孤立ではないかという疑問を『自由論』と『代議制統治論』で扱い、等質であるはずの個人が、じつは異質化しつつあるのではないかという疑問を女性問題で扱った（水田1997年、444、445頁）。

　精神の危機に至るミルの心を支配してきたベンサム主義に対するミルの疑問は、ベンサム主義とは異質の思想に対するミルの興味を呼び起こした。しかし、ミルは精神の危機を契機にベンサム主義を離脱したというよりはベンサム主義に反発したのであり、1830代後半にはミルはそれまでの反発を反省して、「ベ

ンサム論」(1838) と「コウルリッジ論」(1840) でベンサム主義の欠陥を修正しつつこの思想を保持したと述べている (CW I 221-225/286-289 頁)。ミルは精神の危機を契機としてミル独自の方法でベンサムや父ミルの期待に応えたという方が適切な表現のように思われる。ミルは啓蒙主義を批判し、疾風怒涛 (Sturm und Drang) の運動を展開したゲーテやその影響を受けたフィヒテと思想の転換期の危機感を共有しており (Ibid. 169-173/223-226 頁)、ミルのベンサム主義批判は、水田が解釈するようにミルの啓蒙主義を含む近代思想全体に対する危機意識として広く理解されうる。ミルはこれまでに父を通じて学んだベンサム主義を始めとする 18 世紀に至るまでの思想が、果たして現代の抱える問題に十分対応できるのかどうか、市民革命や産業革命のもたらした負の遺産は、革命を導いた思想以外の思想で解決を図るべきなのではないかという問題意識をもったものとみられる。それはオウエン主義に刺激され、ロマン主義の現代批判に感動したミルにとっては自然の流れであろう。ミルがこの流れの中でサン・シモン主義を評価するのは、彼らが近代思想の危機的状況を歴史の批判的時代の特徴として把握し、彼ら特有の歴史観をもって近代社会の基本問題を根本から考察し改革を図るという点にあった。以上のような問題関心をもってミルがサン・シモン主義からいかなる影響を受けているのかを探るために、先ずサン・シモン派の主張を『サン・シモン主義宣言 (Doctrine de Saint-Simon)』(1830) の抜粋からみることにしよう。

(2) 『サン・シモン主義宣言』

本書は、サン・シモンの死後 3 年半たった 1828 年の暮から 1829 年の夏にかけて、サン・シモン派が 17 回にわたって行った講演をバザールなど弟子たちがまとめて 1830 年 8 月に出版された。サン・シモン派の活動は 1832 年 1 月に、アンファンタンの説教が社会秩序と風紀を乱すものとして、フランス政府によって禁止されてから、弾圧が厳しくなり、同年 7 月には裁判所によってサン・シモン派の解散が命じられた (山下 1978 年、(下) 72-76 頁)。それゆえ、サン・シモン派の活動は数年にも満たなかったが、彼らはフランスにおける初期社会主義の普及には広く影響をおよぼした。ミルはサン・シモン主義を、オウ

エン主義およびフーリエ主義とともに、後世の人々に感謝をもって記憶される社会思想として評価している。『サン・シモン主義宣言』は 17 章からなり、サン・シモン主義の全体像を理解できるスケッチとして貴重な文献である。この中からミルの社会主義論に関係の深い部分のみ抜粋することにしよう。先ず若きミルがサン・シモン主義に出会って感銘を受けたのは、動的な歴史観のもとに私有制を歴史的に捉える思想である。サン・シモン派は『サン・シモン主義宣言』の最初に、サン・シモンによって啓示された人類発展の法則に従って、歴史を「組織的時代（époques organiques）」と「批判的時代（époques critiques）」に時代区分し、新しい組織的時代の社会学説は、自由主義や功利主義ではなく「勤労の組織化」を目指すアソシエーションの思想であるとして次のように述べる。

ギリシャ時代は批判的時代、中世のキリスト教の時代は組織的時代、15 世紀の宗教革命により人類は批判的時代に入り、19 世紀の現在も批判的時代が続いている。組織的時代は秩序と統一の時代であり、社会活動の目的がはっきりと規定され、人間の活動のすべての事象は一つの一般理論によって秩序づけられる。これに対し、批判的時代は旧秩序を破壊した感情と理性と行動の分裂の時代であり、人間関係や社会関係が不安定で思想の交流、統一行動、一切の協調は消え去り、社会は互いに戦う孤立した個人の寄せ集めでしかない時代である（Doctrine, 79, 80/12, 13 頁）。批判的時代が終局を迎え、新しい時代に入るためには新しい社会学説が必要である。それは、自然権思想でもなければ、自由主義でもなく功利主義でもない（Ibid. 75, 76/9 頁）。サン・シモン主義は、現体制を特徴づけるエゴイズムでなく人間の普遍的な家族愛を大切にして、人々の努力を組織化し、集中すべき勤労の協同社会（association）をつくることによって、人間関係の絆が断ち切られた社会関係の正常化を図る思想である（Ibid. 84, 85/16 頁）。それは芸術、科学、産業、という人間の三大能力に一つの共通の目標を与え、公共の繁栄のすべての源泉を豊かにする思想である（Ibid. 103, 104/32 頁）。

116

第2章　ミルの社会主義論の形成

　サン・シモン派は人類の歴史を人類が自ら発展する「集合的存在」の歴史として捉え、それは完成可能性の法則に従って漸進的に発展するという彼らの決定論的な進歩史観を次のように述べる。

　人類発展の歴史は、人類の完成可能性（perfectibilité）の法則に従って上昇（croissant）と下降（decroissant）を繰り返しながら推移する。それは感情、知性、物質的活動という人間活動の三様式に表われる。感情は対立から人間的共感（sympathies humaines）へと発展し、知性は科学の不断の進歩に表われ、物質的活動は戦争から産業へ、そして「人間による人間の搾取（l'exploitation de l'homme par l'homme）」から自然に調和する（harmonique）人間の行動へと移行する。人類は自ら発展する集合的（collectif）存在である。人類の歴史は「継承的発展（développement successif）」であり、生理学的法則によって連続的描写を提供する一つの科学を構成するものである（Ibid. 108-117/37-44頁）。

　以上のようなサン・シモン派の決定論的な進歩史観によって、人類が向かう先は普遍的協同社会である。それは協同原理により漸進的進化をとげて向かうとされ次のように述べられる。歴史的な体制の変化が革命的ではなく漸進的に行われるのが自然であるという思想は、ミルの「遺稿」における革命的社会主義批判の思想に表われ、また協同原理により漸進的に協同社会へと向かう思想は「将来の見通し」の章に表われている。

　秩序を特徴とする組織の時代と無秩序を特徴とする批判の時代の時代交代が社会進歩の条件であったとはいえ、協同原理は対立原理よりも常に強力であるがゆえに、人類の歴史は「人類の漸進的進化（l'evolution progressive de l'humanité, Ibid. 150/73頁）」により、究極目的である普遍的協同社会（l'association universelle）へと向かう。人類の歩みは、対立状態の原因でもあり結果でもある腕力の支配と人間による人間の搾取の要因が弱まり、秩序、調和、統一の原理による普遍的協同社会において愛と調和と平和の支配する

117

たゆみない増大を続けるのである (Ibid. 144, 150, 151/69, 73, 74 頁)。

ミルがサン・シモン主義を評価するのは動的な歴史観に加えて、次に述べられる所得分配の方式である。サン・シモン派は所得分配の方式を完全な平等ではなく、人間の能力と働きに応じた分配の分類と原理を主張しており、ミルが後に「所有論」でサン・シモン派を評価する論点である。

我々の検討課題は、「人間による人間の搾取 (l'exploitation)」の問題である。女性の隷従が許されるべきではないことは当然であるが、古代の主人と奴隷の関係が今なお存続され代表されているのは、財産所有者と勤労者との関係である。この搾取の最も直接の根拠は所有権の構成形態と相続による富の譲渡による (Ibid. 178, 179/97, 98 頁)。しかしながら、人間の社会は協同社会へと完全に変容し、これに対応して、人間の労働能力とは無関係なものとして抽象的に考えられた所有権は最後の変容に到達する。この最後の変容を準備するのは道徳学者の役目であり、それを命ずるのは立法家の役割であろう。だが我々の共同体組織は、一切の分け前を平等にする財産共同体と何の関係もない。完全な分配の配分方式に対しては必ずたくさんの異議が生じる。人々の競争心はなくなり、徒食者が勤勉な人間と同じように恩恵を与えられる。このような分配は平等の原理とは反対のものである。我々の協同組織は、能力と働きに応じた分類と分配の原理に従うものである (Ibid. 182, 183/100-102 頁)。

人間の搾取を前提とする社会から協同社会へと変容するという理論に基づいて、サン・シモン派は、私的所有を前提に議論を展開する経済思想家、政治思想家を取り上げ批判する。サン・シモン派が私有財産の立場にたつ論者を批判して協同社会を主張する中で、ミルが高い関心をもった論点は次の三点とみられる。

先ずサン・シモン派は、私有財産制を廃棄して新しい社会秩序に移行するためには、中央集権的になる必要があるとして次のようにいう。

我々は、民衆の熱情に訴えかけはしない。我々が要求するのは、秩序であり、最も中央集権的で、最も強固なヒエラルキーである。生き生きした共感が民衆を我々の見解に結びつけるためには、権力を恐れ、権力を軽蔑し、絶えず権威に用心することを教えた従来の教育とは違った教育が民衆には必要である（Ibid. 217, 218/131 頁）。

サン・シモン派は新しい権力によって民衆を教育し民衆の共感を得ようとするから、権力主義的である。この第一の論点は、自由主義者であり人民主権を主張するミルがサン・シモン主義を後に厳しく批判するところである。
　第二に、サン・シモン派によるルソーに対する評価と批判である。ミルは近代文明を賛美し、私有財産を前提とした思想を展開する 18 世紀の思潮に「有益な衝撃を与えた」ルソーの思想に一定の評価を与えているため、彼らのルソー批評には大いに興味をひかれたものと思われる。サン・シモン派は次のようにいう。

モンテスキュー（Montesquieu, 1689-1755）は、所有に関して理性を表わす法の精神を求めたが、所有を社会秩序の一般的原理として論じたり、社会再組織の基盤を見出そうとすることはしなかった。ルソーはモンテスキューの残したこの仕事を企てた。ルソーは、所有を呪ったのであり、『社会契約論』第 1 編第 9 章の終わりで所有の配分に関して最も素晴らしい考えを示している。彼は法律が常に所有する人々にとって有益であり、何ももたない人には有害であると述べた。しかしながら、ルソーはこの所有制度を改める政治組織がどんなものであるかを探究することはしなかった。ルソーが所有制度を無為徒食の徒に有利な制度として憎んでいたならば、彼はこの万人共通の土地を社会に有益な仕方で再分割する方法を探究すべきであったのである（Ibid. 230-233/141-144 頁）。

最後にサン・シモン派は言論や結社の自由、自由な統治を主張するベンサムが、所有構造に関して無関心であるとしてベンサムを批判する。ミルは功利主

義者であるとともに自由主義の影響を多面的に受けているから、サン・シモン派のベンサム批判を全面的に受け入れたとは考えられない。しかしながら、オウエン主義から所有と制度に関する問題の刺激を受けたミルは、分配的正義に関する問題意識が希薄で私有制や相続の問題を自明のこととするベンサム主義の問題を鋭く突くサン・シモン主義には共感をもったことと思われる。サン・シモン派の批判の要旨は、ベンサムは旧制度と闘って財産の平等を主張しながら、「所有がどんな風に構成されるべきか（Ibid. 239/149頁）」を問題にしないと批判する。ベンサムは、法の普遍的原理は効用であると考え、旧制度に基づく悪法の改正を図ったが、旧制度に代わるべき新しい制度をまだ知らないために、例えば、相続法における体制に基づいた偏見を誤りとして見抜けなかったとして、サン・シモン派は次のように述べる。

ベンサムは『民事および刑事立法論』（1802）第1巻4頁で苦痛と快楽を基礎に効用を定義し、「功利とは何らかの禍いを避け、何らかの幸福を得ようとする事物の傾向である」と述べた。そして、「法の普遍的原理は効用である」としてこれを重要な発見と信じた。ベンサムは、相続法の目的の一つは財産の平等化を目指すことという。しかしベンサムが百万長者の全財産を長者が自分のひとり息子に残して、貧乏人のたくさんの子供達が遺産の恩恵にあずかれず、より悲惨な世界に入り込まなければならない状況を説明しないのは、財産の平等化を目指していることとは思われない。これは、ベンサムが財産の平等化に留意していないことを示すものであり、彼が古い政治制度に反対して政治的経済的自由のために闘っていても、それに代わるべき制度をまだ知らないことを意味するものである（Ibid. 241-245/150-154頁）。

以上のように所有に関する議論とサン・シモン主義全般の解説が第8章までになされた後、後半の第9章から第17章までは、教育、立法、実証主義、宗教に関して多面的に議論される。後半部分は検討の対象が広すぎるので、コントを含むサン・シモン主義の歴史観に関係する重要と思われる叙述を、次のように要約することにしよう。

芸術（感情）、科学（理性）、産業（行為）はサン・シモンの哲学的三位一体であり、我々は彼の実証哲学を基礎として、人類の感情的、科学的、産業的発展を歴史的方法によって研究しなければならない（Ibid. 352-354/245-247頁）。サン・シモンの思想を継承したコントは、すべての科学が神学的、形而上学的、実証的という三つの段階を経過して発展すると述べた。科学の神学的段階では、人間が超自然的な原因によって諸現象を結びつけ、形而上学的段階では、諸現象を人格化された抽象によって思弁的に結合した段階であり、最後の実証的段階では、諸事象を事実それ自体によって暗示された観念あるいは法則に従って結びつけられているとする科学観である（Ibid. 362, 363/254, 255頁）。コントによれば実証的段階はこれからのことであるから、現在は批判的段階に属する。批判的時代における人類の産業的発展の現段階は少数の財産所有者と産業者が大多数の勤労者に対して人間による人間の搾取を行っている状況である。しかしながら、人類が批判的時代から組織的時代へと移行するためには、「産業の発展」は人間の感情や科学と矛盾するものであってはならず、一体化するものでなければならない。この矛盾は人類の完成可能性の法則に従って、上昇と下降を繰り返しながら漸進的に普遍的協同社会の目標に向かって進化していくであろう。対立の感情は人間的共感による協同の精神が増大し、実証的な科学の進歩に支えられて、人間による人間の搾取は普遍的協同社会（l'association universelle）において愛と調和と平和のたゆみない歩みを続けるのである（Ibid. 144, 150, 151/69, 73, 74頁）。そしてこの人間の搾取を昇華させる人類の完成可能性の法則という科学の法則は宗教的な信仰によって裏付けられる。なぜなら、科学は今や宗教と闘うものではなく、「神が世界を支配する法則を知るために人間精神に与えた手段であり、神の計画を知る手段である」からなのである（Ibid. 417/302頁）。

以上がサン・シモン主義の概要と主張を述べた『サン・シモン主義宣言』の梗概である。この著作を邦訳した野地は、サン・シモンの思想的遺産がその弟子オーギュスタン・ティエリーによって歴史学として、コントによって実証社会学として継承されたのに対して、矛盾のない理想的社会の追求としての社会

主義はバザールやアンファンタン率いるサン・シモン派によって受け継がれ発展させられたと述べている（野地 1979 年、264 頁）。それでは次にミルがサン・シモン派からいかなる影響を受けたのかを社会主義論を中心に考察することにしよう。

(3) ミルのサン・シモン主義に対する評価と批判
　ミルは社会主義を好意的に考える刺激をハリエットとともにサン・シモン派から受けたという（CW I 257/344 頁）。ミルがサン・シモン派から何を学んでいるのか、先ず『自伝』におけるミルの言葉から聴くことにしよう。

　私がコントやサン・シモン派の人々から受けた主要な恩恵は、歴史の批判期における思想の「過渡期（an age of transition）」の特性を明確に認識したことである。自由主義のありふれた教義に対する彼らの批判には、重要な真理が多分に含まれているように思われた。私有財産と相続を動かしがたい事実とみなし、生産と交換の自由を社会進歩の最終の宣言と考える古い政治経済学は、限られた一時的な価値しかもたないことを私は彼らから学んだ。社会の労働力と資本が社会全体のために運営され、すべての個人が能力に応じて分類され、各自の労働に応じて報酬を受ける分配の方法は、オウエンの社会主義に比べてすぐれた構想のように思われた。サン・シモン派の社会改革の手段は効果的でなく、彼らの社会機構は実行可能で有益に運営されるとは私は信じなかったとはいえ、彼らの目標はのぞましく合理的に思われ、現在の社会に理想を求めて努力する人々に有益な指針を与えるに違いないと感じた。私が彼らを賞賛したのは、社会制度改革の中でも、重要で根本的な改革を必要とする家族の問題、両性の平等の問題とそれに関連して全く新しい秩序を主張した点であり、サン・シモン主義は、オウエンやフーリエとともに、後の世代に感謝をもって評価されるであろう（CW I 173-175/225-228 頁）。

　ミルはオウエン主義者との公開討論会でミルとオウエン主義者が社会改革の同じ目的を有していることを知った。ミルがトンプソンとの議論の応酬で学ん

だことは、分配的正義を目指して競争か協同かを問う重大な問題を考えることは、人類の最大幸福にとっていかなる制度がのぞましいかを検討する良い機会を与えるということであった。オウエン主義者は現体制が分配的正義を果たせずにいるのは、資本家による労働者からの「搾取」により成り立っている体制の帰結であると考え、労働者アソシエーションによって問題の解決を図る。だがオウエン主義者と議論した時のミルは、哲学的急進派の急先鋒としてオウエン主義を批判する立場にあった。しかしサン・シモン派と交流した際のミルは以前と異なっていた。ミルは精神の危機以後ベンサム主義に疑問を感じ、父やベンサムから教えられた啓蒙思想とは異質の思想を模索していた。ミルは功利主義や自由主義を攻撃して「勤労の組織化」を図り、「搾取」のないアソシエーションを唱えるサン・シモン主義者と1820年代の終わりから数年間親しく交際した。そしてミルはサン・シモン派の著作の大半を読み、社会主義に対する理解を深めた。しかしながら研究者によると、ミルとサン・シモン派との交流は密な割には思想的には一定の距離があったといわれる。この時期のミルとサン・シモン派との関係を研究した大久保は次のようにいう。

　初期のミルの書簡を参照しながら、1829年から1833年までの5年間にわたるミルとサン・シモン派との交渉の後をたどって確認されたことは、ミルは、彼らの理想社会をつくろうとする活動に好意的、かつ協力的ではあったが、ついに最後まで彼らの仲間に加わることなく、一定の距離をとり続けたのであった（大久保1984年、(3)43頁）。

　大久保と同じく山下も、ミルとサン・シモン派の距離を認めており、ミルがデシュタルを通じて自主的にサン・シモン主義を学び取ろうとしたのであって、ミルとサン・シモン派との蜜月はなかったと結論づけている（山下1978年、(下)80頁）。
　ミルは当時サン・シモン主義に魅力を感じつつも、功利主義と自由主義の思想の大きな柱を失うことはなかった。ミルはサン・シモン派の「勤労の組織化」という目標に一定の評価を与えつつも「搾取」によって成り立つ体制を労

働者アソシエーションによってすべて解決できるとは考えなかった。ミルはサン・シモン主義を受容した訳ではなく、ミルが後に展開した社会主義論においてもオウエン主義やフーリエ主義をはじめとする多くの社会主義を念頭に置いた上でミル独自の思想との関連において議論がなされている。ではミルは一体サン・シモン主義のいかなる点を評価し、またいかなる点を批判しているのであろうか？ 歴史観、方法論、社会主義論の三つの視点から眺めることにしよう。

ミルが自ら述べているように、ミルが現代を歴史の批判期として捉えるサン・シモン派の歴史観に基づいて思想の過度期の特性を明確に認識し、批判期と組織期の思想のすぐれた点の調和を図れるかもしれない未来に期待したこと（CW I 173/226頁）が、ミルの彼らから得た大きな収穫であった。ミルは動的な歴史観をもつサン・シモン主義にふれて初めて、経済的自由主義や私有財産制の歴史的意義と限界、すなわちミルが父やベンサムから教えられた古典派経済学や私有財産を前提とする政治・社会思想を過渡期のものとして、現代の課題に応えるためには思想や制度の歴史性を考慮しなければならないことを悟ったものとみられる。ミルはサン・シモン主義の歴史観の影響を受けて「時代の精神（The Spirit of the age）」(1831) を著す。ミルは「時代の精神」で、現代は18世紀の精神と社会秩序を変える指針を示す新しい哲学ないし社会理論が一般的賛同を得られない過渡的な状態にある（CW XXII 233/53頁）ので、人類がこの過渡期を脱して進歩をとげるために人間の精神科学ないし社会科学を確立することが重要であると述べる（Ibid. 240, 241/58-60頁）。

ミルが「時代の精神」で述べる思想と社会の「過渡期」と「自然的状態（natural state）」という時代区分は、サン・シモン主義の場合では、「批判的時代（the critical period）」と「組織的時代（the organic period）」、コントの場合では、「神学的、形而上学的、実証的の三段階に分けた時代区分」に従って人類の歴史が進歩するという歴史観の影響を受けていると思われる（CW I 171-173/225, 226頁）。ミルは精神科学ないし社会科学の確立を図るベンサム主義を継承しながら、サン・シモン主義やコントの歴史観の影響のもとに私有財産制度を暫定的な制度としてみなしたのであった。

ミルが歴史観に関してサン・シモン主義を評価しその影響を受けたとみられる第二の論点は、人類の発展の歴史には自然の順序があり、進歩と退歩を繰り返しながら漸進的に展開してゆくという歴史観である。サン・シモン派は『サン・シモン主義宣言』第2章および第4章の中で、人類発展の歴史を、生理学的法則に従って継承的発展（Doctrine, 108-117/37-44頁）ないし漸進的進化（l'evolution progressive de l'humanité, Ibid. 150/73頁）をしながら究極目的である普遍的協同社会へと向かうと述べた。ミルは以上のようなサン・シモン派の進歩史観に対して次のように述べる。

　サン・シモン派が初めて示した思想の中で私が大きな感銘を受けたのは、「人間の進歩に自然な順序（the natural order of human progress）」があるという見解に関連するもので、特に彼らがすべての歴史を組織的時代と批判的時代に分類したことである（CW I 171/225頁）。

　ではミルのこのようなサン・シモン派の歴史観に対する評価は、ミルの社会主義論に対していかなる意義があるのであろうか？　キャパルディは、ミルが人間の歴史を過激な構造的変化にみるのではなく、自然の進化論的過程として理解したとして次のようにいう。

　ミルが賞賛したサン・シモン派、カーライル、ワーズワス、コウルリッジなどロマン主義者は保守主義の一面をもっている。保守主義は自然と歴史を分離することに反対する。彼らによれば、歴史は単なる構造的手段を通しては理解できず、「進化論的過程（an evolutionary process）」として理解されなければならなかった。「進化論」という用語は、ダーウィンの造語ではなく、当時の社会理論、歴史理論からダーウィンが借用してこれを生物学に適用したものである。保守主義が進化論的変化をいうのは、変化に反対するのではなく、過激な変化に反対することなのである（Capaldi 2004, 118, 380）。

　ミルの歴史観をキャパルディのいうように、「進化論的歴史観」と表現して

よいものかどうかについては別途に検討されるべき論点である。しかし、ミルが過激な社会変革を好まず、漸進的な社会改革を主張するのは、ミルの社会主義論の中でも「遺稿」の革命的社会主義批判に表われている。功利主義は最大幸福のため「平等」の上位に「安全」を置くから、経済的平等を図るために、暴力的に急激な社会変革を目指す思想や運動は好ましいとはみなされず、この点では功利主義は保守的なロマン主義と共通している。ミルが歴史を自然の流れのようにある一定の段階を経て漸進的に推移するというサン・シモン派の考え方が「当時の私の考えによく合った」というのは、ミルが功利主義の立場からサン・シモン派の歴史観を理解したことの表われとみられる。

　しかしながら、ミルはサン・シモン派の歴史観のすべてを受容したのではない。ミルは1829年10月8日付デシュタルあて書簡でコントが人間の歴史の多様性を理解していないことを批判する。この書簡はミルがデシュタルに勧められて読んだコントの『社会再組織のために必要な科学的作業のプラン』（1822, この本が2年後に再版された時のタイトルは『実証政治学』、山下1979年、332頁）の感想を述べている。ミルはこの書簡で、サン・シモン派やコントの思想体系の基本原理が「社会的結合のただ一つの目的」に基礎づけられており、政治や社会の多様性をみる視点が欠如していると指摘した上で、コントの歴史観を次のように批判する。

　　コントによれば、人類の文明の発展の法則はただ一つだけです。イギリスに滞在したあなたにはそれが真実かどうかをいうことができるはずです。イギリスとフランスが文明の進歩に異なる道を歩んだ（よい）例といえるのかどうかは明白ではありませんし、多分これからも同じ状況を迎えることにはならないであろうということも明白ではありません。しかし一つの法則に支配されるのは昆虫のような下等動物です。人間の能力の発展の傾向は人間が置かれている状況が異なるのと同じように多様なのです。私はコントほどの人物がただ一つの発展法則のみによって文明が推移することを証明する必要性のために、いかに歴史観のすべてを捻じ曲げているかをみると憂鬱になります（CW XII 37）。

このようにミルはコントやサン・シモン派から現代が思想の過渡期であるという認識と人類の歴史が自然の順序に従って漸進的に発展するという動的な歴史観を受容する一方で、コントやサン・シモン派が社会や歴史の多様性をみる視点が欠如している点を批判した。ミルのこの批判はミルが彼らの決定論的な歴史観を受け入れなかったことにつながるのであるが、この論点については、後に本稿第5章（「遺稿」社会主義論集の検討）第1節（シュンペーター説の検討）と第7章第5節（マルクスによるミルの歴史観批判に対するミルの思想からみた反論）で取り上げることにしよう。

　ミルによるサン・シモン派の歴史観批判は歴史観の基礎にある方法論批判でもある。この点についてはミルが方法論の影響を受けたコントとの関連が問題である。ミルがコント『実証哲学講義』（1830-42）から得たものは大きく、ミルは『オーギュスト・コントと実証主義』（1865）でコントの社会学の業績、なかでもその方法論を評価して次のようにいう。

　コントは社会学（Sociology）を創出したとはいえないにしても、社会学の創出を初めて可能にした。コントの歴史分析にはなお追加すべき点が多いとはいえ、一般的性質においてはコントの業績はこれまでに凌駕されたことのないものと考えられる。コントの社会学はなお不完全であるとはいえ、社会科学の研究を著しく進歩させ、価値ある思想を数多く残した。これに加えてコントの方法論は、先行するいかなる研究よりも真実でありより深遠であって、まさにこの科学の発展における一時代を画するものである（CW X 327/128頁）。

　ミルがコントから受容した方法論は社会科学における「社会静学（Social Statics）」と「社会動学（Social Dynamics）」の区別、および社会動学における「逆の演繹ないし歴史的方法（the inverse deductive or historical method）」であると思われる。ミルは後者の「逆の演繹法」が帰納法と演繹法を社会科学に適用する方法であるとして、コントから「恩恵を受けた主要な概念」であると評価する（CW I 215-219/282-284頁）。しかし「逆の演繹法」については本稿第4

章で検討されるので、ここでは社会静学と社会動学の区別についてのミルの説明を聴くことにしよう。ミルは『論理学』で次のようにいう。

　コントは社会の経験的法則の「共存の斉一性」を研究する領域を社会静学と名付け、「継起の斉一性」を研究する領域を社会動学と名付けた。これは力学における平衡の条件と運動の条件との区別、生物学における有機組織の法則と生命の法則の区別に応ずるものである。社会静学は社会の統合における安定性の条件を確かめる「交感（consensus）」の理論、いいかえれば、同時的な社会現象相互の作用ないし反作用の理論であり、社会動学は社会現象が変化する進歩的運動の法則を確かめる理論である（CW Ⅷ 917, 918/151 頁）。

　ミルはコントの社会静学と社会動学を区別する方法を受容し『経済学原理』に適用する。しかしミルがコントの方法論を賞賛し、社会静学と社会動学との区別や、社会動学における「逆の演繹法」を受容したといえども、ミルはコントの方法論のすべてを受容した訳ではなかった。連合心理学の立場から、人間の精神が教育を含む環境によって形成されるとして、社会科学方法論の基礎に心理学とエソロジー（性格形成の科学）を提案するミルは、コントが人間精神の骨相学（Phrenology）による研究を基礎とするコントの方法論を重大な誤りとして批判する。しかしミルの社会主義論に関連する部分についていえば、ミルはコントが、歴史や社会に関する見解の多様性をみる視点に欠け、問題を未解決にしておくことを容認せず、人間の自由と自発性を考慮しない点を批判するのである。

　ミルは 1829 年 10 月 8 日付デシュタル宛書簡でコントの歴史観を批判したのに続いて『コントと実証主義』(1865) では、コントが実証的方法の社会への適用によって、人々の社会に関する多様な見解による対立が解消してしまうと考えているのを批判して次のようにいう。

　コントは人類を互いに対立するものたらしめている社会に関する見解の多様性を、もっぱら社会が神学的または形而上学的方法で研究されたためである

かのように考え、もし真の科学に高められた実証的方法が社会で適用されるならば、意見の対立はたちどころに止むと考えているように思えるのである。これは「異常な逸脱（a singular anomaly）」である（Ibid. 325/125 頁）。

人々が多様な意見を自由に述べ合うことによって社会が進歩すると考え、半面の真理を尊重する方法を重視して意見の対立に価値を見出すミルにとって、実証社会学が進歩すれば人々のさまざまな意見の対立が解消するというコントの思想は奇異な発想にみえたに違いない。人々の意見が多様に分かれるのは、意見を述べる人々の個性の多様性とともに、人間の考えに作用する歴史的社会の複雑さの反映でもある。ミルはコントの社会動学の方法を受容したが、それは社会現象が自然現象と比較して極めて複雑であるために、自然科学と同じ方法論では社会の法則性を総合的に捉えることが困難であると判断したためと思われる。ミルは社会科学の方法論について次のようにいう。

社会学は「傾向（tendencies）の科学」である。その研究は「その異常な複雑さから」自然科学の方法である「直接的演繹（direct deduction）」あるいは「物理学的ないし具体的演繹法（the physical, or concrete deductive method）」が全く適用不可能である。しかし幸いにしてこれを償う方法として「逆の演繹ないし歴史的方法（the inverse deductive, or historical method）」がある（CW Ⅷ 897, 898/116, 117 頁）。

このようにミルは社会現象の複雑さは不変であることを前提として、社会動学にコントの「逆の演繹法」を適用して社会の法則性の探究を図ろうとしたが、コントと異なり人間の能力や社会の発展は一つの法則ではなく多様な法則性に支配され、またその多様性が発展の原動力となるから、言論や思想の自由と人間の個性は尊重されなければならないと考えていたと理解されるのである。

最後に社会主義論に関してサン・シモン主義はミルにいかなる影響を与えたのであろうか？　先の『自伝』におけるミルの言葉に従えば、先ず歴史の批判期における思想の過渡的な性格を認識することがサン・シモン主義のミルに与

えた恩恵であった。ミルは彼らのありふれた自由主義に対する批判には重要な真理が含まれていると思うのであるが、彼らの批判から特に私有財産や相続を自明の前提として理論展開する父ミルをはじめとする古典派の経済思想は一時的な価値しかもたないものであることを学んだ。ミルはこの認識の下に『経済学原理』第2編（分配論）の「所有論」で所有の原点までさかのぼって所有と制度の問題を探ることを試みたのである。第二にミルはサン・シモン派の社会改革の手段には同意せず、彼らが目指す社会機構が実行可能で有益に運営されるとは思わなかったとはいえ、彼らの改革の目的はのぞましく合理的であり、社会改革の理想を追求する人々に有益な指針を与えるだろうというのである。若きミルは功利主義者であるオウエン主義者との討論を通じて、彼らの社会改革の目的を自分の目的と共通していると評価する印象をもったが、サン・シモン主義の社会改革については、彼らの目的がのぞましく合理的であるのは、「勤労の組織化」と分配の方法とともに、家族の問題とか両性の平等に関する問題に新しい秩序を提案している点に見出している。しかしながら、ミルはサン・シモン主義の家族制度や女性問題の思想の新鮮さに衝撃を受けたとはいえ、ミルが所有制度に関してサン・シモン主義から全般的な影響を受けたわけではなく、その影響は限られたものであったと思われる。ミルが社会主義論に関してミルがサン・シモン主義と共有し、あるいはサン・シモン主義と同じ思想を後の著述に表わしている論点は次の二点であると思われる。すなわち、二つの論点とは、『サン・シモン主義宣言』第6章における分配的正義を完全な平等によるものではなく、各人の能力と貢献度を考慮して分配の平等を図るべきであるという彼らの主張と、第4章の「人類が協同の原理により漸進的に普遍的協同社会へと」体制変化をとげるという思想である。前者の分配の平等を図る方法についてはミルがオウエン主義よりサン・シモン主義が優れているとして評価する論点[10]であり、社会主義論におけるミルの一貫した主張である。サン・シモン派は、人間の自由、平等、友愛を目標に掲げたはずのフランス革命がその目標を果たしていないのは、人民の法的解放が所有権および相続権という所有者のための立法に基づくものであり、財産の所有者による勤労者からの搾取、すなわち「人間による人間の搾取」が行われているからであると述べる。

神権、自然権、効用によって、いかに所有権の正当化を図ろうとしても、共同体組織以外では分配的正義を守ることはできない。人間の搾取は女性の隷従にもみられる。しかしながら、この分配の平等の達成は、財産共同体（communauté des biens）のように各人に完全に財産の平等を図るのではなく、各人の能力と貢献度に応じて分配が図られなければいけないというのである。他方、後者の「協同の原理による漸進的な体制移行」の思想における「漸進的な体制移行」に関しては、ミルがサン・シモン派から感銘を受けたという漸進的に発展する歴史観に相応するものであり、「遺稿」におけるミルの革命的社会主義批判による「漸進的な体制変化」という主張に表われる。また、後者におけるもう一つの「協同の原理による体制移行」という思想は、ミルの「将来の見通し」の章における「労働者アソシエーションへの必然的な体制移行」の思想として主張がなされる。しかしミルの方法論からみた体制の選択が多くの選択肢を含み広範囲におよぶことを考慮すると、「普遍的協同社会への必然的な体制移行」という思想は、ミルではなくハリエットに強い影響を及ぼしていると考えられるのである。

　ミルが『自伝』においてサン・シモン主義を新しい政治思想として高く評価したことから、『自伝』の読者は、サン・シモン主義がミルに多大な影響をおよぼしたかのような印象をもつに違いない。しかしながら、両者の関係について研究者の多くは、ミルがサン・シモン派との交流に際して距離を置いたばかりでなく、両者の思想の異質性について指摘[11]するのである。ミルの社会主義論における主張を特徴づける専制主義批判と制度改革における教育と倫理性の問題に焦点をあててミルのサン・シモン主義批判をみることにしよう。

　ミルはサン・シモン主義の社会改革の目標には賛同する反面、彼らが構想する社会機構の枠組みや社会改革の手段に同意しているわけではなかった。サン・シモン派は功利主義と自由主義を批判して独自の社会思想を展開したのに対し、ミルは私有財産を前提に社会改革を図るベンサム主義や古典派経済学の限界を認めるとはいえ、ベンサム主義から離反することなく、功利主義と自由主義を軸に思想を展開した。そしてミルが何よりもサン・シモン主義を強烈に批判するのは彼らの専制主義であるとともに、ミルが彼らのアソシエーション

論に多様性がみられず、未解決の問題を許容しないことに批判的であったのである。我々はサン・シモン派が『サン・シモン主義宣言』第8章で中央集権的な新しい権力によって、人民を統治する思想をみた。ミルはサン・シモン派の権力によって統治する思想を専制主義として強く批判し「所有論」で次のように述べる。

　この制度（サン・シモン主義のアソシエーション……筆者）は、集団の指揮者の絶対専制を必要とする。少数の指導者が社会全員の能力と労働の成果に応じて、権力によって分配的正義の実施者となることが、果たして可能であろうか？　指導者がいかに厳選されたすぐれた人間であるとしても、権力によってすべての人々に満足を与えるという思想は、全く架空な考えであり反駁を加えるまでもない（CW Ⅱ 211/（2）36, 37頁）。

サン・シモン派の専制主義に対するミルの批判は、コント批判によるミルの体制選択における人間の自由と自発性を重視する思想に表われる。コントの精神的権威主義に従えば人間の自由と自発性という社会改革のための重要な柱が抜け落ちてしまうという批判である。サン・シモン派は中央集権による統治を唱い権力主義的に民衆を教育する思想を示した。ミルが「所有論」でサン・シモン主義を「少数の指導者の絶対専制を必要とする非現実的（chimerical）な思想」であると批評する（CW Ⅱ 211/（2）36, 37頁）ように、中央集権を排除する民主主義の立場にたつミルは、精神的および政治的権力による民衆の自由の束縛に反対する。ミルはコントを次のように批判する。

　コントによれば、精神的権威をもつ哲学者の団体が、国家から援助を受け、教育に対する全面的な指導権を掌握する構想を抱いている。哲学者に援助する世俗的政府は、銀行家が最上位に立ち、商人、製造業者、農民と序列のある資本家達の貴族的体制からなり、代議制民主的組織が勘案されているわけではない。コントは法律による規制を少なくするとともに、精神的権力によって指導される意見の圧力をすべての個人に極めて強力なものにすることを

考えている。コントの中には、個人の自由と自発性は占めるべき位置をもたない（*CW* X 326, 327/126 頁）。

このように人間の自由と個性を尊重する思想からコントやサン・シモン派の専制主義あるいは精神的権力主義を厳しく批判するミルは、コントが未解決の問題を許容しないことを批判する。本書第 3 章以降で議論するように、ミルはその思想的特質から体制の結論を未決とした。人間における自由と自発性を最大限に発揮する体制を目指して体制の選択を未決問題としたミルと、未決問題を認めず精神的・政治的専制主義の立場にたつコントとは対照的である。未解決の問題の意義を認めるミルにとって、人間の精神の歴史が実証的思考によって超自然的な問題を解消して一つの法則に従って段階的に移行するというコント説には同意できなかったものと思われる。ミルの批判はコントが実証的思考様式によれば「宇宙の始源」など超自然的な問題についてコントが「世界の創造者や至高の統治者に対する信仰は止めるであろう」と推理する文脈においてなされる。実証的思考と超自然的問題とは矛盾しないと考えているミルはコントを次のように批判する。

コントの間違いの一つは、未決問題（open questions）を許容しなかった点にある。実証的思考様式は「宇宙の起源」などという超自然的な問題を否定するものではない。自然法則は自分自身の起源を説明するものでないのである（Ibid. 269, 270/19-21 頁）。

ミルがコントとサン・シモン派を批判するもう一つの論点は、「社会改革における倫理性の視点の欠如」に連なる問題である。父ミルの教育思想を継承して社会改革に個人の教育の役割を重視するミルは、教育による性格形成原理に基づいて制度改革を主張するオウエン主義に比べて、サン・シモン主義やフーリエ主義が制度面の改革に力点を置くあまり教育による労働者の知的道徳的水準の向上を看過することに対して不満を表明する。ミルにとって教育は、人から知識を学ぶだけでなく人間が自由と自発性を発揮するための精神の内的陶冶

がなされるものでなければならない。「個人の自由と自発性の占める位置をもたない」精神的権力による民衆の指導を構想するコントやサン・シモン派の思想にミルは反対する。ミルは、1849年3月31日付ハリエット宛書簡で、次のようにいう。

> オウエン主義者は教育がどのような人も完成させることができるといっています。それに対しフーリエ主義者は（人間形成にとって……筆者）最も不可欠な要素の一つと私には思われる教育を無視しています（*CW* X IV 22）。

この書簡ではサン・シモン主義に対する言及はないが、教育による人間形成を制度改革に不可欠な要素とみなすミルにとって、教育を重視するオウエン主義と異なり、独特の歴史観のもとに個人の倫理的な役割なしに「普遍的協同社会への必然的な体制移行」を主張するサン・シモン主義は、フーリエ主義と同様にミルにとって相容れない思想と思われるのである。

以上のようなミルのコントやサン・シモン主義批判をみると、ミルの思想に与えた彼らの影響は、功利主義や自由主義を批判する彼らの刺激が強かったということは事実であるとしても、ミルの『自伝』での叙述から読者が受ける印象のように幅広いものではなく、むしろミルのコントやサン・シモンに対する批判の方が強烈な印象が残るのである。ミルが『自伝』でサン・シモン主義を新様式の政治思想として評価するのは、彼らの思想の中身よりもむしろ現体制を見直す目標でありヴィジョンにヒントを受けたように思われる。オウエン主義とサン・シモン主義のヴィジョンに共鳴を覚えたミルが、いかなる社会主義論を展開するのか、ミルの思想形成と思想的立場を示す三本の論文をみることにしよう。三本の論文とは、1839年のチャーティズムの高揚を背景として執筆された「労働の主張」（1845）、二月革命の後にミルの思想的立場を表明した「1848年フランス二月革命の擁護—ブルーアム卿ほかの人々に答えて」（1849）、および「ニューマン経済学」（1851）である。『経済学原理』第3版（1852）の改訂以前に執筆されたこれらの論文は、以下にみるように、『経済学原理』（1848-71）および「遺稿」（1879）の理解を補い、体制のヴィジョンに関するミ

ルの一貫した主張が理解できると思われるのである。

4．「労働の主張」——ミルの社会主義論の出発点

　ミルが初めて労働問題について述べた「労働の主張」("The Claims of Labour", 1845, *CW*Ⅳ) は、アーサー・ヘルプス（Sir Arthur Helps, 1813-75）[12]の同名の著書の書評を、ミルが1845年4月に『エジンバラ・レヴュー』に投稿した論文である。ミルが『自伝』で述べるように、自分に対する社会主義の影響をサン・シモン派とともにハリエットから受けたのであれば、ミルとハリエットとの社会主義に関する交信が始まるのが1849年2月以降である（Pappe 1960, 40）とみられるから、1845年に公表された「労働の主張」はそれ以前に彼女からの影響のないミル独自の社会主義論を知る上で重要な意味を有する。本節では、所有と制度に関してオウエン主義とサン・シモン主義から刺激を受けて、この問題を根本から問い直そうとするミルが、社会主義論の出発点でいかなる議論を展開するかを探ることにしたい。
　ヘルプスはヴィクトリア女王に信頼の厚かった枢密院の官吏で社会福祉への関心が強く、多くの著書やエッセイを残している。ヘルプスの著した『労働の主張』はこの時代にますます重要性の高まった社会問題である労働問題に彼が鋭く焦点をあて、上流階級、特に雇用者側の反省と注意を促したものである。それは1844年7月と1845年2月執筆の二つのエッセイからなるが、ミルが執筆したことを述べたマクヴェィ・ネイピア（Napier, M.）あて書簡が1844年11月付けであること、ミルの書評が1845年論文に対するものとしては内容的に適さないことからみて、書評は1844年論文に対してなされたものと考えるのが妥当である。
　ヘルプスの著書は、第1章 主人と召使い、第2章 社会的統治、第3章 工場における労働、第4章 博愛の源（Sources of Benevolence）からなる。ミルは、ヘルプスの著書の書評を通じて彼の見解を表明する理由を、当時『エジンバラ・レヴュー』の主筆であったネイピア宛の書簡（*CW*ⅩⅢ643-645）で次のように述べている。

135

ヘルプスの著書は、アダム・スミスやマルサスの経済学の基礎原理や論争の成果を忘れているという弱点はあるが、彼が焦点をあてている労働に関する社会問題は大切なことであり、これを大衆に正しく位置づけることが最も重要なことである（Ibid. 643, 644）。しかし私はヘルプスが主張する父権主義には反対である。なぜなら、父権主義は労働者が自己管理するのでなく、雇用者が蓄えた財産の中から奉仕の精神で労働者の面倒をみる思想だからである。だがその一方、ヘルプスが提起している労働問題という今日の最も重要な問題に対して、政府や社会の諸階級がどうあるべきか、何を試み何をなすべきかが明らかにされなければならない（Ibid. 645）。

ロビンズは、この論文は『経済学原理』の「将来の見通し」の章を補う論文として極めて重要であるという（Robbins, 1966, xxvi）。一方山下は、この論文は『経済学原理』の内容をほぼ全面的に先取りしていると指摘する（山下1999年12月、(2) 90頁）。事実、「労働の主張」はミルの社会主義論の出発点としての位置づけがなされうるが、『経済学原理』の中でも「将来の見通し」の章には、この論文の内容を理論的に受け継いでいる部分とそうでない部分とが混在している。

まずミルは、ヘルプスの博愛主義的主張を、労働階級に対する雇用者の注意と義務を促し、「新しい道徳世界を目指し（CW Ⅳ 373）」た「大きな社会制度改革の提案（Ibid. 372）」として高く評価する。その一方で、ヘルプスの主張はマルサスの人口原理を忘れているという欠陥がある上、父権主義的従属保護の理論であるという誤りを犯しているとして次のように批判する。

1832年の選挙法改正の勝利やチャーティスト運動などは、生産活動に従事する階級間に起こった民主的な運動であり、現在の労働者と資本家との関係の中心的な問題である労働問題をマルサス主義を糸口として正しく整理すべきである（Ibid. 366）。なぜならマルサスは、労働人口と賃金の必然的な関係を明らかにして、人類が思慮分別と良心（prudence and conscience）によって飢餓から逃れる道を示した。彼は大衆に知的道徳的恩恵が与えられれば、

進歩が労働階級の物質的条件に効力を発揮するであろうという希望を与えたからである (Ibid. 386)。

このようにしてミルは、ヘルプスの博愛主義的な立場を批判して、労働問題を経済学という学問的手段によって労働者と資本家という階級間の経済問題として捉え、その解決を労働者の知的道徳的水準を高めながら人口法則の制御によって図ることの必要性を主張する。法則の認識（知性）とその制御（道徳）は、ミルが『論理学』第6編で展開した「自由と必然」の論理の帰結でもあった（CW Ⅷ 836-843/ (6) 9-23頁）。特にヘルプスの父権主義について、ミルは労働者の自立と思慮分別などの人格的資質を労働者自身が獲得する精神的改革を考えずに社会改革ができるという思想は誤りであるとして厳しく批判し次のようにいう。

平等の精神と個人の独立愛は極貧層にさえ広がっている現在、貧民は外的強制を自由に対する大きな困難として捉え、貧民自身の思慮分別が命じるもの以外にどんな拘束力にも同意しないから、貧民自身の心と生活習慣を変える以外の方法で大衆の地位を高めるすべての計画は矛盾することになる（CW Ⅳ 374, 375）。

ミルのヘルプス批判は、同時にカーライル批判でもある。ミルは『エグザミナー』誌に「時代の精神」(1831)を投稿したのが縁でカーライルと交際したが、1834年にミルが誤ってカーライルの『フランス革命史』(1837)の原稿を焼失してしまった事件などが禍して、二人の交際は途絶えた。ミルは「労働の主張」では、カーライルの『チャーティズム』(1840)や『過去と現在』(1843)にみられる民主化の流れに反対する精神を批判し、貧民の服従を期待する金持ちによる保護の思想を批判している (Ibid. 370, 371)。

ミルはこうして、労働者を保護と慈善の対象とみなすヘルプスの博愛主義を批判し、労働者自身の意識的な精神の陶冶による精神的改革と経済法則の認識の両面による社会制度の改革を主張したのである。

さらにミルは、労働者の精神面の向上を図り生活習慣を変えることによって労働階級の地位を向上させるためには「教育が唯一の救済策である（Ibid. 376）」という。観念連合の原理によって人間性の無限の改良が可能であると考える父ミルの教育思想を継承し、制度改革における教育の役割を忘れたサン・シモン主義やフーリエ主義を批判したミルはここでも、労働問題における教育の役割を重視して次のようにいう。

　イギリスではこの30年間に十分多くの学校ができたが、宗教的影響により真の教育がなされていない。真の教育とは労働者の人生における行動を改善し、彼らの正しい感覚と性質の向上のためになるものでなければならない（Ibid. 376, 377）。

　ミルはこのように労働者に対する教育の重要性と、教育による知的道徳的水準の向上を訴える。この主張は大衆の暴力による革命の否定につながり、ミルは暴力革命を否定して次のようにいう。

　社会改革は人間と世界の自然が調和しなければいけない（Ibid. 372）。それゆえ、大衆を煽動して暴動を起こす（instigate）革命については、社会的調和を乱すがゆえに反対である（Ibid. 383）。1832年の選挙法改正の勝利は、物理的な力で早急に制度改革を要求する人々にその物理的な力を、道徳と社会的な示威運動に転換することを教えた（Ibid. 370）。労働者は、教育によって秩序と調和の気質を身につけ、公共的利益について議論して世論を形成することによって社会改革がなされなければならない（Ibid. 378）。

　このように暴力革命を否定し秩序と調和を維持しつつ世論を形成することによって社会改革を実現しようとするミルの思想は、「交感ないしコンセンサス（Consensus）の理論である社会静学（Social Statics）（*CW*Ⅷ917, 918／(6) 151, 152頁）」を基礎とし、常識（common sence）に支えられた世論を形成しつつ（Ibid. 926／(6) 166, 167頁）「歴史的進歩＝社会動学（Social Dynamics）（Ibid.

913-917/ (6) 144-150 頁）」を論じるミルの社会科学方法論の帰結と考えることができる。

最後にミルは、労働者の精神的陶冶と経済法則の認識による社会制度改革の延長線上にオウエン主義者やサン・シモン主義者などが提案するアソシエーションの思想を位置付け[13]、労働者が自己の労働を取り戻すアソシエーションの実験的試みを支援する法制度の改革が急務であることを主張し次のようにいう。

現在のイギリスにおける労働者の状態は、労働者が生産の仕事における単に買われた道具となっており、労働者が仕事に興味をもたないことが大きな問題である（*CW*IV 382）。そして過去の骨折りの産物で生活する人と苦労して働く労働者の不和は広がりつつある。この問題の解決方法は、労働者を単なる賃金の受取人からある種の生産のパートナーに引き上げることである。すでに商事会社では固定給の代わりに働きに見合うコミッションを従業員に支払うやり方を取っているが、このように達成すべき目的を事業主と労働者と一致させる知恵には今後も多くを期待したい。労働者の「勤労の権利」と資本家の「所有の権利」との調和を図る唯一のないし最も実践的な方法は、「協同の働き（a work of co-operation, Ibid. 382）」である。

ミルは、アソシエーションの実験について労働者の士気の向上に注目すべき工夫をこらしている経営者の例として、「将来の見通し」の章で詳しく採り上げるパリの家屋塗装業者ルクレール（M. Leclaire）の名をあげている（*CW*III 770, 774/ (4) 138-141 頁）。協同組合は複数の労働者が少額の資金を出し合って共同のファンドをプールし、多くの人達のパートナーシップないし株式会社（a numerous partnership or joint stock）を形成することによって（*CW*IV 385）、つまり多くの人々からなる共同出資の原理を適用することによって「労働者自身が雇用者になる試み」である。労働者が「わずかな貯金を集めて大資本を形成」する試みであり、大規模な工業の企て、例えば大きな製造工場がこの原理に成功裡に移行されるかどうかの試みである。それは「ひとつのきわめて好ましい実験（a most desirable experiment）」である。この実験を可能にする共同

139

出資のよき法律の構想は有益であり、この結論はこのような実験を単純に繰り返し行うことである（Ibid. 386）。

　ミルはこの文脈において、労働者が勤労と倹約によって社会的地位を向上させようとしても、労働者の少し上の階級が無くなってしまった惜しむべき例として、イギリスの中産階級であるヨーマン階級の死滅をあげる。ヨーマン階級は小規模な自作農ないし小作農である。ミルは『経済学原理』の中でスイス、ノルウェイ、ドイツ、フランスの自作農の豊富な実例と対比しながら、特に自作農の場合、「私有財産の魔術（CWⅡ274, 278/（2）155, 162頁）」というアーサー・ヤングの言葉まで借りてヨーマン階級を賞賛しつつ、自作農と労働者のアソシエーション（associations of labourers）による土地の共同所有（Ibid. 296/194頁）との比較検討を示唆している。これはミルが農業に関しては、必ずしもアソシエーションへの改革を唯一の選択肢と考えていた訳ではないことを意味しているとともに、ミルがオウエン主義批判で示した比較体制論の思想を読み取ることができる。

　ミルが、アソシエーションの実験を試みることやそのための法制度の改革を主張したり、農業における自作農制とアソシエーションとの比較検討を示唆していることは、彼が社会制度の比較という問題を、社会静学の方法によって社会科学的考察の対象として重要視していることの表れとみられる。社会静学は同時的な社会現象の作用および反作用の法則性を探究する方法である。ミルは『経済学試論集』の第5論文「経済学の定義と方法」（1836, CWⅣ/井上琢智訳）において、社会の諸法則ないし社会状態における人間性の法則を探究する社会科学は、どのようにアソシエーションが次第により親密になり、どのように協同組合（co-operation）がさらに次の目的へ向かっていくのかを解明することであると述べている（CWⅣ320/（4）356, 357頁）。これはミルが人間性の法則を探究することを目的とする社会科学が、社会発展の諸段階における諸制度を比較しながら、法則的に認識する科学性にその意義と役割をみていることを示している[14]。

　ミルは「労働の主張」で労働者に対する教育の重要性を訴えるとともに、労働者の勤労の権利と資本家の所有の権利の調和を図る唯一の実践的な方法とし

第 2 章　ミルの社会主義論の形成

て「協同の働き」を利用することとし、アソシエーションの実験を繰り返し試みることを主張する。ミルが主張する労働者が人間的な労働を回復するために、労働者が少額の資金を出し合って、共同出資の原理によって「労働者自身が雇用者になる試み」は、ミルの言及はないとはいえトンプソンの思想と共通している。ミルとトンプソンはともに功利主義者であり、功利主義は人間の生命を維持するために不可欠な労働が最大幸福を目指すために必要な手段とみなす。ミルとトンプソンは、ヘーゲルやマルクスの哲学のように、労働を人間の本質とみなして思想を展開するのとは異なるが、功利主義者として労働が人間の生存のための所有の安全を確保する重要な活動と考える。従って、労働者が買われた道具となって仕事に興味をもたない状態になっていることは、功利主義者にとっては極めて重大な問題である。この問題の解決は父権主義による労働者の保護ではなく、労働者の自立にある。まさにトンプソンのいう労働の自立性の肯定と隷属性の否定である（土方2011年、57頁）。ミルは「労働の主張」でトンプソンの影響とみられるアソシエーション論を展開したのであった。そしてこの実験の試みの思想は、「将来の見通し」の章におけるルクレールの実験やロッチディル組合の報告によって示されるミルの社会主義論の一貫した科学性の主張として理解されるのである。

　以上みたように、ミルは「労働の主張」で当時重大な社会問題となりつつあった労働問題を取り上げ、労働者の隷属を否定し自立を促すミルの労働観に基づいて、青年時代から問題意識をもち続けていた経済体制の問題に取り組む姿勢を示した。この論文はミルとハリエットが共同作業を始める前に書かれ、ミルが初めて社会主義について自分の主張を述べている論文として、ミルの社会主義論の出発点としての意義が認められる。ここでのミルの主張は、社会改革は労働者の自由と自立を前提として教育による精神面の改革と法律と財政との制度的改革との両面から行わなければならず、制度的改革の方法として、漸進的な改良のためのアソシエーションの実験が主張される。「労働の主張」においては、比較体制論についての直接の言及はないとはいえ、実験を公平に試みることを主張していることは、経済体制の問題を社会科学の対象として重視していることの表れであり、ミルの社会主義論の基礎をなすと思われる。

141

5.「フランス二月革命の擁護」と「ニューマン経済学」
―― 政治思想と経済思想の立場の表明

　マルクス・エンゲルスが『共産党宣言』を発表した1848年、ヨーロッパに革命の嵐が吹き荒れた。イギリスでは、チャーティズムは衰退していたが、民主化を求める政治運動と一体化して富裕層支配の打破を目指す経済闘争が活発化する。フランス二月革命が勃発すると、その影響はヨーロッパ各地に広まり、人民の自由と自治を要求するドイツ三月革命、ウィーン三月革命が起きる。ミルは、二月革命後のヨーロッパの社会的変化を背景として、「1848年フランス二月革命の擁護」(1849)("Vindication of the French Revolution of February 1848", *CW* XX、以下「二月革命の擁護」と略す) と「ニューマン経済学」(1851)("Newman's Political Economy", *CW* V) の2本の論文を公表する。これらの論文は、『経済学原理』の初版 (1848) と第3版 (1852) の間に執筆されたもので、ミルの社会主義論で解釈の分かれる第3版の改訂がいかなる意図のもとになされたかを理解するヒントを与えてくれる。「二月革命の擁護」は政治思想の視点から、そして「ニューマン経済学」は経済思想の視点から、ミルの社会主義論の特質を表す思想的立場の表明である。ミルは功利主義と経験主義の立場から「分配的正義」「労働の尊厳」「勤労の組織化」の目標を二次的アートとして経済体制の問題を科学的に探る課題を示すのである。

(1)「二月革命の擁護」：政治思想の立場の表明

　この論文は二月革命と共和政に反対したブルーアム卿 (Henry Brougham, 1778-1868)[15] に対するミルの批判である。ブルーアムは、1802年『エディンバラ・レヴュー』の創刊に関わり、1805年からベンサムとの交流をもっている。1810年に下院議員となり、ベンサムの指導を受けながら、ベンサムとは異なる立場で法律改革に尽力した人物である (*DNB* 7, 2004, 971-977)。ブルーアムは1848年六月蜂起の後、9月29日に公表したパンフレットの中で、自分を「1848年のバーク (Brougham 1849, 23)」として，二月革命を「フランスと世界にとって最悪で有害な出来事 (Ibid. 122)」と非難する。これに対しミルは二月

第2章　ミルの社会主義論の形成

革命の歴史的意義を正しく評価すべきであるとして、「ブルジョワの立場にたって労働者を蔑視する（*CW* X 334）」ブルーアムを批判し二月革命を肯定的に評価する。ミルは分配的正義をはじめとする社会主義者の目標を評価し、二月革命を体制選択のためのアソシエーションの実験としての歴史的な意義づけを次のようにいう。

　二月革命が生んだ国立作業場の試みは失敗に終わった。だがこの失敗は、共和政体の瓦解ではなく、共和政への革命に続く社会主義の決定的な試みへの合図として捉えるべきである（Ibid. 350）。社会主義とは、社会的利益の不正な分配に対する抗議の近代的形態である。もし、過去の努力を無視して完全な平等を図る社会主義に対する不満が強いなら、私有財産と遺産相続を認める社会主義の方法もあるだろう（Ibid. 351）。社会主義は、労働者による分配的正義の要求であるとともに、労働の尊厳を目指し労働が労働者に帰属することを求める運動である。この運動の原理の応用が、ルイ・ブラン（J. J. Louis Blanc, 1811-1882）の提案する「勤労の協同組織の実験的な設立（the experimental establishment of the co-operative system of industry）である（Ibid. 353）」。

ルイ・ブランの提案は、「勤労の組織化」を目指したサン・シモン派と同様に、国立作業場の設立によって勤労の組織化の実験を試みるものである。それは「分配的正義」と「労働の尊厳」とともに社会主義の目指す目的の一つと考えられる。ミルにとって二月革命の重要な意義は、失敗したとはいえ普通選挙を基礎とした共和制政府によって（高草木1997年、228-230頁）、現体制とは異なる社会制度の実験が現実に行われたことが画期的なことなのであった。社会制度の実験を評価するのは、ミルが功利主義者であるとともに経験主義者であることの表れである。しかしながら、ミルは分配的正義など社会主義者の唱える目的に共鳴しつつも、社会主義者に距離を置く自分の立場を次のようにいう。

我々は、ベンサムとともに人類の最大幸福のため、よい社会組織を目指す目

143

的をもつ。社会主義者が主張する平等は、功利の原理に従属する目的であると考えられる (Ibid. 354)。18世紀の人間であるブルーアムがルイ・ブランを非難し、世界が公共的精神によって支配されるオウエンやルイ・ブランの計画の実現可能性を全く否定するのは誤りであろう。しかし、それにもかかわらず、社会主義者の提案する手段に対する我々の不信は高まっている。協同的アソシエーションが果たして分配的正義を実現できるかどうかについて問われるなら、私は人類の現在の教育水準から判断して否定せざるをえない。現在の哲学者と政治家の課題は、革命的手段によって社会変革がなされることのないように、社会主義者の目的と努力を利用することなのである (Ibid. 353, 354)。

以上のように、ミルはアソシエーションの実験の試みを主張した「労働の主張」に続いて、「二月革命の擁護」では「分配的正義」を目指す協同的アソシエーションの実験が国によって実際に行われたことを評価した。そして「分配的正義」とともに、「労働の尊厳」「勤労の組織化」を社会主義の改革目標として認めた。しかしながら、ミルは功利主義と経験主義の立場から科学的な法則性の認識を目的として体制の問題を探るから、教育水準が高くない段階で社会変革を急ぐ社会主義者の協同的アソシエーションの動きに直ちに同意する訳ではない。ミルはオウエンやルイ・ブランなど社会主義者の提案する改革の手段には賛同せず、彼らの「目的と努力を利用する」ことに意義を見出すのである。

(2)「ニューマン経済学」：経済思想の立場の表明

「二月革命の擁護」の二年後に執筆した「ニューマン経済学」(1851) でミルは、前の論文で示した体制に対する思想的立場を経済思想の視座から表明する。

ニューマン (Francis William Newman, 1805-97)[16] は、オックスフォード運動を指導したヘンリィ・ニューマンの弟であり、ロンドン大学で古典学と哲学の教職に就いていた。1848年にニューマンはベドフォード女子大学の設立に関わり、同大学で経済学を教える。ミルが批判の対象とするニューマン『政治経済学講義』(Lectures on Political Economy, 1851, John Capman、以下、ニューマン

の『講義』という）は、大学での講義のための教科書である。ミルのニューマンの『講義』に対する学問的評価は低いが、それにもかかわらずミルは本書を批判の対象として取り上げる事情を次のように述べる。

　ニューマンの『講義』は私有財産制を自明の制度として扱っているため、これを批判し経済学の道徳的政治的規準の科学的な再考を図ることが必要である（CWV 441）。制度の問題は「功利の原理を究極の規準として（Ibid. 443）」扱うべきであり、この問題は分配的正義を目標に掲げる社会主義の問題提起に耳を傾け、私有制を含む体制がいかにあるべきかを「教育と実験（科学）を通して公平に探求すべきである（Ibid. 442-444）」。

　ニューマンの『講義』は、アダム・スミスの国富の理論、社会主義の誤り、私有財産、分配、価格、地代、貿易、財政、貨幣、救貧法など12章にわたって解説される。ミルは古典学者であるニューマンが、スミス、リカード、マルサスなど当時の最高の経済学に依拠しながら経済学の水準が低く焦点がぼけていると批評する（Ibid. 447）。ミルがニューマンの『講義』の学問的水準が低いにもかかわらず取り上げるのは、彼の経済学における時代感覚の鈍さと体制認識の甘さが問題なのであり、このような古い時代感覚の経済思想が学生に与える影響を懸念して批判を公表したものと思われる。ミルは『経済学原理』第3版の改訂の理由を二月革命以降の時代の変化によるものとし、分配の経済法則が社会制度に依存することを明らかにすべきことを強調する（CWⅠ255-257/344頁）ため、体制について偏見のある経済学は批判の対象となる。ニューマンの経済学は私有制を自明の前提として理論が展開されており、第3版の改訂と時期を同じくするこの論文は、当時の通俗的な経済学を批判する格好の見本を提供し、ミルの第3版改訂の意図を補足するものとして解釈される。

　ニューマンは、社会主義の誤りを道徳、政治、経済の三つの視角から指摘する（Newman 1851, 10, 11）。まず道徳面でニューマンは、社会主義者が人間の正義の義務を人類みな平等に扱うのはかえって不公平ではないかという点、および社会主義社会でもし財産を共有すれば、利己心が著しく荒廃するであろう

という二つの点を批判する。次に政治面では、労働配分の自動調節作用のない社会主義社会では、労働配分を行うために指導者の専制が不可避であり、専制政治のもとで人民は愚鈍になるであろうという批判である。最後に経済面では、ニューマンは社会主義者が競争に反対するのを批判し、市場競争なしの価格形成はありえないから競争をなくすことはできないと主張する。

　ニューマンの社会主義批判に対し、ミルは社会主義社会において人間の利己心が荒廃するであろうという懸念の指摘は理解できるとしても、この論点を除いて、ニューマンの社会主義批判は著しく正確さを欠き、誤りが多いと反論する（CWV445）。ミルはニューマンに反論する前に社会主義の定義を行う。ミルはこの論文で、社会主義者の具体的な名前にオウエンとともにフーリエ（Fourier, 1772-1837）を初めて登場させる。ミルは次のように述べる。

　アソシエーションまたは協同（association or co-operation）という実践的原理に基づいて競争および生産手段としての私的所有に反対する者を社会主義者（Socialists）という（Ibid. 441, 442）。彼らは競争と私的所有から増大している物理的道徳的悪をなくすために、少なくとも生産手段の私的所有を容認せず、働くものすべてが協同組合的アソシエーションを組織して、共通の利害のために働き、競争によってではなく、前もって計画された正義の原理に基づいて、働くことのできないものと生産物を分かち合う社会制度を目指す人々である。社会主義には、平等（equality）を強調するものや社会から受け取る報酬に社会に対する奉仕の量的質的貢献度を考慮せよというものがあり、アソシエーションについての考え方もさまざまである（Ibid. 442）。

　このように社会主義を定義したミルは、先ずニューマンが道徳に関して社会主義は正義の義務を人類みな平等に扱う不平等を犯しているという批判について次のように反論する。

　正義の義務は人類すべての人々に対して平等であるべきである。私有制のもとでは他人に対する援助や犠牲が利害関係のある特定の人々に偏りがちであ

る。しかし道徳とはそのようなものでない。ニューマンは、すべての人々の利害を超えた慈善（beneficence）の義務に対する理解を欠いているがゆえに、道徳的判断や感情の高貴さや寛容さを軽蔑する全く低俗な精神の持ち主としてしかいいようがない（Ibid. 444, 445）。

次にミルは、社会主義社会における労働配分に関するニューマンの理解は不十分であり、偏見があるとして次のように述べる。

社会主義者がこの問題について、安易に考え解決に過信している態度がみられなくもないが、だからといって、ニューマンのように社会主義は専制政治のもとで人民を愚鈍にするとして社会主義を全面的に否定するのは行き過ぎである。オウエンの計画によれば、共同体の議会または官吏が必要労働の計画をつくり、熟練労働者がすべての種類の必要労働を分かち合うという。また、フーリエによれば、アソシエーションの職業選択は自由として、労働需給の過不足は報酬額を変えることによって調整が可能という（Ibid. 446）。

最後にミルは、ニューマンが市場競争による価格形成の事実から社会主義者の競争反対論を批判するのに反論する。ニューマンは競争がおよぼす作用を通じて以外は、価格形成はありえないので、社会主義者は競争に反対すべきではないと批判する。これに対してミルは、社会主義社会でも価格形成は可能である。共同体間の交換は「費用価格（cost price）でなされるべき」であり、その際の実務上の困難を社会主義者は甘くみているという問題はあるが、この論点についてのニューマンの社会主義批判は、的外れであるという（Ibid.）。そしてミルの持論である競争原理の利点を述べた上で、ニューマンの社会主義批判の誤解を次のように指摘する。

社会主義者は、競争がなしですませられると主張しているのではない。彼らは競争による社会制度の欠陥を指摘し、彼らの制度においてのみ競争が正しく機能しうるといっているのである（Ibid. 447）。

ミルはニューマンを社会の急速な進歩と矛盾する「保守主義の主唱者 (Ibid. 456)」として批判するが、他方地方議会の役割や小土地所有で資本家の利潤に労働者を共同で参加させる有限会社のパートナーシップの主張などミルが評価できる一面もあるという (Ibid. 457)。それとともに、ミルがニューマンの社会主義批判において唯一意義を認めた社会主義における人間の利己心がどのように荒廃するのかという問題は、異なる経済体制において人間性がいかに変化するかという、ミルが後に『論理学』でエソロジー (性格形成の科学) として提案するミルの主要な問題関心の一つであり、「所有論」と「遺稿」において検討される課題となるのである。
　このようにニューマンの体制認識の甘さを批判したミルは、功利の原理をアートとして分配的正義を図る倫理と科学の両面から体制の問題を探究しようという自分の思想的立場を次のようにいう。

　ニューマンは社会主義が嫌いで競争と私的所有を好むがゆえに、社会の悪徳と不正を否定せず現体制の改善を図らずに弁護する (*CWV* 442)。ニューマンの思想と時代感覚に問題があるのは、私有財産は自然権であるというだけで社会主義に対抗する十分な議論であると思い込んでいることで明らかである (Ibid. 443)。体制の問題は、功利の原理を究極の道徳的規範として労働生産物の分配的正義を目指す正しいルールをつくるべく、科学的な実験の繰り返しと、よい教育と政治による人類の道徳的改善によって、思想と議論の働きで解決を図るべきである (Ibid. 443, 444)。

　以上のようなニューマン批判は、ミルの社会主義論にとっていかなる意義があるのであろうか？　馬渡は「ニューマン経済学」におけるミルの議論を、社会主義体制における労働配分と専制の問題、市場社会主義との関わりの問題などミルの社会主義論の主要な論点を含意するとして評価する (馬渡1997年、437頁)。ミルの社会主義論に市場社会主義の論理を読む馬渡にとって、社会主義体制における労働配分と専制、競争原理と価格形成などについてのミルの問題関心を探る上で、ニューマン批判は重要な意義をもつとみられる。他方ロビ

ンズは、ミルのニューマン批判は社会主義の評価に関する古典的な議論の良い例であるとして、「遺稿」との関連を次のように述べる。

　ニューマンの政治経済学に対するミルの批評は、ミルが社会主義に対して最も同情的であった局面で書かれた1851年の論文であり、社会主義に関するニューマンの不公平な批判に対するミルの反発を表わしている点で重要である。一方、「ニューマン経済学」の十数年後、ミルの晩年に書かれた「遺稿」は体制に関するミルの最終的な見解の表明として重要な意味をもっている（CWⅣ, xxxviii, ix）。

　このように馬渡とロビンズはミルの社会主義論における「ニューマン経済学」の重要性を指摘する。ロビンズの場合、「ニューマン経済学」が『経済学原理』第3版（1852）の改訂の作業と同じ時期に書かれたことを重視し、第3版の改訂をミルが社会主義に対して最も同情的であった局面におけるミルの著述と社会主義論の結論を示す「遺稿」との関連を重視する。しかしながら、この論文の目的は、ミルがニューマンの社会主義に対する誤解や無理解を批判して社会主義者の主張に耳を傾け、体制に対する認識を深める経済思想を学生をはじめとして一般に広めるところにある。「ニューマン経済学」はミルが社会主義に最も同情した時期の著述でありながら社会主義への体制移行を述べるものではない。それは功利主義に基づいて教育の役割を重視するとともに、アソシエーションの実験によって科学的に体制論を探究する「労働の主張」の思想であり、この思想は、「二月革命の擁護」を経て「ニューマン経済学」でも貫かれている。ミルは二月革命後の社会的変化を背景として所有と制度の問題を根本から見直す構想をもつに至った。「ニューマン経済学」は、功利の原理を究極の規準として科学的に体制を見直す構想におけるミルの経済思想の立場の表明として評価され、公正に体制をみる『経済学原理』第3版改訂の意図に連なるのである。

6. 『経済学原理』と「遺稿」における社会主義論の概要と問題の所在

　ミルは「労働の主張」(1845) を社会主義論の出発点として、「二月革命の擁護」(1849) と「ニューマン経済学」でその思想的立場を表明した。「二月革命の擁護」でミルはルイ・ブランの主張する「分配的正義」「労働の尊厳」「勤労の組織化」を社会主義の改革目標として認め、これらの目標を二次的アートとして評価しつつも、社会主義者とは一定の距離を保ち功利主義と経験主義の立場から、最大幸福原理に基づいて教育と実験の両面から制度改革を図ることを主張する。ミルのこのような主張に基づく構想の理論的展開は「所有論」と「将来の見通し」の章および「遺稿」においてなされたのであった。

　『経済学原理』と「遺稿」における社会主義論の内容の検討については、第3章以下の課題なので内容に関する検討は後の章に譲るとして、本節では「所有論」と「将来の見通し」の章ならびに「遺稿」におけるミルの社会主義論の全体の概要を方法論との関連でみながら、ミルの社会主義論における問題の所在を探ることにしたい。

　『経済学原理』は、『論理学』(1843) の出版の直後に執筆が始まり、1848年に初版が出版された。『論理学』の研究でミルに協力したベインによれば、ミルは『論理学』の出版に続いてエソロジー（性格形成の科学）の研究に着手する構想をもっていたが、その構想を実現することなしに経済学の研究をまとめることになった。ミルはコントの方法論にある静学（交感、コンセンサス）と動学（進歩）の重要な区別に敏感に反応し、静学の基礎となる人間の性格（人間性）の諸法則を解明する意図を有していたが、エソロジーの研究を断念することによりこの目的を果たすことができなかったため、静学と動学の方法を『経済学原理』に取り入れたというのである (Bain 1882, 71-79/89-97 頁)。

　『経済学原理』は「政治経済学 (Political Economy) の原理」という表題に「社会哲学への応用 (Some of their Applications to Social Philosophy)」という副題がついている。それは、ミルの経済学が道徳科学 (Moral Science) と同義である社会科学 (Social Science) の一分野における科学として社会哲学と表裏一

体であることを意味するものと思われる（CW Ⅷ 833-835/（6）3-8頁）。言い換えれば、ミルの社会科学は倫理と科学あるいは「アートと科学（art and science）（Ibid. chapterⅩⅡ/（6）196頁）」が相互に依存する関係にあり、究極の原理（un ultimate standard）である最大幸福原理に従属する二次的原理を補助的な目的（ends）として科学が担う役割を分担して各々の科学が互いに任務を果たす関係にある。ミルの社会主義論もこの倫理と科学の相互に依存する関係を見落とすと、ミルの真意を誤解することになりかねないのである。

　ミルの『経済学原理』は、第1編（生産）、第2編（分配）、第3編（交換）、第4編（生産および分配におよぼす社会の進歩の影響）、第5編（政府の影響について）の五編からなる。ミルによれば、第1編から第3編までが静態論（the Statics）、第4編と第5編は動態論（the Dynamics）である（CW Ⅲ 705/（4）9, 10頁）。

　以下「所有論」（第2編第1章）と「将来の見通し」の章（第4編第7章）および「遺稿」の三本の論文を概観することによって、ミルの社会主義論を全体の議論の中で眺め社会主義論における問題の所在を明らかにすることにしよう。

(1)「所有論」における比較体制論

　「所有論」は静態論の分野に属し、所有とさまざまな制度の比較および異なった制度における人間性の法則が探究される比較体制論である。

　「所有論」では、初めに私有制を社会哲学上の問題として考察することが提案され、「私有か共有か」というプラトンとアリストテレスが提起した所有制度の問題は選択の問題とされる（Ibid. Ⅱ 201/（2）17頁）。「所有論」第3節（共産主義の検討）では、労働者に対する報酬が低賃金でしかも労働が雇用者に依存するため労働者が自立していないという現実から、財産の共有と生産物の完全に平等な分配を図る共産主義、および共産主義に対する反対論の検討がなされる。オウエン主義、ルイ・ブラン、カベ（Étienne Cabet, 1788-1856）の思想は、私有制の全廃を唱える共産主義に分類される（Ibid. 203, 204/（2）19-23頁）。共産主義に対する反対論の検討は、共産主義への制度変化による労働者の勤労意欲、共産制が人口増におよぼす影響、共産制における社会的な労働配

151

分の困難性、異なる制度における人間の自由と自発性の問題の四つの論点に焦点があてられる（Ibid. 203-209/（2）22-33頁）。そしてミルの主張は、私有制と共産制あるいはその中間に位置する制度のいずれが人間の自由と自発性の最大量を許すかを経験的に比較する問題であるとされ、結論は未決として残されることになる（Ibid. 208, 209/（2）30, 31頁）。「所有論」第4節（サン・シモン主義とフーリエ主義との検討）では、分配的正義を目指すにあたり、完全な平等を唱える共産主義に対する反対論に考慮して工夫された社会主義としてサン・シモン主義とフーリエ主義の比較検討がなされる。ミルはサン・シモン主義の場合、本稿第2章第3節でみたように、分配を完全な平等ではなく、職位の序列と労働の成果など多面的な考慮がなされている点ですぐれているが、運営が民主的でなく指導層が専制的に管理する点に難点があると批判する（Ibid. 210, 211/（2）34-37頁）。ミルは社会主義に対する反対論に最も巧妙に配慮している思想としてフーリエ主義をあげる。ミルはフーリエ主義を評価しながら批判もしておりその論評は本稿第4章第4節（「所有論」における哲学的社会主義の評価と批判）で取り上げられる。

ミルは第4節の結論として、体制の問題は経験をもとにして決める選択の問題であるからして、フーリエ主義をはじめとするさまざまなアソシエーションに勤労の組織化の実験の機会が与えられることが望ましいと述べる。ミルは、ここでも体制の問題を「経験（experience）が決める問題である」とし、経験が不十分で選択が難しい間は競争と私有制の改善を図ることを主張する（Ibid. 214/（2）41頁）。体制の選択はイデオロギーではなく、経験によって判断すべきであるというミルの経験主義の表明である。そしてミルが主張する科学的に究明されるべき体制比較は倫理との相互依存の関係にあるから、人々の知的道徳的水準を高めるための教育が制度改革において重視され、人間の自由と自発性を最大限に発揮できる制度かどうかが制度比較の規準となるのである。

(2) 第4編（生産および分配におよぼす社会の進歩の影響）の動態論

利潤率低下論から定常状態論を経て「将来の見通し」の章に至る第4編は動態論である。ミルは『論理学』で動態論を社会動学（Social Dynamics）と呼び、

社会動学を歴史的事象の継起の法則を探究し、人間および社会の進歩性を明らかにする科学であると定義する（CWⅧ913/（6）143頁）。そして「将来の見通し」の章に至る第4、5章において、市場競争と私有制を基礎とする経済（すなわち資本主義経済）が発展する過程で、企業の利潤率が企業競争によって徐々に低下し最低の水準に向かう傾向があることと、その傾向に反作用してその傾向を阻止する要因（商業上の投機、生産技術の改良、廉価品の輸入、海外への資本輸出）について検討される。そしてミルは市場において利潤率低下の傾向と反作用が働く結果、利潤率低下の傾向が次第に強まることによって資本の増加は停止する。そして資本とともに人口も定常状態へと向かう。資本主義社会で人口の適度な制限を加えることをしなければ、ミルはマルサスの人口原理により人口は増え続けるという。しかし地球資源は有限であるから、富と人口は無制限に増大するわけにはいかない。かくて、止まることなく発展し成熟した資本主義経済は定常状態（the stationary state）に陥るというのである（CWⅢ 738/（4）73, 74頁）。

(3)「定常状態論」におけるミルのユートピア

利潤率低下論に続く第6章（定常状態論）は、私有制と市場競争を基礎とする（資本主義）「社会の経済的進歩の終点が定常状態（Ibid. 752/（4）101頁）」であることが示される。定常状態論と第7章（アソシエーション論）との関係については、ミルがこの章でトクヴィルの情報をもとにアメリカ社会の現状を批判し人類社会のユートピアを描いていることからして、定常状態論はミルがアメリカを資本主義の典型とみなし、資本主義経済が地球の資源、富と人口の有限性によって必然的に定常状態に陥ることを述べるものであると理解される。そしてミルは私有制と市場競争の制度における経済的進歩の終点のあるべき姿を示すことによって、理想的な経済社会を目指すためには経済が定常状態に入る前にいかなる経済体制を選択すべきかという課題をアソシエーション論に与える。ミルはアメリカの経済社会を念頭に成長主義に基づく過度の競争社会を戒める。ミルは次のようにいう。

「(男性の)すべての人たちの生涯がドル稼ぎにささげられ、(女性の)すべての人たちの生涯がドル稼ぎをする人たちの養育にささげられる」社会に何の魅力があるのだろう。生産の増加が引き続き目的となるのは、ひとり世界の後進国の場合だけであり、先進国で経済的に必要なことはよりよき分配と一層厳重な人口制限なのである（Ibid. 754, 755/ (4) 106, 107, 110頁）。

成長主義による行き過ぎた競争は個人の人間性を阻害するとともに、止まることなき経済市場の過当競争が自然を破壊し地球環境を悪化させる。ミルが主張するあるべき社会は、人間性を向上させる経済社会であり、それは徳に基づく人間の精神の内的陶冶と制度の改革あるいは選択によって求められる。本章における人間が大自然の中の孤独の状態で精神の内的陶冶に励む姿の叙述は、ロマン主義詩人とりわけワーズワスの影響であるとみられ、ミルは次のように述べる。

アダム・スミスは経済成長のみを好ましい状態と考え、経済学者たちは富と人口の定常状態を恐れ、これがないことを祈っている（Ibid. 752, 753/102, 103頁）。しかしながら、地球の資源は有限であり経済成長と人口増は限りなく続くものではないので、人間の経済社会はいずれ必然的に定常状態を迎えることになろう。だが人類は定常状態を迎えることになっても悲観することにはなるまい。なぜなら定常状態は人間的進歩が停止することを意味するものではない。もし定常状態が経済的進歩の終点として必然的に到来するのであるなら、人類はできるだけ早い時期に定常状態に自ら入るべきであるからである。
　私は後世の人たちのために切望する。必要に強いられて定常状態に入るはるか前に、自ら進んで定常状態に入ることを（Ibid. 756/ (4) 109頁）。

ミルがここで定常状態と完全に両立すると考える理想的な経済社会は、人々が富の獲得にのみ専念することでなく、個人が人間性（human nature）を高めるのに努力し、人間性の最善の状態を目指す社会である。ミルにとって人間性

を高めるとは、『論理学』第6編で述べる「人生のアート（the Art of Living, Ibid.756/（4）109頁, *CW*VIII949/（6）207, 208頁）」を豊かにすることを意味しており、人間の最大幸福のための重要な目的である。ミルは市場経済社会の現状を利己心により「他人を押しのけ先に行く」出世主義と、開発により地球の自然を破壊する経済成長主義が支配していると批判する。ミルはワーズワスが大自然の中に哲学をみるように、人間が大自然の中で孤独になり、精神の内的陶冶によって思索と人格を深めることの重要性を強調する。ミルは、このあるべき経済の必要条件は、よりよき分配と一層厳重な人口の制限であり、そのためには、慎慮（prudence）と節倹（frugality）など精神面の教育とよき分配のための制度面の改革が必要だとされる。制度的改革には、個人の勤労による正当な所有権と矛盾しない範囲での平等のための法的改革も含まれる（*CW*III754-756/（4）105-109頁）。

(4)「将来の見通し」の章のアソシエーション論

第4編第7章「将来の見通し」の章では定常状態論に続いて私有財産制度から労働者の自発的なアソシエーションへの体制移行が予測される。人間および社会の進歩による経済体制の変化の探究が動態論の課題であることは、ミルの方法論に基づくので明らかであるとしても、第7章には社会主義論におけるミルの一貫した主張と矛盾するハリエットの主張が混在しているため問題が生じるのである。第7章は7つの節から構成されるが、ここで述べられるミルの主張は次のように第1-3節、第4-6節、第7節の三つの異なった論点に分かれる。このうち第7節は、ミルの持論である競争原理の意義についての叙述であり本論が検討する主題と多少逸れるので、本節では考察の対象から外すことにしたい。

先ず第1-3節は、「労働の主張」の思想をほぼ継承するものとみられる（Robbins, 1966, xxvi, 山下, 1999/12,（2）90頁）。そこではミルの自由で自発的な労働観による労働者の独立が主張されてアーサー・ヘルプスのような父権主義的な従属保護の理論が批判され、労働階級自身による問題の解決が述べられる。ミルは第1節で社会諸関係（social relations）の現状を労働階級の問題が象

徴的に表現しているとして、分配の改善と労働に対する報酬の増加という時代の要請に応えることが、あるべき経済社会のための重要な条件として捉える（CWⅢ758/（4）112, 113頁）。ミルはこの労働問題に対して従属保護の理論は役に立たないとして次のようにいう。

　一方において「労働階級（the laboring classes, Ibid./（4）112頁）」と、他方において必要な労働の負担を免れて権力を握った人々の「不労働階級ないし上層階級（a non-labouring class, or the higher classes, Ibid./113頁）」に分かれる社会諸関係の問題に対し、上層階級が貧しい人達のために考慮をめぐらして保護し労働階級の服従を期待する従属保護の理論はもはや問題の解決にはならない。労働階級は今や雇用者との利害対立を認識してその利害を自分自身の手に掌握したのである（Ibid. 762/（4）119頁）。

　ミルは第2節で従属保護の理論に代わるべき自立（self-dependence）の理論を述べる。ミルの自立の理論は、問題の解決を制度改革とともに教育の役割を重視する「労働の主張」と共通する思想である。ミルによれば、労働者の将来の幸福は労働者自身の意志に左右されており、それは労働者自身の精神的陶冶（their own mental cultivation）という教育に依存する。ミルは第2節で労働者が正義（justice）と自制（self-government）の徳（virtues）によって道徳性と公共的精神を高め、労働者の自由意志によって問題の解決に向けて活動することを主張する（Ibid. 763-765/（4）122-125頁）。第2節は制度改革において相即の関係にある倫理と科学のうち、その倫理面を強調したものと理解される。ミルは第3節では、労働者の知性、教育、独立心による精神的成長が人口問題と女性の社会的地位をめぐる問題に好ましい影響を与えることが述べられる（Ibid. 756, 766/（4）126, 127頁）。
　このように第1-3節は、「労働の主張」を継承してミルの思想が述べられるのであるから、これらの叙述がミルでなくハリエットによって書かれたとしても、彼女がミルの思想に沿って述べた叙述としてみられるのである。
　問題はアソシエーション論の議論が展開される第4-6節において生じる。ベ

インは「将来の見通し」の章を「全面的にハリエットの作品である（Bain 1882, 168/201頁）」と述べる。このベインの解釈を継承してジェイコブズは、「将来の見通し」の章のすべてを『ハリエット全集』に掲載する。またロビンズは、「将来の見通し」の章の中でも第4-6節には、「労働の主張」や「所有論」における「まさに非常に重要なくだり（surely very important passage）が記述されている（Robbins 1978, 159/138頁）」と述べる。第4-6節の何が重要であるかというと、第3版（1852）で初めて挿入された私有制から労働者アソシエーションへの体制移行が予測されることである。この体制移行の予測は、未決の問題を認めないコントを批判したミルの主張や、歴史の多様性をみずに協同という一つの原理によって歴史の段階が移行するというサン・シモン派を批判するミルの主張と矛盾する。それはベインが指摘するようにミルと異なるハリエットの思想の表現とみられるのである。先ず第4節（雇用関係廃棄への社会の傾向）では次のような主張が述べられる。

主としてフランスにおけるアソシエーションの成功例が示しているように、自由で自発的な労働階級は現在のような分配的正義に反する雇用関係（the relation of hiring and service）」に止まるわけがないことが明らかである（CW Ⅲ766, 777/129, 130頁）。そしてこの労働問題を道徳的見地からみる時、労働者は家父長制的支配による雇用関係から脱し、産業的進歩の目標として人間的な将来に対する慎重な予想と自制とへ移行する一歩を踏み出すべきである。もし公共の精神、おおらかな感情、真の正義と平等とが要望される限り、人間の美しい資質を育成する学校は、利害の分離ではなくてアソシエーションである。アソシエーションがもつ文明化し向上せしめる力と、大規模生産のもつ効率と節約は、生産者たちを利害と感情の相反する二つの党派に分裂することから守るであろう。この点については過去20数年間の思索と討議、過去5年間の出来事が確証している。雇用者と労働者の関係は、ある場合には労働者と資本家とのアソシエーション、他の場合には――そしておそらく最後にはすべての場合において――労働者同士のアソシエーションというパートナーシップによって代替されることはほぼ疑いないのである（Ibid. 768,

157

769/（4）132-135頁）。

　以上のような第4節における労働者アソシエーションへの体制移行の予測に続いて、第5節（資本家と労働者のアソシエーションの実例）では、ミルがすでに「労働の主張」で実験すべきアソシエーションの例にあげているパリの塗装業者ルクレールの成功例をモデルとして、ポール・デュポンの印刷所、ジスケの製油工場の例など、労働者の賃金が企業の業績に反映する利潤分配制が労働者の士気を上げることによって、企業業績が著しく改善したことが述べられる。利潤分配制の方法は、固定給との併用、歩合制給料、労働者による資本参加などアソシエーションによってさまざまである。イギリスの場合は、フランスより遅れて、有限会社法が1855年に成立して初めて、ルクレールのような実験が可能になったことが述べられる。

　第6節（労働者アソシエーション）は、ハリエットが亡くなった1858年の後に、ミルによって第5版（1862）で書き加えられたロッチディル組合に関する叙述を除いて、最初の書き出し、フランスのアソシエーションの例証および結論の全体が第3版の改訂で書かれたものである（Ibid. 1013, 1014/（4）189-191頁，786-791/（4）192, 193頁）。すなわちロッチディル組合に関する叙述と第4版以降ミルが部分的に加筆した叙述以外の第6節の大半の叙述は、ハリエットが作業し彼女の思想が述べられていると考えられる。

　第6節では、労働の解放を目指すアソシエーションの思想が、二月革命によって現実味を帯びてきたことが述べられる。ここであげられるアソシエーションの実例は、労働者が当初少額の出資によって資本家となり民主的に運営して成功したウィリアム・トンプソン型アソシエーションの例である。フーグレ『産業および農業労働者アソシエーション』（1851）から引用され詳しく紹介されるパリのピアノ工場の例は、14人の労働者が少額の資金を出資して、「協同の目標（the co-operative cause, CW Ⅲ 783/（4）162頁）」を推進し、民主的な事業経営をした結果、業績が著しく向上し、伝統的な私的企業を凌ぐ地位にまで達した成功物語である。企業規律は厳しかったが、規則への自発的服従が人間的価値と尊厳の観念を生んだと述べられる（Ibid. 781/（4）161頁）。一方、ミ

ルが第5版（1862）で挿入したイギリスのロッチディル組合の例は、ホリオーク[17]の『ロッチディルの先駆者たち』（1858）から引用され、次のように詳細な発展ぶりが紹介される。

　ロッチディル組合は、1844年にオウエン協同体の建設という高遠な理想を掲げて設立された。28名の先駆者達とその家族の生活を維持し改善を図るため、最初は生活用品の消費協同組合の店舗経営という現実的なやり方で出発した。資本金28ポンドは、外部から何の援助も受けずに労働者が節約によって毎週2、3ペンス出資することによって集められた。労働者自ら資本家となって「慎重で正直な」事業活動によって、顧客および出資者は増加し業績は拡大した。取扱品目や店舗数も着実に増加し、業務内容も仕入れから卸売り、加工から製造へと発展し、1854年には生産協同組合を設立している。1849年にはロッチディル貯蓄銀行の破産という不名誉なことも起こったが、剰余金の2.5%を教育資金に積み立て図書館を充実させるなど、先駆的な消費協同組合の模範となるような福祉活動を行っている（Ibid. 786-790/164-171頁）。

　ロッチディル組合の紹介に続く「アソシエーションによる流通費用の合理化の効果（Ibid. 791/（4）172, 173頁）」と「アソシエーションによる勤労意欲の向上（Ibid. 791-793/（4）173-175頁）」のパラグラフは第5版（1862）と第6版（1865）でミルによって書き加えられており（翻訳書の註7および註8、（4）194頁）、他方、「自然発生的な過程による労働者アソシエーションへの体制移行（Ibid. 793, 794/（4）176, 177頁）」を述べるパラグラフは、第3版でハリエットの思想を述べたものと思われる（翻訳書の註九、（4）194頁）。ミルの書いた最初のパラグラフは、分配的正義、労働の尊厳、勤労の組織化を図るアソシエーションが、人間性の法則を探る「貴重な実験（CWⅢ791/（4）172頁）」とされ、資本家と労働者の労資協調型アソシエーションと労働者アソシエーションがかなり長い期間にわたって共存し競争しながら、それぞれの利点と欠点を経験によって示すのがのぞましいとされる（Ibid. 792, 793/（4）175頁）。この最初の

パラグラフと、人類が進歩向上する刺激としての競争の重要性を述べた第7節は、ミルが実験と競争を重視する自分の主張を書いた叙述なのに対し、私有制からの体制移行を述べた次の叙述は、ミルと異なるハリエットの主張を表現しているとみられるのである。

結局、しかも予想以上に近い将来において、私達は協同組合の原理によって一つの社会変革への道に辿りつくであろう。それは個人の自由と独立を集合的生産の道徳的知的経済的利益に結び付けるものであり、少なくとも産業分野において、暴力や略奪に訴えることなしに、生産に携わるものと有閑階級との仕切りに終止符を打つことによって、民主的精神の最善の抱負を実現することになると思われる。我々が述べた労働者アソシエーションは、この社会変革の成功をかちうるための唯一の手段である。私企業と各種のアソシエーションが共存し競争した結果、現存の資本蓄積は一種の自然発生的な過程によって、結局において、その資本の生産的充用に参加するすべての人々の共有財産となるであろう（Ibid. 793, 794/（4）176, 177頁）。

このように、「将来の見通し」の章（第4-6節）の中にはミルとハリエットの主張が混在し、特に第3版の第4節と第6節にはハリエットの主張が結論的に述べられている。ミルにおいては、資本家と労働者のアソシエーションと労働者アソシエーションはともに実験の対象であるが、第3版の第5節が第2版に比べて扱い方を大幅に縮小しているのは、労働者アソシエーションを優先するハリエットの主張が示されたとみられる。第3版で削除された第2版（1849）の文章の中に、初版出版後にハリエットによってなされた「反社会主義的な論調を改め、体制移行の表現に変えるべき」という要請にミルが応えている痕跡がみえること（Ibid. 1007/（4）148頁）、および、初版、第2版におけるバベイジによる漁業の利潤分配制を産業一般に拡大する詳細な説明の第3版での削除は、第3版の改訂が、アソシエーションの実験によって判断するミルの思想が後退して労働者アソシエーションを唯一の解決策とするハリエットの意向によってなされたことを示すものと解釈されるのである。

しかしながら、第3版における社会変革の予測は、体制選択の問題を教育と実験（科学）によって探究するものとした「労働の主張」や「ニューマン経済学」、そして体制の問題を未決とした「所有論」におけるミルの主張と矛盾する。『経済学原理』第3版の中に、なぜ矛盾した二つの主張が混在しているのかは、第3章の課題として検討することにしたい。次にみる「遺稿」はミルの社会主義論の最終的な思想を表現しているとみられるので、「遺稿」におけるミルの主張をみることにしよう。

(5)「遺稿」における社会主義論

「遺稿」(1879) は、ミルの社会主義に関する4本の論文集であり、ミルの死後、ヘレン・テイラー[18] (Helen Taylor, 1831-1907、以下ヘレンという）によって『フォトナイトリ・レヴュー』に掲載された。ヘレンが序文で述べているように、ミルは1869年に社会主義の問題が現代の大きな問題となるのは不可避であると判断し、徹底的にかつ公平に検討する意図をもって著書を書くことを決意した。「遺稿」はその最初の草稿であるという。しかし「遺稿」は草稿にしては体系的なまとまりがある。ミルは「遺稿」を執筆する20年前、『経済学原理』第2版の序文で、社会主義に関する独立した著書を出版する意図を表明しているので、恐らくミルは長い間、社会主義論の構想を頭に描いていたのではないかと推測されるのである。ミルがオウエン主義を批判して以来、生涯にわたって思索を続けてきた所有制度の問題には一貫性がみられるので、ロビンズがいうように、「遺稿」は「ミルの最終的立場と評価 (Robbins 1978, 161/140頁)」して差支えないと判断される。ミルが社会主義に関する独立の著作を著す意図をもったのは二月革命の後の1849年である (CWⅡ xcii / (1) 26頁)。ミルがその20年後に実際にそれを書くと決意した切っ掛けとなった事件は、国際労働者協会（第一インターナショナル）の結成であった。1864年にロンドンで成立し、1866年にジュネーブで第一回会議が開かれてから、毎年一回開催されたこの国際的な労働者の代表の集まりは、穏健なイギリスの労働運動の指導者のほかに、社会主義革命を旗印とするマルクス派、プルードン派、バクーニン派など大陸の社会主義者達が主導権を争っていた。ミルは革命的な体制

変革を目指す大陸の社会主義者の動向に関する情報を得て、民主的でない過激な方法による制度改革と、改革後に一部の指導者による中央集権的な統治を予想して、それは人間の自由への脅威を増すと感じたようである。「遺稿」はこのような背景のもとに、以前からミルが思索を重ねてきた独自の体制論を記したものであった。

「遺稿」第1章（序論）ではミルの社会主義論の課題が述べられる。その課題は「所有論」第2節で問題提起された所有と制度に関する根本的な思索である。ミルは、「遺稿」を執筆する直前のイギリスにおいて、1867年の選挙法改正がなされたことによって民主的に社会制度を改革する可能性に希望がみえたことを考慮し、私的所有の原理を容認せず社会制度の転覆で満足する第一インターナショナルの影響を強く受けたフランス、ドイツ、スイスの社会主義を批判する。ミルは革命的な共産主義を排除し、民主的で漸進的な改革を図るとはいえ、ミルの社会主義論の方法は私的所有の理論と社会主義の理論という二つの対立する理論をいかなる偏見もなしに公平に比較し根本的に考察する方法である。ミルは社会改革の計画が共産主義を含むいかなる思想であろうと、あらゆる思想を先入観なしに考察すべきであるという。ミルのこの言葉は、ミルの社会主義論が私有制から共産主義を射程とする幅広い性格を有するとともに、可能な限り多様な制度を実験の対象とする経験主義的な比較体制論の思想を含意している（CWV 711/397頁）。

第2章（現在の社会秩序に対する社会主義者の反対論）は、社会主義者の主張に公平に耳を傾けるべきというミルが、ルイ・ブラン[19]、コンシデラン[20]、オウエンの現体制批判を引用して、分配的正義、労働の尊厳、勤労の組織化の観点から現在の私的所有と富の生産と分配の制度の帰結である害悪を列挙する（Ibid. 711-727/398-414頁）。

第3章（社会主義者の反対論の検討）は、社会主義者の現体制批判が、社会主義者の経済学的誤解に起因するとして、ミルがその誤りを正し、社会主義の指導原理に対する研究と彼らの体制批判に学びながら、体制の問題を比較して検討するというミルの主張が述べられる。ミルが社会主義者を批判するのは、労働者の絶対的窮乏化の理論が経済社会の現実とは異なる状況にあること、社会

主義者のマルサス人口原理に対する誤解、競争原理に対する批判が一面的であること、労働全収権論批判と利潤の正当性等々である。そしてミルは、体制の問題は、人間の知的道徳的水準に依存するので、実験台上の試練により社会主義的制度の実現可能性と現存の経済制度の最良の（改善の）可能性を探るべきであるという「所有論」で述べられたミルの経験主義的な結論が示される（Ibid. 727-736/414-424頁）。

第4章（社会主義の困難）は、ミルの社会主義論における問題関心と思想的立場の表明である。ミルは先ず第一インターナショナルの動きを意識して、中央集権的な革命的社会主義を批判する。ミルによれば、革命的社会主義は、一撃にして体制移行を図り、現体制の幸福の量と改善の大きな可能性を放棄するという過激な社会改革の方法であり、いろいろな体制を実験によって試し合理的に選択するという科学性が欠如していることから、「遺稿」での議論から除外される（Ibid. 737, 738/424, 425頁）。ミルの社会主義論の方法は、いかなる体制が「人間の幸福を最もよく導き出すか？」という問題を実験によって科学的に探究するものであり、ミルがここで私有制と対置するのは、トンプソン型アソシエーションやフーリエ主義のファランジュなどをはじめとする小規模で比較的実験の容易な社会主義である。それは、消費財の私的所有を排除せず、生産手段の共有を工夫する「比較的思慮深く哲学的な社会主義（Ibid. 737-739/424-426頁）」である。ミルはこの社会主義を「単純な共産主義（simple communism, Ibid. 739/426頁）」としてモデル化し、労働者と管理者の勤労意欲を私有制の場合と比較考察する。それは「所有論」の第3節で検討され未解決とされた問題の再検討である。ホランダーは、社会主義論におけるミルの主要な関心は「競争と利己心（Hollandar 1985, vol.2, 771）」にあるという。ミルは、異なる体制における人間性の変化を探る対象に勤労意欲を採りあげるのであり、それはミルがアソシエーションにおける利己心の変化が勤労意欲におよぼす影響を体制選択の重要な要素として考えたことによるものと思われる。ミルは、共産主義の場合は、勤労意欲の問題を含めてさまざまな分野で「社会のすべての人間に対する知性と道徳性の高い教育水準を要求する（CW 746/433頁）」から、もし社会的実験なしに人々が共産主義社会に強制される政治的革命が起こ

ったとしてもそれは失敗に終わるという (Ibid. 746/434 頁)。このように述べるミルの第4章の結論も「所有論」で述べられた比較体制論である。共産主義と競争と私的所有の制度のうち「問題はどちらが人間の幸福を最もよく導きだすか (Ibid. 738/425 頁)」を指導原理として、「中央集権的でなく (Ibid. 738/426 頁)」「民主的 (Ibid. 745/432 頁)」で労働を魅力的にするとともに分配的正義を図る制度を、実験によって漸進的に探ることである (Ibid. 746, 747/434 頁)。人類の「自発的に発展する自由」を重視するミルは、人類の進歩を導く制度の障害を克服する不可欠の条件と体制の問題は長く未解決であり続けるであろうという結論を次のようにいう。

人類が思考と実践の双方においてさまざまな方向に自発的に発展する自由をもつべきである。共産制において個人生活が前例のない程度に公権力の支配のうちにおかれ、多数者による個性への圧迫が強くなる可能性がある一方で、将来、人類の欲望と環境に最も適した社会制度になる可能性も否定できない。このように考えると、所有制度の問題は、結局、有利な事情における共産主義的原理の試練と現在の私有制の次第に実現されるであろう改善とのいずれが人類の最大幸福を目指すのに適した制度なのか新しい光がたえずあてられる未解決の問題であり、また長くそうであろうと私には思われる (Ibid. 746/433 頁)。

ミルの「遺稿」における体制論のこの結論は、体制選択の鍵を人間の自由と自発性を規準として未解決とする「所有論」における結論と原理的には同じである。ミルは「将来の見通し」の章では、イギリスにおける労働者アソシエーションの成功例として、トンプソン型アソシエーションのロッチディル組合の例を賞賛しているのに対し、「遺稿」ではこのように結論を述べた後で、共産主義が成功するためには人類の知性と道徳性の高い水準を要求するから、共産主義的原理を試すのは極めて長い年月を要するため、労働の尊厳を図り、共産主義の困難性に対して多面的な対策を考慮しているフーリエ主義の実験を提案する。ミルは私有制の改善と共産主義を両極に、その中間にある多くのアソシ

エーションを実験の対象として体制の選択に科学性を求めている。

　第5章（私的所有の概念は固定したものでなく、変化しうるものである）でミルは、所有の観念と所有制度の歴史的な可変性を論じ、革命的社会主義と自由放任の私有制を除くいかなる経済体制も包含しうるミルの社会主義論のスケールの大きい特徴を示している。ミルは次のようにいう。

　私的所有および競争の制度は、人間が生存と安全を保障する唯一のよりどころを失うまいという明白な理由から長期間にわたって存続する。たとえ、どこかの国で大衆運動が革命政府の指導者に社会主義者を選出し共産主義が実現したとしても、私有財産制度はいずれ復活するのである（Ibid. 749, 750/437, 438頁）。しかしながら、所有の観念と所有制度は歴史的に可変であるから、所有権に関するさまざまな見解を先入観をもってみるべきではない。共産主義の究極の可能性を含めて、社会主義者の現体制批判に耳を傾け、公共の利益に反する特定の所有権を排除し、分配的正義を目指す社会改革に役立てるべきである（Ibid. 753/441頁）。

　以上のように「遺稿」における社会主義論は、私有制の永続性と所有制度の可変性、および体制の問題が未解決であり続けることをいいながら、功利の原理による比較体制論をいう「所有論」と結論を同じくした。ところが『経済学原理』（第3版）の「将来の見通し」の章の第4-6節の中に、ミルとハリエットの二人の異なる主張が混在していることが、多様な解釈を生むもととなった。しかしながら、二つの主張の矛盾の存在は、二人の異なる主張とは解釈されずに、多くの研究者の間で『経済学原理』の初版と第3版と「遺稿」の叙述におけるミルの主張の変化の帰結であるとして、ミルの思想の矛盾として解釈されているのである。では次にそのような研究者の解釈の隔たりを概観することにしよう。

(6)『経済学原理』と「遺稿」の関係をめぐる問題の所在
　この問題を初めて詳細に分析して論評を加えたのはアシュリ（William James

Ashley, 1860-1927) である。アシュリは彼が編纂したミルの『経済学原理』(1909) の解説で、『経済学原理』初版 (1848) と第3版 (1852)、および「遺稿」の叙述の推移にミルの社会主義観の変化を追跡した。彼は、ミルの思想を「進化論的社会主義 (evolutionary Socialism)」と解釈したブリス (Bliss 1891, vii-ix/193 頁) に続いて、ミルを進化論的社会主義者として捉える。アシュリは、ミルの社会主義論の主張は第3版に特徴的に現れるが、一方で「遺稿」は社会主義に対して冷静な初版に回帰していると解釈する (Ashley 1909, 190, 985)。アシュリの解釈を受容したシュンペーターは、『経済分析の歴史』(1954) の中で「遺稿」は歴史が進化論的に「究極の目標としての社会主義（共産主義）」に移行すると述べた第3版から後退したと述べる。そして「遺稿」はミルの思想の理解を「多分助けるというよりミスリードするもの」として捉える (Schumpeter 1954, 531, 532/（中）288, 289 頁)。シュンペーターのように第3版におけるミルの叙述を重視する研究は近年でも多数見受けられる。ライリは「将来の見通し」の章（第6節）第3版でミルがハリエットの意向を汲んで加筆したという (CW I 255/343 頁) 社会主義への体制移行の「自然発生的な過程 (spontaneous process)」を重視して論文の目的を次のようにいう。

私の論文の目的は、ミルが自然発生的過程を経て資本主義から社会主義が生まれると考えたその自然発生的過程に光をあてて、資本主義対社会主義のミルの功利主義的評価を解明することである (Riley 1996, 40)。

ライリのほかにも第3版の改訂にミルの社会主義論の主張をみる研究は今なお有力なのである (Miller 2003, 213, Levin 2003, 68, 69)。

　一方、アシュリやシュンペーターの解釈はロビンズによって批判される。ロビンズは、アシュリの示唆しているように、『経済学原理』初版から第3版への重大な変化と「遺稿」の初版への部分的な回帰は否定しがたいが、この変化をあまりにも積極的に解釈することは、私有制と共産主義の対照を過大視するようになるもとであり、ミルの真意を誤解する恐れがある。ロビンズはミルの最終的な結論を「遺稿」にみて次のようにいう。

第2章　ミルの社会主義論の形成

　ミルは「所有論」では体制の問題を比較してどちらがすぐれているかの問題として捉えるが、その答えは未解決の問題であるとして、私有制の改善と社会主義への可能性を等置していると捉える。そして「将来の見通し」の章（第3版）はハリエットの示唆によって書き改められたのであるが、ミルは、パートナーシップを経て、サンディカリズム的な生産協同組合へのばくぜんとした上昇を述べたに過ぎない。ミルの真意は、あらゆる体制に対して偏見のない考えを求め、あらゆる体制を仮のものとする思想として捉えられる。ミルの最終的な結論は「遺稿」において述べられるのである。『経済学原理』第3版以降と「遺稿」との間にみられる扱い方の相違は明白である。しかし、ミルはうわべは極めて純粋に知的な人のようにみえるが、実際には最も感情的な著述家の一人であった。彼のそのような性格が時の流れとともに、気分が変わるにつれて、時折矛盾を生み出す源となったのである（Robbins 1978, 151-168/131-146頁）。

　このように、ロビンズの場合はシュンペーターと異なり、ミルの文献だけでなくミルとハリエットの関係およびミルの感情的な性格を考慮することによって極めて異なる方向に解釈されることになる。
　ミルとハリエットの関係およびミルの感情的な性格をよく知っていると思われるのは、ミルと親しく交流しミルの伝記を書いているベインである。ベインは、ミルが『自伝』で述べているような社会主義への傾斜は、何にも増していつも個性を重視するミルの思想と広くかけ離れているとして、ミルの社会主義論の理解を変化の重視ではなく、「遺稿」に集約される一貫性のある議論として解釈する（Bain 1882, 90/108, 109頁）。ハリエットに対する感情的な動機を重視するのはシュヴァルツである。シュヴァルツは、第3版の改訂は、ハリエットの社会主義への信念の表明であるとしてミルの思想とは区別し、「所有論」における分配制度を暫定的のものとしてみる一貫した思想と、競争原理を重視し、共産主義における自由の侵害への懸念を表明した「遺稿」にミルの真意をみる（Schwartz 1972, 190-192）。
　ミルの社会主義論を「長年にわたって変化することは少なかった（Hollander

1985, vol.2, 823)」としてベインと同じくミルの思想の一貫性をみるホランダーは、第3版の修正に本質的な変化を認めず（Ibid. 791）、ミルの主要な関心は「競争と利己心にある」という（Ibid. 770, 771）。ホランダーによれば、ミルの社会主義論は実験や経験によって制度の長所や短所を確かめながら比較する比較体制論であり、ミルが体制の問題を未解決としているのは、代替する制度に対するミルの開かれた心の表われである。ミルは、利潤分配制を伴った修正資本主義と生産者協同組合が共存し競争して推移するモデルを科学的に解明する意図をもって改革を図ったと解釈する（Ibid. 820-823）。

　以上のようにミルの社会主義論に対する解釈が大きく分かれるのは、ミルの思想の多様性とその表現の多義性が起因していることに加えて、ミル研究者の思想的立場の違いによる場合がある。例えば研究者がマルクス主義の立場から、「将来の見通し」の章の労働者アソシエーションへの体制移行の思想と、「究極の制度といわれる共産主義」というミルの表現を重視すれば、アシュリやシュンペーターの解釈が明快な解釈として理解されよう。しかしながら、「将来の見通し」の章の体制移行の思想がミルではないハリエットの主張の表現であることや、ミルの思想形成から「所有論」や「遺稿」に表明される体制論を未解決の問題とするミルの思想を考慮するとき、この解釈には疑義が生じるのである。ベイン、ロビンズ、シュヴァルツのいうように、ミルとハリエットの関係とミルの感情的な動機に対する考慮が重要であるとともに、ミルの社会主義論の時代的背景とミルの『自由論』や『論理学』など他の著書からみた思想的特質との関連で慎重に検討するべきであるという杉原の指摘（杉原2003年、313頁）は傾聴すべきであると思われる。キャパルディは、第3版の本質的な修正をみないロビンズ、シュヴァルツ、ホランダーに同意する（Capaldi 2004, 222, 223）が、ミルの思想の形成をたどる知的伝記（an intellectual biography）と思想の全体像からの理解の重要性を強調している（Ibid. x-xiv）。

　ホランダーがいうように、ミルの思想形成をたどると、ミルの社会主義論は、青年時代のオウエン主義批判から「遺稿」までほぼ一貫した流れで捉えることができる。そのミルの思想の一貫性が、『自伝』における誇張された叙述によって、理解を阻まれるのである。次節でミルが研究者に誤解を与えているもと

を探ることにしよう。

7．ミルは果たして社会主義者といえるのであろうか？

　以上のようにミルの社会主義論の形成をたどると、ミルは分配的正義、労働の尊厳、勤労の組織化という社会主義の目標に共感を覚えながら、社会主義者とは一定の距離を置く位置を保っている姿勢を読み取ることができた。だがそれにもかかわらず、ミルは自分の思想的立場を二月革命以降、社会主義者と称している（CW I 239/332頁）。ミルの言葉どおり、ミルを社会主義者と捉えてよいのであろうか？　この問題は、ミルの思想的特質をいかに捉えるかに関係しミルの社会主義論の解釈を二分する論点なので、この検討をもってミルの社会主義論の形成を探る章の最後を締めくくり本稿の主張の方向を示すことにしよう。

　ミルは『経済学原理』「第3版の序文」で、初版における「社会主義の難点を強調する」部分を、第3版で「大部分削除した（CW II xciii／(1) 26, 27頁）」と述べ、『自伝』ではハリエットとの共同作業のお蔭で、「私達（ミルとハリエット）の究極的な社会改善の理想は、民主主義をはるかに超えて、社会主義という一般的な呼称のもとに決定的に組み入れるものとなった（CW I 239/332頁）」と述べている。この二つの記述は、ミルを社会主義者として把握し、第3版の改訂を重視する根拠の一つとなった（Robbins 1978, 148/128頁）。

　社会主義に関するミルの定義と一般的な定義とを比べることによって、一般的な定義からみてミルが社会主義者といえるのかどうかをみることにしよう。

　ミルは社会主義の定義を、人間社会における労働生産物の分配的正義がいかなる平等の観念によって実現されるかという視点から捉え、私有財産を基礎とする私有制に対して、何らかの共有共営の制度に基づくアソシエーションの思想を社会主義と呼ぶ。そして、社会主義には、完全な平等という原則に従う共産主義と、その社会で支配的な正義、または政策の観念に合致する方法により、人々の必要または功績に応じて配分する原則による社会主義に分けられる。分配を労働の貢献度に応じて配分する原理は、社会主義の原理とはいえないとい

う見解もあるが、生まれ、身分、遺産、遺伝ないし不慮の事故による障害など、個人の責任には負わせられないハンデキャップ、いいかえれば個人の努力や能力を超えた優劣の差を平等として、個人の貢献度を反映する分配の制度をミルは社会主義の原理として認めている。更に本章第5節でみたように、ミルは私有財産と遺産相続を認めてさえ、分配的正義、労働の尊厳、勤労の組織化を目的として、協同の原理に基づいて競争および生産手段の私的所有に反対する思想を社会主義としている。ミルにおける社会主義はこのようにかなり広義の概念である。そしてミルは私有制、社会主義、共産主義のいずれの体制を選ぶかは選択の問題であるという（CW Ⅱ, 初版 Ⅰ, 242, 243 ／（2）17-21 頁）。

このミルの定義に対して、今村は社会主義という一般的呼称を次のようにいう。

社会主義とは、経済的自由主義や個人主義を批判し、社会組織の新しいモデルを表現するものである。一般的含意としては貧富の差をなくして社会的経済的調和を可能にする社会を目指す社会変革の思想と運動である。1830年代から1848年頃までは、コミュニズム、アソシアシオン、ソウシャリズムは内容面でほぼ同義語として受け取られていた。プルードン主義、サン・シモン主義、ブランキ、マルクス・エンゲルスの思想はアソシアシオンの理想を共有しつつ、変革の方法を異にする社会主義である（今村1998年、691頁）。

ミルはギリシャ以来、思想家に受け継がれてきた所有と制度の問題に関心を抱き、殊に二月革命以降、社会主義者の掲げる分配的正義、労働の尊厳、勤労の組織化を社会改革の目標として認める。だがその一方で、経済学の分野においては、ミルは古典派経済学の経済的自由主義の立場を継承し、利己心と市場原理の活用に強い関心を抱く。そして、最大幸福を第一原理として人間の精神の内的陶冶と制度の両面から社会改革を図るミルの思想は個人主義批判ではなく、個人の自由と個性を尊重するものである。ミルはベンサム主義を継承し社会を個人の集合体として捉える方法論的個人主義の立場をとる。すべての個人の最大幸福の総和を最大にできる社会制度を目指すミルの思想は基本的には個

170

人主義の立場にたつものである。そしてミルは社会組織の新しいモデルを表現したのではなく、いかなる体制がのぞましいかという問題を科学的な実験を基礎とする体制選択の問題とし、その結論を未解決の問題とした。ミルが体制論の結論を未解決の問題としたのは、私有制の改善の可能性と社会主義による理想の追求の両方をみているからとみられる。経済社会の歴史的な経験や科学的な実験の推移によっては、競争と私的所有の制度の改善の方が、他の制度よりも人間の自由と自発性を促進する可能性が残されているのである。ミルの課題は第4章でみるように、ミルが『論理学』で展開した方法論に従い、功利主義、自由主義、経験主義の調和を目指すものである。ミルが『経済学原理』第3版の序文で「理想としての共産主義を批判する意図はなく」といいながら、「遺稿」で革命的共産主義を検討の対象から除外しているのも、ミルが革命という体制選択の方法を批判しているのであって、ミルの意図は「いかなる思想であっても偏見なく検討すべき（「遺稿」）」という公平性とさまざまな体制を広く検討するミルの体制論の多面性にあると思われる。

このようにみると、労働者アソシエーションへの体制移行を述べたハリエットを社会主義者として呼ぶのが妥当であるとしても、ミルを社会主義者であると言い切るのは疑問であろう。ミルが社会主義の目標を受容したのは事実としても、ミルの功利主義と自由主義の立場からは社会主義の目標の上位に人間の自由と自発性や個性の尊重がある。社会主義の目標はミルの多様な思想の一部の役割を演じていると思われる。ミルは思想家であり同時に科学者であったが、一方ハリエットは有徳か有罪かのはっきりしたヴィジョンをもった改革者ないし改革運動家であった（Pappe 1960, 39）。パップはハリエットを共産主義者として捉える。そして『ハリエット全集』を編纂したジェイコブズも、二月革命の影響で彼女が革命の思想をもったと次のようにいう。

> 1848年、それは革命の悪名高い年であったが、ハリエットはこの年に彼女自身の革命思想を抱いた（Jacobs 1998, xv）。

ではなぜミルが『自伝』で、自分を彼女と同じ思想的立場にたった表現をす

るのであろか？　その理由は第1章第7節で考察したように、ミルのハリエットに対する感情的な事情によるものと推測される。ミルは1840年代後半にミルの研究にハリエットが協力し、「将来の見通し」の章の原稿執筆の作業を引き受けてくれた彼女に感謝し、二月革命以降、彼女が社会改革のヴィジョンをもって、二人が同じ土俵の上で社会改革の議論ができたことにミルは無上の喜びを感じた（CWⅠ, 251/340, 341頁）。父亡き後ハリエットに精神的に依存を強めていたミルは、彼女の社会改革の熱意に打たれ、ミル自身の思想体系と多少の矛盾があろうとも、議論の場では彼女との意見の一致を優先し、「魔法の杖（ボーチャード）」に抵抗なく従ったように推測される。ベインはハリエットに対するミルの感情を「幻想（illusion）」として捉えており、ロビンズはミルを表面は冷静にみえるが、実際には感情的な思想家として捉える。『自伝』におけるミルの「私たちの究極の社会改善の理想」は「社会主義の一般的呼称にはいるもの」という叙述は、ミルとハリエットの社会改善の究極の理想が一致したことをミルが感激して喜ぶ感情の表現であって、ミルの思想の論理的な表現ではないようにみえるのである。

　だがミルが以上のように体制論を未解決の問題としていることは、思想家の間で理解されているわけではない。例えば、功利の原理が不平等格差を拡大させているとして功利主義を批判したロールズ（John B. Rawls, 1921-2002）は、分配的正義を目指す体制選択の鍵を人間の自由と自発性を最大限に発揮する制度とするミルの体制論が、古典的自由主義とは異なる万民の法の議論と重なり、現代の福祉国家型の社会制度による解決を目指したものとして評価している（Rawls 1999, 107, 108/301頁）。しかしながら、民主制度の確立にも問題を多く残し、法制度の改善もどうなるか分からぬ社会状況におかれた当時のミルにとって人間の自由と自発性を最大限に発揮する制度が福祉国家型の社会制度かどうかは未知の問題である。ミルの方法論からみれば、福祉国家は実験に値する選択肢の一つとして有力であるかもしれないが、ミルの社会主義論の延長上に福祉国家があるのかどうかは不明である。

　ミルは社会主義者と社会改革の問題意識を共有しながら、その思想的特質により社会主義をイデオロギーではなく、科学の対象にした。ミルは功利主義者

第 2 章　ミルの社会主義論の形成

として、功利あるいは最大幸福原理を目的論の究極的規準、または、第一原理とする（『功利主義』CW X 207/119 頁、『論理学』CW VIII 951/ (6) 210, 211 頁）。その一方でミルは自由主義者として、人間および社会の唯一の確実な永続的な改革の源泉は人間の自由であると考えた（『自由論』CW X VIII 272/142 頁）。功利主義者、自由主義者であるとともに、イギリス経験論を継承するミルは、体制比較のための正しい試験がなされたことがないので特定の制度がのぞましいと判断することはなかった。ミルにおいては、矛盾が社会の進歩の条件であるから矛盾をはらむ社会の改革は果てしなく続くのである。

　ミルは私有制の改善と共産主義の理想の追求を両極にして、対峙する両方の思想あるいはその中間にある思想を半面の真理として、一方を否定することなしに両者の利点を総合することを試みた。ミルの社会主義論は、「将来の見通し」の章におけるハリエットの思想の混在の問題を除けば、若きミルのオウエン主義批判の際に萌芽的に示された思想から、「労働の主張」「二月革命の擁護」「ニューマン経済学」を経て「所有論」（第 3 版）、「遺稿」と一貫性をもって理解される。それは、功利主義、自由主義、経験主義の三つの思想を基礎として、精神の内的陶冶によって人間性を向上させる倫理性と、人間の自由と自発性を最大限に発揮しかつそれが分配的正義と調和することを目指して私有制の改善と共産主義の理想の間にある制度をアソシエーションの実験を含めた経験によって選択する科学性の調和する体制論である。次章から社会主義論の個別の問題に光をあててミルの主張を探ることにしよう。

1) ミルとサン・シモン派との交流に貢献した人物であるデシュタル（Gustave D'Eichthal, 1804-86）は、パリのユダヤ系の銀行家の家系に生まれ、同じユダヤ系の銀行家の息子ロドリーグの勧めでサン・シモンの門下に入る。1828 年 4 月から 12 月までサン・シモン主義普及のためにロンドンに滞在中、「ロンドン討論協会」でのミルの演説を聴いたのが縁でミルと友人になる。ミルはデシュタルから、パリにいるサン・シモン派の幹部やサン・シモン主義の文献を紹介され、デシュタルの帰国後もサン・シモン派の機関誌『生産者』（Producteur）の送付を受ける（山下 1979 年、314、315 頁）。1832 年にフランス政府によってサン・シモン派が弾圧され、離散してからは、デシュタルはフーリエ主義に接近している（山下 1978 年、77 頁）。

173

2）水田は、市民革命が自由・平等・友愛のスローガンに表明されるような、平等（等質）な個人を、封建的不平等から解放したことへの幻滅が近代思想の危機を招いたと捉える。第2章第3節（1）参照されたい。
3）ミルは『経済学原理』第5版（1862年）の「将来の見通し」の章で、ロッチディル公平先駆者組合（the Rochdale Society of Equitable Pioneers、以下ロッチディル組合という）について詳細に叙述を加えている。ロッチディル組合に関するホリオーク（George J. Holyoake, 1817-1906）の著書『ロッチデールの先駆者たち』（1855）が出版されたので、ミルがイギリスにおける協同組合の成功例の一つとして『経済学原理』の読者に紹介したものと思われる。ホリオークはジャーナリストでイギリスの協同組合運動の思想的推進者であった。ホリオークは1852年に最初の協同組合法である産業・節約組合法ができてから、ロッチディル組合を模範とする消費協同組合の設立や普及に貢献した人物である。ロッチディル組合は1844年に28名の先駆者達が、他者の援助を受けずに少額の資金を出資して消費協同組合として発足し、店舗経営から活動を展開したが、その発展はめざましかった。1855年には組合員数は10年前の50倍、基金総額は約400倍、事業量は約63倍、剰余金は約100倍に増大し、1854年には生産協同組合を設立した（中川1986年、40頁）。
4）土方は次のようにオウエン研究の多様性に注目する。現在アメリカに数千もの数で共同生活を営むコミュニティに注目してオウエン主義をコミュニタリアニズムと規定するアーサー・ベスター（1950）、オウエン主義を功利主義とロマン主義との二大思潮の流れの中で捉えるレイモンド・ウィリアムズ（1958）、オウエンの思想に内包されていたミレニアニズム（千年王国論）的性格に光をあてたハリスン（1969）、オウエンとその影響を受けたリカード派社会主義者を経済的社会主義者として自然と人間の調和の思想にエコロジカルな発想をみるクレイズ（1987-2）などの流れに示されるようにオウエン研究には多様性があるという（土方2003年、3-9頁）。
5）ミルは『功利主義』（1861）で、「安全（Security）」があるお蔭で安心して「生存」することができ、あらゆる善の価値を享受できるがゆえに、「安全」は功利の原理の中で最も強い感情を伴うと述べている（CWX 250, 251/164, 165頁）。ホランダーはミルにおける究極の社会的功利に「安全」をみる（Hollandar 1985, vol. 2, 650）。ローゼンもミルがベンサムから継承した重要な概念を「安全」としてみている（Rosen 1987, 121-138）。ミルとオウエン主義者は、ベンサムから「安全」の思想を継承している点では共通しており、ともに革命的な体制変革を拒否して、穏健で漸進的な社会改革を主張している。
6）オウエンとトンプソンとの違いについて、中川はオウエンが共同体建設については家父長的で企業家的発想をしながら、彼の思想はより共産主義的であったと

第 2 章　ミルの社会主義論の形成

> オウエンはトンプソンよりもはるかに共産主義的であった。オウエンは搾取の理論はもっていなかったが、理想社会での生産力の発展が個人的蓄積欲と利己心を消滅させ、能力に応じて労働し、必要に応じて受け取ることを可能にすると確信していた。これに対しトンプソンは搾取の理論をもち、労働全収権によって個人的労働量に応じた給付部分を要求する労働の平等の権利を主張した。彼の主張は個人主義による平等主義であり、独立小生産者と熟練労働者の財産と権利の回復要求であり、彼の共同体構想はその回復要求実現の最大可能な手段であったのである（中川1984年、146-151頁）。

7）サン・シモン派の首領格の一人であるバザール（Saint-Amad Bazard, 1791-1832）はサン・シモンの死後、1年ほど毎週『生産者』を発行してサン・シモン主義の発展と普及につとめた。1831年11月にバザールはアンファンタンと女性解放問題で対立し、ロドリーグとともにサン・シモン派を脱退している（山下1978年、（下）70、71頁）。

8）アンファンタン（B. P. Enfantin, 1796-1864）はバザールとともにサン・シモン派の首領格の一人であり、バザールが同派を脱退してからは、アンファンタン一人が最高教父となった。1832年7月サン・シモン派は、裁判で「無許可の政治的宗教的結社」「非道徳的な学説、すなわち女性解放の学説の説教」などの罪で解散を命じられ、アンファンタンは一年の禁固の刑が命じられる。アンファンタンは後にスエズ運河の建設を進めるためにエジプトへ渡った（山下1978年、（下）76-78頁）。

9）ジョン・スターリング（John Sterling, 1806-44）はモリスとともにミルの親友の一人で、ミルにロマン主義の刺激を与えた人物である。ミルはスターリングを心の率直さと道徳的な勇気をもった魅力的な人物としてほめたたえている。ミルはスターリングが38歳の若さで亡くなったのを悔やみ、もっと長命であれば、お互いに理解できる思想的立場で交流できたかもしれないと述べている（*CW* I 161-163/218-220頁）。なおミルとスターリングとの交流については、山下「ミルとスターリング」（1998年）が詳しい。

10）ミルは1830年代にオウエン主義よりもサン・シモン主義が優れている点は、分配的正義を目指すために各人に完全な平等を図るのではなく、各人の能力や社会に対する貢献度を配慮する点をあげている（*CW* I 175/227頁）。この論点はミルが「所有論」で共産主義における平等主義を批判する論点である。

11）ミルとサン・シモン派の思想の異質性についてキャパルディは、サン・シモン派による私有財産の否定、ミルと彼らの女性像の違いとともに、サン・シモン主義

175

の権威主義と社会改革における個人の道徳の役割の欠如の四点をあげている (Capaldi 2004, 80)。また山下はミルがサン・シモン主義の独特の歴史観に基づいた私有財産制批判と能力と報酬を考慮した社会主義に共鳴し、両性の平等の主張を高く評価しながら、サン・シモン派の精神的および制度的な専制主義を人間の自由と自発性を認めない思想として批判し、そしてミルが彼らの「宗教的傾向を全面的に拒否した（山下 1978 年、（下）70-82 頁）」点にみている。

12) アーサー・ヘルプス（Sir Arthur Helps, 1813-75）はヴィクトリア女王に信頼の厚かった枢密院の官吏で、社会福祉に関する著書や論文を残している。ミルはヘルプスが著書『労働の主張』（*The Claims of Labour : an Essays on Duties of the Employers to the Employed*, London, 1844）で当時重大な社会問題になった労働問題に鋭く焦点をあて、上流階級特に雇用者側の反省と注意を促した博愛主義的な主張を述べているのに対し書評の形で批判した。

13) 四野宮（1974）186 頁、および（2002）215、216 頁参照。四野宮はアソシエーションについての理解がミルの社会主義論理解の要として捉えている。

14) 矢島（1993）第 13 章参照。矢島はミルの社会主義論の方法について、ミルはコントより受け取った逆演繹法という手続きを用いて、自由という一般的な人間性の原理により経済体制の経験的法則の長所と短所を検証したと述べている。

15) ブルーアム卿（Lord Henry Peter Brougham, 1778-1868）はウィッグ党内閣の大法官である。デュガルト・ステュアートの教え子であり、『エディンバラ・レヴュー』を創刊する。教育、政治、法律制度の改革に尽力し、奴隷貿易の廃止を主張した。

16) 古典学者、道徳哲学者ニューマン（Francis William Newman, 1805-97）は英国教会の改革を図るオックスフォード運動を指導した神学者ジョン・ヘンリィ・ニューマン（John Henry Newman, 1801-1890）の弟である。ウースター大学で学位を取得し、ロンドン大学など古典学、哲学の教職に就く。1848 年ベドフォード大学の設立を支援し、同大学の経済学の講義を担当する（DNB40, 2004, 633, 634）。

17) ホリオーク（George Jacob Holyoake, 1817-1906）はジャーナリストでイギリスの協同組合運動の思想的推進者である。多筆多才で 150 冊の著作を書き、27 の定期刊行物を発行した。オウエン主義の影響のもとに『ロッチディルの先駆者たち』（1855）を著し、ヨーロッパの消費協同組合の普及に貢献した。

18) ヘレン・テイラー（Helen Taylor, 1831-1907）はハリエットの前夫ジョン・テイラー（John Taylor, 1819-91）との間の娘である。エディンバラで女優をしていたが、ハリエットの死後、義父ミルの身辺の世話をする。ミルの片腕となってミルの研究活動を助けたばかりでなく、女性参政権運動に尽力し社会民主連盟の会員となる（山下 2003 年、405 頁）。

19) ルイ・ブラン (Jean Joseph Louis Blanc, 1811-1882) は1830年代に共和派のジャーナリストとなり、『労働の組織』(1840) で注目される。ミルが「遺稿」で採りあげるこの著書でルイ・ブランは、労働の組織化によって現体制の諸悪をもたらす原因である競争を止揚し、協同の原理に基づく生産協同組合「社会的作業場 (atelier sociaux)」を構想する。それは、専制的で国家主義的なサン・シモン主義のアソシアシオンとは一線を画し、普通選挙を基礎とする共和制政府により労働者の自立的な運動を媒介とした労働者生産協同組織 (アソシアシオン) を設立する構想である (高草木1997年、228-230頁)。ミルは「二月革命の擁護」(1849) でルイ・ブランが、革命後の臨時政府に入閣し、国立作業場を試みたことを、失敗したとはいえ、労働者アソシエーションの実験が政府の手によって行われたこととして評価する。しかし、ミルはルイ・ブランの競争批判の思想には反対し、「将来の見通し」の章第7節や「遺稿」第3章で競争原理の主張を行っている。ルイ・ブランは1848年6月蜂起で失脚しイギリスに亡命する。ミルはハリエット亡き後、1850年代の終わりに土曜日の夕方、晩餐会を企画し、旧友グロウトやベインとともに、ルイ・ブランを誘い彼との交流を図っている (Capaldi 2004, 303)。

20) 『社会の運命』(1834-38) でフーリエの難解な理論を解説したコンシデラン (Victor P. Considérant, 1809-93) は、1840年代に職人・労働者層に支持された。ミルは『社会の運命』を読み、「遺稿」でコンシデランの解説したフーリエ主義の体制批判を引用して、社会主義者の経済学的な誤りによる行き過ぎた体制批判として議論している。コンシデランはアメリカに亡命し1849年にテキサスでファランジュの実験を行っている。

第3章　ミルの社会主義論とハリエット・テイラー

はじめに

　本章での考察は「労働の主張」(1845) から「遺稿」(1879) に流れるミルの主張、および『経済学原理』初版 (1848) から第3版 (1852) への修正とハリエットとの関係をいかに理解するかという点に焦点が絞られる。

　ミルの社会主義論は経済学、哲学、政治・社会思想などさまざまな分野で採り上げられているが、これらの分野における問題意識や論点の違いを無視して、もし議論を大括りにすることが許されるならば、ミルを社会主義者として捉える論者と、ミルが社会主義を批判する部分、あるいは経済体制変革とは関わりのないところに力点をおいて理解する論者に大別される。なぜ研究者の解釈が対立して二分されるのであろうか？

　本稿ではミルが進化論的（Evolutionary）社会主義者であるとするシュンペーターをミルが社会主義者であるとして捉える論者の代表としよう(Schumpeter 1954, 531/（中）288頁)。我が国では、ミルを改良の社会主義者として、革命の社会主義者であるマルクスと対比する杉原（1985, 228, 289, 290頁）や、ミルのアソシエーション論を体制移行の過渡的形態論としてみる四野宮、ミルの社会主義を分権的市場社会主義として捉える馬渡もミルの目指す目標を社会主義に置いている点では前者に含まれる。馬渡の研究は我が国では杉原らの研究、海外ではホランダー（Hollander, S.）らの研究を尊重しつつ行われたものであり（馬渡2001年、44頁）、ミルの社会主義論について時系列的に思想形成と推移を検討した結果得られた結論は、シュンペーターと同じく『経済学原理』第3版が社会主義論の到達点という。

　他方、後者の代表は古くはミルがいつも個性を重視していることから社会主義者とミルとの間には大きな隔たりがあり（Bain 1882, 90/108, 109頁）、そして

179

『自伝』におけるハリエットに対するミルの絶大なる讃辞も彼の異常な幻想の生んだ結果であるとして、『自伝』で述べられているような社会主義論における彼女の理論的な影響を否定するベインである（Ibid. 171/203 頁）。またミルを共産主義の創始者マルクスに対し自由主義の創始者として捉えるダンカンもミルの思想的特質を自由主義にみる点では後者である（Duncan 1973, 293, 294）。近年ではミルの社会主義論を代替的な社会制度を見出すことの可能性に対して開かれた心をもつことを主張しているに過ぎないというホランダー（Hollander 1985, vol.2, 823）や、我が国ではミルの社会制度論を停止状態論からあるべき姿としての理想的私有財産制にみる前原正美（1998 年、60-68 頁）や前原直子（2011 年、100 頁）をあげることができる。ホランダーは、ミルの社会主義論理解の鍵は、競争と利己心（competition and self-interest）であり経済体制の問題は利潤分配制を伴う修正資本主義体制の下で、私企業と協同組合が共存し競争しながら結果が決まるものとする（Hollander 1985, 771, 820）。そしてミルの社会主義論の結論を、代替する体制の公平な比較を実験により解決する点にみている（Ibid. 791, 793, 805）。

　しかしながら、ミルの社会主義論は、公平に実験を重ねながら法則性を追究し、同じ条件の下に経済体制を比較する比較体制論の科学性とともに、この法則性を認識し、これを制御しながら最大幸福という目的に近づくための当為を問う倫理性の両面をもっている。ミルは、『経済学原理』や「遺稿」で経済体制の問題の結論を出した訳ではない。また両体制の長所や欠点が十分に分からない段階ではもちろんのこと、新たな矛盾を発展のもとと考える自由主義者ミルにとって体制の問題は「新しい光が絶えずあてられる未解決の問題（遺稿）」となるのである。それゆえミルを社会主義者とし、あるいは修正資本主義者として思想的立場を定めて解釈すること自体が、ミルの主張の思想的特質の把握を誤る危険性があるというのが著者の見解である。そしてこのようなミルの主張が多様に解釈される原因の一つは、『経済学原理』の中で、思想家であるとともに科学者であるミルの見解を述べた「所有論」と、「改革運動家ハリエット（Pappe 1960, 39）」の見解を述べた「将来の見通し」の章に分かれて、いずれもミルの見解として記述されていることによるものと思われる。以下、両者

第3章　ミルの社会主義論とハリエット・テイラー

の主張の違いに焦点をあてて検討することにしよう。

1．ハリエットの影響をめぐる諸見解

ミルの比較体制論は、すでにみたように萌芽的にはミルが18歳の時からもっていた思想である。協同主義協会（The Co-operative Society）と称するオウエン主義者の会との公開討論において、ミルは哲学的急進派の立場から、競争か協同かの「この大きな問題を決めるのは」「両体制の悪い面を公平に比較して」決めるべきと述べている（"Closing Speech"（1825），*CW* XXⅦ 314）。ミルはオウエン主義者の代表格であるトンプソンに刺激され、経済体制への問題意識をもち、サン・シモン派と交流を深めながら、体制の問題を公平にみる目をもって思索していったことはすでにみた通りである。そしてこの比較体制論の思想は「二月革命の擁護」と「ニューマン経済学」を経て『経済学原理』第3版「所有論（*CW* Ⅱ 208/（2）30, 31頁）」から「遺稿（*CW* Ⅴ 736/423頁）」へと一貫して流れるミルの社会主義論の中心的な主張である（杉原1980年、138頁、馬渡1997年、441頁）。

これに対し、ハリエットに負う「将来の見通し」の章（*CW* Ⅰ 255/343頁）ではフランスやイギリスにおけるアソシエーションの成功例と長所のみが詳細に語られ、「自然発生的過程によって（*CW* Ⅲ 793/（4）176, 177頁）」予想以上に近い将来、協同組合の原理によって一つの社会変革にたどりつくことが予想されている（Ibid./同上）。「所有論」でミルが体制比較のための条件が未だ十分に整わないため、公平に実験を重ねながら冷静に比較しながら判断しようといっている一方で、「将来の見通し」の章ではアソシエーションの長所のみをあげて近い将来の社会変革を予測するのは両立し難い主張である。

この点について、ホランダーも「所有論」と「将来の見通し」の章との「明らかな対照」と指摘しており、「前者は社会主義と（修正）資本主義との見通しのバランスを平等に置いているのに対し、後者は協同組合による解決を通して社会主義を上位に置いている（Hollander 1985, 813）」と説明しており、この両立し難い主張の解明が本章の課題となる。

181

ミルが『自伝』で述べているように社会主義論についてミルに対する彼女の理論的な影響があるのかどうかについて、我々は第1章第7節で予備的に考察した。そしてこの検討の結果得られた結論は、ミルに対するハリエットの影響は理論的なものではなく、ミルの彼女に対する精神的依存が問題を引き起こしていることが明らかにされた。この問題は本章の課題の解明の鍵ともいうべき重要な論点なので、先行研究がこの問題をいかに取り扱っているか、現在までの研究の推移と動向について再度みることにしよう。

　ミルの社会主義論におけるハリエットの影響については、ミルの親友であるベインが『自伝』におけるミルの彼女への讃辞が度を過ぎていることに気づき、事実からかけ離れていることを指摘（Bain 1882, 171/203 頁）してからミルのハリエットに対する讃辞は総じて懐疑的にみられていた。その結果、ミルが『自伝』で『経済学原理』の中の社会主義的思考については、サン・シモン主義者とともに「妻の刺激により浸透し息を吹き込まれた生きた原理（a living principle）（CW I 257/214, 215 頁）」と原理的な影響を強調しているにもかかわらず、それが疑問視されるのが通説であった（泉谷1980年、4頁）。

　ところが1951年にハイエクがミル夫妻の往復書簡の多くを公表（Hayek 1951）してから、パック（Packe 1954, 313）とボーチャード（Borchard 1957, 103, 104）がミルに対する彼女の強い影響を主張した。

　これに対し、1960年代に入って上の二人の見解はパップ（Pappe 1960, 40, 41）、スティリンガー（Stillinger 1961, 25）、ミネカ（Mineka 1963, 306）、ロブソン（Robson 1968, 53）によって批判された。

　パップは、『経済学原理』が改革運動家ハリエットの要請により「社会主義ないしオウエン的共同体の印象（Pappe Ibid. 40）」を残してしまったのは、パックやボーチャードのいうように事実であるが、彼女の改定の要請は『経済学原理』の核心をつくものでなくミルの社会主義論の原理はミル独自のものであると主張している（Ibid. 40, 41）。

　上記の議論をふまえてロブソンは、彼女の改定の要請によってミルが影響を受けたとする説はミル自身の言葉にもかかわらず説得力がなく、むしろ科学者ミルと改革者であるとともにアーティストであるハリエットとの分業の問題と

して捉えるべきという (Robson 1968, 60-68)。

　一方我が国では、山下が『ハリエット全集』(1998) の刊行を機にミルにおよぼした彼女の影響について詳細に再検討した結果、ミルに対するハリエットの理論的影響を否定している（山下2000年/3、(3) 44-48頁）。その結論の部分を抜粋すると次の通りである。

　　ミルに対する彼女の合理主義的な影響をいうハイエク、『論理学』を除くミルの重要な諸著作の基礎となった諸原理はハリエットによって明確にされたとするパック、社会主義論と福祉国家論における彼女の強烈な刺激を主張するボーチャードの評言には賛同することはできない。ミルは、スティリンガーのいうように父からの早期教育の反動で彼女のような感情や人間性をもつ性格にあこがれ彼女に無意識的に依存したものと思われる（山下1999年/9、(1) 35頁、2000年/3、45-47頁）。

　このようにハリエットの理論的な影響を否定した山下に続いて『自由論』をめぐる二人の関係について、対立するヒンメルファルプ (Himmelfarb, H.) とテン (Ten, C. L.) の見解などを中心に検討した矢島は、同じくミルに対する彼女の理論的な影響を否定している（矢島2001、50頁）。

　以上のごとくミルに対する彼女の原理的な影響を否定する主張が多くなった1960年代以降の研究動向は、本稿の主張を一面で裏付けるものである。但し山下論文では、過去の論争が資料に基づき再点検され総括されているが、その研究の視点は、ハリエット側の資料を中心に検討し彼女のミルに対する原理的な影響のないことの論証に力点が置かれているため、『経済学原理』の中の矛盾の解明や、社会主義論におけるミルの思想的特質の検討は別の課題となる。そこで本節では「労働の主張」「所有論」および「遺稿」におけるミルの主張と「将来の見通し」の章におけるミルとハリエットの主張の混在の問題からこの課題の解明を図ることにしよう。

2. 『経済学原理』におけるミルとハリエットの主張の混在

　ミルは『自伝』において『経済学原理』の独自性を、富の生産の諸法則と分配の方式を峻別し、分配の方式を「現存の社会構造との組み合わせによって決まる（CW I 257/344 頁）」とする点に見出している。その意味で社会構造との関連を論じる「所有論」と「将来の見通し」の二つの章は分配的正義をめぐるミルの経済思想を探る上で極めて重要な章である。そしてミルが第3版（1852）で大幅に書き改められた（CW II xciii/（1）26, 27 頁）という二つの章のうち、まずアソシエーション論が展開される「将来の見通し」の章から検討することにしよう。

　ミルは先ず父権的な従属保護の理論を批判し労働者の自立を訴える（CW III 758-762/（4）112-121 頁）が、その自立した後の労働階級の将来は、労働者自身の精神の自己陶冶（their own mental cultivation）に依存する（Ibid. 763-765/（4）122-125）。そして「労働の主張」と同じく労働者に対する教育により知性の向上を図り人口抑制につとめることが主張される（Ibid. 765, 766/（4）126-128 頁）。

　次にミルは主としてフランスにおけるアソシエーションの多くの実例をあげてアソシエーションの成功例を具体的に説明する。この場合、ミルは労働者同士によるアソシエーション（協同組合）だけでなく利潤分配制のように労働者が企業利潤に参画する場合もアソシエーションという用語を使い、この二つを次のように分けて述べている。

　（1）**労働者と資本家とのアソシエーション**（the association of labourers with capitalists）：パリのルクレールの実験をはじめとして、利潤分配制によって労働者の労働意欲が向上し、道徳改革による事業業績の改善が強調される。またミルはイギリスにおいて有限会社法が施行され 利潤分配制の実験が制度上認められたことを喜ばしいこととしている（Ibid. 769-775/（4）136-153 頁）。

　（2）**労働者同士のアソシエーションまたは協同組合**（the association of labourers among themselves or Co-operation）：二月革命を手本に、暴力革命なしにアソ

シエーション制度を採用しこの制度が支配的になる可能性もあることが指摘される。そしてミルはフランスとイギリスの実例から協同組合によって労働者が見違えるように生き生きとし、労働者が人間としての尊厳に目覚め、業績が飛躍的に向上したことを訴える（Ibid. 775-794/（4）153-194 頁）。

これらの二つのアソシエーションは壮大な実験（the noble experiment）として評価され、現実には二つのアソシエーションが資本家による私企業と同じ土俵で共存し競争しながら推移する。しかし結局においては、労働者同士のアソシエーションが競争で優位に立ち、「一種の自然発生的過程によって（by a kind of spontaneous process）（Ibid. 793, 794/（4）175-177 頁）」経済体制は移行する。この体制移行は暴力革命ではなく社会の道徳革命を目指したすべての人間の社会的共感（the social sympathies）と現実から遊離しない知性を磨くことによって行われる。体制移行後の社会は個人の自由・独立、男女両性の平等および民主的精神を尊重し、知的道徳的・経済的利益を兼ね備えた社会を目指すものである（Ibid. 792-794/（4）174-177 頁）。

「労働の主張」と『経済学原理』のアソシエーション論を比べてみると、山下のいうように前者が『経済学原理』の内容をほぼ全面的に先取りしている（山下 1999年/12、（2）90 頁）一方で、前者にはない異なる主張がある。その相違は何であろうか？

「将来の見通し」の章は全部で 7 節からなっているが、前半の部分（第1-3節、CWⅢ758-766/（4）112-128 頁）は「労働の主張」と主張の内容はほとんど変わらず、また第 7 節はミルの持論である競争原理を重視する思想が述べられている。ところがこの章の第 4-6 節（Ibid. 766-794/（4）129-194 頁）のアソシエーション論におけるその長所のみを強調する論調、並びに制度改革という環境の変化によって初めて労働者の精神が目覚めるという思想、それに労働階級の将来を断定的に予測する叙述は「労働の主張」におけるミルの主張とは異なる。即ち「将来の見通し」の章の前半部分では父権的理論批判、労働者の自立と教育による労働者の知的道徳的進歩向上の訴え、労働階級の良識の成長による人口原理の制御、男女の社会的不公平の是正が主張され、最後の男女平等の主張を除けばすべて「労働の主張」においてすでに述べられた主張である。ま

た第4-6節のアソシエーション論においても、利潤分配制と協同組合の実験を重視し、イギリスの有限責任法による実験を可能にする法制面の改革の評価、暴力革命を排除し道徳革命を目指す人間の社会的共感による社会制度の変革など主要な部分は「労働の主張」の理論である。

しかし、「労働の主張」の結論的な部分、即ち労働者に対する教育による精神面の改革とともにアソシエーションの実験を阻害する要因を取り除く法制面の改革を両面から行うことによって公平に判断していこうというミルの思想は第4-6節では消え、アソシエーションの成功例を列挙することに加えて、教育による労働者の精神の自己陶冶でなく制度面からの精神改革がなされること、そして自然発生的に体制移行がなされるという予測へと主張は変わる。「労働の主張」の結論部分はここではなく『経済学原理』ではむしろ「所有論」の比較体制論につながっていくように思われる。

「所有論」では経済体制の問題、即ち私有制か共産主義か、あるいはどのような制度がすぐれているかという問題は、それぞれの制度が最善の状態でどのような成績をあげるかを比較して判断しなければならないとされる。ミルによれば、当時の所得分配の公平の原則を是正するためには教育の普及と人口の適度な制限が必要であり、この二つの条件が満たされれば社会主義者の私有制批判も変わるのかもしれない。だが現在はこれらの条件を含む体制比較のための最善の状態をつくりだす必要条件が未達であり、しかも関連する知識や経験が不十分である段階ではどの体制が人類社会の終極の形態となるか決定することはできず、それを決定するのは将来のこととなる。もし何が決め手になるかあえて推測するとすれば、何が「人間の自由と自発性の最大量を許すか（CWⅡ 208／（2）28-31頁）」であり、「自由を捨てて平等を要求する社会組織は、人間性の最も高尚な特性の一つを奪うもの（Ibid. 207, 208／（2）28-31頁）」である。

ミルは「遺稿」においては、第3章でルイ・ブラン（Blanc, L.）など社会主義者の経済学的誤解について述べた後で、「所有論」における比較体制論を次のように述べる。

　　二つの異なる社会制度の問題は知的道徳的条件に依存するため、問題を「実

験台上の現実の試練」にさらすべきであり、我々のやるべき義務は「どちらが生活上の困難を克服する最大の手段を提供するか」「冷静に比較すること（CW V 736/423頁）」である。

そして次の第4章では功利主義の立場から革命的・中央集権的社会主義を批判した後で次のようにいう。

人類は思考と実践の両方で自発的に発展する自由をもつべきであるが共産主義的アソシエーション（Communistic association）では個人の自由や個性が公権力の支配によって圧迫される恐れがある（Ibid. 746/433頁）。共産主義が成功するかどうかは知的道徳的教育如何に関わるが、共産主義は実際の実験により（by practical experiment）この教育を与える能力を立証すべきである（Ibid./434頁）。そして経済体制の問題は公平な条件の下での共産主義の原理と現在の私有制の下で次第に改善される状態との比較で、新しい光が絶えずあてられる未解決の問題であり続けると思われる（Ibid. 433頁）。

以上のミルの叙述で明らかなように、「労働の主張」における労働者に対する教育による精神改革とアソシエーションの公平な実験の試みの思想は、「所有論」と「遺稿」における比較体制論の基礎となって流れており、我々が第2章第6節でみた「将来の見通し」の章におけるハリエットの「協同組合の原理による自然発生的な社会変革の予測（CW Ⅲ 793/（4）176, 177頁）」とは異なるものである。

3．ミルと異なるハリエットの思想の異質性について

「将来の見通し」の章における全体の流れと将来の予測の部分が、ミルと異なるハリエットの主張に基づくものであることを論証するためには彼女自身の文章による見解が示されなければならない。しかし『ハリエット全集』には彼女の思想を述べた「将来の見通し」の章を除いて、社会主義や経済体制に関す

る彼女の言及は見当たらないので、『経済学原理』初版改訂の過程における二人の共同作業の中で残されているミルの言葉から彼女の主張を推測することにしたい。それは次の三つの視点から考察されうる。

　先ずミルが、『自伝』で「将来の見通し」の章について、「彼女が私にこの章を書かせ」、「全面的に彼女の思想を述べたものであり」「しばしば彼女自身の言葉をそのまま記述した（*CW* I 255/343 頁）」といっていることの意味についてである。これについてベインは「将来の見通し」の章は「全面的に彼女の著述（what was entirely her work）(Bain 1882, 168/201 頁）」という。また『ハリエット全集』の編者であるジェイコブズ（Jacobs, J. E.）は「1840 年代から 50 年代の初めにかけて……彼女は『経済学原理』の一章を完成した（Jacobs 1998, xⅲ, xⅵ）」と述べている。しかも、ミルは『自伝』で妻の考えをミル自身が書いたといっているにもかかわらず『自伝初期草稿』の中の「破棄草稿（Rejected Leaves）」では『経済学原理』の中で「好評であり、同名の他の著作より優越していると考えられるもの」（即ち「将来の見通し」の章……筆者）については「その主な内容はすべて私が書いたのではなく彼女が書いた（not my writing but hers）（*CW* I 620, 621/（2）泉谷訳 12, 18 頁）」といっている。これらの資料からみる限り、「将来の見通し」の章の第 7 章を除く大半部分は彼女が下書きし、一部彼女が口頭で説明しているものをミルが清書して『経済学原理』第 3 版におさめたものと推測することも可能である。

　問題はミルがこの彼女の見解に完全に同意していたかどうかが重要である。ミルは「破棄草稿」で彼女の懐疑主義（skepticism）は彼女がミルに与えた知的貢献であり、そのお蔭で思索の独断や主張の固執から解放されたといっている（Ibid.）が、この部分に対応する『自伝』最終草稿では彼女の知的貢献に加えてミルとは違う彼女の思考は「遠い将来への見通しにも高尚かつ大胆であった（*CW* I 199/271 頁）」と述べている。この二人の思考の違いは 1848 年に起こった二月革命に対する対応の仕方に表れる。ミルは革命の 1 年後に『ウェストミンスター・レヴュー』に掲載された「二月革命の擁護」で革命に対する態度を表明し、革命を擁護すると同時に疑問も述べて、社会主義の動きにある一定の距離を置いている[1]。これに対しハリエットは、二月革命を機に社会主義に

第3章 ミルの社会主義論とハリエット・テイラー

同情的となり彼女自身の革命の思想をもつに至ったとジェイコブズはいう（Jacobs 1998, xv）。将来の見通しに大胆な彼女が革命の思想をもてば、実験を重ねて社会制度を比較検討する前に、近い将来の体制変革を予測するに至ることは容易に考えられうることである。

最後に二人の主張の違いは何であるのかを、社会主義論に関するミルのハリエット宛1849年2月19日付書簡（CWXⅣ8-10）から読み取ることにしたい。この書簡は1848年4月に『経済学原理』初版が出版された後、ミルが第2版の改訂作業に入っていた時、彼の社会主義および共産主義批判の記述に対する彼女の削除要求への返信とみるのが妥当とされる[2]。この中の次の三箇所の抜粋により両者の主張の違いを推測することができる。ミルは返信で次のように述べる。

土曜日にあなたのお手紙と、今朝『経済学原理』の第一回分（第二版のための修正に関する彼女の第一回目のコメント、CWXⅣ8）を受け取りました。あなたがあれだけ強く、そしてことごとく反対している初版の一節はプルードン（Proudhon, P. J., 1809-1865）でさえ共産主義に反対するといっている唯一の部分であり、議論が最も激しく交わされるように思われた所です。すでに（初版が……筆者）印刷されてしまった後で削除することは（私の）見解が変わったことを意味するでしょうから（本当に）見解が変わったかどうかをみることが必要です。あなたは（共産制社会で）生活必需品が保障されていることは幸福の要素ではあるがそれ以上の意識の問題または幸福の源泉ではないという一節に反対の意を表しましたね。

第二にミルが比較体制論を述べている文章を彼女が削除要請したのに対し、ミルは次のようにいう。

あなたが削除した文章の一つは私の好きな文章です。多分これ（いずれの社会制度が最善かという問題……筆者）は最終的には人間の進歩の現在の状態において適応されうる唯一の基準であるという粗野なものによって測られない

考慮に依存するであろうということです。私の意味することは、私有制か社会主義かいずれが究極的によいのであろうかという問題は（両体制ともに現段階では極めて不完全を余儀なくされており、どちらも限りない進歩が可能なので）両体制が、個人的にもまた社会的にも現在より無限に進化しうる能力のすべてをもった人類に提供しうるであろう魅力の比較の問題であるということです。あなたがこのようなやり方を好まない立派な理由があることを私は想像できますが……。

最後にミルがオウエン主義の分配の「完全な平等」の考え方に対し「（それでは）大多数の人々は決められた仕事以上のことは何も努力しないであろう」と批判した文章を彼女が削除要請した部分である。彼女の要請に対しミルは次のように不満を述べている。

この文章が主張されないと、共産主義に対して反対していうべきことは何もなくなってしまうでしょう。

以上のミルの書簡から推測されるミルの叙述に対するハリエットの反対に対して、ミルは次のように対応している。最初に彼女が強く反対している『経済学原理』初版の一節というのは、ミルが「所有論」の第3節で共産主義の単調さや画一性を批判している箇所（CWⅢ AppendixA, 978 f-f）と推定されている（Borchard 1957, 102, 103）。彼女の要請に対してミルは第2版で「共産主義が成功したと仮定すれば生活手段の心配に対する目的は達成されるであろう……しかし私有制社会でも同じことが達成されることは完全に可能である。もしこれが達成されれば、個人の自由と両立できる個人主義体制の幅広い利点である（Ibid.）」と改定している。山下はミルのこの改定について、ミルはハリエットの反論に気遣いつつも共産主義社会で思考の多様性が失われ単調な均一性が進むことを懸念する初版の論調は変更されていないとしている（山下1999年/12, (2) 93, 94頁）。更にここで注目すべきはミルが彼女の反対に対して、共産主義と私有制を同等の位置に置こうとしていることである。

第二の論点は一層重要なことであるが、同じく「所有論」でサン・シモン主義とフーリエ主義を検討している第4節（第3版〜）にあたる部分で、ミルは彼女の要請にもかかわらず第2版では以下のように叙述される。

我々は最善の状態における私有制がどのような成績をあげることができ、そして最善の状態における社会主義がどのような成績をあげることができるかということについては、目下のところ余りに知るところが少ないから、この二つの制度のうちどちらが人類社会の終極の形態となるかを決定する資格はないのである。少なくとも人類進歩の現段階において志すべきものは（と私は思うのであるが）私有制の転覆ではなく、その改善であり社会の各成員のその恩恵への参加である。しかしながら、私は社会主義者達の種々なる党派を決して軽視するものではなく……彼ら全体を現存の人間の進歩のための最も価値ある要素の一つであると考える（*CW*Ⅲ 986-987/（2）44-45頁）。

この第2版の前段の文章は、先のミルの書簡における「魅力の比較の問題」という表現の部分にあたり、第3版以降では「どちらがすぐれているかを比較するという問題（*CW*Ⅱ 208/（2）31頁）」という比較体制論の一部として述べられている。このことは彼女の削除要請にもかかわらず、ミルが比較体制論を貫いていることを意味している。

第三の論点であるオウエン主義の分配の完全な平等という考え方に対する批判については、ミルは第2版で彼女の要請を受け入れ、これを削除（*CW*Ⅲ Appendix A, 980-n, *CW*ⅩⅣ 9 note 8）したが、その代わり「所有論」第3節の最後に次の文章を挿入している。「個人が他人より物質的に裕福であることが、他人をより貧乏にしない時、その個人が裕福であることが許されないと要求することは、平等の原理の濫用（an abuse of the principle of equality）である（*CW*Ⅲ Appendix A, 980）」。ミルは第3版以降でも分配の完全な平等という考え方には反対しており、ここでも彼女の削除要請には応じているとはいえ、ミルの考えは変わらないと思われる。

以上の考察によって、「将来の見通し」第4-6節における体制変革の予測は

ミルが全面的に同意しているわけではないハリエットの主張であることが推測できると思われる。即ち、ミルが『自伝初期草稿』の「破棄草稿」で「将来の見通し」の章は、彼女の思想を述べるために彼女がミルに書かせたといっていること、二月革命の情報を得て彼女が自分の革命の思想をもったのに対しミルは（両体制ともに限りない進歩が可能なので、二つの体制の魅力を比較する問題という表現を……筆者）「私は好きな文章です」と断りながら、この体制比較の表現を第二版の修正を経て第三版以降に社会主義論で主張する比較体制論に置いていること、以上の諸点から両者の相容れない主張があることが理解できるのである。

しかし、なぜ一つの著書の中で二つの主張がなされているかということについては、ミル自身の言葉の中にヒントがあるように思われる。ミルは『経済学原理』における「抽象的で純理論的な部分はミル固有のもの」であるのに対し、ハリエットは「哲学を人間の社会や進歩の必要に応用するにあたり、思索の大胆さと実際的判断の用心深さ」をもって「新しい秩序の到来を予測する」「勇気と先見の明」をもっていたといっている（CW I 255-257/344, 345頁）。このように二人の共同作業には役割分担がある上、ミルは更に次のようにもいう。

「将来の見通し」の章は全面的に彼女の恩恵を受けており、従来社会主義者が主張してきた将来の可能性の考察などの部分は妻がいなかったら全然書かれなかったか、あるいは限定された形の暗示に止まったかに過ぎないであろう（Ibid. 255/344, 345頁）。

ミルが経済体制の将来を「予見できると想像するようなうぬぼれはもっていなかった（Ibid. 239/332頁）」といいながら他方で「将来の見通し」の章でなかば断定的に将来を予測しているのは「新しい秩序の到来を予測する」ハリエットの主張が混在しているためであるとみられる。それは「異常な幻想の産んだ結果（ベイン）」であるか、あるいは、「魔法の杖をもってハリエットの関心をミルの喜びに変える（ボーチャード）」結果であるか、いずれにせよ、ハリエットに精神的に依存するミルが彼女の強い要請に従った妥協の結果であることが推測されるのである。

以上のようなハリエットのおよぼした影響を考慮しながら、次章からミル本

第 3 章　ミルの社会主義論とハリエット・テイラー

1) ミルは「二月革命の擁護」でブルーアム卿の革命批判に応える形で革命に対する正しい評価を訴える。ミルの主張は、フランス暫定政権に致命的な打撃を与えた国立作業場の失敗を、共和政体の瓦解ではなく、共和政への革命に続く社会主義への試みへの合図としての意義を見出すべきであるという点にある（*CW* XX 350）。しかしながら、ミルは同時に、社会主義者の提案する手段に対する疑問や、社会改革には未だ教育が不十分であることをあげ（Ibid. 354）、私有制を基礎とする法改正とアソシエーションの実験を重ねることを主張している（Ibid. 354-356）。ミルは、1830 年代にサン・シモン主義者と交流を密にしながら、彼らが唱える社会改革の有用性や実現可能性に疑問をもち（*CW* I 175/227 頁）、彼らとの間に隔たりがあったが、ミルの社会主義に対して距離を置く態度は二月革命後も変わりなかったように思われる。

2) Hayek (1951) 134-137, Borchard (1957) 102, 103, Robson (1968) 58, 山下 (1999/12)(2) 91 頁を参照乞う。

第4章 『論理学体系』の方法から　『経済学原理』の社会主義論を読む

はじめに

　本章は、ミルの思想的特質と『論理学』に示された方法論、なかでも第6編第12章「実践の論理（アートと科学）（CWⅧ758-796/（4）112-199頁）」に基づいて社会主義論を読むことによって『経済学原理』初版（1848）から第3版（1852）への改訂がいかに解釈されうるかを探り、同時に体制に関するミルの思想について研究者の異なる解釈の隔たりを縮める試みである。

　『論理学』をミルの思想の基本とみて思想の全体像を読み解く試みは、哲学の分野ではライアン（Ryan 1970）、また経済学の分野ではホランダー（Hollander 1985）や馬渡（1997年）によって行われた。またミルの思想の理解に実践の論理を重視するのは、ロブソン（Robson 1968）、深貝（1990・93年）である（松井 2005年）。本稿はミルに対するハリエットの影響に関する1960年代以降の諸研究の成果を考慮しつつ、実践の論理からミルの主張を探ることを課題とする。

　我々は前章までの考察によって、ミルが「私有制（資本主義）か社会主義か」という経済体制の問題について、一方に片寄ることなく両体制の利点と欠点を比較しながら選択するという「新しい光が絶えずあてられる未解決の問題（「遺稿」）」としているのをみた。このようにミルが体制の問題を未決にしているのはミルの思想的特質と社会主義論を導く方法論の帰結と思われ、本章の結論を先取りして述べると次のように解釈される。

　ミルは「功利の原理（人類の幸福の増進）」を究極的原理とするアートの下に、社会主義者の主張する分配的正義、労働の尊厳、勤労の組織化という目標を二次的アートとして認める一方、体制選択の鍵を人間の自由と自発性を最大限に発揮できる社会制度として、私有制の改善と広い語義におけるアソシエーショ

ンの実験を通して比較しながら実証的に探求することを社会科学の課題とした。ミルは『論理学』の方法と多様な主張の半面の真理の総合を図ることによって私有制の改善と共産主義の理想の追求まで体制の選択肢を広げていると考えられる。このように読むと、ミルを社会主義者とみるのも、あるいはミルが社会主義を批判する議論に力点をおいて解釈するのも、ともに幅広く多面的なミルの思想的特質を捉えず、ミルの主張を正しく把握しているとは思われないのである。

1．実践の論理（アートと科学）

我々は第1章第3節（ベンサム主義への傾倒と哲学的急進派による社会活動）で、ベンサムが『原理序説』(1789) と『クレストマティア』(1816) で法学におけるアートと科学の方法について述べるのをみた。ミルは、ベンサムからアートと科学の関係を学び (Schofield 2006, 9-11)、「経済学の定義と方法」(1836) でアートと科学の本質的区別と両者の役割を述べる（CW Ⅳ 312, 331/（4）343, 374頁）。そしてヒューエル (William Whewell, 1794-1866)、ハーシェル (John F. W. Herschel, 1792-1871)、コント (Auguste Comte, 1798-1859) の著作にヒントを得て（CW Ⅰ 215-219/282, 284頁）、演繹法と帰納法の総合という難題を克服することを試みる『論理学』第6編（道徳科学、The Moral Sciences）で社会科学方法論を展開する。

ミルがベンサムから学んだアートと科学の関係は、ベンサムにおいては方法論として重要なだけでなく、人間の思考と行動の全領域の基本となる哲学の概念として重要であるとみられる。アリストテレスは「アート（到達すべき目的、Art, an end to be attained, CW Ⅷ 944/（6）199頁）」を最高善である「幸福 (Eudaemonia)」としたが、ベンサムにとってのアートは「最大多数の最大幸福」である（本書第1章第3節参照）。ベンサムはアート（功利あるいは最大幸福原理）と科学の密接な関係を捉え、社会科学の課題はアートを目指す新しい科学の創出であると考える。ベンサムは『原理序説』では人間の幸福を増進する目的をもつ立法のアートに役立つ法律の科学について述べているが、この方法

は論理学（学問）全体にあてはまるものであり、法律の科学だけに止まるものではない。即ち、科学は悟性の論理学であり法則性を探る存在の科学として、一方、アートは意志の論理学である倫理学ないし道徳哲学、科学の目的を示す当為の学問としてすべての学問の領域における論理なのである（同上）。

　ミルは功利あるいは人間の最大幸福原理を究極のアートとして、アートと科学の課題をベンサムから継承し、ベンサムの功利の概念の修正を図る。我々が第1章第5節（ベンサムとコウルリッジ）でみたように、ミルはベンサムの方法論を評価する一方で、ベンサムの人間性の把握が狭すぎるとして、ロマン主義の倫理的自由とギリシャ哲学の徳の概念を調和させた自由主義的な修正を行った。ベンサムは人間を快楽と苦痛を感じる存在として捉え、人間の快苦を基礎とする功利を量的に把握できるものとして人間の最大幸福を目指す目標と定めた。これに対し、ミルは人間を快楽と苦痛を感じる存在として捉えるばかりでなく、功利の概念を質的に精神的に捉え、自由な精神をもつ人間の多様性を重視する。ミルは知的道徳的資質の開発による人間性の向上と、狭い私欲を制御して個人と社会の功利を目指して精神の内的陶冶を図るところに人間の幸福への道を考える。ミルは、『功利主義』で、功利の原理即ち人間の最大幸福原理について、人間の精神的快楽は物質的快楽にまさるが、それは精神の内的陶冶を鍛えて利己的自我を制御し、個人の幸福と社会全体の幸福とを調和させることであるとして次のように述べる。

　　精神的快楽は、人間の知的道徳的資質の開発によってもたらされる。それは、悪法や他人の意志への服従によって幸福の源泉を利用する自由を奪われずに、利己的な自分を制御する意志をもって人類社会全体の利益に目を開くとともに、精神の内的陶冶の能力を鍛えることである（CWX 215, 216/128-131頁）。そして、功利の原理は、法律と社会制度が教育と世論の力を利用して、各個人の幸福と社会全体の利益とを調和するような行動様式を取るよう命じる（Ibid. 218/131頁）。

　以上のようなミルによるベンサム主義の自由主義的な修正は、父ミルの観念

連合説を基礎として人間と社会が法則性によって支配されるという決定論と、人間の自由意志によって主体的に実践を図る道徳論が両立可能であるという認識（CW I 177/228, 229頁）に基づくものと思われる。ミルは、『論理学』第6編第2章（以下「自由と必然」の章という）で人間が因果法則の貫徹する社会環境に支配されながらも、この法則性を認識し制御し選択する人間の道徳的自由を議論する。ミルはこの章を『論理学』の中で「最も重要な章（1843年11月3日付トクヴィル宛書簡、CW XIII 612）」と述べている。ミルが「自由と必然」の章を『論理学』の中で最も重要であるということは、彼が功利主義の立場から自由主義と経験主義との調和を試み、これらの三つの思想の融合を自らの哲学の基礎に置くことを図ったことを意味すると解釈される。ミルは、この自由と必然の論理を基礎に第12章で、道徳科学ないし人間性の科学（社会科学）の方法としてのアートと科学の関係を次のように述べる。

　　アート（art）は存在に対してなすべき当為を意味する。倫理や道徳はアートの領域に属する。科学が自然の必然的な法則を究明するのに対し、アートは科学を使う術ないし技法であり、科学に目的（some end）を示す役割をもつ。人間のすべての行為には実践的な目的（a practical art）があり、この目的の優先順位は人生のアート（the Art of Life）の原理によって決まる。人生のアートは、道徳（Morality）、慎慮（Prudence or Policy）、美的情緒（Aesthetics）の三部門から成る（CW VIII 949/（6）207, 208）。この実践的な目的の根源にある人類の究極の原理ないし第一原理は、「功利の原理または最大幸福原理」である。これは実践のあらゆる規則が従わねばならない一般的原理を示す目的論（Teleology）の究極の原理が人類の幸福の増進であるという功利主義の確信の表明である（Ibid. 951/（6）211頁）。

このようにミルは功利主義の立場を表明し、アートと科学の役割と相互依存の関係について次のように述べる。

　　アートは科学に対して到達すべき目的（an end）を定義して提案し、これを

第4章　『論理学体系』の方法から『経済学原理』の社会主義論を読む

科学に手渡す。科学はこれを受け取り、この目的に関する因果関係を調べ、その法則性とこの目的を達成するための条件の組み合わせや諸手段をアートに送り返す。アートは科学のこの成果を利用して諸手段の中で可能なものを選択し、目的にとって何がのぞましく、何が実行可能であるかを判断し、規則または指令（a rule or precept）に変える（Ibid. 944, 945/（6）199頁）。

このような実践の論理と社会改革の関係について、ミルの『自伝』と『代議制統治論』（1861、以下『代議制論』と略す）における次の叙述は、父ミルとマコーリ（T. Babington Macaulay, 1800-59）の政治哲学の論争を契機としてミルが1830年代に論理学の研究に着手した事情を物語っている。

父はベンサムを継承して、統治を「実践的なアート（a practical art）」として捉えるのに対し、マコーリは法則性の支配する「自然史の一部門」として捉える。この両説は二つの思考様式の根深い対立に根差すものであって、どちらも完全に誤謬ではない反面で、どちらも完全に正しくないのである。それゆえ、我々はそれぞれの根底にあるものを見極めるべく努力して、両説のそれぞれに含まれる真理を尊重すべきなのである（CW I 165/220, 221頁、CW XIV 374, 375/15-18頁）。

このように述べるミルは、政治学を「実践的なアート」として捉える父ミルと「統治を自然史の一部門」として法則性をもって発展する有機体として捉えるマコーリの両者の思想のいずれもが、半面の真理であるとして両者の総合を図るとともに、アートと科学の相互依存関係を方法として社会科学に適用する意図が伺えるのである。ミルによる両者の総合は、「自由と必然」の論理を基礎とし（山下1967年、『代議政治論』訳註2、361頁）、政治学におけるアートと科学の関係を水車と川の流れにたとえて次のように述べる。

水力を利用しようという実践的な目的（アート）をもって、人間の意志によってつくられる水車は、水の流れという自然法則の制約を受ける。しかし人

199

間は、この法則を認識し、それを制御することによって、目的のために水力を利用することができるのである。政治のアートも同様で、人間が社会の法則を知り、これを利用することによって、よい政治形態を探求する（*CW* X Ⅳ 380/ 水田訳 28, 29 頁）。政治制度は、社会の法則を人間が利用する人間の自発的な意志と活動によってつくられる「選択の問題」である（Ibid./ 同上）。

以上のような実践の論理におけるアートと科学の役割分担に従えば、ミルの社会主義論のアートは人類の幸福の増進という功利の原理であり、科学はこの目的にとってのぞましく実行可能な制度を実証的に探求し、アートが科学による探究の結果を選択することになる。しかしながら、功利の原理が究極的規準といってもそれはあまりに抽象的であり、経済体制を選択する規準として具体性に欠ける。このためにミルにとって体制選択の具体的な目標を示す「二次的アート」を設定する必要があった。ミルは次のようにいう。

功利性および最大幸福という原理は、あまりにも複雑かつ不確定な目的であって、さまざまな二次的目的（various secondary ends）を媒介することなしには、究極の目的に接近することは困難である。この二次的アートとは、究極の目的に対する中間的目的であり媒介的諸原理である（「ベンサム論」*CW* X 110, 111/281, 282 頁）。

ミルは、現体制を批判し社会改革の理想を求める社会主義者の主張に共鳴し社会主義者の目標を二次的アートとして設定したのであった。

2．「所有論」と「将来の見通し」の章の方法

ミルが、『経済学原理』で社会主義論を述べる「所有論」と「将来の見通し」の二つの章は、ミルの方法論に従えば社会静学（「所有論」）と社会動学（「将来の見通し」の章）とに分かれる。「所有論」では、富の分配に関する人為的に可変な制度が議論され、私有制と共産制に加えて、サン・シモン主義やフーリエ

主義などの哲学的社会主義[1]の比較検討と、異なる制度に対応する人間性の法則の解明が課題となる。これに対し、「将来の見通し」の章はアソシエーション[2]論であり、市場経済の下で私企業、資本と労働のアソシエーション（パートナーシップ）、労働者アソシエーション（生産協同組織）のそれぞれが共存し競争しながら示す法則性の議論である。それは「停止状態論」に続く経済体制論であり、人類の社会的進歩を探求することが課題となる（深貝 1990 年、230頁）。しかしながら、『経済学原理』で実際に書かれた二つの章を読むと、ミルが社会静学と社会動学の区別によって構想した本来の方法論からみて目的にそぐわず、「所有論」に比べて「将来の見通し」の章の方法論的な欠陥が目立つのである。

ミルは、初版「将来の見通し」の章ではこの章で扱う労働階級の問題は、経済学の分野で扱うだけでなく、社会科学の中で相互依存の関係にある他の分野との関係において扱うべきであると短く次のように述べている。

この章で扱う労働階級の所得分配をはじめとする経済問題は、労働階級の知的道徳的水準と社会的状態に依存するため、経済学の対象として扱うには問題が大きすぎる。社会科学の各部門は他のすべての部門に依存しそれによって深く修正を受けるので、この問題も経済学だけでなく、他のすべての点と総合してより包括的な研究において究明すべきである（初版 CWⅢ 758, 759/（4）120, 121 頁）。

そして、ミルは第 2 版では、労働問題と同様、労働問題と深く関係のある男女間の社会的不公正の問題も、社会科学の一分野である経済学のみで扱う対象ではなく、人類の発展のより重大な原理上の問題として研究するべきであるという（第 2 版 Ibid. 765/（4）126, 127 頁）。

ミルはこのように、分配的正義や男女の不公正の問題を「人類の発展の」「原理上の問題として」社会科学の領域で包括的に研究すべきことを述べていることから、ミルが『経済学原理』初版や第 2 版では、「将来の見通し」の章の研究において人類の歴史的発展を探る「逆の演繹法」に基づく社会動学の方

法を適用し社会科学の包括的な分野も含めて研究する意図があったことが伺えるのである。しかしながら、ミルは、初版と第2版のこの方法論的叙述を第3版で削除した。削除した理由について、ミルの説明がないのでミルがなぜ削除したのかは明らかではない。しかし、実際に書かれた「将来の見通し」の章（第3版）は、ミルの方法論からみて満足のいくものではないので、この章の最初に方法論の叙述をすることは適当ではなく、ミルによる削除は妥当なものとみられる。即ち、ミルによれば、社会動学は社会静学の分野である「心理学とエソロジー（ethology、性格形成の科学）の不断の検証」による人間性の法則に合致することによって初めて科学となる（CWⅧ917／(6) 149, 150頁）。しかしアソシエーションの実験が不十分な段階で、社会静学による不断の検証がなされていないにもかかわらず、体制移行の予測をすることはミルの方法論に従えば科学的な推論とはいえないのである。

エソロジーとポリティカル・エソロジー（Political Ethology、国民性の科学）は、ミルが人間と社会に関するベンサムの把握に問題があるとして、人間の個性のもとをつくる性格の形成と多様な国民性を科学的に捉える方法として構想された。だがミルは1843年に『論理学』を出版した後、エソロジーの科学の構想を練っていたが構想がまとまらずにエソロジーの研究を断念した。そしてミルはエソロジーとポリティカル・エソロジーを除く『論理学』の方法を経済学に適用すべく『経済学原理』の執筆にとりかかったとされている（Bain 1882, 79/95-97頁）。

ミルは、コントの方法を継承して社会静学＝具体的演繹法と社会動学＝逆の演繹法を経済学に適用する。社会静学は、共存の斎一性（Uniformities of coexistence）の経験的法則を探るため、歴史的変化をできるだけ無視して、人間性の法則を基礎とする社会現象相互の作用と反作用を明らかにし、その安定化の条件を確かめる「コンセンサス（交感）の理論（CWⅧ917, 918／(6) 151頁）」であり、その方法は「物理的もしくは具体的演繹法（the physical or concrete deductive method）」である。それは、「経済学の定義と方法」における「帰納法と論証との合成法としての先天的方法」を更に発展させ（矢島1993年、292、293頁）、観察と実験による直接帰納、その原因の作用の論証、論証

第4章 『論理学体系』の方法から『経済学原理』の社会主義論を読む

された結果と他の経験的法則との比較による検証という三つの操作を経る（*CW*Ⅷ/454-463/（3）302-312頁）。ミルが社会主義論で、実験とともに異なる体制の比較を重視する比較体制論の方法を採用するのは具体的演繹法を基礎とするからであると理解される。一方、社会動学は歴史的事象の継起の法則を探求して、人間および人間社会の進歩性を明らかにするという社会科学の根本問題を扱う（*CW*Ⅷ912, 913/（6）142, 143頁）。社会静学と社会動学との関係は、静学が動学の経験的法則から導かれた派生的法則を探求する（Ibid. 912/（6）142頁）のに対し、動学は静学の分野である人間性の法則による不断の検証を必要とする（Ibid. 917/（6）149, 150頁）。社会動学の方法である「逆の演繹もしくは歴史的方法（the inverse deductive or historical method）」は、社会現象の異常な複雑さから具体的演繹法が適用不可能なため（Ibid. 897/（6）116頁）、特定の経験から暫定的に概括的結論を得た後に、その結論が、既知の人間性の法則から、自然に導きだせるかどうかを確かめる方法である（*CW*Ⅰ219/284頁）。物理学など自然科学の方法である具体的演繹法によれば、仮説に基づいて演繹された結論を観察や実験によって証明することが可能である。これに対し社会科学の場合は、社会現象があまりにも複雑なため、人間が認識できる特定の歴史的な経験から暫定的に結論を出した後で、その結論が人間性の法則によって演繹できるかどうかを確かめる方法なのである。

　それゆえ、ミルの社会主義論における本来の意図はエソロジーとポリティカル・エソロジーを媒介として、「所有論（社会静学）」と「将来の見通し」の章（社会動学）が調和するところにある。本来なら逆の演繹法によって、フランスのアソシエーションの特定の経験から暫定的に人間社会の進歩性としての経済法則が明らかになり、この動学の法則が、具体的演繹法によって、人間性の法則に合致するかどうか検証がなされるべきであった。

　ところが、実際に書かれた「将来の見通し」の章（第3版）は、エソロジーとポリティカル・エソロジーの媒介がなくまた具体的演繹法による検証もなしに、フランスにおけるピアノ製作工場の例などの労働者アソシエーションの成功例をもって、私有制から資本と労働のアソシエーション（パートナーシップ）を経て、最終的には労働者アソシエーションへの体制変革が短絡的に予測され

ている。「将来の見通し」の章はミルとハリエットの異質な思想が混在しているためにミルの方法論からすると不本意な章なのであった。

3．「所有論」における第3版の改訂

　第3章でみたように、ミルが1850年前後に『経済学原理』第3版の改訂作業において、社会主義者ハリエットの強い要求に妥協し、彼女の主張を改訂に採り入れたことによって、一つの著書に二人の異なる主張が共存することになった。更に我々は、第2章第4、5節で、ミルが社会主義者の社会改革の目標に共感を覚えながら、社会主義者と距離を置き、社会主義を科学の対象としているのをみた。「第3版への序文」で、果たして「いずれの体制が、人類の幸福を実現できるか（CW Ⅱ xciii/27頁）」として両体制を平等に扱うミルの表現は、ミルの方法論から解釈すると、アートの課題を科学的に解明しようとするミルの意図が表われているように読めるのである。

　ミルは、第3版の改訂理由について、初版におけるミルの社会主義批判が、あたかもミルが社会主義の原理そのものに反対しているかのように誤解されているので、それを改める必要が生じたと、次の3通の書簡で述べる。

　先ず、ミルは、『経済学原理』のアメリカ版と『ノース・アメリカン・レヴュー』の書評の記事をミルに送ったジョン・ジェイ（John Jay, 1817-94、弁護士、外交官）に対し、1848年11月付書簡で次のように語る。

　アメリカの記事は私の著書を賞賛しておりますが、私は不愉快です。なぜなら、記者は、社会主義者を嘲りの口調で語り、私があたかも記者に同意しているように誤解しております。私は社会主義に対する反対論を述べました。しかし人類の現状を改善しようという彼らの意図には敬意を表しているのです。もし、社会主義に関する章（「所有論」のこと、CW Ⅹ Ⅲ 741）が、二月革命の後に書かれたのであれば、私は、もっと詳しく公正に、社会主義に対する意見を述べたでしょう（Ibid. 740, 741）。

204

第4章 『論理学体系』の方法から『経済学原理』の社会主義論を読む

次に、ミルは、『経済学原理』をドイツ語版に翻訳したゼトベア博士（Dr. Adolf Soetbeer, 1814-92）に対し、1852年3月18日付書簡で次のようにいう。

翻訳は、大変よくできているようです。唯一残念なのは、あなたの訳が、今印刷されている版（第3版……筆者）と違うことです（CW XIV 85）。

最後に、ミルは、ドイツの自由主義経済学者ラウ（Karl D. Heinrich Rau, 1792-1870）に対し、1852年3月20日付書簡で次のように述べる。

私は、新しい版で、社会主義に関する章と「将来の見通し」の章の大部分を書き直しました。残念なのは、最近出版されたドイツ語版が、第3版の前の版であり、社会主義に関する私の見解についての誤った印象を与えていることです（Ibid. 86, 87）。

以上のミルの書簡と第3版の改訂との関連を調べたパップは、第3版の改訂は「原理（principle）の変化ではなく、時間の流れで変わる応用（application）である」という（Pappe 1960, 38）。また、ホランダーは、「ミルが、社会（共産）主義を非難しているような印象を与える可能性に対して、疑念を払う試み（Hollander 1985, vol.2, 790）」の一環であり、第3版の改訂は、「本質的な修正ではないとみられる（Ibid. 791）」としている。

ミル自身は、第3版を改訂した理由について、二月革命という歴史的事件を転機として、「時代の変化がみられる（CW I 241/334頁）」ので、「このアソシエーションを第一歩とする社会的変化の傾向を、より明確に指摘してみようとつとめた（CW II, xciii/ (1) 27頁）」と述べている。それは、ミルが初版に対する世間の誤解を解く試みであると同時に、第3版で、社会制度は可変なものであり、私有制からアソシエーションをはじめとするさまざまな体制に移行することがあり得るという、二月革命後の社会的変化の傾向の指摘を意味するものと理解されるのである。

205

4．「所有論」における哲学的社会主義の評価と批判

　ミルは静態論に属する「所有論」において、実践の論理に従い社会主義者の改革の目標である分配的正義、労働の尊厳、勤労の組織化を二次的アートとして認め、第4節（サン・シモン主義とフーリエ主義の検討）において、民主的で漸進的な改革を目指す哲学的社会主義を体制比較の方法によって、実験の対象であるかどうかを問う。先ずサン・シモン主義について、ミルは次のようにいう。

　サン・シモン主義は、フーリエ主義とともに哲学的社会主義である。それは精緻な社会主義であり、共産主義に対する通例の反対論は全くあてはまらない思想である。共産主義は財産の共有と分配的正義を図るために分配の完全な平等を唱えるが、分配の完全な平等は労働者の勤労意欲を十分に発揮させないという批判がある。これに対してサン・シモン主義は、分配の不平等を認めることによって社会主義に対する反対論に対抗する思想である。この分配の不平等は、アソシエーションの指導者が労働者に異なる仕事を割り当て、担当する業務の重要度と労働者の貢献度に比例して報酬を定めるものである。一人ないし複数の指導者は、徳と才能を備えた人達であるべきで、その選定は普通選挙などさまざまな方法がありうる（*CW* II 210, 211／(2) 35, 36頁）。

　しかしミルはこのように、サン・シモン主義の分配を工夫するやり方に一定の評価を与えるとはいえサン・シモン主義の計画には賛成しない。ミルは次のようにいう。

　彼らの構想である社会の労働力と資本が社会全体のために運営され、個人が各自の能力によって分類され、各自の労働に応じて報酬を受け取るという仕組みは、分配の完全な平等を主張するオウエン主義よりもすぐれた社会主義であると思う。しかし私はサン・シモン主義の手段は効果的でなく、彼らの

第4章　『論理学体系』の方法から『経済学原理』の社会主義論を読む

社会機構が実際的で有益に運用されるとは信じられない（CW I 175/227頁）。

ミルがサン・シモン主義の手段を効果がないとして批判する論点はサン・シモン主義の専制主義である。ミルは次のようにいう。

サン・シモン主義に類似した計画が成功した実例は歴史上確かに存在する。パラグァイのジェズイット教徒の実験がそれである。しかしこの成功例は、文明と教養を身につけた共産主義の指導者と未開の原住民との間に、学識と知能の著しい隔たりがあり、中間階級も存在せず、原住民が指導者に絶対服従した事例である。このように特殊な条件がなければサン・シモン主義の計画は成功しないであろう。なぜならサン・シモン主義は、アソシエーションの指導者の絶対専制を必要とする。指導者とその配下の機関がいかに優秀であろうとも、人々の能力に応じて仕事を割り当て、重要度と貢献度に応じて報酬を与えて分配的正義を図る計画が実施されうると考えるのは、非現実的な思想であろう。人々がこれに服従するとは考えられないのである（CW II 210, 211/（2）35-37頁）。

自由主義者であり中央集権に反対するミルにとって、アソシエーションの指導者の絶対専制を必要とするサン・シモン主義は実験の対象にはなりえなかったとみられる。ミルはサン・シモン主義を精緻な社会主義として評価しながら、専制的な指導者を仰ぐサン・シモン主義を実験の対象としてみなさない。これに対して、ミルは「所有論」ではフーリエ主義をより高く評価する。ミルがフーリエ主義を評価するのは、労働者の勤労意欲を高め、労働を魅力的にするという人間性の法則に逆らわない思想であるとともに、現在の労働者の知的道徳的水準を前提としても実現できる可能性があるからであり、他のさまざまなアソシエーションとともに実験の有力候補にあげられるとして次のようにいう。

すべての社会主義の中でフーリエ主義は最も巧妙に反対論に考慮して計画された社会主義である。フーリエ主義は、私有財産や相続を廃止するものでな

207

く、資本を認め、分配方式に労働、資本、才能の三要素を考慮した個人の貢献度を認めるから個人の努力への動機を減じるものでない。個人の努力や成果が報酬に比例するとは限らない現体制におけるよりも、フーリエ主義における勤労意欲は高まるとみられる。そしてフーリエ主義の長所とみられる点は労働を魅力的にするという主張である。フーリエ主義の場合、最低の生活はすべての人に保障されるから、生活の心配がなく自発的に選択できる労働は、いかに過激であっても人は耐えられるものなのである。フーリエ主義のような人間性の法則に反しないアソシエーションは、他のさまざまな社会主義と同様に実験の機会が与えられることが望ましいのである（Ibid. 211-213/ (2) 37-41 頁）。

ミルは、フーリエ主義の指導者であるコンシデラン（V. P. Considerant, 1808-93）の『社会の運命』（1848）を読んで感動し（*CW* XIV 21, 1849 年 3 月 31 日付ハリエット宛書簡）、『経済学原理』第 2 版に初めてフーリエ主義を登場させる。フーリエ主義はフーリエ（F. M. C. Fourier, 1772-1837）の思想に基づく弟子達の思想宣伝の運動やファランジュ（Phalange）における共同体建設の実験をいう。1840 年頃から 60 年にかけてフランスをはじめとしてイギリス、ロシア、アメリカなどでファランジュのさまざまな実験が行われた。ミルはコンシデランの記述に従って、ファランジュの規模を「約 2 千人の組合員が約 1 リーグ（約 3 マイル＝4.8km）平方の土地を占有して協同労働を行う」アソシエーションとして理解する（*CW* II 982/ (2) 37, 38 頁）。ミルがフーリエ主義を評価するのは、経験主義の立場から勤労の組織化をすぐにでも実験できるという利点があるからであり、フーリエ主義は、個人の努力への動機を生かすために、分配的正義を労働、資本、才能という多面的な視点から追求するとともに、労働の尊厳という二次的アートを目指す人間性の法則に逆らわない思想とみられるからであった。しかしながら、ミルはフーリエ主義に対して評価とともに次のような批判も行っている。フーリエ主義は社会環境の整備に重点を置くあまり社会改革の根本問題である道徳教育を全く忘れている（*CW* XIV 22）。その上ファランジュという機構は「扱いにくい性格（*CW* II 984/ (2) 42 頁）」をもつとい

第4章　『論理学体系』の方法から『経済学原理』の社会主義論を読む

う。ミルはフーリエ主義による分配的正義に対する多面的な考慮と、人間性の回復を目指す労働の尊厳の目標に共感を覚えながらも、ミルが社会改革において重視する道徳教育の欠如を批判するとともに、ファランジュの機構などで必ずしも賛同できない部分を実験によって確かめることを意図したものと思われる。

　ミルは「所有論」では自由主義の立場からサン・シモン主義を批判し、フーリエ主義を評価して社会改革の実験の対象の一つとして実験を試みることを主張した。ミルがフーリエ主義に一定の評価を与えながらも、あくまでも実験の対象としていることはミルの経験主義の表われであり、ミルの社会主義論が方法論的にさまざまな体制を比較しながら体制を選択する科学の領域にあることを示しているのである。

　ミルのオウエン主義に対する扱いは、上にみたようなサン・シモン主義やフーリエ主義に対する扱いとは異なる。その理由は恐らくオウエン主義のもつ二面性、即ち共産主義に対する反対論に考慮して漸進的に改革を図る哲学的社会主義の一面と、財産を共有して分配の完全な平等を図る共産主義の両面を併せ持つとミルが考えているからと考えられる。ミルはオウエン主義に対して最も長期にわたって議論の対照とした。だがミルによるオウエン主義の対応をみると、初期から晩年に至るまでの扱いには変化が認められる。ミルが18歳の時、公開討論会の場でウィリアム・トンプソンと議論した時にはミルは哲学的急進派の立場から協同の立場にたつオウエン主義を批判した。ミルはオウエン主義を批判しながら、他方でオウエン主義に触発されて社会主義への関心を深める。ミルは「所有論」ではオウエン主義を分配の完全な平等を主張する共産主義として扱い、私有制との比較検討の対象とする（CW Ⅱ 203/ (2) 19頁）。そして晩年の「遺稿」ではオウエン主義を哲学的社会主義として評価するのである（CW Ⅴ 737/424頁）。

　しかしながら、このようにオウエン主義に対するミルの扱いに変化がみられるとはいえ、ミルのオウエン主義批判には一貫性がみられる。即ち、トンプソンとの議論の応酬でミルは、分配の完全な平等の思想を批判し、アソシエーションにおける人間の自由の問題や勤労意欲という人間性の問題など社会主義論

209

の基本的な問題提起を行った。「所有論」や「遺稿」におけるミルの研究は、これらの初期ミルの問題提起を再度繰り返している。そしてミルが「遺稿」でオウエン主義を哲学的社会主義として扱うのは、バクーニンやプルードンなどの革命的社会主義と対比して思慮深く穏健な社会主義とみなし、その対比においてオウエン主義を哲学的と呼ぶように理解される。それゆえミルがオウエン主義を共産主義として分類し、競争と私的所有を基礎とする体制と対峙する共産主義の代表としてオウエン主義をみていることには変わりはないものと思われる。それでは初期ミルの問題提起は「所有論」ではいかなる検討がなされるのであろうか？

5．「所有論」における共産主義の検討

ミルは、「所有論」で、私有制の対極にあり、「人間の進歩の究極の結果としてみなされている（"regarded as", CW II xciii／(1) 26頁)」共産主義の検討を行う。「所有論」では私有の原理を攻撃し分配の完全な平等を図るオウエン主義、ルイ・ブラン、カベの思想が共産主義の中に分類される。共産主義の検討における初版から第3版への変化は、ミルが述べているように、ミルが社会主義に反対しているとの誤解を与えないように表現を訂正したり削除したりする作業による変化とみられる（CW XIII 740, 741）。ミルは体制の問題を公平に扱うため、誤解を避ける表現に訂正しているものの、初版から第3版への原理的な変化があるとは思われない。ミルが共産主義の検討で取り上げるのは、私有制と共産制という異なる体制のもとでの人間性の法則の問題であり、それは、人間の勤労意欲、分配の完全な平等、人口増加に対する抑止力、人間の自由の問題の四つの論点である。これらの議論の中で、初版から第3版への最も大きな変化は、ミルが第3版で「所有論」の結論を述べ、その結論が目指す社会改革の目標であるアートが提示する科学の課題を述べていることである。それはまさにミルの科学の方法である「実践の論理（アートと科学）」の体制論への適用として理解される。ミルの議論をみることにしよう。

（1）**勤労意欲**：ミルは私有制から共産制に変わった場合の人間の勤労意欲の

変化の問題を検討する。初版と第2版では、次のように共産主義に対して批判的な論調である。

　私有制における労働者は現実に怠惰である。しかし、もし共産制において労働者が公共心という普遍的な動機で働くとすれば、「勤労の義務の規準は、低い水準に固定（初版 vol. 1, 245, CW III 976）」されてしまうであろう。

　ところが、第3版では、次のように慎重な表現に変わっている。初版と第2版におけるミルの共産主義に対する批判的な論調は、ミルが18歳の時の哲学的急進派からの共産主義批判と変わらないが、第3版における共産主義に対する慎重な表現は、ミルがいかなる体制に対しても公平に検討しようという科学的な態度の表われとみられる。

　共産制において、人々は教育によって公共心の大切さを学ぶであろうが、それでも公共心が私利の動機を超えられるかどうかは未知である（CW II 205/(2) 26頁）。

　(2) 分配の完全な平等：ミルは分配の完全な平等によって分配的正義を果たすことはできないと考える。ミルの主張が分配的正義を目指すのは、ミルがサン・シモン主義とフーリエ主義の分配方法に一定の評価を与えることからも分かるように、すべての人間が平等に分配を受けるのではなく、各人の適性を考慮した労働配分とこのようにして配分された労働による個人の貢献度を配慮することによって報酬を図る方法である。分配的正義をアートに掲げる共産主義が形式的に完全な平等を図るのでなく実質的な平等を目指すなら、異種労働を人為的に評価して公平に配分するという困難な問題を解決しなければならない。ミルは、初版と第2版では、私有制においては、労働配分の「自動調節のからくり（初版 vol. 1, 247, 第2版 CW III 977）」の作用が働くので、共産主義よりも私有制の方が優位であると考えた。しかし、第3版では、異種労働を人為的に公平に配分する問題は、将来人間の知恵によって困難が解決されるかもしれない

ので、これを理由に共産主義に反対してはいけないと共産主義に理解を示す論調に変化している。

即ち、ミルは初版と第2版では、私有制における自由な競争を通じた労働配分の自動調節作用の働きによって分業の利点が効果的に生かされるのに対し、共産制では異種労働間の差異を計る尺度がなく労働量の質的差異を考慮した労働配分が難しいという。もし、共産制で個人の適性などを無視して無理に各人に均等な労働配分を行おうとすれば、個人の自由は制約される。個人の自由の制約は人間性の法則に反するのみならず、労働の効率は低下し、分業の利点は阻害されるであろう。「名目的な労働の平等は、労働のはなはだしい実質的な不平等であり」共産制における分配の完全な平等は、達成されないと共産主義を批判する（初版 vol. 1, 246, 247, CW Ⅲ 977）。ミルがここで問題にする異種労働間の差異をはかる尺度の問題は、後世の経済学者が社会主義経済計算論争として議論した論点の指摘である。

ミルは第3版では前半で初版と第2版と同じく共産制における異種労働の配分の困難を述べる（CW Ⅱ 205／(2) 26頁）一方、後半では、共産主義のこの困難を人間が将来解決されるかも知れないという希望を捨てるべきではなく、今、解決の方法が見出せないからといって、共産主義が理想の制度ではないことを、立証したわけではないと述べる（CW Ⅱ 207／(2) 33頁）。ミルはこのように共産主義の困難性を指摘しながらも、将来における解決の可能性も否定しているわけではない。それはミルが私有制の改善から共産主義の理想の追求までさまざまな体制を射程にして科学的な探究を図るミルの社会主義論の特徴が表現されているとみられる。

(3) **人口増加に対する抑止力**：共産主義と人口問題については、初版と第2版では記述がなく、第3版で初めて議論される。ミルは共産主義に反対するジャーナリズムの中に、これまでも何度か議論された救貧法批判と同じ類の批判が見受けられるのでこの批判の誤りを指摘する。救貧法批判は私有制を前提として子孫を養育するだけの生活力のない貧しい人々に対して生活費を支給することによって人口増加に拍車をかけるというものであった。分配の平等を図る共産主義も貧困な労働者の所得増によって人口問題の解決を困難にするという批

判である。ミルはこの批判はあたらず、共産制における人口管理は私有制よりは厳密になるであろうから人口問題には有利に働くと次のようにいう。

共産主義を批判する者は救貧法が私有制を前提とした貧民救済であるのに対し、共産主義が私有制とは異なる制度の議論であることを認識していない。それは両体制を混同していることを意味する。マルサスの人口原理を前提とした上で、私有制と共産制の家族計画を比較すると、利己的な放縦を放置する私有制に対して、共産制では世論と法的な刑罰が厳しくなるので、人口問題は管理し易くなるであろうと考えられる（CW Ⅱ 206／（2）26, 27 頁）。

(4) 人間の自由の問題：初版から第 3 版への変化の中で、ミルが最も重視したと思われる論点は共産主義における人間の自由の問題である。この点はミルが哲学的急進派の立場からオウエン主義を批判した時と変わらず、ミルの思想は一貫している。ミルが初版で述べる次の叙述は、人間の自由と個性の多様な発展が社会の進歩の源泉になるという後の『自由論』第 3 章で展開される自由の思想と共通する主張である。ミルにおける社会改革の目標は人間の自由と個性を存分に発揮できる制度を探ることにある。ミルは、共産制のもとでは人間の自由と個性が侵害されることを懸念し次のようにいう。

社会制度の理想は、他人に害を与えないという条件で、すべての人々に、完全な独立と行動の自由を保障することである。だが、この計画（共産主義）は、この自由を完全に排除し、社会成員の行動を命令下に置くことがありうると懸念される。共産制の下で、貧しい人々の生活水準が上がり、生活必需品が常に保障されても、それは、人間の幸福の要素ではあっても幸福の源泉ではない。もし共産制の下で人々が強制的な規則のもとに、仕事を命令されるようなことになれば、人々は精神的道徳的進歩の主要な動因を失い、人間性の多様な発展が失われることになろう（初版 vol. 1, 248）。

初版におけるミルの共産主義批判に対して、ハリエットは社会主義の立場か

ら反対し、ミルに第2版での削除を要請した（CW XIV、8、および本稿第3章第3節参照）。ミルは、ハリエットに配慮して第2版では自由に関する共産主義批判の調子を落としたが、ミルの主張は初版と変わらない（山下1999年、(2) 93, 94頁）。

ミルは第3版では、初版と第2版の共産主義批判の表現を書き改めて、「遺稿」でも述べられるミルの「所有論」の結論を未解決の問題として、問題を体制比較の方法によって探りながら、体制選択の鍵を人間の自由と自発性を最大限に発揮する制度かどうかであるとして次のように述べる。

社会哲学の問題として「所有論」を考察する時、分配的正義を目指す経済体制の中でいかなる制度がすぐれているかという問題は、最善の状態においてどのような成績をあげるかを、比較して判断すべきである。この体制比較のためには、人々の知的道徳的水準を向上させる教育の普及と、人口の適度な制限を条件とする。しかし、この比較のための正しい試験（a fair trial）がなされたことがなく、上の条件が充たされないばかりか関連する知識や経験が不足する現在の段階では、どの制度がすぐれているかを判断することができないのでその判定は未解決である。もし、その最終的な判定の決め手となる鍵をあえて推測するとすれば、何が人間の自由と自発性の最大量（the greatest amount of human liberty and spontaneity）を許すかという規準がそれである。自由を捨てて平等を要求する社会組織は、人間性の最も高尚な特性の一つを奪うものである（CW II 207-209/ (2) 28-31頁）。

6．「所有論」の結論とミルの思想的特質

スコラプスキーによれば、ミルの哲学には功利主義、自由主義、人間存在に関する自然主義＝イギリス経験論哲学という三つの思想的源泉がある。これらの三つの思想的源泉はミルの思想体系の中で融和し、互いに独立しながら影響しあって、ミルの思想的特質を形成している（Skorupski 2006, (2) 45）。このスコラプスキーが捉えるミルの思想的特質を参考にして、前節で述べた「所有

第 4 章　『論理学体系』の方法から『経済学原理』の社会主義論を読む

論」の結論を体制論における実践の論理の展開としてみると、これらの三つの思想の調和が認められるのである。

　先ず、ミルが体制選択の決め手となる鍵を、人間の自由と自発性を最大限に発揮することができる体制であるかどうかとしたのは、ミルが功利主義と自由主義の立場から体制論にミルの目的論の究極のアートである最大幸福原理を設定したことを意味する。ミルは功利主義者として、功利あるいは人類の最大幸福原理を目的論の究極的規準、または第一原理とする（『功利主義』CW X 207/119 頁、『論理学』CW VIII 951/ (6) 210, 211 頁）。そしてミルは自由主義者として、人間および社会の「唯一の確実な永続的な改革の源泉は自由である（『自由論』CW X 207/142 頁）」と考える。自由と功利の関係は、「個性の自由な発展が、幸福の最も本質的な要素の一つ（CW X VIII 261/115 頁）」であることによって結びつくのである（泉谷 2002 年、5 頁）。この功利の要素である個性の自由な発展は、他者と社会に害をおよぼさない限りでの個人の自発性ないし選択する人間の意志の自由を行使することによって促進される（CW X 261-264/116-122 頁）。ミルにおいては、自由と幸福、および自由と自発性はこのような関係にある。繰り返すと、ミルはよりよき制度を求める体制論に、功利主義と自由主義が融和するものとして功利を目指す究極のアートを設定した。それは幸福の要素である個性の自由な発展ないし人間の意志の自由を最大限に発揮することによって、人間および社会の進歩を図る制度改革を意味するのである。

　次に、ミルは体制比較のための正しい試験がなされたことがないので特定の制度がのぞましいとは判断できずに問題を未解決にした。それはイギリス経験論を継承するミルの思想の科学性の表われであると思われる。ミルは人間と社会を科学の対象とし、観察と実験による証拠によらなければ合理的な真理は見出されないと考える。そして経験主義者であると同時に自由主義者であるミルは、自由に個性がぶつかり合う矛盾の存在が社会の進歩の条件として永遠に存続すると考えるから、歴史の終わりにすべての矛盾が消滅するとしたヘーゲルやマルクスと異なり、矛盾をはらむ社会の改革は果てしなく続くと考える（Skorupski 2006, (1) 71, CW X 224/137 頁）。このように社会的矛盾の存在が社会の進歩の条件であるなら、歴史的社会の進歩を望むのであれば、体制の選択は

215

ミルのいうように「新しい光が、絶えずあてられる未解決の問題(「遺稿」)」であり続けることになる。

7．「将来の見通し」の章における第3版の改訂

第3節から前節までの検討によって、「所有論」における第3版の改訂には初版と第2版との原理的な変化は認められなかった。なぜなら第3版でミルは初版と第2版の叙述を、世間の誤解を解くために、社会制度の可変性を示す比較体制論を結論的に述べているのであって、新しい思想を述べているわけではないからである。これに対し人間と社会の進歩性を明らかにする動態論に属する「将来の見通し」の章では、第3版に「極めて重要な変化（Robbins 1961, 148/128頁）」がみられるのである。すなわち、「将来の見通し」の章の初版と第2版ではミルが、初版執筆開始の直前に書いた「労働の主張」(1845)とほぼ同じ主張（第2章第4節参照）を発展させて、父権的理論を批判し、労働者の精神的陶冶と教育による知的道徳的進歩向上を訴え、労働階級の良識の成長による人口原理の制御、雇用制度の廃棄と勤労の組織化（organization of industry）の原理によるアソシエーションの実験、およびパートナーシップないし労資協調型を含む多くの種類のアソシエーション、ないし株式会社制度の普及および発達への期待が述べられる（初版2, 324, 331, 332, 第2版 *CW* III 1006/(4) 147, 189, 190頁）。ところが、第3版では、前半部分（第1-3節）では初版および第2版と同じく父権的理論批判から人口原理の制御までを述べ、第7節でミルの主張である競争原理の重要性を述べているのに対し、第7節を除く後半部分（第4-6節）においてこれまでの主張とは異なる変化がみられるのである。即ち、第4節では「労働の主張」から初版と第2版へと流れるアソシエーションの実験を試みる表現は削除され、正義と平等の観念と労働階級の勢力の増大による労働者アソシエーション（生産協同組織）への体制変革の予測がなされる（*CW* III 766-769/129-134頁）。第5節では「所有論」第3版では一定の評価がなされたフーリエ主義については何も言及されず、第2版でルクレールの実験を中心に8頁あった資本と労働のアソシエーション（パートナーシップ）

の記述（Ibid. 1006-1014）が、第3版では6頁に縮小（Ibid. 769-775/（4）136-142頁）される代わりに、初版と第2版では勤労の組織化の発展として他のアソシエーションと区別されなかった労働者アソシエーションが第3版では19頁にわたって詳述される（Ibid. 775-794/（4）153-194頁）。それは、ミルが「時代の変化（『自伝』CW I 241/334頁）」という二月革命後のフランスにおける労働者アソシエーションと、イギリスのロッチディル組合の実例[3]などの詳しい紹介である。そして第6節の結論的な部分で、歴史社会がアソシエーションの原理によって、予想以上に近い将来、一種の自然発生的な過程を経て、ひとつの社会変革にたどりつく道を歩むというのである（CW III 793/（4）176, 177頁）。「将来の見通し」の章（第3版、第4-6節）における新しい秩序の将来の予測は、「ハリエットの考えを解説したもの（CW I 255/343頁、本稿第3章第2、3節参照）」であるために、ミルの「所有論」と「遺稿」に流れる比較体制論の思想との整合性を欠くのである。

　このような労働階級の将来の予測と異なり、ミルは経験的な法則性を重視する方法論に従ってアソシエーションの概念をより広く捉え、私有制の改善とさまざまなアソシエーションの実験を総合的に判断しながら労働問題の解決にあたるのがよいと考えたのであった。ミルのアソシエーションの実験に対するこの期待は社会主義論においていかなる意味をもっているのか、第2版と第3版の間に行われたミルの「議会証言」（1850, CW V 407-429）におけるミルの声を聴くことにしよう。

8．「議会証言」におけるアソシエーションの実験への期待

　1850年代前半のイギリスでは会社法が極めて未整備であった。株主の有限責任も認められていない状況においては、「資本と労働のアソシエーション（パートナーシップ）」と「労働者アソシエーション（生産協同組織）」との競争関係における実験が不可能でありミルの方法によって法則性を探ることは困難であった。そこでミルは二次的アートである勤労の組織化を目指すパートナーシップの原理による協同組合、あるいは株式会社を含む「多くの種類の共同事

業（joint enterprises of many kinds）」が競争することが可能となる法制度の確立など実験のための環境整備が先であり、それによって市場経済における実験の推移を科学的に観察しながら体制の問題解決にあたろうとしたものと推測される。ミルは『自由論』の中で自由の原理を適用する制度を述べる最後の第5章で、中央集権と官僚制の打破とともに、人間精神の陶冶を図る教育としての「自発的なアソシエーション（voluntary associations）」の実験を提案している（CWX Ⅷ305-310/218-229頁）。ミルが自ら『論理学』とともに主著と認めている『自由論』で自発的なアソシエーションに言及していることは、ミルが多くの共同事業の中でもアソシエーションが人間精神を陶冶する教育の場を提供するものとして期待し、その実験に強い関心を抱いていたことが伺えるのである。ではミルは、一体、具体的にいかなるアソシエーションの概念をもっていたのであろうか？

　ミルのアソシエーションの概念には、次のようなさまざまな思想的源泉がある。競争と対立する「協同組織（The Cooperative System, CWX ⅩⅥ313-325）」をいうオウエン主義、その中でも小規模で民主的、自発的なトンプソン型アソシエーション、多数の専制を回避するため、個人の自由意志によって結成される広義の自律的な組織体をアソシアシオンというトクヴィルの思想（高草木2005年、29頁）、トクヴィルを媒介にして複合的な性格のアソシアシオンの概念をもったルイ・ブランの思想（同上33頁）、サン・シモン主義者の労働者アソシアシオン、フーリエのファランジュにおける資本を分配の要素として認める労働のアソシアシオン等、ミルは多くのアソシエーションの思想に接している。ミルのアソシエーションの思想的源泉が豊富なせいか、ミルのアソシエーションの概念は多様である。「将来の見通し」の章における「労働者が資本家になる試み」では、必ずしも資本を排除しておらず、ミルのアソシエーションの概念が資本を認めない労働者アソシエーションを意味しているとは限らない。ミルの体制論において資本を容認するか、あるいは、「私的所有の観念が変化（「遺稿」）」して土地と資本などの「生産手段を共有する（第3版序文）」かどうかは、ミルの場合科学の領域に属する問題であるから、実証的な検討を経るまでは結論を未決にすべきであると考えたものと思われる。

第4章 『論理学体系』の方法から『経済学原理』の社会主義論を読む

　ミルは、二月革命に際してルイ・ブランの提唱する「勤労の組織化の実験」に注目し（「二月革命の擁護」1849, CW XX 351, 352）、アソシエーションの概念を「競争と生産手段の私的所有に反対する」「アソシエーションまたは、協同組合という実践的な原理（「ニューマン経済学」1851, CW V 442）」として資本を認めない狭義のアソシエーションの意味に用いている。その一方でミルは、初版（1848）から第7版（1871）に至るイギリスの経済社会の歴史的推移から、生産技術の進歩により多種多様な産業的事業が、ますます大資本によって運営される近代社会の大きな経済的必然性を目の当たりにして、「より広い語義における協同の原理（The co-operative principle in the larger sense of the term）」の必要性を認める（初版 vol. 2, 459, CW III 895/（5）205-207頁）。ミルは初版と第2版で次のようにいう。

　労働階級の幸福を願い、彼らの状況の改善と人間的向上を目指すための「社会主義、共産主義をはじめとするどのような社会改革の理論も、アソシエーションの実験で検証されるべきである（初版 vol. 2, 468）」。そして、この実験で検証されるべき社会改革による労働階級の改善は、勤労の組織化を図るパートナーシップの原理を通じる協同組合制度あるいは株式会社制度の普及および発達による[4]（初版 vol. 2, 1013, 1014, 第2版 CW III 1006（4）147頁）。この原理による制度の発展は人類が進歩するにつれて現在は法制面の制約により実現不可能である多くの種類の共同事業が設立可能となることによって初めて可能となるのであり、それによって人類の能力が広範囲に増大することを期待したい（初版 vol. 1, 253, 254）[5]。

　ミルは1850年に「議会証言」を行い株主の有限責任を認め「株式会社（joint-stock association with limited liability、フランス法の société anonyme）」とともに、アソシエーションに投資家の資本を呼び込むための「合資会社[6]（partnerships in commandite、フランス法の commandite）」を認めるための提案を行っている。合資会社は、無限責任の業務執行社員と有限責任の株主に分かれるパートナーシップで、当時フランスでは認められていたがイギリスでは認

219

められていなかった。この議会証言は、中産階級および労働階級の貯蓄の投資に関する特別委員会で、ミルがいわゆる「スレイニー法（1852）」の制定に尽力したスレイニー委員長の質問に答えた証言である。ミルは、『経済学原理』第2版で述べられたアソシエーションによる社会改革、およびこの証言の目的についての質問に答えて次のようにいう。

　私の著書は労働階級の改善に注意を向けました。協同で（co-operatively）勤労を行う（勤労の組織化の）目的にとって、1844年法はさまざまな障害を引き起こしております（CWV 407）。その障害の最も大きなものは株主の有限責任が禁止されていることです。現在の法律の下では、特許会社（chartered companies）を除いて株主は無限責任であり、生産企業に対する多くの慎重な人々の投資を引き出せないのです（Ibid.）。

　ミルはこのように述べ、株主の有限責任の意義について説明した後で、スレイニーに「あなた（ミル）は、有限責任の株式会社については、態度を保留されるのに対し、合資会社については、無条件で賛成するのですか？」と尋ねられ、「そのとおりです」と答える（Ibid. 424）。
　では、ミルはこの時なぜ、株式会社より合資会社制度を優先して提案しているのであろうか？　この点について、ミルは株式会社の場合、株主は資金があっても経営者としては、不適任かもしれない。だが、資金がなくても経営に対し熱心で業務に精通しているアソシエーションがのぞましいのであり、経営に精通する労働者が無限責任の経営者とともに、有限責任の投資家から出資を呼び込めることのできる合資会社という事業組織が、アソシエーションの経営能力と資本力の両方を強化することが可能であると考えたものと推測される。ミルは次のようにいう。

　株式会社と違って、労働者アソシエーションは、労働者自身が資本家兼雇用者となる（Ibid.）ことによって階級関係が廃棄される上に、業務の遂行に熟知して熱心な労働者が企業経営するためによりよい経営判断ができるのです

(Ibid. 426)。しかし、通常の場合、労働者が資本家になるといっても、労働者は資金的に限度があるから、他の投資家を株主に呼び込む必要がある。もし、多額の資金をもつ投資家が合資会社の出資者（commandite partners）となるなら、それは、アソシエーションの資本を増やすばかりでなく、アソシエーションの信用力を高めることになるのです（Ibid. 409）。

　ミルはこのようにして、株主の有限責任の下で、所有と経営の分離を図った「資本と労働のアソシエーション」と、勤労の組織化を目指す「労働者アソシエーション」の両方の利点を兼ね備えた事業組織を合資会社に期待した。だが、ここで留意すべきことは、ミルは合資会社をあくまでも科学の領域における実験の対象として重視したのであってそれを理想化したわけではないことである。
　ミルは、「議会証言」に続いて、1851年に「パートナーシップ法に関する特別委員会報告」に対して、同様の趣旨の「回答書（"Reply", Ibid. 461, 462）」をよせている。こうしたミルの主張は、1852年「スレイニー法」、1855年「有限会社法」およびそれ以降の度重なる法改正に反映されることによって、イギリスでも徐々にアソシエーションの実験が試される土壌が築かれていったのであった。
　以上のようなミルの「議会証言」から、ミルが二次的アートを目指した「より広い語義の協同の原理」によるアソシエーションの実験を可能にする法制度の改善と、アートの課題にこたえる事業組織を求めていたことが理解できるのである。

おわりに

　『経済学原理』の副題は「社会哲学のための応用」である。ミルは『経済学原理』の「序文」でアダム・スミスが経済現象をその当時の哲学と関連させて説明したのに倣って、社会哲学と経済学（科学）との密接な関連において理論を展開することを試みると述べている（CW Ⅱ xc ⅰ, xc ⅱ /（1）24, 25頁）。そしてミルは社会哲学の目指す社会改革の究極の目的が人類の幸福の増進と人間性

221

の向上に最大限に寄与する制度を科学が探求することであると考える（Ibid. xciii /（1）27頁）。ミルは社会主義論で、功利の原理を導きの糸として、社会哲学の究極の目的（アート）を目指してより良い体制の科学的な探究を試みたものであった。

　それは、イデオロギーを対決させる議論ではなく、私有制〈資本主義〉と共産主義という対極にある体制を射程において、社会哲学のための応用としての、実践の論理〈アート〉の科学的な展開である。人類の幸福の増進というアートの課題を受けて、競争による市場原理を生かしつつ、私有制から生じる弊害を除去する改善と、広い語義におけるアソシエーションの実験を重ねながら、その良否を判断する。経済社会の発展の法則性を探求しながら、社会制度を比較し選択しようという実証的な比較体制論である。次章でミルの社会主義論の結論が示されているとみられる「遺稿」を再検討しミルの真意を探ることにしよう。

1）ミルは、オウエン主義、サン・シモン主義、フーリエ主義など、いわゆるユートピア社会主義について、"philosophical socialism" という用語を使用している。このphilosophical という訳語について「哲学的」か「思慮深い」について見解が分かれる。ミルが「遺稿」で、一挙に体制の変革を図る「憎悪から生じる原理（CWV 749/436頁）」を信条とする革命的な社会主義に対して、社会主義批判に十分考慮し、「思慮深く、理性的な（Ibid. 737/424頁）」社会主義という意味では「思慮深い」という訳語が適切である。しかしミルは「哲学的急進主義（philosophic radicalism）」の場合に「哲学的」という用語を使用しているように、ユートピア社会主義者のそれぞれが独自の哲学を有していることに一定の評価をしている。このため本稿では哲学的という訳語を使用した。
2）アソシエーション（association）は連合、連帯、連想、協働、協会、共同組織、自律的組織体などに訳され多義的である。ミルもアソシエーションを共同組織の意味に用いる場合、パートナーシップ、協同組合、消費者および生産協同組織、合資会社、株式会社など「広い語義において」使用している。本稿では無理に訳さずに原語のままアソシエーションとした。
3）ロッチディル組合についての叙述は1862年の第5版で書き加えられた。
4）ミルのアソシエーション論と株式会社論については、我が国でも、鈴木（1983年）、武田（1998年）、四野宮（2002年）、村田（2007年）、前原直子（2011年）をは

じめとする多くの研究があり、おおいに啓発された。武田は、著書の中で、ヘンダーソン（Henderson 1986）が、ミルを修正資本主義者と捉えて、ミルの協同の原理を、アソシエーションではなく、「株式会社、または合資会社という形態の事業組織」に求めていることを、厳しく批判している（武田1998年、121、122頁）。武田のいうとおり、ミルは修正資本主義者ではなく、ヘンダーソンが、ミルのアソシエーションにおける二次的アート（分配的正義、労働の尊厳、勤労の組織化）を軽視している点は、ミルの思想の一面的な理解であると思われる。しかし、ミルがアソシエーションの概念を狭義と広義に使いわけている理由は、第3版執筆当時、イギリスの会社法があまりにも不備であったために、アソシエーションがいかなる形態の事業組織をとるべきなのか、科学的に実証できないので、ミルが、結論を未知のものとしたことによると思われる。また、村田もヘンダーソンを批判し、ミルが重視する協働の能力を促進する組織形態である労働者アソシエーションを上位に置く（村田2007年、62、65頁）。しかし、「議会証言」におけるミルの合資会社の提案は、労働者が経営権を握るという意味では労働者アソシエーションであるが、同時に所有と経営の分離に基づく資本と労働のアソシエーションの意味も含まれるから、ミルはアソシエーションを広く多義的に用いていると解釈される。

5）深貝（1993年、198-201頁）、松井（1994年、101、102頁）、高橋（1997年）、前原正美（1998年、95、96頁）、バウム（Baum 2000, 222, 227）、村田（2007年、61-65頁）。バウムによれば、ミルは労働者アソシエーションに人間の民主的自己統治の自由を見出した。しかし、「社会主義か、改革の行き届いた修正資本主義か」という体制の問題については、ミルは結論を出していないという。筆者は、ミルが体制の問題について、結論を出していないという点ではバウムと同意見である。

6）ミルは「議会証言」でアソシエーションの具体的な会社組織として合資会社（partnerships in commandite、フランス法でsociété en commandite par actions）を主張した。合名会社（société en nom collectif）が投資家の無限責任、株式会社（société anonyme, joint-stock company）が有限責任であるのに対し、合資会社は株主が無限責任の業務執行社員（commandite）と有限責任の株主（commanditaires）に分かれる組織である。両者の持ち分は株式として証券化され譲渡可能である。ミルの定義によれば、「一人または複数の経営者が会社の負債に対してその全資産をもって責任を負うているが、他の株主は一定の出資額を超えて責任を負うことなく、あらかじめ協定した規則に従って会社の利潤にあずかる制度である（CWⅢ 901/（5）215, 216頁）」。ミルはイギリスで1844年登記法が成立後、この法律の煩雑な登記制度の是正とともに、「有限責任会社（Partnerships with Limited Liability）」の導入の必要性と有限責任会社の公開性を主張していた。ミルの「議会証言」や「回答書」はこの主張の一環として理解される（鈴木1983年、69-94頁）。

223

第5章　遺稿「社会主義論」の再検討

はじめに

　ミルの遺稿「社会主義論」（"Chapters on Socialism", *CW* V, 705-753/ 永井・水田訳、以下「遺稿」と略す）は、ミルの死後1879年に、ハリエットの先夫との娘であるヘレン・テイラー（Helen Taylor, 1831-1907、以下ヘレンという）の手によって、雑誌『フォートナイトリィ・レヴュー』に3回にわたって公表された。この論文は、『経済学原理』第3版（1852）が出版されて17年たった1869年頃、ミルが社会主義に関する独立の書物を書くために執筆しておいた草稿である（*CW* V 705/391頁）。
　「遺稿」と『経済学原理』を中心に述べられたミルの社会主義論は、ミルの死後ヘレンの社会活動を通じて、フェビアン主義に大きな影響を与えたほか、ドイツではベルンシュタイン（Eduard Bernstein, 1850-1932）によって、マルクス主義とは異なる修正社会主義の流れをつくる分岐点となった（Schumpeter 1954, 532, 533/（中）289, 290頁）。しかしミルの社会主義論は、修正社会主義の源流というだけではつくせない多様性をもつため、その解釈が大きく分かれ、従って「遺稿」に対する研究者の評価も一様ではない。著者の立場は第4章で明らかにされたように、ミルの方法論と思想的特質を重視して解釈することによって、「労働の主張」から「所有論」（第3版）と「遺稿」への原理的な一貫性をみるものである。この立場から「遺稿」を読むと、それが草稿であるにもかかわらず、ミルの思想の最終的な主張の表明として社会主義論の全体像が鳥瞰できるようにみえる。だが、「将来の見通し」の章（第3版）の改訂を重視する研究者は、「遺稿」におけるミルの叙述は必ずしもミルの真意を伝える印象を与えているわけではないと解釈するので「遺稿」の影は薄いのである。この立場の代表者はシュンペーターであり、彼は「遺稿」がミルの思想に対する

読者の誤解を招く文献であるとして扱う。シュンペーターが後世のミル研究者に与えた影響は大きく、またシュンペーターの「遺稿」に対する低い評価はミルの思想全体の解釈にも関係してくるので、「遺稿」を再読する前にシュンペーター説とそれをめぐる所説を中心に検討し、社会主義論の解釈が分かれる論点と近年の研究動向をみることにしよう。

　シュンペーターに先行する研究はブリスとアシュリによってなされている。ブリスは、ミルの思想を「進化論的社会主義（evolutionary Socialism）」（Bliss 1891, vii-ix/193頁）と捉える。自らを進化論的社会主義者と称しているアシュリ（Collini 1983, 271/233頁）は、ミルが『経済学原理』第3版で進化論的に社会主義へと進む人類の歴史の方向を示しながら、「遺稿」でその思想を失い、「遺稿」は初版の思想へと回帰したと解釈する（Ashley 1909, 190, 985）。アシュリの研究を受容したとみられるシュンペーターは、ミルが第3版で、「究極の目標としての社会主義の明示的な承認（Schumpeter 1954, 531, 532/（中）288, 289頁）」をしたと理解し、「遺稿」はミルの社会主義論の理解を多分助けるというよりミスリードするものという。シュンペーターほど明快に述べているわけではないが、第3版の改訂にミルの主張の重要な意義を認める研究は、福原（1956年、118-123頁）、ライアン（Ryan 1984, 145, 151, 157）、キューラー（Kurer 1992）、ライリ（Riley 1996）、武田（1998年）、四野宮（2002年）、ミラー（Miller 2003, 213）、レヴィン（Levin 2003, 68, 69）と近年まで有力である。

　これに対し第3版の改訂にもかかわらず、ミルの社会主義論は、初版から「遺稿」まで原理的に同じであるとして、ミルの思想の一貫性を主張する研究も今なお多い。ミルの友人であったベインはシュンペーターと異なり、ミルの社会主義論の思想的立場は「遺稿」にあるという（Bain 1882, 90/108, 109頁）。ベインは、ミルが功利主義者であるとともに自由主義者であることを重視して、ミルの思想は社会主義とは開きがあると解釈する。またロビンズは、ミルの思想的立場が、「将来の見通し」の章の改訂によって、第3版への序言や『自伝』でミルが述べているように、変化しているようにはみられないという（Robbins 1966, *CW* IV, xl）。ロビンズによれば、ミルは「所有論」で、経済体制の問題を未解決の問題とする一方で、「将来の見通し」の章では、パートナー

シップを経て、概念的には、社会主義よりはむしろ、サンディカリズム的なある種の生産協同組合的アソシエーションへの漠然とした上昇をいったに過ぎないと述べる（Robbins 1961, 166/145 頁）。ホランダーは、ロビンズがミルの思想を、サンディカリズム的と形容するのは少し誤解を招くとしながらも、基本的にはロビンズを支持する（Hollander 1985, vol. 2, 813, 823）。シュヴァルツは、第3版の改訂は、ミルがハリエットの要請に応じた感情的な動機によるものとし、ロビンズ説に同意する（Schwartz 1972, 191, 192）。近年では、ミルの社会主義論を「自律（autonomy）」の概念を軸に他の著作との関係で広く捉えるべきであるというキャパルディ（Capaldi 2004, 198, 199）は、第3版の改訂に本質的な修正をみないロビンズ、シュヴァルツ、ホランダーに同意する（Ibid. 222, 223）。

　以上のようなミルの思想の二つの異なる解釈（Claeys 1987, 137, 138）の距離を縮めるために、ミルに対するハリエットの影響を再評価（Schwartz）するとともに、ミルの社会主義論の時代的背景、ミルの他の著書からみた思想的特質との関連による慎重な検討が指摘されている（杉原 2003 年、313 頁）。著者は基本的には後者の立場にたってシュンペーター説を批判するものであるが、同時にシュンペーターの解釈の背景にあるミルの分配的正義をはじめとする社会主義者の改革の目標に対する共感もまた評価するものである。では先ず「遺稿」に対して低い評価を与える論者の代表であるシュンペーター説の検討から始めよう。

1．シュンペーター説の検討

『経済学原理』第3版の変化を重視し、ミルが社会主義に対してより慎重になる「遺稿」を初版への回帰ないし後退とするシュンペーターは次のように述べる。

　ミルは、経済法則の適用範囲を、生産の自然科学的必然の世界に限定した。そして、分配論においては、すべての制度は、人為的・可変的であり、歴史

的に進歩していくものである点を強調した。ミルが空想的社会主義を批判し、社会的発展が辿るであろうと予期した方向については、疑問の余地なく明確である。ミルは細目については変更があるとはいえ、およそ二十代の半ばから一貫してアソシエーションを支持する進化論的社会主義者であった。それゆえ、全体として社会主義に対する多くの懸念を表明する「遺稿」は、恐らく有用というよりは、むしろ人を誤らすものであろう。「遺稿」は、1869年に至るまでのフランスおよびイギリスの社会主義の文献ならびに、当時の社会主義的スローガンの批判的評価以上のものを含むところが少ない。もし、この書物が完成していたなら、「遺稿」というスケッチの読者が受ける印象を逆転させるであろうような積極的な補充部分が、恐らく含まれていることであろう。ミルの社会主義への反対は、単に、人類が社会主義に対して準備のできていない状態にあることによるという趣旨のものである。ミルによる第3版の所説の変更や修正は注目されるべきである。とりわけ、「将来の見通し」の章の新しいパラグラフは、究極の目標としての社会主義の明示的な承認にほかならない。革命による社会の転換を拒否するミルの社会主義は、進化論的社会主義とみられるのである（Schumpeter 1954, 531, 532／（中）287-289頁）。

以上のようにシュンペーターは、ミルが究極の目標として承認した社会制度は「進化論的（evolutionary）」に到達する「社会主義（socialism）」であると表現する。しかしシュンペーターがここで使用する「社会主義」という用語は、ミルの言葉では「共産主義」を意味している。なぜなら、シュンペーターが論拠を示す箇所は、ミルが「所有論」で共産主義を検討する節に該当するからである。19世紀前半には社会主義と共産主義あるいはアソシエーションという用語は同意義に用いられており、ミルも共産主義をしばしば社会主義やアソシエーションと表現している。しかしミルはこれらの思想を定義して、「私有財産の原理を攻撃する」思想を一般的に社会主義ないしアソシエーションと称して広義に用い、他方で社会主義の中の一つの思想である「共産主義（Communism）」を狭義に用いる。ミルの定義によれば、共産主義は「私有財

産の全廃」を唱え人間の「生存および楽しみのための物的手段の分配の絶対的なあるいは完全な平等（absolute or complete equality）」を主張する思想を意味するのである（CWⅡ202, 203／(2) 19, 20頁）。

　シュンペーター説の論拠となるのは、『経済学原理』第3版の二つの論点であると思われる。その一つは、ミルが「所有論」第3版で、共産主義における異種労働の配分の困難性を認めながら、この困難を解決する希望を捨てるべきでなく、困難があるからといって、共産主義が理想の制度ではないことを立証したわけではないと述べたところにあるとみられる（CWⅡ207／(2) 33頁）。馬渡は、シュンペーターのミル解釈の根拠を上記の文章にみて次のようにいう。

　シュンペーターは、共産主義が人間社会の最善で究極の形態ではないとはいえないという否定形の言い回しながら、それが人間社会の最善で究極の形態であることをミルが認める発言をしたことから、ミルが共産主義を究極のゴールとして認識したと解釈した（馬渡1997年、432頁、450頁註21）。

　しかしながら、「所有論」（第3版）全体の文脈からミルの主張を理解すると、ミルが共産主義を「人類の進歩の終極の結果としてみなされている社会主義（CWⅡ xciii／(1) 26頁）」という表現を用いているが、それはミル自身が「人類の進歩の終極の結果」であるとみなしているという意味であるとは限らない。むしろシュンペーターの解釈するようにミルが共産主義を人類の究極の目標として承認した制度であると解釈するのは問題であると思われる。なぜならミルが「所有論」で結論的に述べている比較体制論（CWⅡ208／(2) 30, 31頁）によれば、第3版での主張は共産主義の諸困難も私有制の改善も、ともに実際に実験することによって、科学的に解明することなしには体制比較の判断は難しい。ミルは「理想的な形における私有制（Ibid. 207／(2) 29頁）」と「最善の状態における共産制（Ibid.）」との公平な評価によって体制の選択をすべきであり、将来、人類が共産主義の最善の状態を達成することができるという希望をミルが述べたとしても、体制比較の結果、最善の共産主義が選択されない可能性があるからである。いいかえれば、ミルは科学的に公平な体制比較のために、

改善を重ねた理想的な私有制と、困難な諸問題を解決した最善の共産制との両体制の実験的な比較が実現することを望んだのであって、比較する前に究極の制度としての社会改革の目標を共産主義に決めたわけではないと考えられるのである（*CW* II 206-208/（2）28-31頁）。

シュンペーターのもう一つの論拠は、ミルが「将来の見通し」の章（第3版）で、私有制からパートナーシップを経て労働者アソシエーションへの体制変革を述べていることである。この体制変革の思想を文字通りに解釈すればミルは究極の制度として共産主義を認知したと理解される。しかしながら、第3章でみたように、「将来の見通し」の章における体制変革の思想はハリエットの思想であり、ミルによれば、彼女の要求によってこの章を『経済学原理』第4編に挿入したものである（*CW* I 255/343頁）。ハイエクがミル夫妻の往復書簡を公開してから行われたミルに対する彼女の影響に関する論争の成果を考慮して、ミルの比較体制論と異なる彼女の体制変革の思想のすべてをミルが自分の思想体系の中に組み入れたわけではないことを考えると、シュンペーター説のように、ミルが社会改革の究極の理想に共産主義を承認していたという見解には疑問が生じる。だがハイエクが往復書簡を公開したのは1951年で、論争が行われたのは60年代のこと（山下 1999-2000年）であるから、1954年に『経済分析の歴史』を刊行したシュンペーターが、この論争の成果を関知せず、二人の関係を視野に入れる解釈をとらないのは当然のこととして理解できるのである。

以上のようなシュンペーターのミル解釈の検討は、ミルの思想的特質の理解の重要な論点に関わると思われるので、シュンペーター説とそれを批判する見解の検討を通じてミルの思想を探ることにしよう。

シュンペーターと異なり、「遺稿」を重視するのはロビンズである。ロビンズは「遺稿」の決定的な重要性を認め、「遺稿」をミルの最終的な立場の表明と評価する（Robbins 1961, 161/140頁）。ロビンズは『経済学原理』初版から第3版、および第3版から「遺稿」への流れに重大な変化を認めながら、ミルの真意は、彼が体制の問題を公平に探究しあらゆる体制に対して開かれた心があることを示したかったことにあるとして次のようにいう。

第3版から「遺稿」への変化をミルが「より懐疑主義的な立場に移行した」せいであると読む解釈があるが、しかし「遺稿」の懐疑主義を強調するよりも、第3版の変化をあまりにも積極的に解釈し、この対照を過大視することがミルの真意を損ねるもとになっていると私は考える。ミルは「所有論」で体制の問題を未解決の問題であるといい、財産制度自体の変化の可能性を社会主義の一切の可能性に劣らず強調している。ミルが熱心にこのテーマに立ち返っていることを考えれば、共産主義を議論する第3版の変化は、体制の問題に対する偏見のない考えを求めたものにほかならない。この解釈の裏付けは、『ノース・アメリカン・レヴュー』の『経済学原理』初版に対する書評に抗議したミルのジェイ宛書簡[1]からとれると思われる（Ibid. 166-168/144-146頁）。

ホランダーはミルの社会主義論を検討する結論的な節で、シュンペーターのように第3版の変化を重視する説を批判したロビンズの解釈を受容する。ホランダーによれば、ミルの体制論の思想は「長年にわたって変化するところが少なかった」のであり、ミルの関心は代替する制度自体よりもむしろ、私有財産と競争の制度とアソシエーションの問題を科学的に解明するところにあったと理解されるというのである（Hollander 1985, (2), 823）。

ロビンズやホランダーは、ミルの叙述を詳細に検討することによってシュンペーターと異なる解釈をしているが、この解釈の隔たりは、ミルの叙述のもとにある思想の把握の違いによるものと思われる。そこでミルの方法論と歴史観の視点からシュンペーター説を検討することにしよう。

先ず、ミルが人類の歴史的発展の終極に共産主義があるとみているという解釈に対する疑問である。ミルが体制比較による体制の選択を主張し、体制論の結論を未決にしているのは、第4章でみたようにミルの方法論の帰結であると思われる。ミルの実践の論理（アートと科学）に従えば、功利の原理を究極の目的として、分配的正義、労働の尊厳、勤労の組織化を究極の目的に従属する二次的アートとするアートの領域と、いかなる制度が人間の幸福を増進するかというアートの課題を科学的に探る社会科学の領域とは峻別すべきと考えられ

231

る。ミルは人間の自由と自発性の最大限を許す制度が人間の幸福を増進するものとして、いかなる制度が適切なのか、経験や実験によって認識された人間性の法則による不断の検証を求める。「将来の見通し」の章における私有制から労働者アソシエーションへの体制変革の予測も、ミルの方法論に従った社会静学による検証がなされたとはいえず、体制の問題は「未解決の問題（an open question）」となるのである。

シュンペーター説に対する二番目の疑問は、ミルが人類は究極の目標としての共産主義を目指す歴史的過程をたどるという決定論的な歴史観をもっていなかったのではないかという問題である。フォイアは、ミルがヘーゲル、マルクス、サン・シモン派、コント、スペンサーのような決定論的歴史観をもたなかった論拠を、ミルのギゾー批判にみて次のように述べる。ギゾー（F. P. G. Guizot, 1787-1874）、は、階級闘争が歴史の原動力であるという歴史観によってマルクスやエンゲルスに影響をおよぼした政治家、歴史家である。

> ギゾーは階級闘争の歴史家としてマルクスの先駆者であった。ギゾーは封建社会がそれ自身の本性と傾向によって崩壊していくと断言した。しかしながら、ミルは悪を高度の善に転ずるような弁証法的変化を認めなかった。ミルによれば、統治形態や社会制度の崩壊を、制度の欠陥から説明するのは、安易ではあるが経験的に正しくない。社会的進歩は何らかの弁証法的崩壊のゆえに起こったのではなく、自由な精神と社会改善への要求が封建的秩序の中に十分な支持を見出したからなのである（Feuer 1976, 90, 91/171, 172 頁）。

フォイアとは異なる文脈ではあるが、ミルが人類の歴史の「社会的進化の型」や歴史の「不可逆的進歩の法則」には興味がなかったことはコリーニによっても指摘されている。コリーニは「ものごとの傾向―ジョン・ステュアート・ミルと哲学の方法―」の中で、次のように述べる。

> ミルの生涯の最後の 10 年間に演繹的功利主義（リカード、オースティン）を批判する比較的歴史的方法[2] が大流行した。歴史的進歩を信奉したサー・ヘ

ンリィ・メイン（Henry J. S. Maine, 1822-88）はオースティン的法概念を標的にして社会の進歩的変化の起源を分析した『古代法』（1861）を出版した（Collini 1983, 216/185頁）。メインが功利主義に敵対していたにもかかわらず、ミルは『古代法』を読んでこれを賞賛し、『経済学原理』の「所有論」第2章でメインを引用している（CWⅡ219/（2）59頁）。ミルはメインの歴史的方法を評価しているとはいえ、ミルによるメインの引用の意味は、相続や遺贈の権利に関連して所有や財産の概念が歴史的に全く異なることの証明として法制史研究の権威者の擁護を引き出したに過ぎない。ミルの興味は歴史における「社会的進化の型（a pattern of social evolution）」それ自体にあるのではなく、またメインの主張する「身分」から「契約」へというような「不可逆的法則（some irreversible law of progress）」の探究にあるのではない（Collini 1983, 146/122, 123頁）。ミルの関心は、人類社会の進歩を目指す法則の解明ではなく、人間性の法則の検証を伴った人間性と環境ないし制度との相互作用にあったものと思われる（Ibid. 151/128頁）。

フォイアやコリーニが述べるように、ミルは人類の歴史社会が決定論的に進化して理想の制度に向かうというようには考えないとみられる。ミルはダーウィンの『種の起源』（1859）を読んで賞賛するが、進化論は真理であるかもしれないが未証明であるという理由で真理であるかどうかを保留にしている[3]。ミルが『種の起源』に強い関心を示しているのは事実であるが、経験主義者であるミルは、未証明であるとみなしている仮説を真理として自分の哲学体系の中に組み入れているようには思われない。歴史の進歩についてのミルの考えは、『論理学』の「人間と社会の進歩性」を述べる逆の演繹法の章で次のように述べられる。

自分は功利主義者として人間および社会がより幸せな状態を目指す一般的傾向が続くことを確信しているとはいえ、科学の領域においては人間および社会の進歩（Progress）という用語は改良（improvement）ではないと思う。それは人間性の法則に従った人間および人間性の変化なのである。人間性の法

則はあらゆる場合に改良であるとは言い難いような人間および社会におけるある一定系列の変化を決定している。私は（功利主義者として）偶然または一時的な例外を除いて、一つの改良――よりよいかつより幸福な状態への傾向――への一般的傾向を続けるであろうことを信じる。しかしながら、それは社会科学の方法の問題ではない。我々の（社会科学の探究という）当面の目的のためには、人類の性格と人類が自ら形成する限りにおける外的環境において、進歩的変化があること、また継起する各時代において、社会の主要な現象が前時代のそれと相違し、あらゆる先行の時代のそれと一層大きく相違していることを述べれば十分である（CWⅧ913, 914/（6）144, 145頁）。

以上のような歴史観に基づくミルの社会科学の方法は、社会動学の方法論である「逆の演繹法ないし歴史的方法」である。ミルは20代にサン・シモン派の歴史主義的思想の影響のもとに「時代の精神」(1831)を著し、19世紀前半の思想状況を自然的状態に対する「過渡的状態（transitional state）」として捉えた。しかしミルが決定論的なサン・シモン派の歴史観を受理したわけではなかったことはフォイアのいう通りであると思われる。ミルは歴史的社会の動的な発展を自然現象に貫徹する自然法則ではなく、「近似的な一般化（approximate generalizations, CWⅤⅢ863/（6）54頁）」ないし「傾向（tendencies, Ibids. 870/（6）67頁）」として捉える。ミルはその根拠を『論理学』で次のように述べる。

人間性の科学ないし社会科学は、「原因の数が多く」「社会の条件と進歩との与える事情が無数にあって絶えず変化し（Ibid. 878/（6）80, 81頁）」、作用と反作用の働く「法則相互の変化（Ibid. 889/（6）101頁）」のある社会現象を研究対象とする高度に複雑な科学である。この複雑な社会科学の研究を観察と実験を基礎として推論する帰納法とその帰納を前提として法則性の論証（演繹）と検証（帰納）を課題とする演繹法の二つの方法を統一することによって行わなければならない（Ibid. 895-898/（6）112-117頁）。なぜなら、社会現象の近似的一般化は先ずは経験的法則として捕捉され、「現象相互の間に支配する共存の斉一性（Uniformity）」を扱う社会静学と「継起（succession）

の斉一性」を扱う社会動学によって探究されると考えられるからである。社会科学の中でも、特殊社会学である経済学のように、作動因の数を少なく限定して「社会現象の中で富の追求の結果として生じる現象だけを扱う」仮説的な抽象的科学は、「社会静学（Social Statics）」の方法である「物理学的ないし具体的演繹法（Concrete Deductive Method）」を用いる（Ibid. 900-904/ (6) 121-128頁）。しかし経済学と異なり、作動因の数が異常に多く、歴史的事象の継起である人類の進歩性を扱う一般社会学は「社会動学（Social Dynamics）」の方法である「歴史的方法ないし逆の演繹法（Inverse Deductive Method）」の方法を用いる。具体的演繹法が人間性の原理に基づき「仮説的（hypothetical, Ibid. 898-900/ (6) 117-121頁）」であるのに対し、逆の演繹法は歴史的事実から経験的法則を見出し、次に人間性の法則から演繹してこの経験的法則を科学的に検証するという具体的演繹法とは逆の手続きを取るのである（Ibid. 924-927/ (6) 162-168頁）。人類の歴史的事象が逆の演繹法でしか捉えられないのは、人間と環境ないし制度との間の作用と反作用との系列があまりに長いために、わずかの誤謬も次々と継起する過程で大幅に拡大するために、人間性の法則から演繹的に現象を説明するのはほとんど不可能とされる（Ibid. 915, 916/ (6) 147, 148頁）。

以上のように、社会動学の方法である逆の演繹法によって、「傾向」として「近似的（approximate）」にしか捉えられない歴史法則において、社会の進歩を促す動因（the agents of social progression）の中で最も有力な要素は、人類の「思考能力（the speculative faculties）の状況」である（Ibid. 925, 926/ (6) 165, 166頁）。ミルは、人間社会における経済的な要因が動力となって歴史的社会を変化させるとみる唯物史観をいうマルクスと異なり、「精神」が社会制度の変化を促すと考えた。ミルは次のようにいう。

物質文明のすべての進歩には知識の進歩が先行している。社会的変化が漸進的であろうと、あるいは突然の争いによるものであろうと、その先ぶれとして世論と社会の思考方法における大きな変化が起こっていた。多神論、ユダ

ヤ教、キリスト教、プロテスタント、近代ヨーロッパの批判哲学と実証科学——これらはいずれも次の社会を形成した主要な動因である。社会的変化は主として思想と信念との先行の状態から生じるものであり、社会に変化をおよぼすのは「第二次的な道具の（secondarily instrumental）」役割でしかない（Ibid. 927／(6) 167 頁）。

ミルはこのような傾向として捉える人類の歴史的進歩の動因に社会制度ではなく人間の精神をみる。ミルは青年時代にロマン主義に接し、人間の精神の進歩には一定の順序があって、この順序の段階に従った政治制度が形成されるという思想を学んだ（CW I 169/223, 224 頁）。ミルが社会制度の必然的な変化を認めず、変化に先行する人間の精神の進歩があるという思想を保持していたことは、ミルの決定論的歴史観をもつギゾー批判（1845 年）から理解される。高島はミルの歴史観を精神史観とみて、歴史的必然性を唱える「マルクスの唯物史観の裏返し」として解釈する（高島 1963 年、(下) 115 頁）。しかし、ミルが社会制度の変化に先行する精神の進歩を認めたといっても、ミルは理性（精神）の自己展開が絶対精神に至る歴史観をもつヘーゲルとは異なり、必然性のない自由で自発的な思想の展開に人間の進歩をみるのである。ミルの歴史観についてカール・ポッパー（Karl Popper, 1902-94）は歴史主義批判[4]の一環としてミルを捉えるが、ミルの歴史観の自由主義的な視角を考慮すると、ミルはシュンペーターが捉えるように人類が進化論的に共産主義に至る道を歩むという決定論的な歴史観をもたなかったものと思われる。

2．シュンペーター説と近年の諸論文にみる研究動向

先にシュンペーター説は今なお有力であると述べたが、比較的近年の論文の中から、シュンペーター説の流れ（キューラー）にあるか、またはシュンペーターと同じく「将来の見通し」の章を重視する論文（ライリ、レヴィン、ミラー）、およびそれに対して、シュンペーターとは異なる解釈をする論文（ローラ・ドゥ・マットス、竹内、前原正美、杉原、馬渡）、またはミルの社会主義論の

解釈の困難性を認めて、ミルの社会主義論に対する学界の評価は定まっていないことをいう論文（ローゼン）などを取り上げることによって、「遺稿」のミルの思想における位置が多様に解釈されていることをみることにしよう。

　キューラーはシュンペーターに依拠して、ミルが社会主義に傾倒（commit）し人類の将来の経済社会は恐らくある形態の社会主義に依存すると考えたと解釈する。キューラーはシュンペーター説を批判するロビンズやシュヴァルツを標的として、ミルが社会主義者でないと捉える彼らの解釈に対する答は、社会主義を受け入れる人々の準備が未だ整っていないとミルが考えていたということに尽きるという。シュヴァルツが『経済学原理』「第3版への序文」（1852）を根拠に、ミルの体制に対する結論は未決（Schwartz 1972, 179）というのに対し、キューラーは、「第3版への序文」はミルの社会主義論の結論ではなく、ミルが私有制とフーリエ主義、オウエン主義を対比して、将来における社会主義への依存を繰り返し検討していることが重要であるとみる。キューラーは、ミルが晩年になって社会主義に対する熱意が醒めたのは、ミルがユートピアによる人々の欲求充足に疑問を抱き、現行の社会体制から全面的に協同社会へ移行することは実際には起こりそうには思えないと考えたミルの現実主義（realism）によるものであると述べる。キューラーはシュンペーター説を正しいという根拠を「将来の見通し」の章（第3版）の改訂に見出し、ミルが「将来の見通し」の章で社会主義への道を示したとして、次のようにいう。

①ミルのアソシエーションは、労働者が生産手段を把握して交換が市場でなされるという点ではルイ・ブランに近い社会主義である（Kurer 1992, 227）。

②ミルは労働配分と勤労意欲については競争市場を重視した。競争原理の役割を認める点ではミルはウィリアム・トンプソンと共通している（Ibid.）。

③分配について、個人の労働に比例して分配するミルの思想はサン・シモン主義に近く（Ibid. 228）、報酬を一定の固定額で支払った後に、労働者の貢献度に応じて支払う方法はフーリエ主義に従う（Ibid. 225）。

④私有制から社会主義への移行について、新しい生活環境への準備期間を考える点で、ミルはオウエン主義とフーリエ主義とはかけ離れていない。しかしミルは移行期には、パートナーシップと労働者アソシエーションが共

存し、移行期は長期にわたって持続すると考えた点はミル特有の思想である (Ibid. 229)。

⑤ミルの社会主義に対する共感 (his sympathies) は1860年代に後退し、彼の社会主義論は「より稀薄 (more tenious)」になった。それはミルがユートピアによる人々の欲求充足に疑問を抱き、全面的に協同社会に移行することは起こりそうもないと考えたミルの「現実主義 (realism)」によるものと思われる (Ibid. 330)。

以上がキューラーの論文の要旨である。競争原理に関するミルとトンプソンとの共通性の指摘は、他のミル研究者による指摘が見当たらないので、彼独自の解釈としての意義は認められる。そしてキューラーが強調するように、ミルは社会主義に対して熱心であり続け、殊に二月革命以降は労働者アソシエーションへの体制移行を主張するハリエットの業績を高く評価して「将来の見通し」の章に彼女の主張を収めた。しかしながら、それが直ちにミルの思想を全面的に表明するものではないことは、我々がこれまでに検討してきた通りであり繰り返すまでもない。キューラー論文に不足していると思われるのは、彼の記述からミルの方法論や思想的特質に関するキューラーの問題関心を察知することができないことである。このためキューラーの研究の視角は限られており、彼がシュンペーター説に依拠してミルの思想の半面だけを採りあげてその論証を図っているように読めるのである。キューラー論文に対する疑問のうち、我々にとって重要な部分のみ列挙すると次の通りである。

①キューラーは「将来の見通し」の章を中心に、この章の内容がミルの社会主義論の主張を表現していることを前提として議論を展開している。1954年に『経済分析の歴史』を出版したシュンペーターが、1960年代のミルに対するハリエットの影響に関する論争を関知しないのは当然のこととして理解される。しかし1992年のキューラー論文にはハリエットの影響関係が全く言及されないのは、ミルの思想の正しい理解に至らないように思われる。

②キューラーがミルの方法論を意識しているようには思われず、その結果ミルが繰り返し述べている比較体制論が見落とされる。最大幸福を第一原理

とするミルの比較体制論の研究視角を認めず、ミルが共産主義を究極の経済体制として理想化したという一元的な解釈によって、ミルの思想の多様性は見失われている。

③ミルが人間の自由と個性をいかに重視したかという自由主義の要素を抜きにして、ミルが社会主義者であるという前提でミルを解釈することにより、「将来の見通し」の章に焦点があてられ「遺稿」の思想的意義が過小評価されている。

④キューラーは1860年代に、ユートピア（アソシエーション）に対する疑問からミルの社会主義への共感が希薄になるとともに、経済社会のアソシエーションへの全面的な体制移行は起こりそうにもないという現実的な判断から、ミルは社会主義に対して熱心ではなくなったと解釈する。しかし、ミルが「遺稿」を1869年頃執筆するに至った動機は、ミルが第一インターナショナルの動向から社会主義の問題が経済社会でますます重要になると判断した結果とみられる。ミルが晩年になって、社会主義批判の論調が強まるのは、過激な指導者による労働運動の高まりから人間の自由への脅威に対する懸念を増したことも含めて、体制の問題の重要性をますます認識したのであって、ミルが晩年に社会主義への熱意を減退させたとは思えないのである。

キューラーほどシュンペーター説への支持を明確にしているわけではないが、「将来の見通し」の章を重視しミルが決定論的な歴史観のもとに社会主義を目指したという論文は、ライリ（Riley 1996）、レヴィン（Levin 2003）、ミラー（Miller 2003）と続く。

ライリはミルの社会主義論の混乱と矛盾をめぐる解釈の対立は今も未解決のままであるとし、その理由を、ミル研究者の多くが「分権的社会主義（a decentralized socialism）」の可能性を度外視して、自由競争市場と社会主義を「二分法（dichotomy）」で分ける誤りに陥っていることの帰結であるという（Riley 1996, 41）。ライリは、ミルが社会主義の定義を生産手段の私的所有を排除する制度として幅広く捉えたと解釈し、「将来の見通し」の章における「一種の自然発生的過程によって（by a kind of spontaneous process）」私有制から

労働者アソシエーションへと体制移行するというミルの記述（CWⅢ 793, 794/(4) 175-177 頁）を重視する（Riley 39）。ライリはミルの社会主義論をミルの自由主義的功利主義から捉え、資本主義の漸進的な改革による分権的社会主義の究極的な体制の可能性の追求を、市場原理を通じたより高度の「文明（civilization）」へと進化する人類の歴史的過程として理解する（Ibid. 42）。ライリによれば、ミルはベンサム主義を継承して「社会全体の安全（general security）」を最高の価値としてみたが、同時に功利の概念の意味を拡大して「個性（individuality）」を重視して競争原理に基づく個人の功績を評価した資本主義の平等主義的な改革を主張した（Ibid. 68, 69）。ミルによる社会改革の努力は、競争的資本主義の下での無限の経済成長が、改革により市場社会主義における理想的な定常状態のユートピアに進化する道への模索であると述べる（Ibid. 69）。最後にライリは、ミルの社会主義論の現代的な意義を次のようにいう。

ミルが焦点をあてた社会主義論はソ連が崩壊し中央集権的な社会主義が人気を失っている現在、大きな現代的意義をもっている。例えば、最近ジョン・ローマーが独創的な制度の提案をしている。ローマーの案は自主管理する労働者の「協同銀行（co-operative banks）」が民間企業と公的部門の金融を預かり、民間企業と公的部門を「監視する（monitor）」制度である。この制度では政府があらかじめ国民にクーポン（引換券）を配布し、クーポンが流通する株式市場で国民が資本を保有することによって、生産手段の公有を図る。ここでは貨幣の使用を禁止して少数の富裕な株主の支配の排除を目指す。ローマー案はミルの視角から経済的平等を図る改革案の一つである。しかしこのような改革案も監視をいかなる体制で行うのか、競争市場において官僚の介入をどこまで許すのか、人民に代行して監視を担う官僚と民間の大企業との癒着の問題などさまざまな問題が残されており、ミルが目指す「社会全体の安全」という目標は達成への道程が遠いのである（69-71）。

ライリはシュンペーターには言及しないが、「将来の見通し」の章における

第5章　遺稿「社会主義論」の再検討

「自然発生的過程」を経て私有制から社会主義への決定論的な歴史の推移をみている点では、シュンペーター説の流れを汲むものと解釈される。ライリ論文では、ミルの思想が自由主義的功利主義として捉えられ、彼の思想的特質から社会主義論の理解が図られている点は評価される。しかしミルの歴史観を決定論的に捉える解釈に対しては、すでに述べたような疑問がもたれるとともに、ライリがミルとハリエットの思想の異質性を考慮せずに「将来の見通し」の章を最も重視する点はキューラー論文と同様の批判がなされうるのである。ライリはローマーの市場社会主義をミルの社会主義論の延長上にあるアソシエーションとして例示する。

　ローマー（John E. Roemer, 1945-）は、方法論的個人主義にたち経済均衡分析やゲームの理論など新古典派の分析手法をマルクス経済学に応用するアナリティカル・マルクス主義と呼ばれる学派に指導的役割を果たしたり、自由主義哲学の提起する自由、公正、配分の現代的論点に取り組んだりしている。ローマーは『これからの社会主義』（1994）で、国が国民に平等にクーポンを配布し、生産手段の公有に株式会社制度を利用して利潤配当への機会均等を図り、階級・搾取関係の廃止を目指す提案を行った（伊藤1997年、197-206頁）。しかしながら、ミルは生産手段の公有と私的所有を基礎とする所得再分配の両方の可能性を示唆し、分配的正義を探るさまざまな道を示している。ライリがミルの功利主義を「自由主義的」として特徴づけながら、ミルの社会主義論の結論である「人間性を高め、人間の自由と自発性を最大限に発揮する」制度を探り、その制度は改善された私有制か、あるいは生産手段を共有する社会主義か、それともその中間に位置する制度かを未決とし、アートとの関連におけるのちの人々の選択に委ねていることを度外視しているのは納得できないのである。恐らくライリは「将来の見通し」の章におけるハリエットの思想をミルの思想と同一視して理解しているために、自然発生的な歴史的過程による体制変革の思想を最も重視しているのであろう。その結果ライリはミルの究極の経済体制を市場社会主義として捉え、ミルが定常状態論で理想の市場社会主義のユートピアを描いたと解釈する。我々が第2章6-（3）でみたように、ミルは定常状態論で、アメリカ資本主義経済における過当競争と自然環境破壊を批判し、人間

241

性を高める制度の探究を提唱したが、ミルは定常状態論では特定の社会制度を提唱することはない。ミルの議論の延長線上には私有制の改善と社会主義の両方の可能性が認められるのである。そしてミルはあくまでも体制比較の一環としてアソシエーションの実験を主張したのであって、ミルにおいては市場社会主義は科学的な実験の対象であっても目標ではないとみられる。ライリは折角ミルの思想的特質から社会主義論の理解を試みながら、方法論的視角に欠けるためにミルの比較体制論の視点が抜け落ちたものとみられるのである。

　キューラー、ライリに続いて、レヴィン、ミラーも「将来の見通し」の章を重視する。レヴィンはクレイズ論文（Claeys 1987, 130-132）に依拠して、『経済学原理』第3版の改訂を重視する。レヴィンは「将来の見通し」の章をミルの社会主義論の主張を表現するものとして捉え、ミルにおいては自由主義と社会主義は対立するものではなく、ユートピア社会主義の実験によって、人間と社会を進歩させるものとしての「自由」が試されると解釈する（Levin 2003, 68, 69）。一方、ミラーは「将来の見通し」の章をミルの主張と解釈して、人類の歴史は、資本主義的企業と労働者アソシエーションが共存し競争する「混合経済（a patchwork economy）」が進行し、自然発生的に漸進的に古典的自由と融和する社会主義体制に到達するものと解釈する（Miller 2003, 213）。レヴィンとミラーの論文に対する疑問は、ミルの思想の一部を過大評価することを諫めるロビンズの批判が該当し、しかもその部分はハリエットが強調する部分であることを見落としている点で、キューラーやライリと同様の誤りを犯しているものと思われるのである。

　以上のように我々はシュンペーター説の流れを汲む論文を検討し、「将来の見通し」の章が重視されることによって、「遺稿」に対する評価が偏り、あるいは度外視されているのをみた。しかしながら、「将来の見通し」の章におけるミルのアソシエーション論の意義を「所有論」と「遺稿」との関係において把握することをしないと逆に、ミルが社会主義に対して生涯関心をもち続けたことを過小評価し、「遺稿」に示されるミルの社会改革への熱意を看過しているように思われるのである。例えば、2000年の次の論文をみることにしよう。

　ローラ・ドゥ・マットスは「ミルは社会主義を拒否する（Mill rejects

socialism)」と解釈してその理由を次のように述べる。

　ミルの社会的なユートピアは、人類の道徳的な完成を目指す社会哲学に基礎を置くものである。それゆえミルは社会主義論で社会主義を拒否した。ミルは社会主義論で、社会秩序を破壊することなしに人間としての個人的社会的発展を促進することを目指した。ミルにとって社会主義は、人類に必要とされる人間的な特質を伸ばす舞台としては狭すぎるので拒否されたのであろう（Laura de Mattos 2000, 95, 96）。

　ローラ・ドゥ・マットスによる社会主義論の理解は、ミルの社会哲学から体制論を人類の道徳的な完成を目指すものとして捉える。ミルが人間性を知的道徳的に高める体制を目指しているという解釈は、シュンペーターと異なる功利主義からの解釈として評価される。しかし、ミルが「遺稿」で社会主義のさまざまな難点を述べるのは、あくまでも比較体制のための科学的な検討の一環として理解されるものであり、ミルが社会主義を拒否しているわけではない。「所有論」、「将来の見通し」の章と「遺稿」の三論文はそれぞれを補完しながら原理的に首尾一貫するものとして読まれるべきものと考えられる。
　欧米における最近のミル研究では、ローゼンが「遺稿」の評価とミルが社会主義者であったかどうかを取り上げている（Rosen 2113, 180-211）。ローゼンは主として功利主義の視点からミルの社会主義論を再検討している。ローゼンの研究も、ローラ・ドゥ・マットスと同じくミルの社会哲学を重視するが、ローゼンはローラと異なりミルが社会主義を拒否したとは理解せず、分配的正義の公平性（impartiality）を重視する。ローゼンは、『経済学原理』と「遺稿」を連続的に捉え、ミルが社会主義者であったかどうかを判定するのは困難であるという。彼はミルが「所有論」で政治および経済体制の結論を未決とし、教育の普及と人口の適度な調整を条件として、人間の完全な独立と、他人に迷惑をかけない限りでの行動の自由を許す体制を目指して、改善された私有制と共産主義の理想の間にある実験のできる社会主義を試みながら改革を図る思想を有していたと解釈（Ibid. 184, 185）し、次のようにいう。

「遺稿」におけるミルの社会主義論は、「逆説（paradox, Ibid. 198）」である。「遺稿」は1867年の選挙法改正を契機として労働階級が社会改革に参加する可能性がみえたという時代を反映して執筆された（182）。ミルは社会主義者の経済学上の誤りを指摘するとはいえ、社会主義者の私的所有を基礎とする現体制批判の基本的な論点、すなわち野蛮国より劣悪な貧困をもたらす社会の「分配的正義の誤謬」と道徳の低下を認識することによって、明らかに社会主義者に同意している（189）。社会主義は分配的正義を追求するが、なかでも共産主義は、ミルによれば「正義のより高い基準」を目指し「人間性の極めて高い道徳的規準」を反映する体制である（185）。しかしミルが『論理学』で展開した心理学とエソロジーを基礎とする方法論によって私有制と共産制を比較検討するなら、労働者の個性や労働の質的差異を考慮せずに分配の完全な平等を図る共産主義は人間性に反し経済的効率を損なうとみられるばかりでなく、共産主義における過剰管理が個性を圧迫し人間の自由を侵害することが憂慮されるのである（195, 196）。ミルは共産主義の欠陥を補い、労働を魅力的にすることを主張するフーリエ主義の実験とともに、私有制の法と慣習の改善を併行して行うことを提案（197, 198）するのであるが、体制変化については逆説的である。すなわち、ミルは人民に対する教育は時間がかかる上に、人民が「安全（security）」と「生存（subsistence）」に考慮して所有を守る傾向は体制変革を困難にするので、私有制は長い年月にわたって存続するであろうと予想する。その反面、私有制は固定された制度ではなく、体制変化の可能性が存在する。それは革命的な体制変革ではなく、人民に対する教育と実験により人間性に対する制度の適性が証明されることを条件とするものである（198, 199）。

ローゼンは「遺稿」の背景にあるミルの功利主義における分配的正義について検討した結果、ミルは社会主義者であったかどうかを見極めることは困難であると述べる。ローゼンによれば、ミルは分配的正義を含む正義の概念の重要性を認識して「正義の原理としての自由（liberty as a principle of justice, Ibid. 201）」を『功利主義』で展開した。そしてベンサムの「安全としての自由」の

思想を継承してミル独自の社会主義論を述べた。ミルは社会主義と共産主義との差異を分配的正義の異なる観念の帰結として捉えて、分配的正義を実践に適用する方法の差異を労働階級の将来と体制の問題をめぐって議論した（Rosen, 202）。そしてミルが「安全としての自由」を正義の解釈の核心として認めたのは、社会主義や共産主義における労働の管理、報酬や所有のあり方、人間の安全などを考える重要な規準となったことを意味する（Ibid. 201, 202）。だが、ローゼンはミルの議論からミルが社会主義者であったかどうかを判定することは困難であるとして、判定の困難さは研究者の解釈の差異性から理解されるという。例えばホランダーは、ミルの主張が階級関係から生じた労働者の「依存状態（the dependency）」を終結させるために「協同（co-operation）」の思想を導入したと解釈するがミルが社会主義者であったかどうかを見極めることの困難性を認めている（Hollander 1985, vol. 2, 820, Rosen, Ibid. 210）。他方でテンはミルの社会主義への傾倒は限定的であり、ミルを社会主義者とみなすのはほとんど不可能とみている（Ten 1998, 384-395, Miller 2003, 213-238）。ライアン（Ryan 1974, 184）とロブソン（Robson 1968, 248）は、1852以降、限定的ではあるがミルの社会主義への理解の変化を認め、他方、ウィンチはミルの哲学的方法からこの問題への解答は見出せないと解釈する（Winch 2009, 204, Rosen 211）。ローゼンはこの問題を究めるためにシジウィック（Sidgwick 1907, 242）とパップ（Pappe 1960, 45, 46）の研究も含めて、できる限り多面的に諸研究の成果を考慮しながらミルの哲学的方法からミルの思想を捉えるのが肝要であると結論づける（Ibid.）。

　以上のようなローゼンの研究により理解されることは、欧米の研究者の間では、ミルが社会主義者であったかどうかについては評価が定まらず、社会主義論におけるミルの主張について今なお多様な見解に分かれているということである。このような研究の現状において明らかなのは、哲学的方法を含むミルの思想的特質から総合的に社会主義論を解釈することが一層重要性を増していることであろう。

　次に我が国において、ミルの社会主義論を私有財産制擁護として、あるいは理想的な私有財産の原理を重視する論文を取り上げて検討することにしよう。

竹内はミルの経済学を「経済学の定義と方法」および『論理学』に示されるミルの方法論から構造的に解き明かし、ミルの社会主義論が『経済学原理』における経済学から社会科学への「経済学の総合化」へのミルの試みの「接合点」の役割を果たしていると捉え（竹内1984年、151-153頁）、次のようにいう。

「所有論」は自由を規準とする分配論的制度選択論である。ミルは私有制と共産主義を比較検討し、共産主義は自由の余地がないという理由で退ける。一方、ミルはフーリエ主義に対しては好意的ではあるが、その実現可能性は実験が解決すべきこととしてフーリエ主義を退ける。ミルの「所有論」における結論は、人間の進歩の現段階においては、私有財産制を転覆せず、これを改良してその恩恵を資本と労働の双方に与えるという、ミルの大土地所有批判と表裏一体の私有財産制擁護論である（同上、148, 149頁）。一方、第4編「将来の見通し」の章は、先行する諸編の生産・分配法則が人類の進歩のもとで変形し、一種の精神史観あるいは道徳論的歴史展望のもとでの階級関係の廃棄による協同組合的社会主義論が展開される。これは経済学を超えた一般社会科学的社会動学であり、資本主義の観念的な相対化の論理による経済学総合化の試みである（同上、150, 151頁）。

　竹内論文は、ミルの方法論を基礎にミルの社会主義論を経済学と社会科学の接合点として構造的な把握を試みている点で興味深い。しかしながら竹内がこの論文で、「遺稿」を考慮の外に置いている（同上、153頁、註4）ために、社会主義論におけるミルの重要な主張を誤解しているようにみられるのは残念である。すなわち後にみるように、ミルは「遺稿」第5章で、私有制の永続性を述べるとともに、人間の所有の観念が歴史的に全く変化し、私的所有の観念が消滅して私有制とは異なる体制への移行もありうることを述べている。竹内がミルの私有制擁護論の根拠としているミルの記述は、「所有論」におけるミルの私有制改良の主張であるが、それは理想的な私有制と最善の共産主義を比較検討して人類が私有制以外の体制の選択をするまでの暫定期間のことである。ミルが私有制の改善とアソシエーションの実験を絶えず行い私有制以外の体制を

第5章　遺稿「社会主義論」の再検討

選択する可能性をみていたとするなら、ミルは私有制を固定化し不変の体制として考えているわけではなかったと理解される。共産主義やフーリエ主義についても、ミルはこれらの思想を信奉したり排除したりするのでなく、あくまでも体制比較の研究の対象として検討しているのである。ミルは今後も長期にわたって私有制が存続すると予想しており、人類が私有制とは異なる体制を選択するかあるいは私有制の改善を図るのか、絶えずさまざまなアソシエーションの実験を重ねることによって、私有制の弊害を除去する試みとともに、より良い体制の選択ができる可能性を探究すべきであるという比較体制論の主張の一環として理解される。

　前原正美はライリと同様、ミルが理想的な定常状態を求めるユートピアに社会主義論の意義を認める。しかしライリとは異なり、ミルが決定論的な歴史観によって人類が新しい体制に進化するのではなく、「理想的私有財産制度」を制度的土台として、「人間と社会の自然状態＝ゾルレンとしての停止（定常）状態を実現することを論証」し、それがミルの「社会主義者による私有制への攻撃に対する解答であった（前原正美1998年、64頁）」と解釈して次のように述べる。

　ミルが目指すこの理想的な私有制は、人類が資本主義経済における利潤率低下の法則から資本蓄積の限界点に到達し必然的に自然的停止状態に至るのを避けるために、国家が「私有財産の本質的原理」に従った政策を施すことによって実現するものである。理想的な私有制を実現するための国家の政策は、万人に保障する公平な分配政策と自由競争市場、および私有財産の基礎である「労働と制欲」に基づく所有制度の形成を、貴族的大土地制度の解体と労働者同士の共同組織制度の導入によって図る。理想的な私有制においては、労働疎外のない労働者の協同組織と自作農、および資本主義的企業の混合形態であり、自由競争市場を前提とした生産手段の私的所有と共有の混合形態である。この制度を貫く「労働と制欲」の原理は、労働の尊厳を重視し私有財産を基礎とする私的動機の活用を図るフーリエ的社会主義の原理と基本的に符合するので、ミルは私有制の改善のためにフーリエ主義の活用を図った。

この制度においては労働疎外がなく公平な分配政策によって労働者の生活水準が向上するから、労働者は人生をより充実させ、知的道徳的水準の向上に努めることができる。「理想的私有財産制度」が発展するに従って、人間の意識も変わるので、人類社会は、社会の道徳革命を媒介として労働者同士の共同組織の支配するゾルレンとしての停止（定常）状態へと移行する。これが、社会主義者による私有財産制度に対する攻撃へのミルの解答なのである（前原正美、同上 13-71 頁）。

　以上のように前原は定常状態論からミルの社会主義論を読み込んで解釈する。ミルに対するロマン主義の影響を思わせる定常状態論のあるべき姿であるユートピアがミルの体制論の理想を意味するとして、「私有財産の本質的原理」である「労働と制欲」に基づく所有の思想からミルの社会主義論全体を描くのは前原独自の解釈であると思われる。理想的な私有制が発展し、道徳革命を媒介として労働者同士の共同組織の支配するゾルレンとしての定常状態へと移行するという前原の図式は、ミルの究極の制度を共産主義にみるシュンペーターとも異なる図式である。しかしながら、ミルの社会主義論は、シュンペーターや前原のように図式化することが困難な多様性を特徴としており、次のような疑問が生じるのである。
　ミルは改善された私有制と共産主義の理想を対極として、その間に位置するフーリエ主義をはじめとする社会主義を科学的に比較する比較体制論の方法を採用しその結論は未決としている。ミルが最善の私有制と理想的な共産制をいうのは、あくまでも両体制の比較のためであって、ミルは理想的な私有制が発展して道徳革命を媒介としてあるべき定常状態としての労働者アソシエーションへと移行するとは考えていないのではないかという疑問である。ミルが理想化したあるべき姿の定常状態は究極のアートである最大幸福原理から理解されるべきであって、科学の領域にある体制の問題は経験的に実証されるまでは未決なのである。ミルの社会主義論におけるこのような功利主義および経験主義的な側面は重視されるべきと考えられる。ミルが将来の人類のあるべき制度として私有制の改善と理想的な共産主義の両方の体制の可能性をみるのは、ミル

の体制論のアンビヴァレンスを意味する。それは私有財産を制度として固定化したり、私有制から共産主義への移行の必然性をみるのとは異なり、両体制の可能性の中で、人間性に適合し人間の自由と自発性を発揮することができる体制を探ることを課題にしたものとみられる。ミルは「所有論」の冒頭で所有の問題を根本から考察することを述べたが、「労働と制欲」という私有財産の原理のみを生かすことによって労働者アソシエーションの支配する社会形態へ発展する道筋については述べず、常に私有制とアソシエーションを対峙させて議論している。ミルの社会主義論の射程の広さと多面性を過小評価することはできないと考えられる。

シュンペーター説の流れを汲んで、ミルにおける半面の真理の方法を考慮することなしにミルの社会主義論における共産主義や私有財産制の一方の筋書きを推理するばかりではなく、他方「遺稿」からさまざまな体制の優劣の議論を越えた論理展開を読む研究視角（高橋1996年、97頁）による論文もみられる。それはミルの方法論を含めた思想的特質を考慮する問題意識をもってなされた次のような研究であると考えられる。

我が国でミルの社会主義論を比較体制論の視点から精査した研究は、杉原と馬渡によってなされた。杉原はミルとマルクスを比較体制論の源流として捉える玉野井に同意し、ミルの「遺稿」を重視する（杉原2003年、68-72頁）。杉原によれば、「遺稿」は革命の社会主義者であるマルクスに対比して、改良の社会主義者であるミルの円熟した思想の総決算である。そして分配的正義という観点からみた「遺稿」の結論は、『経済学原理』における社会主義論の結論と「基本的には全く同一である（同上、145頁）」。杉原はミルが「遺稿」の序論において社会主義が提起した問題について公平かつ真剣に検討した結果得られた結論は次のように要約できると解釈する。

「私有財産と競争以外の全く新しい基礎の上に社会の経済的基礎を打ち立てんとする社会主義の構想は、理想としては、又究極的な可能性を予見としてでさえ、どんなに価値あるものであれ、現在の方策としては利用できない」のである。なぜなら、「新しい秩序を運営する人々の知的道徳的資質はすべ

249

ての人に試験（test）される必要があり（CWV 749, 750/437 頁）」、人間の知的道徳的水準を高めるアートは困難なもので、その教育や環境の変化には時間がかかるからである。所有の観念は固定したものでなく、「人間精神の他のあらゆる創造物と同様に変化する」ものであるとはいえ、その変化に時間がかかるのであるなら、問題は私有財産の基礎の上に立ちながら「公共の福祉」を妨げないようにその制度を改善していくことが結論である（杉原、同上 145 頁）。

杉原は「遺稿」におけるミルの経済理論を分析すると、精緻な分析用具を駆使して資本主義体制の基本的合理性を弁護する現代の理論家たちが用いる論理のほとんどすべてが出そろっていることを知るという（同上、148 頁）。そしてミルが痛烈に現社会の欠陥をつき、「将来の見通し」の章で労働者アソシエーションへの体制移行を述べながら、資本主義的生産関係の根本的変革の不可能性を論証する究極の根拠として、改造さるべき当の対象たる「普通の人間性」をもち出してきて、上に引用した資本主義を改良するという「遺稿」の結論を導き出す。杉原はミルの人間性の把握にミルの社会哲学の核心があるとして、ミルが資本主義の基本矛盾を認識しながら、資本の立場を止揚できない点にミルの思想の過渡的折衷的性格が表われ、社会主義論の根底にある人間観と歴史観に折衷的ブルジョワ・リベラリストとしてのミルの思想の特質と限界をみるのである（同上、153 頁）。

以上は杉原の最初の体系的著作である『ミルとマルクス』（1957 年、増訂版 1967 年）における「遺稿」研究の結論部分の要約である。この時の杉原は、マルクス主義に軸足を置いた研究視角からミルの思想を検討していたが、『J. S. ミルと現代』（1980 年）になるとミルの思想を中心にマルクスと対比する視角に変わる（196 頁）。こうなると杉原の捉えるミルの思想的特質は、「自由と進歩」の思想に焦点があてられ、ミルの社会主義論の現代的意義が問われるのである。杉原はミルの思想の現代的意義を①資本主義か社会（共産）主義かという経済体制の問題、②マス・デモクラシーのもとでの個性の喪失、③生産力信仰への懐疑であり、人間にとって真の進歩は何かという三つの問題に関わる

第 5 章　遺稿「社会主義論」の再検討

とみる（58, 59 頁）。ミルの社会主義論は上の三つの問題のうち、①の体制論（「遺稿」と『経済学原理』）を中心に、②の人間の自由と個性の問題（『自由論』）と③の人間の進歩と幸福の問題（「定常状態論」、『論理学』、『功利主義』）のすべての議論を含むものであるが、杉原はこれらの視点からみて、ミルの社会主義論の結論を次の二つの叙述に見出すのである。

先ず杉原は、ミルが「将来の見通し」の章で「道徳的な見地は経済的な見地よりなお一層重要である（$CWⅢ$ 768/（4）132 頁）」と述べて経済の問題を人間の問題として捉え、「人間の顔をした社会主義」への体制移行論をこの章の最後に主張する結論を引用する（杉原 1980 年、64-67 頁）。

そして二つ目の結論は、資本主義と共産主義の両体制のうち、どちらが人間の最終的な社会形態となるかを未決とし、体制の問題を決める鍵は「人間の自由と自発性の最大限を許す（$CWⅡ$ 208/（2）31 頁）」体制であるかどうかにみるミルの「所有論」の結論である（杉原、同上 69 頁）。杉原はここで「ミルの体制比較の究極のポイントが人間の多様性とそれを保証する自由とに置く」として、いずれの体制が人類の終極の形態となるかを未決にしたところにミルの社会主義論の特質と現代的意義をみるのである（同上、71 頁）。

以上のように、杉原はシュンペーターと異なり、社会主義に関する「遺稿」と『経済学原理』の結論を「基本的に全く同一である」として、ミルの人間性の把握をミルの社会哲学の核心として捉える。「将来の見通し」の章の体制移行論をハリエットの思想ではなくミルの思想としている点では杉原とシュンペーターとは共通するが、ミルを折衷的ブルジョワ・リベラリストとして把握しながら、ミルの思想的特質を「自由と進歩」として社会主義論を広く捉える研究視角はミルとマルクスの対比を鮮明にして興味深い。しかしながら、杉原説に対する疑問は「遺稿」の結論の把握が「私的所有の持続性」を重視して読むために、「遺稿」と「所有論」の結論との間に矛盾をきたしていることである。杉原は、ミルが教育や環境によって人間性が変化することを認めながら、資本主義的生産関係の根本的変革が不可能である根拠を、ミルが「普通の人間性」をもち出した結果、ミルの思想は資本の立場を止揚できずに、ミルの社会主義論は過渡的・折衷的・ブルジョワ的になったと捉えてそこにミルの思想の限界

251

をみる。しかし、ミルは「遺稿」で人類が改良された私有財産の体制に止まるといっているわけではない。ミルは人間の私的所有の観念の持続性とともに所有の観念の可変性を指摘しているのであって、それゆえに私有制の改良は必須であるが、それと同時にアソシエーションの実験を絶えず行うことによって体制の問題に常に光をあてることを主張している。ミルが私有制の改良を主張するのは、理想的な形態の両体制の比較ができる状態になるまで長い時間を要するから、それまでの暫定期間中は私有制を改良すべきであるという趣旨であると思われる。杉原はマルクス主義の立場から、「遺稿」を私有制擁護の思想として批判するが、「遺稿」と『経済学原理』とは方法論的に矛盾するとは思われない。「将来の見通し」の章における体制移行論におけるハリエットの思想（共産主義への経済的必然性の思想）を除けば、「遺稿」と「所有論」の方法は比較体制論で一貫しているとみられるのである。

　杉原と同様に「遺稿」と『経済学原理』は原理的に同一であるとして、比較体制論としてミルの社会主義論を捉えるのは馬渡である。馬渡は杉原の研究を尊重しながら、杉原の最初の研究がマルクス主義の視角からなされているのを改め、ミルの方法論を重視して『経済学原理』の初版から第3版までの改訂による変化と「遺稿」との関係を丹念に調べている。その精査の結果、馬渡は「遺稿」について次のように述べる。

「遺稿」は初版への回帰どころか第3-7版の立場をさらに明確化したミル晩年の社会主義論であると位置づけられる（馬渡1997年、438頁）。『経済学原理』における社会主義論の結論は、最善の状態における私有制と共産主義の比較において体制を選択するものである。しかしその結論は未決である。ミルの社会改良の目標は「教育によって人類を最大限の個人的自由と労働の果実の公正な分配を結合する社会状態に適したものにする」という第3版のミルの序文に見出され（同上、436頁）、比較体制論の方法的特徴は「遺稿」において一層明確である（同上、440、441頁）。ミルの思想的特質は功利主義として捉えられ、ミルは「功利主義者であるがゆえに社会主義者となった」のであり、ミルの社会主義は、専制を排する民主的で改良的な「分権的市場社

会主義」として特徴づけられる。ミルがフーリエ主義を高く評価するのは、そのイメージに近いからであり、革命的社会主義による社会主義の現実化の50年前にその破綻を予見したのはミルの卓見として評価される（同上、447頁）。

著者は、『経済学原理』から「遺稿」への一貫性をみて「遺稿」を重視する杉原と馬渡の研究に同意し、またミルの社会哲学の理解に方法論を重視して社会主義論を比較体制論として読む限り馬渡に賛成である。しかしながら、ミルの思想的特質から社会主義論を捉える本稿の研究視角からみると次のような論点がなお不足していると思われる。

先ずミルが社会主義に関心をもち続け、特に1848年以降は、社会主義者の改革目標に共鳴を覚えながら体制の問題を未解決の問題としているのは、この問題には功利主義のほかに自由主義と経験主義の思想的背景があるからとみられる。ミルは人間の自由と自発性を最大限に発揮できる体制は何かを経験を基礎とした科学的な判断による選択を提案したと理解される。二つ目の論点は、ミルが市場の競争原理を重視して中央集権を排する分権的な体制を志向したことはミルのあるべき社会像の特質として明らかである。しかし、ミルの方法論によれば、体制の問題は科学の領域の問題であるから、フーリエ主義をはじめとするすべてのアソシエーションは科学的な実験の対象である。市場社会主義は私有制の改良と対比して検討される比較体制論の対象であって、制度改革の目標とはいえないのではないかということである。

以上のように検討された諸論文の問題点を念頭に置いて、次に「遺稿」の内容を吟味することにしよう。

3．「遺稿」の内容の吟味

前節までの検討は、ミルを社会主義者として捉える解釈とともに、ミルが社会主義を批判する部分や体制変革と関係のない議論を重視する解釈もまた、ミルの思想的特質を考慮にいれた社会主義論の全体像を捉えていないのではない

かという懸念をめぐって考察がなされた。そこで次に社会主義者の指導原理をミルがいかに受容し、彼の思想との融和を図ったのかを「遺稿」から読みとることによって、ミルの真の意図がどこにあるのかを探り異なる解釈の隔たりを縮める試みをすることにしよう。

(1) 社会主義論の問題提起（「第1章序論」）

「遺稿」は、ヘレンによる短い「序言」(1879) に始まり、第1章「序論」、第2章「現在の社会秩序に対する社会主義者の反対論」、第3章「現在の社会秩序に対する社会主義者の反対論の検討」、第4章「社会主義の諸困難」、第5章「固定的でなく可変的な私的所有の観念」の5章から構成されている。

第1章「序論」はミルの社会主義論の問題提起である。ミルは「序論」で、経済体制の問題は人類の未来を左右する社会の根本的な考察であり、一つの立場に片寄らず公平に検討する必要性を述べる。ミルがこのように体制論の探究における公平性を強調するのは、ミルがいかなる体制であっても公平に考察しようというミルの体制に対する「開かれた心」をみるロビンズ説の論拠になるところである。だがミルはそういいながらも、第一インターナショナルに参加している共産主義者の中で、過激な体制変革の思想を主張する活動家達を「遺稿」における検討の対象から除外する意図を示している。それはミルが過激で中央集権的な第一インターナショナルの動きを察知して、人間の自由に対する強い懸念を表わしたものと理解される。ミルは、第2章から第4章まで社会主義について考察した後に、第5章でミルの社会主義論の結論を述べる。それは「序論」における体制の問題を公平に考察すべきであるという問題提起がなぜなされたかという疑問に対する解答であり、「遺稿」が未完の草稿ながら、ミルの主張が一貫してまとまりを見せていることを示している。そしてこの結論はミルの社会主義論の核心に触れる思想なので、初めに筆者による解釈の要旨を次のように述べることにしよう。

　私有制は保守性を好む人間性の法則により長期的に持続する傾向がある一方で、人間の所有の観念は歴史的に大きく変化する可能性がある。ここには、

第5章　遺稿「社会主義論」の再検討

所有の観念が持続する傾向と逆に変化する可能性の両面をもつ、矛盾する人間性に基づく体制論の両義性（ambivalence）がある。いいかえれば、体制論における私的所有の持続性と所有の観念の可変性の矛盾である。人類の未来を左右する社会の根本的な考察のためには、体制の持続性と可変性の半面の真理をみるべきである。資本の立場にたって私有制の改善を図ってその持続性をみるのか、あるいは労働の立場にたって体制変革を図るのかは、功利の原理を規準にして人類が選択する問題である。対立する資本と労働のいずれの立場にも片寄らずに、人間性の両面をみながら公平に解決を図るのがのぞましいのである。

ヘレンは「序言」で、このようにミルが資本と労働の立場を公平にみようとするミルの「遺稿」執筆の意図を次のように述べる。

ミルは、1850年代から、すべての文明国の労働者の間に広がった社会主義思想の重要性を認め、1869年にその構想をまとめた。ミルは、社会主義の提起している問題を、徹底的に公平に考慮し、一方における苦悩、あるいは、他方における不必要な混乱を長びかせることなく、現在の秩序に適用されるべき道筋（the lines）を示すために執筆したのである（CW V 705/391頁）。

ヘレンの「序言」に続いて、ミルは「序論」で社会改革の根本的な道筋は一般的福祉のために、革命的な方法でなく民主的な方法によるものであるとして次のように述べる。

分配的正義を目指す所有制度についての議論は、人類の未来を左右する現存社会の最も根本的な諸原理に関することがらである（Ibid. 708/394頁）。その制度改革は、資本と労働という二つの階級の敵対的な闘争の一方に片寄ることなく、公共的性格をもった「一般的福祉（the general welfare, Ibid. 706/392頁）」のために行われなければならない。改革を階級闘争でなく、民主的方法で行うために、1867年の選挙法改正は重要な意味をもっている。新しく

255

改善されるべき社会組織は、「古い制度と新しい制度の両方の最良の部分が、兼ね備えられる（Ibid. 707, 708/394 頁）」ように、労働者を含めた人民の選挙によって改革できる可能性が生まれたのである。ところが、ジュネーブ（1866 年の第一インターナショナルの第 1 回大会）の流れをくむ「大陸の社会主義者達」は、どのような社会制度を再建するかの道筋を描くことなしに、「先ず、転覆することだけで満足だと公言している（Ibid. 709/395 頁）」。しかし社会制度の改革は、彼らがいうように物理的暴力によらず、選挙権の拡張によって行うべきである。そして、理論的には、私的所有の理論と社会主義という対立する理論を含めて、すべての反対論を公平にそして根底から、社会制度のすべての分野を再検討すべきである（Ibid. 709-711/396, 397 頁）。

以上のような「序論」におけるミルの叙述から、ミルが社会改革を、私有制の改善から共産主義を含めて、広く公平にその基本から検討し、新旧両制度の利点を兼ね備えた体制を目指して、暴力でなく民主的な方法で漸進的に解決をはかるべきであると考えていたことが理解されるのである。

「序論」におけるミルの主張に対して、ミルの体制論の枠組みが一面的であるという批判がある。早坂は過激な変革を避け、漸進的な改革を行うべしというミルの体制論の枠組みは資本の立場にたっており、労働の側に不公平であるとして次のように述べる。

ミルは、少なくともイギリスに関する限り、現体制の基本的性格を変えることなしに、社会の改善が可能であるという見通しのもとに体制論を展開している。ミルが人間性の現状とその改善の困難性を前提としながら、漸進的な社会改革を主張するのは、労働の立場に対して公平なものとは思われない（早坂 1968 年、152-155 頁）。

しかしながら、早坂のミル批判は、ミルが「遺稿」の第 5 章で人間の所有の観念が可変的であるとして、体制の問題を幅広く公平に捉えようとしていたことを、過小評価している。ミルは、現体制の基本的性格を変えることなしに社

第 5 章　遺稿「社会主義論」の再検討

会の改善が可能であるのか、あるいは現体制の基本的性格を全く変えることなしには社会が改善されないのかについて、結論を未決にしており、両方の可能性を視野に入れて体制の問題を探究することを主張していると思われる。ミルにおける経済体制の選択は、私有制の改善から共産主義までを射程に、株式会社、合資会社、協同組合などさまざまな組織体により、「資本と労働のアソシエーション（パートナーシップ）」と「労働者アソシエーション（生産協同組織）」を含む「広い語義におけるアソシエーション（CWⅢ895／(5) 205頁)」の実験を重ねて、よりよき制度を実証的に探求することを課題としていることは、第 4 章で考察した通りである。

　このようにミルの社会改革が民主的で漸進的であるのは、ミルの体制論が資本の立場にたって、一面的に私有制の枠組みを前提にしているせいであるということとは異なる。なるほどミルは私有制を前提として漸進的な改革を可能にする法改正と選挙権の拡大による制度改革を主張するベンサム主義を受容している。しかしミルは体制変革のための過激な方法には反対であるとはいえ、私有制の持続性とともに所有制度の可変性を視野にいれている。ミルの社会改革が漸進的であるのは、「安全と生存」を幸福の要素とする功利の原理（CWⅩ214／126, 127頁）を上位に置き、観察と実験を重視するミルの経験主義や、制度改革とともに、最も困難なアートといわれる人間の教育による精神面の改革を主張するミルの思想によるものであり、ミルが資本の立場にたっているということとは違うのである。

(2) 社会主義者の私有制批判とその反対論の検討（第 2・3 章）

　ミルは、社会主義者の現体制を批判する書物として、ルイ・ブラン『労働の組織』（Louis Blanc, *L'organisation du travail*, 1845, 4th ed.）、コンシデラン『社会の運命』（Considerant, *Destinée sociale*, 1848）、ロバート・オウエン『新道徳世界の書』（Robert Owen, *The Book of the New Moral World*, 1836）の三冊を取り上げる。ミルは、「二月革命の擁護」で、分配的正義に反する不平等を是正しようとする社会主義者達の提案が、ミルと同じ目的（the same end）をもちながら、その目的を実現するための方法（the means）が誤っている。この誤り

257

を正すとともに、社会主義者の努力を最大限に利用することが、哲学者と政治家の課題であると述べた（CW X X 354）。ミルは「遺稿」第2章において、3人の社会主義者の提案に示される社会改革のためのミルと共通する目的を実現するための彼らの方法を、究極のアートである功利の原理を規準として正しいかどうかを検討する。

先ずミルは、社会主義者が目標とする分配的正義の視点から社会主義者の私有制批判を次のように引用する。

①私的所有と無秩序な競争の原理に基づく生産と分配の現在の制度が諸悪の根源であり、それが現体制のもとで人民の絶対的窮乏化と道徳の退廃をもたらしている。分配的正義が貫徹して図られることなしに、報酬は個人の労働と制欲にほとんど逆比例して与えられる。人間の運命は、知性と徳性、才能と努力でなく出生、偶然、機会に依存する（CW V 711-716/399-402頁）。

②個人の競争の原理は、大資本が優位に立って中小の事業者を駆逐することによって、独占を形成する。この結果、大半の労働者は、生活手段を大資本に依存せざるをえなくなり、「大資本家の新しい封建制（a new feudality of the great capitalists, Ibid. 716/403頁）」が形成される。

次に、ミルは、私有制と競争の弊害を最も明快かつ精密に述べて、勤労の組織化を図っている思想家としてルイ・ブランを取り上げて次のように述べる。

ルイ・ブランは、土地と生産手段の私的所有の下では、無秩序で無制限な競争が賃金の継続的な低落、機械の発明による失業の増大、貧民の人口増、商品価格の下落による中小企業の倒産、独占の形成、生産過剰、商業道徳の低下、社会の混乱と人間性の喪失を招くとして私有制と競争のもたらす弊害を最も明快にかつ精密に述べたのである（Ibid. 716-719/403-406頁）。

ミルは、私有制と競争の弊害を現在の分配の原理にみているのは三人に共通しているとして、現体制を批判したオウエンの『新道徳世界の書』（1836）第2部第3章を引用する（Ibid. 724/411, 412頁）。オウエンとルイ・ブランの思想は異なるが現体制批判については両者ともに類似しており、すでに第2章第3節

でオウエンを採りあげたので重複を避けるためここでは省略する。

　最後に、ミルはフーリエ主義者コンシデランが、官僚をはじめとする不生産的労働に従事する人々の増大が経済の活力を減じていることを指摘するとともに、社会改革の目的に労働の尊厳を重視し「産業的封建制」の打破を訴えたことを評価して、次のようにいう。

　　コンシデランは、現体制のもとでは、官僚、軍隊、政治家、銀行家、学者など不生産的労働に従事する人々が過剰となり、経済の活力を殺いでいるのを見抜いた。官僚など不生産的労働者の増大は、指導者が支配する階級を生む。他方、生産的労働者は勤労の組織化が失われて無秩序である結果、生産性が低下して貧困を生んでいる。コンシデランは、労働の尊厳を高めて労働を魅力的にすることなしには、経済は活性化しない。少数の個人や会社に富が集中し、労働者が富裕者に隷属する「産業的封建制」を打破すべきであると述べたのである（Ibid. 726, 727/413 頁）。

　以上がミルの引用した社会主義者の私有制批判の要約である。では次にミルが私有制を批判する社会主義者の代表にこの三人を選び、彼らの思想を検討の対象にしたことの意義を考察することにしよう。ここで問題となるのは、「所有論」と「遺稿」でミルの共産主義と哲学的社会主義の扱いに違いがみられることである。その違いの一つは、「所有論」ではサン・シモン主義がフーリエ主義とともに検討の対象になっているのに対し、「遺稿」ではサン・シモン主義は検討の対象から排除されていること、そしてもう一つは、「所有論」では、ルイ・ブランとオウエン主義は共産主義として分類されて哲学的社会主義と比較してより批判的に扱われているのに対し、「遺稿」ではルイ・ブランとオウエン主義の思想は共産主義でありながら大陸の過激な共産主義とは区別されて哲学的社会主義として分類され、私有制と対比された検討の対象になっていることである。「所有論」と「遺稿」が原理的に同じであり一貫性がみられる中で、共産主義と哲学的社会主義の扱いに差異がみられるのは、1860年代の時代の推移がこの背景にあると思われる。

ミルは1866年にジュネーブで第1回大会が開かれ、その後、年に一度開催された第一インターナショナルの主導権を争うバクーニン派、プルードン派、マルクス派などの動向を知り、彼らの思想と活動を過激で人間の自由に脅威をもたらすものとして懸念を強めていた。ミルはサン・シモン主義から社会制度を歴史的に根本から考察する思想を学びながら、「所有論」ではサン・シモン主義の専制的で中央集権的な性格を批判した。以前にも増して、人間の自由への脅威を懸念するミルが「遺稿」執筆の時期に、民主的でなくエリートによる専制的な指導を必要とするサン・シモン主義を検討から排除することは理解できることである。一方、ルイ・ブランとオウエン主義の扱いについては、「所有論」においては、分配の完全な平等を主張する共産主義とみなされる。我々が本稿第4章第5節（「所有論」における共産主義の検討）でみたように、ミルは「所有論」では共産主義における勤労意欲、労働配分、人間の自由の問題を困難な課題としたが、「所有論」第3版においては、共産主義の困難な諸問題が将来解決されるかもしれないという希望を捨ててはいけないというように、共産主義に理解を示す微妙な表現の変化がみられた。ミルは「遺稿」を執筆するにあたって、比較体制論の立場から、過激な共産主義を除いて、できる限り選択肢を広げて体制の問題を検討すべきであると述べており（CWV 711/397頁）、ルイ・ブランとオウエン主義はその選択肢の範囲に入れられたものと思われる。「遺稿」においては、民主的で漸進的な改革を図り、アソシエーションの中で専制的で中央集権的なアソシエーションを除いて、可能な限り広い選択肢をもって公平な検討が加えられるべきとされるのである。しかしながら、ミルは「所有論」で検討の対象にし、専制的であるとして批判したサン・シモン主義を「遺稿」で排除しながら、なぜ「遺稿」で家父長的で専制的なオウエン主義を取り上げたのであろうか？　第2章第2節で述べたように、ミルは父やベンサムよりオウエンのアソシエーションが家父長的で専制的であったという情報を得ていたのではないかと推定された。ミル自身の言及がないので推測の域を脱しないが、ミルが「遺稿」でオウエン主義を取り入れた理由は、ミルが描いたオウエン主義のアソシエーションは、ロッチディル組合などにみられる労働者が少額の資金を持ち寄って民主的な協働を行うトンプソン型のアソシ

エーションではないかと考えられる。ミルは、競争と私的所有の体制批判については、ルイ・ブランやコンシデランとともにオウエンの著書を引用した。しかし、オウエン主義のアソシエーションについてはオウエンよりもトンプソンの自由で自発的な労働観に基づくアソシエーションを実験の対象としてみることによって、「遺稿」ではオウエン主義を哲学的社会主義として分類したものと思われるのである。

一方、ミルが「遺稿」でルイ・ブラン、フーリエ主義、オウエン主義を社会主義の代表として選択したことは、本稿第2章第5節（「二月革命の擁護」と「ニューマン経済学」）でみたように、ミルが分配的正義、労働の尊厳、勤労の組織化という社会主義の目標を二次的アートとして受容したことの表れと解釈される。ミルは「遺稿」においても、この二次的アートと自分の思想との調和を図ることによって、独自の社会主義論を展開しているのである。

繰り返しになるが、ミルは社会主義を「労働者による分配的正義の要求」であるとともに、人間の「労働の尊厳を目指し、労働が労働者に帰属することを求める運動である」と定義し、ルイ・ブランの提案する「勤労の協同組織の実験的な設立」を「この運動の原理の応用である」として高く評価した（CWX X353）。ルイ・ブランの労働者アソシアシオンの構想に基づく国立作業場の実験を、ミルは共和制への革命に続いて分配的正義を図る社会主義への「決定的な試みへの合図」として評価し、「遺稿」においても実験を具体的に提案したルイ・ブランの思想を取り上げたのである（Ibid. 350）。このようにアソシエーションの実験を重視するのは、ミルの経験主義の表れであるとみられる。

ミルが分配的正義と勤労の組織化とともに重視する目標は労働の尊厳である。ミルは、1830年代にはサン・シモン主義を分配の完全な平等ではなく、人間の能力と労働の成果を考慮にいれている点で、オウエン主義よりはすぐれているとして評価していた（CW I 175/227頁）。しかし、サン・シモン主義の専制的で中央集権的な性格はミルの批判するところ（CW II 211/（2）36, 37頁）であり、1849年以降は、フーリエ主義をより高く評価する。それはフーリエ主義が人間の活動への動機を活性化させるために、私的所有を全面的に否定することなしに、分配的正義を労働、資本、才能という多面的な視野から追求して、

労働の尊厳という人間性の法則に逆らわない目標を掲げる思想であるからである（Ibid. 212, 213/（2）39, 40頁）。ミルが生活のために不快な労働をせざるをえない制度を批判し「労働を魅力あるものにする」制度を探究するフーリエ主義を高く評価したことは、ミルが労働を人間の本性に位置づけて、労働の尊厳を二次的アートに掲げたものと解釈される。ミルは青年時代に自由で自発的な労働観のもとに徳の高い社会の建設を理想に掲げたウィリアム・トンプソンと議論を交わしている。ミルはトンプソンと同様、「労働の主張」において労働の自立性を肯定し労働の隷属性を否定して、労働の尊厳を図るアソシエーションの実験を主張した。一方ミルは、自然界の秩序を通じて神を知ろうとする自然神学を批判した『宗教三論』（Three Essays on Religion, 1874）（大久保2011年、224-254頁）第1論文「自然論（"Nature"）」で、自然に対比して「人為（Art）」について次のように述べる。

途方もない力を発揮する自然が存在する中で、人間は「人間本性（human nature, CW X 393/38頁）」に基づきその力と創意工夫（ingenuity）によって自然に働きかけ自然を利用する。アートは人間的自然であり、自然法則を認識（科学）してこれを利用し、ある目的のために人間の力で自然力を使うものである（Ibid. 375/5, 6頁）。

松井は『宗教三論』における人間の「本質」を発現する行動の過程の叙述にミルの労働観を認め、ミルが雇用関係の廃棄による「労働疎外」の回避を求めたと解釈する（松井1993年、380, 381頁）。ミルの労働観に関して、ミルの『宗教三論』における叙述にはヘーゲルやマルクスのように、労働を人間の本質と捉える思想の明確な表明は見出せず、ミルは「労働疎外」という表現を用いることもしない。しかしながら、ミルが自由で自発的な労働の発現を人間の本性に合致する行動と認めて、労働を重視するフーリエ主義を評価し、労働の尊厳を社会改革の二次的アートとして認めたことは明らかであり、ヘーゲルやマルクスとは異質の思想ではあるが人間性に基づいた労働の回復を図ったものと思われる。

第5章　遺稿「社会主義論」の再検討

　ミルは「遺稿」第3章で、以上のような社会主義者の私有制と競争の制度に対する反対論を検討する。検討の目的は、社会主義者を批判するためではなく、反対論における社会主義者の誇張を是正し公正な体制論を議論するために行うものであるとミルはいう（*CW* V 727/414頁）。この章は第2章で社会主義者の改革の目的を二次的アートに設定したミルが、次に社会主義者の経済学的誤謬を正して体制比較を行うという意義をもっているとみられる。

　ミルはこの体制比較を科学的に行うためには、分配的正義を目指す社会主義の指導原理を私有制の改善に生かすことによって、複数の体制の最善の状態を実験によって比較することが必要であるが、体制の最善の状態を実現するのは、人間の教育という困難なアートによって人民の知的道徳的水準を高めることが条件であるから、長い年月を要するとして次のようにいう。

　　社会制度の問題は、実験台上の現実の試練を参考にして、複数の制度を冷静に比較することによって判断すべきである。この体制比較のためには、分配的正義を目指す社会主義の指導原理（the guiding principles）を受容することによって、私有制が改善する「最善の可能性」を引き出すことが必要である。だが、社会改革は、制度面の改革だけでなく、教育による人々の知的道徳的水準の向上を条件とする。社会改革は、教育という「もっとも困難なアート」を前提とするので長い年月を要するだろう（Ibid. 736/423, 424頁）。

　ミルが指摘する社会主義者の経済学的誤謬は次の四つの論点に要約される。
①ルイ・ブランが主張する賃金の継続的低下による労働者の絶対的貧困化の傾向は、正確な知識と多くの知られた事実に反する（Ibid. 727, 728/415頁）。
②マルサスの人口原理は、体制の問題をこえて、人類の歴史社会全体を貫く法則である。だが、ルイ・ブラン、オウエン、フーリエは、人口問題を社会主義社会でのみ解決できるという誤りに陥っている（Ibid. 728, 729/415, 416頁）。
③社会主義者は、競争原理についての理解が不十分である。競争は、労働階級と消費者に不利に働くというが、これは正しくない（Ibid. 729/416頁）。

263

④社会主義者は、資本の利潤を「暴利（Usury）」という誤った理解をしている（Ibid. 735/422頁）。

先ず第一の論点では当時のヨーロッパの労働階級の絶対的貧困化の法則の実証性が問われる。ミルは、ヨーロッパの労働階級の絶対的貧困化は事実に反し、労働者の生活は貧困から改善の証拠が多くあるとルイ・ブランを批判して次のようにいう。

なるほど、ヨーロッパのすべての国における労賃は、極めて低く、特に労働の供給がその需要を超えて過剰な時期には、労働者にしわよせされ低賃金が強要される。しかしそれは一時的な現象であり、労賃の平均と総額は増大こそすれ減少はしていない（Ibid. 727, 728/414, 415頁）。

次に第二の論点についてミルは、労働者の貧困が人口問題に密接に関係あることを正しく認識することが重要であると述べる。しかし社会主義者は労働者の貧困が人口問題に関係があるという認識はあるが、社会主義体制の下でないと人口問題を解決できないという誤りを犯していると社会主義者を批判する。ミルは『経済学原理』で人口と貧困との関係について議論したが、そこでのミルの主張は人口の制限による貧困の解消よりもむしろ「資本の増加による」賃金基金の拡大を強調していた（CW Ⅱ 356, 357/（2）311, 312頁）。ミルは「遺稿」では、人口と貧困との関係を絶つために、雇用の維持と増大を図る手段を講じること、移民および国内の労働力不足の地域への労働移動、労働者に対する教育によって知的道徳的水準を向上させることによって労働者の自制を促し人口増を抑制することをあげている（CW Ⅴ 727-729/414-416頁）。

第三に、ミルは競争原理の重要性を説き、社会主義者の競争批判に反論する。ミルが競争原理を重視するのは、青年時代のオウエン主義批判から「遺稿」に至るまで変わらない。ミルは競争には弊害もあるが、人間の競争原理を上手に生かすことが人間性を高めるとともに、経済社会の活力を増す原理として考える。この思想は「将来の見通し」の章でも述べられており、体制論におけるミルの重要な主張の一つであると思われる。ミルは、競争の経済効果について次

のようにいう。

　社会主義者の競争批判で唯一正しいと思われるのは、競争による商業道徳の低下であると考える。現在、市場で品質や量目をごまかし、詐欺まがいの商慣習が横行しているのは、利潤拡大への誘惑が自制心を超える競争の弊害と法律の不備のせいである（Ibid. 731/418-420 頁）。しかしながら、社会主義者の競争批判は、次の二点で誤りである。先ず、市場の完全競争を前提とすれば、需給の調整を通じて、商品価格と労賃は一般的平均へと落ち着くものである（Ibid. 729/417 頁）。従って、競争が低賃金をもたらすという社会主義者の主張は一面的である。そして、価格競争が商品価格を低下させ、消費者と労働者に利益をもたらすという逆の一面があることも理解すべきである。第二に、ルイ・ブランは、競争が独占をもたらし、価格操作をする害をなすというが、これは事実に反する（Ibid. 730/417 頁）。鉄道事業のような大資本を必要とする公益事業を除いて、大資本が中小の業者を駆逐する傾向はみられるとはいえ、この傾向が、完全独占をもたらすとは限らない。大企業の技術力、規模の拡大、経営の効率化は消費者と労働者に利益をもたらす一面もあるのである（Ibid./417, 418 頁）。

　最後にミルは、社会主義者が資本から生まれる利潤を「暴利（usury）」として非難するのは、根拠がないという。ミルは『経済学原理』では、利潤を「資本家の制欲に対する報酬」、「危険に対するリスク料」、「経営管理に対する報酬」という三つの要因から説明した（CWⅡ 400-403/（2）389-396 頁）。ミルは「遺稿」では、この『経済学原理』の利潤論を基礎にして議論を展開し次のようにいう。

　利潤率を長期金利と同じ 3% 1/3 と仮定すれば、利潤の 3% 1/3 うち 1/3% は資本家の制欲分で、残りの 3% は、資本家のリスク料と経営管理料として正当に評価されてよいと思われる（CWⅤ 734, 735/421, 422 頁）。

(3) 社会主義の諸困難について（第4章）

　ミルは本章で、私有制と共産主義を対比させながら体制論に関する自らの主張を述べる。社会主義の中でも共産主義の困難な問題を述べるミルの指摘に功利主義、自由主義、経験主義というミルの思想的特質が表現される。本章における体制比較の議論は、「所有論」第3・4節で述べられた共産主義ならびに哲学的社会主義の検討と重複する部分が多いが、「所有論」（第3版）に比べて「遺稿」の方が人間の自由と個性を共産主義が抑圧する危険性に対する懸念を強調する論調がみられる。全体的にみて「遺稿」は共産主義に対して好意的ではなく、それがアシュリィやシュンペーターのいう「遺稿」の『経済学原理』初版への回帰という解釈の背景にあると思われる。しかしながら、ミルは「遺稿」では、体制についてはっきりと断定する表現は避けており、ミルが共産主義を批判する際にも批判の後で、「これらのさまざまな考察から、ある将来時点に共産主義的生産が人類の欲望と環境に最も適した社会形態になることができるという可能性に対する反対論を引き出そうとは思わない（CWV 746/433頁）」と述べている。ミルのこの叙述からも、ミルが体制の問題を公平に検討し、体制比較のバランスを取っていることが理解される。ミルが「遺稿」で企業業績に対して労働者全員の経営参加を反映させるパートナーシップによる「利潤分配制」について述べ、何らかの事情で利潤分配制から労働者アソシエーションへの移行の可能性を指摘する場合でも、ミルは可能性について述べているだけで、ここでは体制変革を主張しているのではない。「遺稿」と「所有論」（第3版）はともに体制論の結論を未決にしており、「遺稿」と「所有論」の原理的な変化はないとみられるのである。ミルは本章で大陸の過激な共産主義批判を再び繰り返し、オウエン主義、フーリエ主義を含む思慮深く哲学的な社会主義一般を私有制と対比する体制論の検討の対象とすることを述べる。ミルが哲学的な社会主義を評価する理由は、試練によりその能力を立証する実験的証明をもって効果を確認しながら民主的かつ漸進的に改革を進めることができること、中央集権を排除して村落の規模を想定するほど分権的であること、そして生産が共同で生産手段は共有であるが、消費財の私的所有を排除しないことであるというのである（Ibid. 737, 738/424-426頁）。

第5章　遺稿「社会主義論」の再検討

　ミルはこのような社会主義と私有制との体制比較に際して、哲学的社会主義にはさまざまなタイプの社会主義があるが、異なる形態を捨象して「単純な共産主義（simple Communism）」とみなして比較を行うという（Ibid. 739/426 頁）。私有制と単純な共産主義との比較は、「所有論」で扱ったのと同様に勤労意欲、分配的正義、人間の自由の問題が取り上げられる。

　先ず、経済的原動力である労働者の勤労意欲について、ミルは『経済学原理』初版と第2版の「所有論」では、共産制における勤労意欲は私有制に劣る。その理由は、共産制においては、公共心という普遍的な動機によって労働者が働けば、「勤労の義務の規準は低い水準に固定される（初版 I 245, CW III 976）」とされた。そして、第3版では、共産制において、労働者が教育によって公共心を学んでも、私有制の利己心の動機を越えられるかどうかは、未知であると慎重な表現に変わった（Ibid. II 205/（2）26頁）。

　これに対し、ミルは「遺稿」では、両体制における経済的原動力（the motive powers in the economy）の差を、労働者と経営管理者に分けて考察し、共産主義に比べた私有制の比較優位を述べる。なかでも、共産主義における経営管理者がリスクを避ける官僚的な発想をしがちであるというミルの指摘は、共産主義における人間の自由や中央集権の懸念とともに重要な指摘であると思われる。ミルによれば、労働者は、共産主義においては善意で勤勉な労働者が純粋に評価されるという利点があるために勤労意欲は高められるのかもしれない。しかし私有制においては、労働者が共同出資する「利潤分配制度（industrial partnership）」を採用することによって、労働者の勤労意欲を高めることができるから、必ずしも共産主義が優位とはいえない。他方、経営管理者の経済的原動力については、共産主義より私有制がはるかにすぐれている。なぜなら、私有制の場合は、経営管理者は企業業績が報酬に反映するために業績の向上に最善の努力を尽くすのに対し、共産主義の場合、人々の道徳的水準が向上しない限り、良心、名誉、信用などの誘因が、経営管理者の業務の推進力としてよりも、むしろリスクを避ける抑制力として働く傾向があるからである。共産主義における経営管理者は、リスクを避け、自分の地位の安全を図る官僚的な発想をするから、経済的原動力において劣るというのである。ミルは次の

ようにいう。

　労働者の勤労意欲については、共産主義は私有制をこえる利点をもたない。なぜなら、各人が互いに監督しあって働く同士からなる社会である共産主義では、善意で勤勉な労働者が純粋に評価されるという長所がある。しかし一方で、私有制においては「出来高払い制度（a system of piece work）」やパートナーシップ（共同出資）による利潤分配制度によって、労働者の勤労意欲を高める方法があるからである。なかでもパートナーシップは労働者が出資して株主としての権利が確保されるから、出来高払い制度よりすぐれている。これを工夫して私有制に取り入れることによってこの原理が普及すれば、労資の利害の対立を調整することが期待されるのである。他方、経営管理者の経済的原動力については、私有制がすぐれている。なぜなら、私有制においては、事業経営の成果が経営者自身に帰属するため、経営効率と経済性に最善をつくす個人的動機があるからである。共産主義における良心、信用、名声などの経営者の動機は、人々の道徳的水準が比較的に低い場合は、推進力よりも抑止力として働く。共産主義において、教育により良心、信用、名声などの動機が経営の推進力として働くようになるまでには、極めて長い年月を要することになろう。共産主義における経営管理は、業績よりはリスクを避け身の安全を図る傾向が強いから、遠い将来を見据えて新しい事業分野を開拓するには不適切なのである。なおパートナーシップは、資本家の引退などの理由で、経営が全面的に労働者の手になる「労働者アソシエーション（purely cooperative associations）」への移行も可能性としてありうるのである（Ibid. 739-743/426-431 頁）。

　次に、分配の問題について、ミルは「遺稿」では、『経済学原理』の「所有論」で展開した議論を基礎として、異種労働を平等に配分することがない場合、分配の形式的な平等は極めて不平等な正義の規準であるとして、共産主義を次のように批判する。

人間の労働の質的な差異を量的に還元することは、極めて困難であるから、共産主義では結局労働配分の平等を図るために、すべての人間が交互にさまざまな労働に従事することにならざるをえない。だがそれは人間の適性に従った分業の経済的利益の完全な犠牲をもたらすので、生産性の観点から共産主義という制度に内在する欠陥とみられ、極めて不完全な正義の規準である（Ibid. 744/431頁）。

ミルは、「所有論」第3版では、共産主義における異種労働の配分の問題が困難であっても、問題解決の希望を捨てるべきでないとして、共産主義を擁護するような印象を与える叙述をした（*CW*Ⅱ205/（2）33頁）。しかし、ミルの「所有論」における叙述は、本章第2章でみたように、比較体制論の一環として両体制の理想的な状態をつくるための議論であるから、「所有論」における共産主義への将来の希望を捨てるべきではないという叙述は、「遺稿」での共産主義批判と必ずしも矛盾するものではないとみられる。

　最後に人間の自由の問題である。自由主義者ミルにとって自由の問題は極めて重要な論点である。ミルは青年時代にオウエン主義批判の場でアソシエーションにおける過剰管理が人間の自由を侵害する危険性を萌芽的に述べたが、ミルは「遺稿」で共産主義における「多数者による個性の圧縮（the compression of individuality by the majority, *CW*Ⅴ746/433頁）」への危険性を強調する。ミルによれば、共産主義においては、私有制における物質的利害の争いに代わって、共産主義者が想像する以上に、「管理における優越（pre-eminence）と権勢（influence）のための争い」が激しくなる。共産主義において、指導者層の権力が拡大し強化されて人民の自由と個性が侵害を受ける可能性を増すのは、こうした指導者層の権力争いの帰結である。共産主義が自由と個性を侵害する可能性とあるべき体制の在り方についてミルは次のようにいう。

　私有制社会における指導者層の利己的野心は物質的利害に関わるが、共産主義においてはそれは物質的利害よりむしろ名声および個人的権力のための競争として残るであろう。その結果共産主義者の相互愛と意志と感情との統一

という魅力ある光景を描いた夢は打ち砕かれる。共産主義の原理が内包する問題は、指導者層の管理する権力が拡大し強化される傾向により、個人の自由が公権力によって圧迫される可能性があることである。例えば教育の問題をとろう。すべての社会主義者は人間性の形成に知性と徳性を高める教育の重要性を認識していると思われる。それゆえ共産主義においては、私有制よりも集団の力で教育制度が充実することが期待される。しかしながら、共産主義では各人が平等な発言権をもつと考えられるから、集団の中の多数者の一般的な意見が優勢となり、少数意見を凌いで重要な取り決めがなされる。共産主義で指導者層の影響力が増すことになれば尚更のことである。教育についても個人がのぞましいと考える方針や方法が集団に反映されるのは、困難になるであろう（*CW* V 745, 746/432, 433頁）。

トクヴィルは民主主義における「多数の専制」を憂慮し、ミルはその思想を受容した（第1章第9節）が、ミルは人間の平等を重視する共産主義で多数者の意見が強力となり、また指導者による公権力の拡大が個人の自由と個性を抑圧する危険性を懸念するのである。共産主義において指導者層の管理する権力が拡大し強化される傾向を認めるのは、ミルがフーリエ主義者の指摘する私有制における不生産的階層の拡大と同様に、共産主義における官僚による公権力の増大を危惧していると解釈されるのである。ミルはこのように共産主義の原理に内在する「不和の源泉」を指摘した後で、人類の進歩にとって、のぞましい体制の在り方について次のようにいう。

　人類の進歩に対する障害を克服するために不可欠の条件は、人類が思考と実践の双方において、さまざまな方向に自発的に発展する自由をもつべきこと、つまり人々は自分達のために思考し、かつ実験を試みるべきである（Ibid./433頁）。

ミルが「遺稿」でこのように、人類の進歩のためにあるべき体制を、人民が思考と実践においてさまざまな方向に自発的に発展する自由をもつことができ

ることを条件にすることは、「所有論」における社会主義論の結論と一致する。即ち「所有論」において体制選択の決め手となるものは、いかなる制度が「人間の自由と自発性（human liberty and spontaneity）の最大量を許すか（CWⅡ 208/（2）31頁）」であり「自由を捨てて平等を要求する社会組織は、人間性の最も高尚な特性の一つを奪うもの（Ibid. 209/（2）31頁）」であった。そしてミルにおいては、平等に対して人間の自由が上位に置かれ、自由が人類の発展のための条件となるのは、「個性の自由な発展は幸福の主要な要素の一つ（CWⅩⅧ260/113頁）」であるとともに、「唯一の確実な永続的な改革の源泉は、自由である（Ibid. 272/142頁）」からである。ミルはこのように人類の進歩と幸福をアートとしてこれを目指す体制の実験を試みることを提案するのである。ミルの社会主義論は、まさにミルの功利主義、自由主義、経験主義の調和の上に形成されている。

　ミルにおいては、体制比較のためには最善の私有制と理想的な共産主義の状態を比較するのがのぞましいのであったが、ミルは二つの体制のうち利己心という経済的動機のない共産主義で私有制に勝る活力を発揮するためには、人々の知的道徳的水準の向上が要求される。このため、もし何らかの事情で共産主義に経済体制の変革が起こったとしても、人々の知的道徳的水準がのぞましいレベルに達しないために、新体制は失敗に終わり、私有制に逆戻りするであろうと次のように述べる。

　人類の教育は「アートの中で最も困難なもの（Ibid. 740/427頁）」である。共産主義が成功するためには、社会のすべての人々に道徳的ならびに知的に高い教育が要求される。要求される道徳は、そのアソシエーションの一般的な利益に対する彼らの役割を日常の労働で真面目にそして熱心に果たすことを適切なこととして、役割に対する義務と共感の感情をはぐくむことである。そして知性は、自分からかけ離れた利害と複雑な事柄も評価することができ、少なくともアソシエーション内部の事柄については計画の善悪を十分に判断できることである。だが人間性の向上の道のりは遠いのであるから、もし共産主義が実験によって、人々に対する教育の成果と知的道徳的水準を示すこ

となしに、政治革命が共産主義社会を強要しても、失敗に終わるであろう (Ibid. 746/433, 434 頁)。

ミルは、人類が理想的な共産主義を含むいかなる体制変化にも対応できるような知的道徳的水準に達するには、教育という困難なアートを目指さなければならず、その達成には著しく長い年月を要するため、実験が比較的容易な哲学的社会主義の実験を提案する。ミルは「労働の主張」や「将来の見通し」の章（1862 年、第 5 版）では、分配方式は異なるが、民主的で自主的、小規模なアソシエーションはトンプソン型に近いものを想定していたと思われるが、ミルが「遺稿」で取り上げるのは、フーリエ主義のアソシエーションである。容易に実験が可能な小規模なアソシエーションである点では、トンプソン型アソシエーションも変わらないが、ミルはフーリエ主義が「人間性に逆らわない」点で「魅力的な社会主義」であると評価する (Ibid. 748/435 頁)。

ミルの評価は、彼らのアートが労働の尊厳を重視することにあるとともに、分配的正義が完全な平等を目指すのではなく、私的所有を全く否定するものでない点、そして不生産的階層の拡大に対する彼らの批判にあると思われる。アソシエーションにおいて経済的原動力のための「個人的誘因」を残すためには、労働の尊厳を図るとともに、労働の成果に基づく私的所有をいかに認めるかが問題となる。ミルはフーリエ主義の公平な実験が、私有制の改善やアソシエーションの社会の新しい計画を試験的に比較できるモデルとしての意義を認め、次のようにいう。

フーリエ主義における分配的正義の原理の目指す目標は、完全な平等を目指す共産主義ほど高くない。それは資本の自由な処分は容認しないが、分配の不平等と資本の私有を認める。彼らは、労働を魅力的なものにするよう努力するが、もし労働が本当に魅力的になりうるなら、社会主義の主要な諸困難は克服されるであろう。フーリエ主義の分配の方式は、最初にアソシエーションの成員全員に生活のための一定額が残されて、あとは労働、資本、才能の要素によって分けられる。産業活動における公的機関による生産資源の運

第5章　遺稿「社会主義論」の再検討

営を除いて、資本と消費財の私的所有を認めることは、公共の利益のための努力に対する個人的誘因を残し、生活様式に関する個人の自由な選択の余地を広げるであろう。

ミルが限定的ではあるがフーリエ主義が資本と消費財の私的所有を認めたのを評価したことに関連し、ミルは土地所有についてはいかなる考えをもっていたのであろうか？　ミルは「遺稿」第3章では、社会主義における生産目的ならびに居住用不動産の国有化問題を含めて、不動産の私有か共有かについて「今後の議論のために問題を保留する（I reserve this question for discussion hereafter.）（Ibid. 736/423頁）」と述べる。なぜなら、土地所有については私有か共有化かさまざまな考え方が可能であるからという。このように第3章では社会主義における土地についてのミルの考えは表明されない。しかし第4章では、生産的目的のためには共有であるが、居住用不動産については、私有も認められてよいとして次のようにいう。

この社会主義においては、農業用および生産的目的のための土地は、完全に社会の所有であるかもしれないが、他方、共同労働の報酬の一部として個人あるいは家族に割り当てられた住宅ならびに住宅に付属する土地は排他的に彼らの所有でありうるのである（Ibid. 738/426頁）。

ミルは「遺稿」ではフーリエ主義を「公正な試練（fair trial）」を受けることがのぞましいアソシエーション（Ibid. 747, 748/434, 435頁）として評価したが、それはあくまでも実験の対象として評価しているのであって、フーリエ主義を理想化しているとはみられない。ミルは、フーリエ主義による分配的正義の多面的な考慮、労働の尊厳のアート、不生産的階層の拡大批判に注目しながら、他方ファランジュという扱いにくい性格に疑問を抱く（CW Ⅱ 984/ (2) 42頁）。そしてミルはフーリエ主義の検討の中で、社会主義において困難が予想される異種労働の配分の問題や、「産業的封建制」を打破し、労働、資本、才能の要素を考慮していかなる階層を形成するのかといった重要な課題については言及

273

することはない。ミルはアソシエーションの実験を実際に重ねることによって、その難点が克服されることなしには、特定の主義による社会改革を目標として推進する意図があるとはみられない。ミルにとってフーリエ主義は実験の対象としては有力であっても、ミルの体制論の視座は特定のアソシエーションに限られるものではなく、私有制の改善から共産主義までを含む「より広い語義における協同の原理（CWⅢ895／（5）205頁）」の範囲にあったのである。

(4) 私有制の永続性と所有の観念の可変性

「遺稿」の結論が述べられる本章と『経済学原理』「第3版への序文」および「所有論」の結論とを合わせて再読することによって、ミルの社会主義論の主張の骨子を理解することにしよう。

ミルが本章で主張しているのは次の二つの論点とみられる。その一つは、私有制は人類社会が存続する限り、長期にわたって持続するであろうという見通しであり、もう一つは、私的所有の観念は、自明の前提として固定的な観念に基づくものではなく、歴史的に可変性がある。それゆえ、もし将来、教育によって人々の精神性が高められ、その水準にふさわしい社会制度が選択されるとするなら、現体制とは様変わりの社会になる可能性があるという。ミルのこの二つの主張は、一見矛盾しているようにみえる。だがミルは、この矛盾した主張を、それぞれ半面の真理としてミルなりに総合を試みている。

ミルは、次の二つの理由から私有制の永続性をいう。その一つは、すでに述べた教育の困難性によるものであり、もう一つは、私欲に基づく保守的な人間性である。ミルはベンサムに従って、「安全（security）」と「生存（subsistence）」という功利の原理を継承する（Riley 1996, 48）。ミルは、人々の生活と財産に対する安全が保障されるまでは、人々が、新しい社会秩序に自分たちの運命を託することはないであろう。たとえ、大衆運動が社会主義革命を起こして私的所有を侵害することになっても、人々の生活と財産を失うまいという明白な理由から、私有制は制度として復活するか、私有制復活のために革命政府の首領は追放されるという（CWⅤ750/437, 438頁）。

ミルは、このように私有制の永続性をいう一方で、所有の観念と社会制度の

第 5 章　遺稿「社会主義論」の再検討

歴史的可変性に関する過去の例証を示しその証明を試みる。ミルによれば、人類の歴史社会は分配的正義を追求する人々によって、少数者しか享受できない「特定の所有権を排除（Ibid. 753/441 頁）」し、偏った制度を改めるようとする思想と運動の力で、所有の観念が国により時代により変化してきた。

　ミルは、土地を中心とする所有の観念が変化した推移を、初期から中世ヨーロッパにおける多様な概念、ユダヤ法とアジアにおける概念などの例をあげて説明する。私有制の永続性と所有の観念の可変性の両義性をいうミルの思想は、人間の自由と自発性を最大限に発揮する制度を求めて体制論の結論を未決にする「所有論」（第 3 版）や「第 3 版への序文」と矛盾がないことが理解されるのである。ミルは「所有論」第 4 節で次のようにいう。

　土地と資本の私的所有に代替する制度が一体あるのかどうか、あるとすれば、いつ、どの程度、一つまたは複数あるのかという問題は、経験（experience）が決めることである。だがこの問題は、解決に時間を要すると思われるので、人間の進歩の現段階では、とりあえず私有制の改善を図り、社会の全員がその恩恵に浴するようにつとめることである（CWⅡ213, 214/（2）41 頁）。そして、体制選択の決め手となるものをあえて推測するならば、それはいかなる制度が「人間の自由と自発性の最大限を許すか」ということが体制選択の規準となる（Ibid. 208/（2）31 頁）。

　ミルは、「第 3 版への序文」では次のように述べる。

　第 3 版における社会主義に対する反対の理由は、人類および労働者階級の状態が社会主義に対して準備ができておらず、社会主義が要求する知的道徳的条件に著しく不適切であることによる。私（ミル）の考えでは、社会改良の最大の目的は、人類の陶冶によって（by cultivation）、最大の個人的自由と、労働の成果の公正な分配とが両立する社会にふさわしい状態に人間を教育することであると思われる。そして、人間の知的道徳的陶冶が、この状態に達した時に、（現在とは著しく異なる）ある形態の私有制がよいのか、生産手段

275

の共有と調整された分配の行われる社会制度のいずれが、幸福にとって都合のよい環境をつくり出し、人間性を完成に導くかという問題は、その時代の人間に決定させるよう残しておくべきであり、その方が安全なのである（*CW*Ⅱxciii／(2) 26, 27頁）。

このように私有制の永続性と所有の観念の可変性との両立を可能とする両義的なミルの思想は、私有制の改善と共産主義の理想の追求を両極として広い語義のさまざまなアソシエーションを科学の対象にする多様性に富む体制論を生むことになった。

おわりに

我々はミルの社会改革の究極の目標を共産主義にみるシュンペーター説とその影響を受けた所説とともに、ミルが社会主義者の改革目標を受容しその活用を図っていることを理解しない研究もまたミルの体制論の多様性を見失う恐れがあることを、「遺稿」の再読を通じて探ってきた。そして「遺稿」と『経済学原理』の基本的な原理は同じであると解釈してミルの比較体制論を述べるロビンズ、杉原、馬渡の研究を尊重するとともに、方法論を含むミルの思想的特質を考慮する視点からミルの主張を理解することを試みた。しかし前述のように、シュンペーターと同じく「遺稿」と『経済学原理』の「明らかな対照(Hollandar)」を前提に「将来の見通し」の章を中心にミルの社会主義論を解釈する研究が後を絶たないため、ミルの主張が誤解される原因となる「遺稿」と『経済学原理』の社会主義論とが「異なる印象（Schumpeter）」を与える背景にふれて本章を終わることにしたい。

「遺稿」におけるミルの思想が、『経済学原理』における社会主義論と「原理的に同一（杉原2003年、Ⅱ145頁、馬渡1997年、438頁、Robbins 1978, 2nd ed. 166, 167／144, 145頁）」でありながら、なぜ異なる印象が生じるのであろうか？それは次の二つの理由によるものと考えられる。

先ず『経済学原理』第3版（1852）と「遺稿」を執筆した1869年との間に

ある次のような歴史的文脈の違いである。

　ミルは二月革命に刺激を受けて、社会主義の問題が「絶えず社会の全面に出てくるのは現代社会の不可避的な傾向であると確信し（$CWV705/391$ 頁）」てこの問題に関する独立の著作をまとめる構想を抱いた。ミルは革命を転機として社会が社会主義思想を受け入れる変化もみられるようになったことに加え、アソシエーションの実験が抵抗なく行われるようになれば、人々が既存の体制が暫定的な制度であることを認識し、私利を超えた社会全体の利益を指向する人々の精神の陶冶に役立つと考え、『経済学原理』初版（1848）から第3版（1852）への改訂をしたと述べている（$CWⅠ241/333, 334$ 頁）。このように『経済学原理』第3版の改訂は二月革命を転機とする時代的変化を反映して、社会主義の提起する問題を積極的に評価する文脈のもとになされた。

　ミルは、『経済学原理』第3版を出版した後、繁栄するイギリス経済の前途に自信を強める一方で、社会的矛盾の深化と第一インターナショナルの動向から過激な体制変革への運動と、中央集権的な共産主義による人間の自由に対する脅威を恐れた。そして、この時期の度重なる会社法の改正[5]と、1867年の第2次選挙法改正から、ミルは民主主義と法制度の改善によるアソシエーションの実験によって、社会改革への道が開けることを期待した。ミルは、選挙法改正による民主主義への期待と、会社法の改正による広義のアソシエーションの実験の可能性がみえてきた時期に「遺稿」を執筆した。第3版と「遺稿」のこうした歴史的文脈の変化を考慮せずにミルの叙述からのみ解釈すると、ミルの思想があたかも変化したかのような印象を与えるとみられるのである。

　このような歴史的文脈の違いと並んで、「遺稿」と『経済学原理』の社会主義論が異なる印象を与える理由は第3版の改訂に関わるハリエットの関係である。「将来の見通し」の章が、「しばしば彼女（ハリエット）自身の言葉をそのまま記述」し、「全面的に彼女の思想を述べた（$CWⅠ255/343$ 頁）」ものであることによって、「遺稿」と『経済学原理』の社会主義論はミルの思想の両義性とは異なる矛盾が生じてしまった。この論点を看過すると「遺稿」のもつ意義が過小評価される研究に陥り易くなると懸念されるのである。

　ミルは「遺稿」で所有と制度に関する思想は、資本と労働の一方に片寄るこ

となくすべて公正に検討することを提案し、私有制の永続性と所有の観念の可変性が両立する両義的な思想を述べた。「遺稿」の結論的な叙述でのこの主張は、ミルの社会主義論における私有制の改善と共産主義の理想の追求のいずれを重視する解釈もミルの思想の正しい理解ではないことを含意している。ミルは半面の真理に真理の多様性を認め、半面の真理を総合するところに人間の自由をみた（第1章第5節）。ミルは私有と共有を半面の真理として、所有と制度の問題に特定の理論に固執することなく、「時代と場所と環境」によって変化する多様性をみたものと思われるのである。

1）ミルは1848年11月にジョン・ジェイ（John Jey, 1817-94、弁護士、外交官）宛書簡（CWX Ⅲ740, 741）で、ミルが『経済学原理』初版で社会主義を批判したのに対し『ノース・アメリカン・レヴュー』誌がミルを賞賛したことに対して激しく抗議すると感想を述べている。第4章第3節（「所有論」における第3版の改訂）参照乞う。
2）比較的歴史的方法（the Comparative and Historical Method）は19世紀後半、ロマン主義的時代思潮、ドイツ歴史主義、進化論の科学などを背景として、ベンサムの功利主義、オースティンの分析法学、リカードの政治経済学を標的としてイギリスで流行した思想潮流である。コリーニはミルの比較的歴史的方法に対する態度には「両義性（the ambivalence）」があると次のように述べる（Collini 1983, 145/122頁）。

> ミルは、サー・ヘンリィ・メインの「古代法」（1861）、「東洋と西洋における農村共同体」（1871）を賞賛している反面、メインの歴史的方法の限定的性格やこの方法の過信による障害となる性格さえ述べている（Ibid. 145-147/123, 124頁）。メインは原始社会の法現象を分析し、そこから「身分から契約へ」という定式で表わされる社会の進化による法の発展を跡づける歴史的方法により法の進化の一般理論を探究した。メインはオースティンの功利主義法学を主たる攻撃対象として、経験主義的な帰納的思考による比較研究法と進化の理論を用いて社会の進歩的変化の起源を分析する。メインが進歩の条件の帰納的証明を目指した歴史的進歩のゴールは自由放任的個人主義への確信であった（Ibid. 210-217/178-185頁）。

以上のように、ミルの比較的歴史的方法に対する両義性をいうコリーニの解釈は、

演繹と帰納との調和、あるいは具体的演繹法と歴史的方法の両立を図るミルの方法論、および功利主義とロマン主義的自由主義の調和を図るミルの思想的特質、そして功利主義に対するミルとメインとの差異性から理解できるのである。

3）ダーウィン『種の起源』（1859）を読んだミルは、1860年4月11日付ベイン宛書簡で好意的な感想を述べるが、経験主義者であるミルは、進化論が証明されていないがゆえに、それが真理であるかどうかを保留している。しかしそれは真理である可能性があると次のようにいう（大久保2011年、236、237頁）。

> ダーウィンの著書は、私の期待をはるかに超えるものです。進化論が真理であると証明されたとはいえませんが、しかし、ダーウィンの知識と創意工夫が進化論の可能性を示したという偉大な功績を果たしたと私が考えているのは事実です。最初から全く真実でないようには思いませんでしたが、その後読むにつれ進化論の証明は不可能でも、現実には何か信じられるものがあるようで、人はこの理論を全く信じないというように後戻りすることにはならないと思われました（CW XV 695、1860-4-11付アレクサンダー・ベイン宛書状）。

4）ポッパーは、社会科学の主要な目的を歴史的予測として歴史の進化の基底に横たわる「リズム」「類型」「法則」「傾向（trends）」などを見出すことによってその目的を達成しうると仮定して接近する思想を「歴史主義（historicism）」として批判した（Popper 1957, 3/18頁）。ポッパーはプラトンに始まる歴史主義を批判する中で、マルクスの唯物史観と対比してミルの逆の演繹法については一定の評価を与えている（矢島1982年、5-13頁）が、ミルが歴史的社会の「趨勢（trends）」を心理学に基づく人間性の法則に還元できると主張したところにミルの弱点を見出している（Popper, Ibid. 152, 153/230, 231頁）。ポッパーは人間性を科学的に統御する全体論的な議論ではなく、「究極的に不確かな気まぐれ（the whims）」である人間の多様性を認めるところに科学の客観性が守られるというのである（Ibid. 158, 159/238, 239頁）。しかしながら、ミルは心理学に基礎をもち、「演繹的な中間公理」であるエソロジー（性格形成の科学）ないしポリティカル・エソロジー（国民性の科学）による検証なしには、経験的法則である近似的一般化は科学的法則としては説明できない（CW VIII 861-874/（6）51-75頁）といいながらその構想を究明することはなかった。ミルは教育を通じて精神の形成を因果の法則で捉える父ミルの観念連合の立場を継承し、歴史社会の趨勢を人間性の法則に還元できるという構想を示す一方で、歴史社会の作用と反作用の長い系列と複雑性を前提にした上で人間性の法則に還元することの困難性も認識している。そして、ミルは倫理学を基礎とする実践の領域では人間と社会の多様性を認め人間の自由と個性を尊重する。ミルをコントと

同列の歴史主義者の中にいれて批判するポッパーは、ミルの自由主義者としての特徴を過小評価していると思われる。
5) 第3版執筆当時のイギリスの会社法は、株主の有限責任が認められていない点ではフランスに遅れをとっていた。1844年会社法が制度として存在していたが、株主の有限責任が認められない上に、法的不備が多かった（*CW* V 896, 897/（5）206頁、武田1998年、81頁）。しかし、1852年スレイニー法（世界で最初の協同組合法）、55年有限会社法、62年会社法、67年会社法と相次ぐ法改正によって、イギリスでも、広い意味でのアソシエーションの実験が可能になる土壌が築かれつつあった。

第6章　ミルの社会主義論に対する評価と
　　　　エッカリウス（マルクス）のミル批判

1．ミルの社会主義論に対するさまざまな評価について

　ミルは、資本主義体制を批判する社会主義者の主張に耳を傾ける一方で、功利主義、自由主義、経験主義の融和する独自の社会主義論を展開した。だがミルの社会主義論の解釈は大きく分かれる。ある思想に対してさまざまな解釈がありうるのは理解できるとしても、もし研究者の思想的立場の相違から思想家の真意が誤解されるとしたら、思想史研究が客観的な論理を重視する学問である限り問題であろう。ミルの社会主義論は実に研究者の異なる立場から解釈されて評価が分かれることになっているのである。
　先ず、新自由主義の立場にたつロビンズは、ミルがあるべき社会制度の結論を未解決の問題として先送りしている理由を、ミルが人類の今後進むべき道に確信ある見通しをもてなかったからであるとして次のように述べる。

　ミルは、高潔とすぐれた知性の持ち主でありながら、社会の基本的土台について未解決のこととした。ミルは、人類の進歩について信念をもちながら将来を懸念していたが、社会主義について多くの議論を展開したにもかかわらず人類の進むべき道についてどの方向に行くべきかを示すことに確信がもてなかった。ミルの社会思想に対する研究者の間における当時から今日までのはなはだしい誤解は、ミルが体制の問題について多くを語りながら結論を先送りしていることの帰結である（Robbins 1978, 143/124頁）。即ちミルに対する誤解が生まれた原因の根源は、ミルが結論を未解決にしたことにより幅広い解釈が生まれたことである。その中で誤った解釈を生む最大の原因をなすのは、『経済学原理』初版から第3版への変化（the Variations）をあまりにも積極的に解釈し、対照を過大視することにある。ミルの第3版の諸変化は、

ミルがいかなる体制をも偏見なく捉える比較体制論の「開かれた心（an open mind）」にほかならない。ミルが、自分をハリエットとともに社会主義者という一般的呼称に入れられるものとした意味も、私有制を自明のものとせずにあらゆる制度を仮のものとする人々とともに、人類にとって幸せな体制を探ることを課題とする気持ちを語ったほどのことに過ぎない（Ibid. 165-168/144-146 頁）。

　ミルの社会主義論が青年時代のオウエン主義批判の時から基本的に一貫しているのをみた我々は、「遺稿」をミルの最終的な思想的立場とし、体制論の結論を先送りしているというロビンズの解釈に同意するものである。またミルは比較体制論の主張を繰り返し述べているので、ロビンズがハリエットの体制移行論をミルの考えとする研究者の誤解を諫めるのは説得力がある。もしロビンズが、1960 年代以降のハリエット研究の成果（本書第3章）をふまえて、「将来の見通し」の章（第3版）の加筆修正が、「彼女の示唆により」主として「彼女の考えを解説した（ミル）」ものである点を強調するなら、ロビンズの批評は一層説得力をもったであろう。
　しかしながら、ミルが体制について未解決の問題としたのは、ロビンズのいうようにミルが人類の進むべき道に確信がもてなかったからというよりも、むしろミルの哲学の帰結であると考えられる。ミルが歴史の進路を明確に語らなかったのは、ミルが決定論的な歴史観をもたなかったことによるとともに、ミルの思想的特質によるものであることは既に考察した通りである。ミルが社会主義者の改革の目標を認めたことは、いかなる体制も偏見なく検討するミルの「開かれた心」に止まらず、それ以上の意義が認められるのである。新自由主義の立場から資本主義の将来をみるロビンズにとって、市場原理を重視するミルが、なぜ資本主義の改善に確信をもてなかったのか不可解だったのかもしれない。しかし改善された私有制と人類の理想とされる共産主義、あるいはその中間的な制度のいずれの方向を人類が目指し選択していくのか、経験主義者であるミルにとって実験や経験による判断材料なしには結論を出すことは困難である。そして自由主義者であるミルにとって人類の歴史は決定論的に推移する

第6章　ミルの社会主義論に対する評価とエッカリウス(マルクス)のミル批判

とはみなされず、ミルが体制論の結論を未解決にしたことは、人類がいずれの途を選ぶのかを決めずに人類の自由な選択を尊重する思想に根ざすものとみられる。ミルが体制論の結論を未決にしているのは、ミルの自由主義、経験主義にみられる思想的特質の帰結として解釈されるのである。

ロビンズと異なり、資本主義から社会主義への体制移行を述べるシュンペーターは、『資本主義・社会主義・民主主義』(1942)において、資本主義はその成功のゆえに崩壊するという仮説をもってミルの社会主義論を議論する。シュンペーターは資本主義崩壊論の視点からミルの社会主義論の中に資本主義から社会主義への体制移行の思想を読み、ミルを進化論的社会主義者として捉えて『経済分析の歴史』(1954)において次のように述べる。

ミルの社会主義論は、三段階に分類される。この分類からミルの思想の変遷をたどると、ミルが社会主義に対して批判的評価を述べた「遺稿」は、読者に対してミルの主張に逆の印象を与える恐れがあり、ミルの社会主義論の真意を語っていない。

第一段階でミルは、労働者大衆に対して常に同情し体制の問題に心を開いたが、サン・シモン主義などの空想的社会主義の弱点を看破し、彼らの社会改革の計画が麗しい夢にほかならないという結論に到達した。

第二段階でミルは、究極の目標としての社会主義の明示的な承認を表明した。即ち、「将来の見通し」の章(第3版)の序文でミルは、人間進歩の究極的帰結とみなされている社会主義を決して軽蔑するものではなく、ミルの社会主義に対して反対論を述べた理由は人類がまだ社会主義に対して準備のできていない状態にあるせいであると述べた。そして「将来の見通し」の章(第3版)の追加された節では、序文における示唆よりはるかに進み社会主義を明示的に承認した。

第三段階に至って、ミルは資本主義がその任務を果たし終える状態に近づき、進歩が速度を加え究極の目的が我々の視界の中に迫りつつあると信じるようになった。だがミルは、社会経済の管理に伴う除き難い困難を考慮して、革命的な社会の転換を拒否し、民主的で漸進的な改革を主張した。ミルの思想

は「進化論的社会主義（Evolutionary Socialism）」にほかならず、30年後のドイツの修正主義（Revisionism）の指導者であるベルンシュタイン（Eduard Bernstein, 1850-1932）の思想と実質的には変わらない（Schumpeter 1954, 531, 532/（中）288, 289頁）。

シュンペーター説に対する疑問は前章で検討したので重複は避けるが、重要なことはシュンペーターがミルの社会主義論をベルンシュタインの修正社会主義と実質的に変わらないとみて、ミルの思想の理解にマルクス主義者のミル批判を重視し次のように述べることである。

マルクス主義者のミル批判は、ミルの世界観を理解する上で極めて重要である。なぜなら、大衆の窮乏が不可避的に増大するという思想と革命こそこの思想の本質であるという社会主義者にとって優柔不断なミルの思想は受け入れ難く、マルクス主義との際立つ対照を示すからである。マルクス主義者にとってミルのブルジョワジーのイデオロギーは階級哲学にほかならず、ミルが社会主義の究極の目標には同情しながら革命を退け、誠実に真理を展開するミルの思想は、単刀直入に社会主義を非難する思想よりはるかに口当たりの悪い排除すべき敵に思われたからである（Ibid. 532, 533/（中）290頁）。

ミルの『経済学原理』は19世紀後半に欧米で広く読まれ、ミルの社会思想はイギリスの労働組合の指導者達にも強い影響力をおよぼしていた。シュンペーターのいうように、マルクス主義者にとってミルの思想は「口当たりの悪い（distasteful）」ものであるばかりか、彼らの実践的な政治運動の障害になったのである。マルクス主義によるミル批判の論点は、マルクスの死後、カウツキィ（Karl Kautsky, 1854-1938）とベルンシュタインの修正主義論争を経て、20世紀前半の共産主義と社会民主主義の理論的な激しい対立の源泉になった。ミルの比較体制論は、私有制と共産主義を両極として二次的アートを目指す体制を実証的に求めるのであるから、資本主義崩壊論を否定しマルクス主義の修正を図るベルンシュタインの社会民主主義とは原理的に異なる。だが、革命によ

第6章 ミルの社会主義論に対する評価とエッカリウス（マルクス）のミル批判

って体制変革を果たす中央集権的な社会主義を批判し、民主的で漸進的な社会改革、アソシエーションの実験を主張するミルの思想は、ミル亡き後の社会民主主義の運動に影響をおよぼした。いいかえると、ミルの社会思想は、社会民主主義と原理的に異なるとはいえ、決定論的な歴史観をもたず、穏健で民主的、漸進的な改革の手法が、労働組合や地方自治などの改革運動を進める社会民主主義の指導者達に継承されて、20世紀の社会主義を二分する対立の一方の思想の源泉と思われたのである。

しかし、ミルの社会主義論に対する評価とその影響はこれに止まることなく、更に異なる影響を及ぼすことになる。20世紀後半の米ソ冷戦時代には、ミルとマルクスが自由主義と共産主義の創始者として対比され、科学的社会主義と称するマルクス主義が共産主義体制を正当化する理論であるとされる一方で、ミルの思想が自由主義陣営の背景にある思想の源泉とされた（Duncan 1973, 288）。ミルの社会主義論の思想的特質の一つである自由主義の立場が拡大して評価され、共産主義において人間の自由と個性が侵害される懸念を述べたミルの議論が、共産主義批判の有力な思想の源泉とされたのである。例えばタルマンは、ミルとマルクスの思想を自由主義的民主主義と全体主義的社会主義の思想的源泉として捉え、第2次大戦後の危機をもたらした対立の思想的背景として用いる（Talmon 1961, 254）。スマートは、ミルとマルクスの思想が戦後の対立するイデオロギーの党派的な論争の対象となったことを認め、1989年にベルリンの壁が崩壊した今こそ、党派的な対立を離れて、ミルとマルクスの思想にさかのぼって体制論を偏向なく研究し、いかなる体制がすぐれているかを探るべきという（Smart 1991, 1-3）。

このように、ミルの社会主義論はマルクス主義と対比されて、一方では社会民主主義、他方では自由主義的民主主義の思想的源泉として異なる評価を受けた。このことは、ミルがいかに多様性を特徴とした思想家であるかを示している。シュンペーターがマルクス主義者のミル批判を「ミルの思想を理解する上で極めて重要である」と述べるように、ミルとマルクスの思想は20世紀前半には社会主義運動の内部で、そして20世紀後半には二つの体制の対立の背景にある思想的源泉として対比され議論が展開された。このミルの思想とマルク

ス主義が対峙して議論される源には、マルクスのミル批判があると思われる。そこで次にミルの死後1世紀を超えてさまざまな影響をおよぼしている源にあるマルクスのミル批判を顧みることによって、マルクスがミルの思想を正しく把握した上で批判しているのかどうかを探ることにしたい。

2．マルクスのミル批判

　ミルはマルクスの存在を知っていたと推測される[1]にもかかわらず、ミルの書簡や著作の中にマルクスの名前が記述されているということを述べた研究はこれまでにない。そしてミルがマルクスを知っていたという証拠は文献的には示されていない。これに対し、マルクスはミルを熟知していた。19世紀中葉のイギリスの知識層におけるミルの威信と労働運動の指導者に対するミルの影響力を考えると、ミルはマルクスの注目をひかない訳にいかなかった。殊に、1864年の「国際労働者協会（第一インターナショナル）」の創立以来、その総務委員会の理論的な指導を行っていたマルクスにとって、資本主義体制の革命的転換を図るためには、総務委員会の主要メンバーであるイギリスの労働運動の指導者に対するミルの影響を払拭するために、私有制と市場競争を前提とする改良主義的な経済思想を批判することが急務となった（杉原2003年、Ⅱ、107頁）。ところが、マルクスは『資本論』第1巻（1867）でミルを正面から批判の対象とすることをせずに、別途第一インターナショナルの同志である労働者エッカリウスにミル批判の筆をとらせた。それは、当時のイギリスにおけるミルの名声と労働階級の愛国心を考慮して、イギリス人以外の外国人によるミル批判は、イギリス人の反発を招き、彼の批判が逆効果を生むことをマルクスが恐れたものと推測されている（Evans 1989, 294-296）。

　ミルの『経済学原理』初版が出版されたのは1848年であり、その同じ年にマルクス・エンゲルスにより『共産党宣言』が発表された。エンゲルスは『共産党宣言』「1890年ドイツ語版への序文」で、それを「社会主義宣言」と呼ぶわけにはいかない理由を、社会主義の中には共産主義とは「似て非なる」思想をもつ、労働階級の真の解放に結びつかない二つの潮流があるからだという。

第6章　ミルの社会主義論に対する評価とエッカリウス(マルクス)のミル批判

その一つの流れは、オウエン主義、フーリエ主義などの空想的社会主義であり、もう一つは「さまざまな万能薬をのませ膏薬をはって、資本や利潤を少しも痛めずに社会の弊害を取り除こうとする」「社会的やぶ医者（die sozialen Quacksalber, Marx-Engels 1848, *Werke* Bd. 4, 585, 586 /18, 19 頁）」であると述べる。エンゲルスはここでは「社会的やぶ医者」が誰を指すのかは明らかにしていない。エンゲルスは、「社会的やぶ医者」に該当する思想家を『空想より科学へ』（1880）でも労働運動の外部に立つ「一種の折衷的平均的社会主義（eine Art von eklektischem Durchschnitts-Sozialismus, *Werke*, Bd. 19, 200/49 頁）」として名前は特定しない。しかしエンゲルスのこれらの叙述は、マルクスによる1848年以降の一連のミル批判、すなわち折衷主義的で「ブルジョワの立場にたち歴史性のない」経済学に基づいて社会改革を図る思想家というミルを批判する際のマルクスのミル像と極めて似ているので、エンゲルスがいう「社会的やぶ医者」の潮流は、「労働の主張」（1845）を公表したミルとミルの影響を受けたイギリスの労働者たちを指していたのであろうと推測される。

　ミルの『経済学原理』とマルクス・エンゲルスの『共産党宣言』という双方にとって意義深い文献は偶然にも同じ年に世に出ることになった。そしてミルとマルクスの思想の対比も1848年の二月革命の評価が分岐点となって、ミルは体制の問題を研究対象として深める意志を強め、一方マルクスは労働運動の理論と実践へと駆り立てられていき、両者の思想における異質性が鮮明になっていったとみられる。『資本論』におけるマルクスのミル批判は随所に登場するが、ここではミルの社会思想に関連する部分に焦点をあてて、ミルの思想を折衷主義であるとして批判するマルクスの主張をみることにしよう。マルクスは次のようにいう。

　ミルを代表者とする魂の抜けた折衷主義（ein geistloser Syncretismus）は調和しうべからざるものを調和しようとする試みをしている。即ち、1848年の大陸の革命はイギリスにも衝撃を与えブルジョワ経済学は破産した。このブルジョワ経済学を真に批判できるのは資本主義的生産様式の変革と諸階級の究極的な廃止をその歴史的使命とする階級――プロレタリア階級のみである。

ところが、支配階級の弁護者であるミルは、浅薄な俗流経済学とは区別される思想家として評価できる反面、今やこれ以上無視することのできないプロレタリア階級の要求と資本の経済学を調和させようという無い物ねだりを試みたのである（*MEGA* II-6, 703/ (1) 24, 25頁）。

マルクスがミルの経済思想を浅薄な俗流経済学とは区別する一方で「調和しうべからざるものを調和しようとしている」とは一体いかなる意味なのであろうか？

マルクスがミルを俗流経済学者と区別される思想家として評価するのは、ミルがブルジョワ経済学の立場にありながら資本と労働が対立する生産関係を正しく把握し、資本主義社会における分配の不平等を認識している点にある。ミルは『経済学試論集』の第4論文「利潤と利子について」次のように述べる。

資本は厳密にいえば何ら生産力を有していない。唯一の生産力は労働の生産力である。資本の生産力とは資本家が自分の資本を用いて支配しうる現実の（労働）生産力の量に過ぎないのである（*CW* IV 290, 291/ (4) 307, 308頁）。

マルクスは『剰余価値学説史』でミルの第4論文全体については「剰余価値と利潤を混同している」と批判しているのであるが、ミルの上の文章についてはミルが資本と労働を正しく生産関係として把握したことを示しているといって評価するのである（*Werke* Bd. 26-3 232/26 III 309, 310頁）。

またマルクスは『資本論』第1巻で、ミルが比較体制論を述べた「所有論」で「現在の生産様式においては、労働生産物が労働に反比例して割り当てられる（*CW* II 207/ (2) 28頁）」という認識を示した点を評価して、ミルを俗流経済学的弁護論者と混同するのは全く不当であると述べている（*MEGA* II-5, 493/ (3) 175頁）。

マルクスはこのようにミルを俗流経済学者と区別して評価する反面、ミルを旧経済学的定説（ドグマ）と近代的傾向との矛盾の狭間にある思想家として批判する（Ibid./同上）。マルクスがここでドグマというのは賃金基金説や販路説

第6章　ミルの社会主義論に対する評価とエッカリウス（マルクス）のミル批判

（セーの法則）をはじめとする古典派経済学のドグマを意味するとみられ[2]、またミルにおける「近代的傾向の矛盾」とは、ミルが折角、生産関係を正しく把握し、分配の不平等を認識していながらミルの旧式の経済学では資本主義的生産様式における分配の法則を解明することはできないというマルクスの指摘であるとみられる。

　以上のようなマルクスのミル批判の根本にある論点は、ミルが基本的にブルジョワ経済学の立場にたっているため、資本主義の基本矛盾である資本と労働という「調和しうべからざるものを調和しようとする試み」をしている点である。ブルジョワ経済学は市場競争と私有制を自明の前提とするから、資本主義制度を歴史的な制度として捉えるマルクスの研究視角とは異なる。マルクスはミルがブルジョワ経済学の立場にたち、資本主義的生産様式の歴史性の認識が欠如しているために、剰余価値の秘密に迫ることができず、生産関係の歴史性を看過するという二つの理論的な誤りを犯しているとみている。マルクスは『資本論』第1巻第5編第14章（絶対的剰余価値と相対的剰余価値）の章でミルがブルジョワの立場にたち、剰余価値の起源に迫ることができないと次のように批判する。

　ミルはリカードと同様にブルジョワ経済学の次元で利潤論を展開するから、剰余価値の起源に関する焦眉の問題を究明することができない（$MEGA$ Ⅱ-7 446/（3）21頁）。ミルは利潤が生まれる原因は、「労働がその維持に必要とされるところのもの以上のものを生産することである（CW Ⅱ 411/（2）21-25頁)」と述べる。しかしこれだけではリカード説の踏襲に止まる。ミルは利潤論で商品の交換と売買、労働力の売買という資本主義的生産の一般的条件を全くの偶発事として扱い、社会的生産の歴史的形態を看過する誤りを犯した（$MEGA$ Ⅱ-7, 446-448/（3）21-25頁）。

　マルクスのミル批判の第二の論点は、ミルが資本主義における分配関係の歴史的可変性だけを認識して生産関係を固定化する誤りを犯していることに対する批判である。ミルは『経済学原理』第1編で生産論、第2編で分配論を展開

289

し、生産論と分配論の相違点について次のように述べる。

　富の生産に関する法則や条件は物理的真理の性格をもち、人間の意志によって変えることができない。これに対して、富の分配の法則は人為的制度上の問題あるいは特定の社会機構の必然的な結果であり、人間の意志によって決定される（CW Ⅱ 199, 200/13-15 頁 CW Ⅰ 255-257/344 頁）。

　ミルはこのように経済現象における必然的な生産法則に対して人間の意志による分配法則の可変性を示すことによって、社会改革の可能性に期待したのである。だがマルクスはミルを批判し、『資本論』第 3 巻（1894）第 7 編第 51 章（分配諸関係と生産諸関係）で次のように述べる。

　ミルは、分配関係の歴史的に発展した性格を承認するかわりに、生産関係の不変の人間的自然から生じる一切の歴史的発展から独立した性格をますます固執する。このように分配関係だけを歴史的とみて生産関係をそうみないミルの見解は、一面ではブルジョワ経済学に囚われているが、ブルジョワ経済学に対する批判の始まりではある。

　マルクスは生産関係と分配関係の歴史的性格について次のようにいう。

　資本主義的生産様式は特殊な歴史的規定性をもつのであり、生産関係と分配関係は本質的に同じ歴史的経過的性格を分かつ表裏の関係にある。資本主義的生産様式の特徴は、資本と賃労働関係の規定する商品生産が生み出す剰余価値の生産である。資本主義的分配関係は歴史的に規定された生産関係の表現であるに過ぎない（$MEGA$ Ⅱ-15 849-856/（9）105-115 頁）。

　マルクスはこのように述べた後で、最後に唯物史観に基づいた資本主義観でこの章を締めくくる。マルクスがミル批判の結論で唯物史観を述べたことは、ミルの経済思想が特定の歴史観に裏付けされておらず、ミルが資本主義的生産

第6章　ミルの社会主義論に対する評価とエッカリウス(マルクス)のミル批判

様式の歴史的性格を把握することができなかったことに対するマルクスの批判なのである。

3．エッカリウスのミル批判

(1) ミル批判のいきさつ

　マルクスは1860年代の中頃、第一インターナショナルの総務委員会で階級闘争と革命運動の方向づけを行っていた。ところが運動の指導的役割を担っていたマルクスにとって、ミルの思想は著しく都合の悪い理論的源泉となっていた。というのはジョージ・オジャー（George Oddger）、フレデリック・ハリソン（Frederick Harrison）などイギリスにおける労働運動の指導者達はミルの影響を受け、折衷主義的で改良主義的な傾向を強めていたため、マルクスの意向に容易に従うことがなかったからである。マルクスはミルの思想を批判する必要性にかられたが、自分の名前で直接ミルを批判することをしないで、第一インターナショナルの同志でマルクスと旧知の仲である労働者エッカリウス（J. George Eccarius）に批判の筆をとらせた（Harrison 1965, 224）。シャピロはミルを批判したこの論文は当時のマルクスにとって極めて重要な意味をもっており、論文の最終章はマルクス自身の執筆によるものと述べている（Schapiro 1956, 621, 622）。

　エッカリウスはマルクスの指導のもとに1866年の秋からオジャーらが編集する第一インターナショナルの機関誌である『コモンウェルス』（*The Commonwealth*）にミルを批判する論文を連載した。マルクスは1867年6月27日付エンゲルス宛書簡でエッカリウスのミル批判の論文が労働組合の幹部に対して一定の効果をあげたことを次のように述べている。

　エッカリウスのミル批判はハリソンなどミルの信奉者達に大変な感銘を与えた。もちろん彼（エッカリウス）が私（マルクス）の弟子であることを表明した上での話である（*Werke* 31, 316）。

仕立て職人であるエッカリウスが独力でこのような学術論文を執筆することは困難であるとみられ、執筆のいきさつからみてもこの論文の主張はエッカリウスの名前のもとにマルクスがミルを批判しているとみて差支えないものと理解される。『資本論』などにおけるマルクスのミル批判の叙述が断片的であるのに対し、エッカリウスの論文はそれなりのまとまりをみせているので、この論文は『資本論』のミル批判を補足して理解するにはよい資料である。しかし、この論文はミルの「所有論」をはじめとする『経済学原理』の中の主要な論点を検討の対象としながら、ミルが体制移行を述べた「将来の見通し」の章を無視するという学術論文としては極めて重大な問題を孕んでいるのである。論文を読むことにしよう。

(2) エッカリウス論文の内容
　エッカリウスの論文「一労働者のミル『経済学原理』反駁」("A Workingman's Refutation of some Points of Political Economy endorsed and advocated by John Stuart Mill", 1866, 1867、以下「エッカリウス論文」という）は『コモンウェルス』誌に連載された後、*Eines Arbeiters Widerlegung der national-ökonomischen Lehren John Stuart Mill's* (1868, Verlag der Volksbuchhandlung, Göttingen-Zürich）という書名で出版された。この独文の著書は英文の論文をもとに加筆修正され若干違う表現があるので、英文、独文の訳本とともに独文を翻訳した和訳（倉岡稔訳1931年、改造社版）の三つの文献に目をくばりながら読解し、要旨をまとめることにしたい。論文は「はしがき」「序論」と次の15章から成る（*MEGA* 20, 14, 15）。

第1章　生産とその必要条件
第2章　資本の形成と蓄積
第3章　資本に関する基本原則
第4章　供給の過剰
第5章　商品需要の労働需要に及ぼす影響
第6章　固定資本―労働に及ぼす影響
第7章　生産費

第6章　ミルの社会主義論に対する評価とエッカリウス(マルクス)のミル批判

第8章　人間的立場から考察した生産費
第9章　信用
第10章　利潤
第11章　私有財産
第12章　小規模農業
第13章　賃金と人口
第14章　賃金と人口―続き
第15章　賃金と人口―結語

　エッカリウスは先ず「はしがき」で、仕立屋に働く労働者である自分が、なぜこの論文を書くかを次のように述べる。

　この論文の目的は、ミルの哲学が「保守的すなわち反動的（konservativ, d.h. reaktionär）」であることを暴くために書かれた。ミルは国会議員時代に労働階級のために闘ったが、ミルの労働者のための闘いは彼の保守的な経済哲学に反するものであり、ミルにおける思想と行動は矛盾に満ちている（Eccarius 1868, 4/68頁）。

　「序論」と第1章でエッカリウスは、ミルの経済学には独創性がなく古典派経済学の水準を超えるものでないばかりか、ブルジョワの立場にたっているために近代資本主義生産の特殊な歴史性を認識していないと述べる（ebd. 7/69-71頁）。
　第2章でエッカリウスは、現在の生産手段の役割を担う資本が歴史的性格をもっており、資本主義的生産様式が資本と賃労働によって構成され、資本制社会が資本家とプロレタリアートによって成り立っていることを述べる。彼はミルが資本と賃労働の関係から資本蓄積が成されていることにふれずに、「資本増殖の直接の原因は節約（Sparsamkeit）である」というスミスの言葉を継承して「資本は節約の成果（das Resultat der Sparsamkeit）である」と捉えるのを批判する（ebd. 12/76頁）。
　第3章でエッカリウスは、ミルが「半面の真理」を重視してその調和を図り、

293

資本と労働の矛盾を止揚させずに調和させようとするミルの思想を批判して次のようにいう。

 ミルの方法は矛盾する二つの主張の妥協を図る折衷主義である。そして、ミルが私有財産を前提としてブルジョワの立場にたっているためにミルの経済学は資本家階級を代弁しているに過ぎない一面的な所説である。他方でミルは、資本増殖が労働者の雇用を増やして労働者に有利に働くと認識するために、資本増殖が労働者に働く不利な側面を認めることができない。ミルはせいぜい商品の部分的な供給過剰を理解するのが限度であり、従って、「全般的過剰生産（die allgemeine Ueberproduktion, ebd. 17/82 頁）」を認識できない。

 エッカリウスはこのように述べて、資本主義社会が資本主義生産様式における世界恐慌への必然性から「抑圧された大衆の社会的解放へ」と向かう体制変革を述べるのである（ebd./ 同上）。
 第4章でエッカリウスは、前章に続いて、『経済学原理』において一般的供給過剰を認識しないミルの所説[3]を引用してミルを批判する。彼はミルが全般的過剰生産を認識できないのは「供給は需要を生む」という「販路説（セーの法則）」に囚われているからであるとしてミルの交換論の誤りを指摘する。ミルは『経済学原理』第3編第14章（供給の過剰について）で、セー（Jean B. Say, 1767-1832）と父ミルの理論に依拠して、マルサス（Thomas R. Malthus, 1766-1834）、チャーマーズ（Thomas Chalmers, 1780-1847）、シスモンディ（Jean C. L. Sismondi, 1773-1842）の一般的供給過剰の理論を批判している。エッカリウスの批判は販路説に依拠するミルの交換論批判である。
 第5-9章は資本の立場から生産論を自然法則として扱い、信用の力で労働者を収奪する制度を自明とするミルの経済学に対するエッカリウスの批判である（ebd. 21-40/87-107 頁）。
 第10章はシーニア（Nassau William Senior, 1790-1864）の言葉を借りて、利潤は資本家の「節制（die Enthaltsamkeit）に対する当然の報酬である（ebd. 40/108 頁）」というミルに対するエッカリウスの批判である。ミルが『経済学

第6章　ミルの社会主義論に対する評価とエッカリウス（マルクス）のミル批判

原理』と「遺稿」で述べた利潤の議論については、本稿第5章第3節で取り上げた。エッカリウスはマルクスに従ってミルのいう資本家の節欲に対する報酬の実体は労賃以上に価値を生む労働力によって生み出されたもの、即ち「搾取（die Ausbeutung, ebd. 45/114頁）」であると述べる。

　第11章（私有財産）と第12章（小規模農業）は、所有の観念と体制の問題の関わるところである。エッカリウスは第11章で「所有論」におけるミルの比較体制論を批判し生産手段の共有による労働者アソシエーションを主張する。エッカリウスの主張の要旨は、ミルが資本主義社会の恐るべき弊害を認識しているにもかかわらず、私有制と共産主義の最善の状態での比較による選択を主張するのでは、緊急課題の対策として問題の解決を図ることにはならない。体制の問題の解決は、議会による漸進的な社会改善ではなく、協同組合的生産による資本と労働の関係の廃棄であり労働者階級の究極的な解放でしかありえないとして次のようにいう。

　最も過激な共産主義者であろうとも、ミルほど社会の現状の恐るべき光景を描くことはできないであろうし、労働者と労働の果実を収奪する有産者の対照的な社会的地位の隔たりを力説できる思想家はいないであろう。それにもかかわらず、ミルはこの恐るべき状態を現在の所有関係の必然的帰結ではないと主張し、私有制と共産主義の最善の状態で評価すべきという。緊急課題に対するミルの提言は、相続制度の改革など所得分配に対する多少の是正に止まる。だが真の解決は、所有者階級の分配の問題ではなく、資本と労働の関係の廃棄による分配の総体的変革である。この唯一の救済手段は協同組合的生産によってなされなければならない。そしてこの資本と労働の関係の廃棄のような社会の総体的変革が議会によってなされることは困難であろう（ebd. 45-47/115, 116頁）。

　エッカリウスは第12章でミルが主張する私有財産を基礎とする自作農制度の思想を反動的な思想として批判する。ミルは『経済学原理』第2編第6・7章で、スイス、ドイツ、フランス、ノルウェーなど主としてヨーロッパ大陸の

小規模な自作農が、親から相続した先祖伝来の私有地への愛着心から、勤勉に働くことによって生産性が大規模農業よりすぐれ、経済的に生活水準も安定していると実例をあげて述べる。ミルのここでの議論は自作農の大規模農業との経済性の比較もさることながら、土地の私的所有の人間性に与える効果が問題となる。ミルは自分の土地に愛着をもつ自作農の自由な労働観が道徳心の向上に効果をもたらし、農民の幸福につながるという。ミルはイギリス湖水地方の小規模農業の田園風景を描いたロマン主義詩人ワーズワス（William Wordsworth, 1770-1850）や、スイスにおける自作農の幸福な世界を述べたシスモンディを引用し、またフランスの自作農の優位性を「私有財産の魔術」のせいであると表現したアーサー・ヤング（Arthur Young, 1741-1820）を紹介して自作農の利点を述べる（CW Ⅱ 252-296/（2）113-198頁）。

ミルの自作農の議論に対してエッカリウスはミルの思想が歴史の進歩を妨害する反動的な思想であり、農業の改革は大規模な農業労働者の協同組合の経営を目指すべきであるとして次のように述べる。

ミルの社会改革案は、歴史の進歩の代わりに停滞を図る反動である。ミルは社会改革の終極の目標として資本主義的生産の永久化を目指している。過去の農業である小規模農業が大資本による近代的大規模農業によって代替される流れにあることは、手工業が近代的機械工業によって代替されるのと同様である（Eccarius 1868, 52/122頁）。小規模の自作農は労働運動にとって無用の長物である。しかし近代的大規模農業は自作農を駆逐し、大規模農業の賃金労働者は労働運動によって協同組合による大規模な農業経営に参加することになろう（ebd. 57-58/128, 129頁）。

第13-15章（賃金と人口）は、賃金基金説（wages-fund doctrine）とマルサスの人口原理に依拠して賃金論を展開するミルを批判する本論の結論を述べる章である。この章はシャピロによるとマルクス自身が筆をとったというだけあってミルの理論を精査している。しかし、ここでは資本主義経済における労働人口の不断の相対的過剰化と産業予備軍をいうマルクス理論が原理的に叙述され

第6章　ミルの社会主義論に対する評価とエッカリウス（マルクス）のミル批判

ることはないが、マルクスの思想的立場からのミル批判がなされる。賃金論はミル批判の中でも重要な位置をしめるので、エッカリウスによるミル批判をみる前に、批判の対象となるミルの賃金論を概観することにしよう。ミルは労働階級の貧困化は、基本的には現在の雇用制度に問題があるという。しかしこの雇用制度をいかに改めるかの探究は時間を要する大問題であるので当面は不問に付すこととするが、人々がいかなる雇用制度を選択するとしても、労働者の貧困は労働者の過剰人口の帰結であることを看過してはならないという。そしてミルはこの問題の対策として、労働者に対する知的道徳的教育、小規模な自作農の育成、過剰人口解消のための植民政策などを次のように議論する。

　ミルは『経済学原理』第2編第11-13章で賃金論を扱う。ミルの理論は資本家により物財的に用意された賃金基金と労働人口との間の需給関係で賃金水準が決定されるという労働需給説である。ミルは労働者の低賃金化の是正を図るため第12、13章で改善策を議論する。ミルは最低賃金法や労使協議会の必要性を認めるが、人口原理が働く限りこれらの施策は一定の効果しか期待できないと考える。ミルは賃金基金の原資となる資本の増加と人口調節が基本的施策と考えるが、資本増強と人口調節は簡単に扱える理論的課題ではない。ミルは政府や雇用主が労働者の面倒をみるというパターナリズムの思想に基づく施策には反対であるから、救貧法[4]にも慎重であるが、1834年救貧法のように労働者の勤労意欲を減退させないものには理解を示している（CWⅢ961／(5) 335頁）。ミルは賃金と人口の問題が所有制度と労働問題に関わる重大な問題であり、所有制度という根本問題を解決しなければならないのであるが、制度問題の根本的解決の前に、現在の雇用制度のもとでも人間の思慮による人口の制限を図るべきであるという（Ibid. 373／(2) 342頁）。

　ミルは労働階級の過剰人口問題の解消のため次の二つの施策を提案する。先ずミルは労働階級に対する教育による労働者の知的道徳的水準の向上を訴える。しかし労働者が教育を受けられないほど貧窮していては困るので、労働者が教育を受けられる程度の余裕のある生活ができるよう、教育のための制度面の改革が条件となる。労働者の知的訓練の目的は、労働階級の過剰人口が貧困をもたらすのを認識することなどをはじめとして、自分達の環境についての原因と

結果が合理的に判断できる能力を涵養すること、ミルはこのような判断能力を共有する常識の涵養が民衆に対する教育の不可欠の基礎工事であるという。そして民衆に対するこの知的教育は、「節制（temperance）」と「深慮（providence）」などギリシャ的な徳の素養を民衆が会得することによって、強制的な教育なしに、広めることができるというのである（Ibid. 374-376/（2）344-346頁）。

　次にミルは労働者の過剰人口の解消のために、大規模な国家的植民政策と国内の未墾の共有地を労働者に授与して小土地所有者の階級を育成することを提案する。植民政策については、ミルは一方において労働力が不足する植民地と他方において労働力が過剰であるイギリスの双方の要求を充たす植民政策の利点を述べるが、第6版（1865）では交通手段の発達による移住費用の低廉化と植民地における労働需要についての情報が豊富になったことによって、自発的移民が増加しつつあると述べている（Ibid. 376, 378/（2）347, 350頁）。第二の方法は国内の小規模な自作農の階級の育成である。ミルがもし「将来の見通し」の章で述べた労働者アソシエーションを新たな体制の実験としてではなく、オウエン主義やフーリエ主義のように体制変革のコミュニティのあるべき姿の追求として考えていたとするなら、賃金と人口の問題の対策としてここでも未墾の共有地に労働者アソシエーションを建設することを提案したのかもしれない。しかしながら、ミルはここでは労働者アソシエーションではなく、『経済学原理』第2編第6, 7章で考察した小規模な自作農を提唱する。ミルはこの自作農の階級を「雇用労働者と雇用者の間に位置する中間階級（an intermediate class）」としてみている（Ibid. 377, 378/（2）349頁）。

　以上のようなミルの賃金論に対して、エッカリウスはミルが古い経済学のドグマ（賃金基金説）とマルサスの人口原理にとらわれていると次のように批判する。

　マルサスやミルは、労働する大多数の人間の窮乏が資本と労働の関係の帰結ではなく、人口原理という自然法則を適用して考える誤りを犯している。人口原理が正しいかどうかは別として、資本の存続を前提にして歴史的に特有の社会問題を自然法則の適用によって解決を図ろうとしているのが正しくな

第6章　ミルの社会主義論に対する評価とエッカリウス（マルクス）のミル批判

いのである（Eccarius 1868, 58, 59/130, 131 頁）。

　エッカリウスは労働者の貧困が生産物の不足によるのではなく、労働者が労働収益の所有者とはならずに、資本によって収奪される現体制における生産関係の帰結によるものとして必然的にもたらされていると述べる。そしてミルの提案が社会の基本的な体制の変革とは無関係の施策であるから問題の解決にならないことを説明する（ebd. 63, 64/135-137 頁）。
　エッカリウスはミルが労働者に対する教育や法的手段によって人口増加に制限を加える施策を提言しているのに対し、人間性に「強制を加える人口制限」として反対する。そして国家的な植民政策については、アイルランドのケースをあげ、アイルランドが植民によって自国の農業人口を三分の一以上も減少させたにもかかわらず、農業労働者の貧困問題がさしたる改善をみられなかったことを例にとって、ミルの提案は有効な対策ではないという。そして未墾の共有地を労働者に授与して小規模な自作農の階級を育成するミル案について、エッカリウスは「労働者がこれによって解放されようとは夢想だにしない」「何の役にもたたない膏薬によって」社会改革を図ろうとしていると問題にしない。彼によれば、土地の国有化、ないし協同組合的生産方法による農業改革以外には抜本的改革はありえないのである（ebd. 74, 75/148, 149 頁）。
　最後にエッカリウスはミルの「定常状態論」にミルの社会改革の理想を認めて、ミルの思想がブルジョアの立場にたっているために、労働者が高い人間性を目指す社会改革を図ることができないと次のように述べる。

　ミルは資本蓄積と人口増加が停止する定常状態の社会を改革の目標として、人類が人間的進歩をとげると考えている。これはミルの経済学が私有財産を前提として資本主義的生産方法を正常な人間的な生産方法として認めていることを意味するものである。ミルが労働者に対する教育を強調するのは、ミルが制度的に何らの矯正手段も見出していないからである。資本の立場にあるミルが「定常状態論」で現在の財産関係の危機を述べることは、現体制の破綻が近いことの証明であることを示しており、今後プロレタリアートの協

同組合的生産活動の拡大の動きはますます盛んになると思われる。このような社会状況の下で、今の財産関係の維持しがたいこと、および新たな体制変革の歴史的使命が認識されれば、教養のない大衆もより高い人間的完成に向けてまっしぐらに邁進するであろう（ebd. 77-82/151-156 頁）。

以上のようなエッカリウスのミル批判の経済学上の論点については、検討の範囲があまりに広がるので本論では、ミル批判の要旨を理論ではなく思想的な視点から次のようにまとめることにしよう。

ミルは過激な共産主義者以上に現体制の弊害を認識し、労働の成果を収奪する所有者と労働者との対照を描いた。しかしながら、ミルは現体制の過酷な現状を、現在の所有関係の必然的帰結とはみなさない。その理由は、資本主義的生産の特殊な歴史的性格を看過するミルの歴史観によるものとみられる。そしてその弊害に対する対策は、資本と労働の和解を図るミルのブルジョワ的で折衷主義的な方法、私有制と共産主義の最善の状態における比較によって体制の問題を判断する「所有論」におけるミルの比較体制論である。これは私有財産を前提とした対策で、緊急の課題の解決には何の役にも立たず、歴史の進歩を妨げる反動的な改革案である。ミルの経済学は「セーの法則」の旧いドグマに囚われているから、一般的過剰生産を捉えることができず、労働階級の貧困も「賃金基金説」と人口法則を基礎にする理論では所有関係の根本にせまる解決には至らない。ミルの経済学の基本的な欠陥は、ミルが資本を節約に対する報酬として捉えて資本の歴史性を見落とし、資本家が労働者を搾取することによって生じる剰余価値の認識に至らないことにある。ミルが提案する所有制度の改革に先立つ教育による精神的な改革は効果を期待できるとは思われず、またミルが主張する土地の私的所有を前提とした保守的な自作農階級の育成は、社会の進歩を目指す労働運動にとって障害となる。ミルが「定常状態論」に社会改革の理想を描くのは、ミルがブルジョワの立場にたって保守的な理論展開をしていることを意味し、ミルが資本蓄積と人口増加が停止する状態の必然性をいうのは現在の所有関係の破綻をミル

第6章　ミルの社会主義論に対する評価とエッカリウス(マルクス)のミル批判

が認めていることを示すと思われる。真の社会改革は、土地の国有化と労働階級による労働者アソシエーションへの運動を基礎とすべきであり、労働者はこの運動によってより高い人間性への目標に向けて邁進することであろう。

以上のようなエッカリウスのミルの思想批判をみると、この論文が学術論文であるにもかかわらず、ミルを批判する政治的な意図のもとに執筆されたということが理解される。なぜなら、エッカリウスはミルの『経済学原理』の第2編（分配論）と第3編（交換論）に焦点をあて、最後に「定常状態論」（第4編）で批判を締めくくり、「将来の見通し」の章（第4編）が検討の対象として取り上げられていない。「将来の見通し」の章は、ミルが労働階級の将来の見通しについて述べるアソシエーション論であって、『経済学原理』では「所有論」と並ぶミルの社会主義論の中の重要な一章である。エッカリウスが「所有論」と「定常状態論」を批判の対象に取り上げて、「定常状態論」に続く「将来の見通し」の章を検討の対象から外しているのは学術論文としては考えにくいことであり、この章を無視している理由にはこの論文の執筆のいきさつが関係していると推測されるのである。マルクスが労働者の「将来の見通し」の章に関心がなかったとは考えられないとすると、それは恐らく次のような理由によってなされたものと推測される。

「将来の見通し」の章は、本稿第3章でみたように、結論的な部分はハリエットの主張である現体制から労働者アソシエーションへの体制移行を述べたものである。社会改革の目標が、より高い人間性に向けて労働者アソシエーションへの体制変革を目指すのであれば、ミルとマルクスの社会改革の目標はこの点では同じ方向に向いてしまうのであり、エッカリウスのミル批判の鋒先は鋭さを欠きミルを攻撃する迫力がなくなる。つまりハリエットの社会改革の目標は労働者アソシエーションへの体制変革をいう点ではマルクス主義と同じであり、ミルが彼女の思想に同意しているのであれば、ミルもマルクス主義者の仲間入りするのである。ミルの思想をブルジョワ的反動主義者として批判するエッカリウスとしてはそれでは困るので、「将来の見通し」の章は意図的に言及されなかったものと推測されるのである。

エッカリウスのミル批判のこのような政治的意図はマルクスの立場から理解できるとしても、ミルの歴史観や方法論を考慮するとミルの思想に対する無理解がみられる。旧い古典派経済学のドグマに囚われたミルの経済理論に対するエッカリウス（マルクス）の批判はいかに鋭く正当性を主張されたとしても、政治的意図によって、ミルの思想全体が低い評価を受けるようであれば思想史研究にとって問題なのである。

1) ミルはマルクスを知っていたという証拠が見当たらないにもかかわらず、ミルがマルクスを知っていたという推測は次の理由によるものである。
　ミルは第一インターナショナルの総務委員会に関与した人物の中に、マルクスと共通する多くの知人（ジョージ・オジャー、ジョン・ウェストン、ビーズリィ、ハリソン等）を有していた。第一インターナショナルの議事録にはこれらの友人とミルとの会話に関する記述がみられるため、ミルはこれらの知人との交流を通じてマルクスの存在を知っていたに違いないという推測である（Evans 1989, 274, 275, 杉原2003年II, 140頁）。その一例をあげれば、マルクスは「1870年8月2日の総評議会での独仏戦争についての我々の演説をミルが賞賛した」と議長のウェストンが報告したとエンゲルスに書き送っている（*Werke* 33, 33, 714）。
2) 杉原はマルクスが『資本論』でミルが旧経済学にとらわれているとして批判する学説に、上記の賃金基金説以外に貨幣数量説、収穫逓減の法則、剰余価値（利潤）論、スミスのドグマ（v+mのドグマ、すなわち、マルクスが労働の二重性を把握できなかったスミスが社会的総資本の再生産で陥った誤りを克服したドグマ）などをあげている（杉原1967年、189頁）。
3) ミルは『経済学原理』で、セーの法則に基づき市場で部分的な供給過剰はありえても、全般的な過剰生産は生じることがないとして次のように述べる。
　あらゆる商品の市場価値は数年間の平均をとれば、生産費の割合に従って形成される自然的価格にひきよせられる。需要と供給の偶然の変動によって価格は絶えず変動しているが、それにもかかわらず、商品の供給は自然価格に向かって需要に順応しようとする傾向がある。その傾向を通して相反する方向への拡散作用への釣合いから一般的収斂作用が生じることによって需要と供給は調整されるのである。このような商品の需給の調整は市場の商品の販売者はすべて必然的に商品の購買者であるという事実に基づくものである。従って、もし商品の供給が2倍に増加すれば2倍の購買力が生じるであろう。なるほど商品の供給過剰の現象はありうるが、それはあくまでも特定の商品の場合に限られるのである。そしてこ

第 6 章　ミルの社会主義論に対する評価とエッカリウス(マルクス)のミル批判

の供給過剰は生産が過剰なのではなく需要に見合った商品を供給しなかったから起きた現象であり「単に調和がとれていなかった(merely ill assorted)」ことに基づく現象である。一般的過剰生産の理論は不合理なものといわざるをえない(*CW* Ⅲ 574-576/ (3) 240-243 頁)。

4) イングランドにおける 1601 年のエリザベス救貧法によって制度化され、20 世紀のイギリスの福祉国家の政策にまで影響をおよぼした貧民救済のための法律である。労働能力のある貧民に職を与える一方で、労働不能者や親が養育できない子供の救済を図った。しかしこの法律が依存的貧民や財政負担を増したことから、長期にわたって絶えず批判や論争が繰り返された。19 世紀から 20 世紀にかけて受給貧民が増加して救貧法の弊害が大きくなり、リカード、マルサス、シーニア、ベンサムなどは救貧法の廃止を訴える。ベンサムの影響を受けたチャドウィック(Edwin Chadwick, 1800-1890) とマルサスの思想を取り入れたシーニアは、貧民の労働意欲を失わせない方向での新救貧法(1834)の改正に貢献する。ミルは依存的貧民を排除し、貧民の労働意欲を残すという原理を公共的慈善制度にあてはめたものとして新救貧法に賛成している(*CW* 961/ (5) 335 頁)。

第7章 マルクスの批判に対する
　　　　ミルの思想からみた反論

1．マルクスのミル批判の要旨

　『資本論』はミルの死後10年を経た1883年に英訳された。もし仮にミルの存命中に『資本論』が英訳されていたとしても、ミルの関心は主としてイギリスとフランスの穏健な社会主義であったので、ミルは恐らくマルクスの批判に正面から対応しなかったのではないかという推測がなされている（Evans 1989, 275）。一方、前章でみた通りエッカリウス論文は明らかにミルの思想を攻撃する政治的な目的をもって執筆された。『資本論』をはじめとするマルクスの文献にみられるミル批判は、エッカリウス論文の与える印象と同様に、ミルの理論的な欠陥が批判されるに止まらず、ミルの思想が取るに足りないものであるような印象を読者に与えることは明らかである。マルクスの批判に対してミルが反論しないとなると、政治的に偏りのあるマルクスのミル評価が思想史研究者の先入観となってミル研究の妨げとなることが懸念される。殊に戦後から1960年代の我が国のように、社会科学におけるマルクス主義の勢力が強い時代には、ミルに対するマルクスの評価が影響してミル研究が低調となり、ミルの思想が正しく評価されない傾向がみられた（馬渡1997年、iv, v頁）。しかしミルの思想に対するマルクスの批判は、経済理論的分野におけるマルクスの批判の正当性を問うことを除くと、マルクスの哲学と彼の思想的立場からの外在的な批判を柱としている。そこで、逆にミルの立場からマルクスの批判に反論することによって、両者の類似性と差異性を対照し、ミルの思想的特質をみることにしよう。

　『資本論』「第2版のあとがき」（1873）と「エッカリウス論文」（1866）におけるマルクスのミル批判の要旨を次の3点にしぼるものとする。
　(1) ミルの経済学に対する批判：ミルは資本主義的生産様式における資本と労

働の生産関係を正しく認識しているにもかかわらず、ミルの思想がブルジョワ経済学の立場にたっているために、資本家が労働者を搾取しているという事実を理論化できずに剰余価値の起源に迫ることができない。ミルの経済学は古典派のドグマに固執しているから生産論を歴史的に捉えることができないので、分配論の分野だけで問題の解決を図れると思いこんでいる。

(2) **ミルの方法論に対する批判**：唯物弁証法によらない折衷主義であるため、資本と労働の「調和しうべからざるものを調和しようとする試み」をしている。ミルは「所有論」では、焦眉の急を要する問題に鈍感で、私有制と共産主義の最善の状態で比較して制度の優劣を図る比較体制論を主張し、経済体制の変革には何の役にも立たない精神的な改革を重視する。

(3) **ミルの歴史観に対する批判**：ミルの経済学は唯物史観のような動的な歴史観の裏づけがないので、資本主義的生産様式の歴史性を捉えることができない。ミルがマルサスの人口原理のような自然法則に依拠して分配的正義が果たせると考えるのは、資本主義の生産関係の歴史性を見落としている妄想である。

以上のようなマルクスの批判に対するミルの思想的立場からの反論を議論する前に、なぜマルクスのような批判がなされるのかを知るために、ミルとマルクスの思想の類似性と差異性についての先行研究をみることにしよう。

2．先行研究における共通の解釈

ダンカンは、ミルを自由主義の創始者、マルクスを古典的共産主義の創始者として捉えるが、両者ともに人間の自由に傾倒したとして次のようにいう。

> ミルとマルクスを思想的源流とする後世の理論家達は、社会理論や政治戦略で鋭く対立している。しかしミルとマルクスは人間の捉え方に関して類似性があり、ともに、「自由（freedom, autonomy, spontaneity）」に傾倒し、個人の自由な発展の条件をつくる社会を目指す目標をもった点では共通している（Duncan 1973, 1, 293）。

第7章 マルクスの批判に対するミルの思想からみた反論

　ライアンは、ミルとマルクスが人間の自由のために資本主義を批判したというダンカン説に同意（Ryan 1984, 142）した上で、ミルとマルクスの思想が分岐する鍵を次のようにみている。

　ミルは、「功利の概念」を幸福の源泉としての「自由と多様性（freedom and diversity）」と捉えて思想を展開したのに対し、マルクスは「自己疎外（alienation）」の概念を鍵として資本主義を否定した（Ibid. 161）。

　スマートもダンカンとライアン同様、ミルとマルクスの「社会改革の究極の姿は自由の追求（Smart 1991, 1）」として解釈する。スマートはミルとマルクスの思想体系に共通するのは「人間解放（human emancipation）」の信念であり、両者はこの解放のための「社会的変化の弁証法（Ibid. 5）」に取り組んだ。しかしながらミルとマルクスは、認識論と方法論が異なるために、自由を実現するための再構築の手段が著しく異なったとして次のようにいう。

　ミルとマルクスはともに、自発的に自分の才能を開発する自由を追求する社会改革を目指した。二人が人間解放のために追求する自由は、消極的な自由や積極的な自由の概念を超える意味をもっている（Ibid. 9）。しかし両者の思想の背景には、イギリス経験論の伝統下にある功利主義（ベンサム）と大陸の先験的な観念論（ヘーゲル）という18世紀の巨大思想の対立があり、ミルとマルクスの思想の異質性はこの対立の帰結である（Ibid. 166）。ミルは「半面の真理」の「折衷的総合（eclectic synthesis）」の弁証法（Ibid. 5）によって、自由意志論と功利主義的決定論との矛盾する理論の調和を試みた（Ibid. 32-36）が、ミルは功利主義の「原子論（the atomism）」の影響を受け、彼の思想の展開に方法論的個人主義を貫いている（Ibid. 19, 20）。このためミルの社会改革においては社会制度の改革とともに個人として存在する人間の教育が重視される。これに対しマルクスは、ヘーゲルの観念弁証法を批判的に継承する唯物弁証法によって独自の理論を展開したが、ヘーゲル形而上学の「全体論（the holism）」の影響を受けて方法論的に全体論であり、認識論

307

的には決定論である (Ibid. 19)。マルクスにおいては、人間は社会的存在であり、個人は環境と歴史的社会の産物であるから、社会改革は生産条件の革命的な変更でありそれに伴う社会関係の変化でしかありえないのである (Ibid. 91)。

以上の三人の研究者はミルとマルクスが、人間の自由の追求のために社会改革を図った点では共通しているが、改革の手段が異なるためにその流れを汲む思想家や実践家の鋭い対立を生んだという点では基本的に一致していると思われる。ミルとマルクスはともにギリシャ哲学の素養を身につけ、イギリス古典派経済学を学び、オウエン主義やフランス社会主義から社会問題に関する影響を受けている。ギリシャ哲学、古典派経済学とオウエン主義およびフランス社会主義はミルとマルクスの共有する思想的源泉である。だがミルはベンサムと父ミルより徹底した功利主義の教育を受け、功利主義の素養の上にロマン主義や社会主義の思想を吸収しながら、功利主義、自由主義、経験主義を主軸にミル特有の社会主義論を形成していった。他方マルクスは青年時代にヘーゲル学徒としてヘーゲル哲学を学び、精神労働を人間の本質的活動として捉えて労働が外化し対象化する「自己疎外」の重要な概念を批判的に継承し、ライアンがいうように「自己疎外」の概念を資本主義批判の鍵として思想を展開していった。スマートはミルとマルクスの思想の異質性の背景に功利主義とヘーゲル哲学の対立をみる。体制論の実証性を重要視して社会の制度改革の基礎に個人としての人間の精神の知的道徳的陶冶を強調するミルと、唯物史観を導きの糸として個人を超えた歴史的社会の決定論的な体制移行を主張するマルクスとの対立をみるとき、二人の思想の背景にある経験論・方法論的個人主義と唯物史観・方法論的全体論との異質性が理解されるのである。しかしながら、以上の論点に加えて、マルクスのミル批判の背景には、二人の思想家が「何に向かって主張しているのか？」という問題があり、それとともに、ミルとマルクスとの違いに、ミルに対するロマン主義的自由主義の影響など功利主義以外の要因も考慮すべきと思われる。

3．マルクスによるミルの経済学批判に対する
　　ミルの思想からみた反論

　以上のような先行研究を念頭に置きながら、マルクスのミル批判の中から、先ずミルの経済学がブルジョワの代弁者の立場にたっていて、私有制を前提に分配論の分野だけで資本主義の基本問題を解決できるとミルが考えていたかどうかをみることにしよう。

　ミルは東インド会社のインド通信審査部長でありジャーナリストであった父ジェイムズの子である。一方マルクスの父親は弁護士であり、二人とも出身は中産階級の出である。ミルとマルクスは、19世紀中葉に深刻さを増していった労働問題を真剣に受け止め、自由な人民の実現を解決すべき社会改革の重要課題とした。ここまではミルとマルクスは共通している。しかしながら、マルクスは思想家であるとともに労働運動に身を投じた運動家であった。これに対しミルは思想家であるとともに科学者であった。パップはミルを「科学者として社会主義を科学の対象にした（Pappe 1960, 43）」[1]と述べている。パップのいうようにベンサムの方法論を継承したミルは社会主義を科学の対象にしたものと思われ、ミルは科学者として受け止めた課題を功利主義、自由主義、経験主義の思想的立場から、客観的に問題を分析し解決の道を探った。『資本論』の執筆と労働運動の実践の両立を図るマルクスに対し、ミルは体制の問題の科学的な探究を貫いたのである。

　ミルは、ジョージ・オジャーをはじめとするイギリスの労働運動の指導者達と交流し、第一インターナショナルの結成を歓迎した。ミルの影響を受けたイギリスの労働組合の幹部たちは『自由論』や『経済学原理』などミルの著作を読んでいる（Capaldi 2004, 351）。そして、エッカリウスがいう通り、ミルは下院議員時代（1865-68）、労働者の選挙権拡大やストライキの政府介入の排除のために闘っている（山下2003年、414、415頁）。しかしこのような労働者のためのミルの活動も、「プロレタリア階級のみがブルジョワ経済学を真に批判できる」と考え、プロレタリアのみが体制変革の歴史的使命を果たすことができるというマルクス主義の立場からすると、ブルジョワ的なのである。なぜなのであろ

うか？　その理由の一つはミルが改革の目標を社会主義者と共有しながら、セーの法則など古典派経済学のドグマに囚われていることに加えて、体制論の結論を示すことがなかったことによるものと思われる。ミルが政治家として労働者のために闘いながら、労働運動を支援する理論を展開していないのは、エッカリウスがミルの思想と行動の矛盾としてミルを批判する通りである。ミルは、ベンサムと父ミルの課題を継承して社会現象の法則性を捉え、社会改革に役立てようとした。マルクスはプロレタリアの立場からミルをブルジョワの代弁者として批判する。しかしミルはブルジョワの立場に片寄ることなく、ブルジョワの代弁者を批判し、資本と労働の双方の立場を考慮して問題の解決にあたったのである。

　ミルは二月革命後のヨーロッパの社会的変化を背景として、「二月革命の擁護」(1849) で「ブルジョワの立場にたって労働者を蔑視する (*CW* X X 334)」ブルーアム (Lord Henry P. Brougham, 1778-1868) を批判する。ミルが「労働が労働者に帰属する」ことを求めるルイ・ブランの国立作業場の試みを「勤労の協同組織の実験」として評価するのはミルが科学者として、体制の問題をイデオロギーではなく科学的な実験の対象にしていることの表れであるとみられる。そして、ミルにとっての「現在の哲学者と政治家の課題」は人類の最大幸福のため「よい社会組織を目指す目的」をもって、革命的手段によって社会改革がなされることのないように、「社会主義者の目的と努力を利用すること」なのであった (Ibid. 353, 354)。

　ミルは分配的正義、労働の尊厳、勤労の組織化という社会主義者の目的を評価して彼らの目標と努力を利用することを課題としながら、体制の問題に結論を下すことはなかった。ミルは経済体制の歴史的な可変性を十分に認識していたにもかかわらず、私有制が長期的に存続する見通しをもっていた。それは人々が生活の安全を確保するために私的所有の権利に固執することと、人々が体制変革に適応するための知的道徳的水準の向上には極めて長い年月を要することによる。このためミルは仮に革命的な方法で体制変革がなされてもそれは失敗に終わり、体制は逆戻りするであろうと考えた (*CW* V 749, 750/437, 438頁)。ミルが競争と私有制を前提とする経済学を展開するのは、ミルがブルジ

ョワの立場に固執したからではない。ミルは「所有論」で、人々の知的道徳的水準が向上し、体制比較のための判断材料が実験や経験によって豊富となるまでの間は、経済学が経済体制の問題を扱うのは困難であるため、経済学が研究対象とするのは競争と私有制における経済現象に限られるとして、経済学の役割について次のように述べる。

これから先、相当の間、経済学者の扱うべき主要な問題は、土地および資本の私有制と競争に基づく社会の存続発展の諸条件という問題であり、また人類の進歩の現段階において経済学が目指す主な目標は、私有制を転覆しないで改善することであり、私有制のもとで暮らす人々全員に対して社会の恩恵に浴するようにすることである（$CWⅡ214$／(2) 41頁）。

このようにミルの経済学研究の当面の目的は、体制比較のための検討材料が整うまでの間、暫定的に競争と私有制に基づく社会の存続発展の条件を探り、私有制の改善を図ることである。それゆえ『経済学原理』は、はじめから土地と資本の私有制と市場競争を理論の前提としており、ミルは「資本と労働」の対立が和解できない基本矛盾としては捉えない。ミルの経済学をブルジョワの立場にたっているというマルクスの指摘は、マルクス主義の立場からみて正しいとしても、ミルにとってそれは承知の上のことであって、人々が置かれた状況にふさわしい体制の目処がつくまでの間の話である。それゆえ、ミルの論理を推し進めると、分配的正義を分配論の範囲で解決を図るのは私有制を前提とする暫定期間に限られ、経済体制の基本問題の動向次第で分配論の扱い方も変わることになる。ミルは私有財産を前提としない体制も研究の射程に入れているのであるから、マルクスの批判はミルの一面をみているに過ぎないと考えられるのである。

4．マルクスによるミルの方法論批判に対する　　ミルの思想からみた反論

次に方法論の問題である。マルクスはミルが折衷主義によって資本と労働と

いう「調和しうべからざるものを調和しようとする試み」をしていると批判する。マルクスは『資本論』「第2版の後書き」(1973)でミルの思想を折衷主義として批判した後で、ブルジョワ社会の解剖を目的とする経済学の方法は、『経済学批判』(1859)の序文でマルクスが述べた弁証法的唯物論による方法でなければならないとして次のようにいう。

> ヘーゲルは弁証法を神秘化された形で、一般的な運動諸形態を包括的な意識的な仕方で説明した。私が『資本論』第1巻を執筆していた頃、当時の論壇ではヘーゲルを「死せる犬(ein Totenhund)」として扱う風潮がみられたが、私はあえてヘーゲルの「弟子である」ことを認めて弁証法を継承した。弁証法の合理的な中核を見出すためにはヘーゲルの観念論的弁証法を唯物論的基礎に置き換えなければならない。弁証法は(ヘーゲルが説明したように)その神秘化された状態においては、ブルジョワ階級とその代弁者にとって現存しているものに光明を与えるようにみえる。しかし、弁証法はその合理的な姿においては、現存しているものの肯定的な理解の中に、同時にその否定の理解、その必然的没落の理解をも含むものであり、生成した一切の形態を運動の流れの中に理解するものとして、その本質上、批判的で革命的なものなのである。それゆえ、この批判的で革命的な弁証法的方法によってのみ資本主義における矛盾に充ちた運動が理解される。それは周期的な景気循環を経て一般的な恐慌を進行させ、ある段階に達した時に資本主義社会が特定の歴史的形態を脱ぎ棄ててより高い一形態に席を譲る歴史的経過の流れである(*MEGA* II-6, 709, 710/(1) 31-33 頁, Ibid. II-15, 855, 856/(9) 114 頁)。

このように、マルクスは弁証法的唯物論の立場から、ミルの「調和しうべからざるものを調和しようとする」方法を批判する。マルクスの批判的で革命的な弁証法は、ヘーゲルの観念論的な弁証法の中から合理的な中核を取り出して、唯物論的な立場から矛盾・対立を契機として、自然、社会を含む一切の存在を運動、発展の流れとして捉え、特定の歴史的形態が止揚されてより高い次元の形態に移行すると考える。それゆえ、マルクスの批判的・革命的な弁証法の立

場からは資本主義社会における資本と労働という基本矛盾は調和することはありえず、矛盾・対立の解消は特定の歴史的形態を脱ぎ捨てることによってのみ可能なのである。

　マルクスの「存在の弁証法」に対して、ミルの弁証法は「思考の弁証法」である。そして、マルクスの批判的で革命的な弁証法に対して、ミルの弁証法は革命的な方法を好まない弁証法であり、ギリシャ哲学とロマン主義から学んだ「半面の真理（the half truths）」の認識と総合を重視する弁証法である。ミルは、精神の危機（1826）を克服した1820年代の後半から1830年代を通じて、ベンサム主義とは異質の思想の吸収と多くの異なる思想の調和を図った。ダイシィはミルがベンサム主義とは異質の思想を吸収しそれらの調和を図った背景にゲーテの「多面性（Vielseitigkeit）」の思想を学んだからであると捉える（Dicey 1920, 423, 424）。またスマートは、ミルとマルクスが19世紀中葉の社会的変化の弁証法に取り組んだ点では同じであるが、マルクスが、人類の歴史的発展を唯物弁証法で捉えたのに対し、ミルの方法は19世紀ヨーロッパの知的社会的危機を、対立する思想を半面の真理で調和する「折衷的総合（eclectic synthesis）」で捉えることを試みたと解釈する（Smart 1991, 5）。

　ミルの方法論は、ベンサムおよび父ミル批判の過程で形成された。ミルはベンサムが社会現象の法則性を捉え社会改革を図る課題を継承するとともに、社会を個人の複合した関係として捉えるベンサムの個人主義的方法論を受容[2]するが、ベンサムが人間を「快楽と苦痛を感じる存在」とし、社会を「私利を追求する諸個人の集合体」として捉える思想を人間性の把握が狭すぎるとして批判した。ミルは政治哲学と社会哲学の基礎に個性豊かな人間性と多様な国民性をみるべきであると主張する（CW X 94-99/256-264頁）。ミルは、ベンサムの一面的な方法論を批判して、第1章第5節でみたように、多様な人間性と社会現象を捉えるために、半面の真理を総合する方法を「精神の訓練」と呼び（CW VIII 251/91, 92頁）、この方法によって調和のとれた全体を図ることができるかどうかを探った。マルクスにとって「調和しうべからざる」資本と労働は、ミルにとっては半面の真理として調和される可能性のあるものである。

　マルクスはミルの方法論を魂の抜けた折衷主義（Eclecticism）として批判す

る。マルクスによれば、ミルの比較体制論は緊急課題の解決の足しにはならず、人間精神は社会環境に依存するから、制度改革が教育に優先されることになる。しかしながら、ミルの折衷主義は、対立する二者の思考の妥協点を見出して和解を図るような意味とは異なる。ミルは、コントをはじめとするフランスの思想家達が事象の多面性をみないことを批判する1829年10月8日付デシュタル宛書簡で次のようにいう。

　私にはフランスの思想家達に責任を負わせるべき誤りは、多くの事柄があるのに一つの事柄だけをみることに固執したり、あるいは、一つの事象を正しく評価するために、等しく本質的な多面性があるのに、事象の一面や一つの観点からのみそれをみる誤りである（CWX Ⅱ 36）。

　大久保はミルの事象の多面性をみるこの立場を、ミルの方法的態度として次のようにいう。

　ミルの思想的立場は、解釈によれば「折衷的立場」と総称することもできるであろう。しかしそれは日本語の語感にあるような足して二で割るような中途半端な態度を意味しない。それは、単純なドグマティックな論理の整合性を突き破り、対象自体の複雑さと多面性に意識的に耐えていこうとする方法的態度である（大久保1982年、25、26頁）。

　このようにマルクスが折衷主義として批判するミルの方法は、複雑で多面的な人間性や社会を把握するための思考の論理であった。経験主義の立場から経験によって裏付けされるべき思考の論理は、事象に存在しうる真理の多面性を認め、その多面性の一部を認識したに過ぎないために起こる対立の和解を図るために、対立する半面の真理のすべてを総合して全体的な正しい真理に到達するよう共通の地盤を見出す方法であると思われる。
　以上のようなミルの方法によれば、マルクスのように、経験に先だって、資本と労働の対立する矛盾が止揚されて全く新しい次元の体制へと変革すると

いう予測は、未だ実証されない可能性の一つに過ぎず、このような一つの予測に固執するのは、社会現象の一面をみているに過ぎない。ミルによれば、体制の選択のために必要なことは『論理学』で展開した「逆の演繹法」を駆使して複数の体制の比較検討である。ミルにおいては複雑で多面的な人間性と社会現象を捉えるために半面の真理が重視されるから、資本と労働の矛盾が止揚されるのではなく、矛盾を和解する共通の地盤を模索する穏健で漸進的な解決があるかどうかが探られることになる。観察および実験を重視するミルの経験主義の立場からは、最大幸福原理（アート）を目指す体制選択のために参考となる経験的事実や法則が見出せない限り問題は未解決となり、複数の体制の利点と欠点が絶えず光をあてて比較され選択されることになる。そして、コントやマルクスと異なるミルの個人主義的な方法論に従えば、社会の改善はマルクスのように制度面の改革を図るだけでは不十分であり、人間一人一人の自発性と個性を伸ばし知的道徳的水準を高める教育が制度改革に不可欠の条件となる。人間の教育と制度改革を重ねた結果、競争と私的所有に基づく制度がいかに改善されうるか、共産制社会において果たして人間の自由と自発性が保障されうるのか、あるいは私有制と共産制のいずれでもない、人間性に適合するのぞましいアソシエーションの体制が見出せるのか、ミルにおいては、イデオロギーではなく「逆の演繹法」による実証的な判断材料が重要なのであり、唯物弁証法が正しくて折衷主義が誤りであるといった哲学的な議論から演繹する方法は排除されるのである。

5．マルクスによるミルの歴史観批判に対するミルの思想からみた反論

マルクスはミルの経済学が資本主義生産様式の歴史性を看過した誤りを犯しているのは、唯物史観のような動的な歴史観が欠如していることの帰結であるとしてミルを批判した。唯物史観はマルクスの社会科学の方法である唯物弁証法によって導かれた歴史観である。マルクスは『経済学批判』(1859)の序言で、唯物史観の公式といわれる叙述を次のように述べる。

ブルジョワ社会の解剖は、唯物史観を導きの糸として経済学の研究によって行われなければならない。なぜなら人間の物質的生産様式が社会的、政治的、精神的生活諸過程一般を制約するからである。人間はその生活の社会的生産において、彼らの意志から独立した物質的生産力の発展段階に対応する生産関係をとり結ぶ。この生産関係が現実の土台となって、その上に法律的政治的上部構造がそびえたち、一定の社会的意識形態がこの現実の土台に対応している。しかし社会の物質的生産力はその発展がある段階に達すると、既存の生産関係、あるいはその法的表現に過ぎない所有関係と矛盾するようになる。これらの諸関係は、その桎梏へと一変し社会革命の時期が始まる。アジア的、古代的、封建的、および近代ブルジョワ的社会という歴史社会の変遷は、それぞれの物質的生活の矛盾、生産力と生産関係との間の衝突から説明しなければならないのであって、上部構造から説明してはならないのである（*MEGA* II-2, 100, 101/13, 14 頁）。

ミルは動的な歴史観に強い関心を抱いていたが、ミルの歴史観はマルクスのような決定論的な歴史観とは異なるものであることは、第5章第1節（シュンペーター説の検討）で検討した通りである。高島はこのミルの歴史観を精神史観として、歴史的必然性を唱える「マルクスの唯物史観の裏返し（高島1963年、（下）115頁）」とみている。ミルは精神の危機を脱却する過程にあった1820年代後半にコウルリッジ派を代表する論客であるフレデリク・モリス（Frederick D. Maurice, 1805-78）やスターリング（John Sterling, 1806-44）と親しく交流した（*CW* I 159-163/217-220頁）。ミルが彼らと議論し、コウルリッジ、ゲーテ、カーライルなどの著作を読んで会得した新たな政治思想は、次のように人間の精神の歴史的な進歩には一定の段階があり人間の制度は精神の進歩の段階に左右される制度となること、そして思想の役割は理想的な制度のひな形を提供することよりも、時代と場所と環境にふさわしい制度を引き出せる理論を示し制度を人々に選択させることであるというのである。ミルはいう。

政治哲学は歴史哲学と相即の関係にあるが、思想が捉えるべき社会の体系は

極めて「複雑で多面的なもの」である。そして「人間の精神が進歩していくには一定の順序があり」「人間は精神の進歩の段階に応じて」左右される制度をもつものである。従って思想が果たすべき役割は制度のひな形を提供することではなく、むしろさまざまな環境に適合する制度を引き出すことのできる原理を示すことである（Ibid. 169/223, 224 頁）。そして「時代と場所と環境の問題」である制度の選択は、「いかなる制度が生活と文化の改善を促進するか」を規準として、「物質的利害（material interests）」のような経済問題ではなく「道徳上、教育上の問題」として選択されるべきとみなされるのである（Ibid. 177/230 頁）。

このように歴史的必然ではなく人間の精神の発展の段階に応じた人間による制度の選択をいうミルではあるが、1830年頃ミルに動的に発展する進歩史観によって感銘を与えたのはコントとサン・シモン派であった（Ibid. 171-173/224-226 頁）。だがミルはデシュタル宛書簡で先験的に歴史の一般化を説明するコントの歴史観を批判し、人間の文明は一つの法則によって進歩するのではなく、退歩することもありうることを述べている（CW XII 37）。そしてミルは『論理学』において、逆の演繹法を説明する章で次のようにいう。

人間の歴史の進歩は、先験的に決定することはできないのであるが、それとともに認識すべきことは、環境と人間の間の一連の作用と反作用は極めて長く続き、わずかの誤謬も継起の進むごとに拡大することである。それゆえ、人間と環境の相互作用を生む基礎的な法則から歴史の一般化を説明することはできないのである（CW VIII 915, 916/（6）147, 148 頁）。

フォイアは、このようなミルの歴史観に対するコントとサン・シモン主義の関係について次のようにいう。

ミルは当初サン・シモン主義とコントの歴史観に感銘を受けたとしても、最終的に彼らの進歩史観を受容したのではない。ミルは、コントやマルクスが

イデオロギー的プリズムを通して歴史発展の法則を明示したのに対し、ミルは方法論上の理由で社会の進歩とともに、衰退の可能性を認めたと理解される（Feuer 1976, 86/166 頁）。

スマートは、ミルが決定論的な歴史観をもたなかったとして次のようにいう。

マルクスの歴史哲学では決定論的な唯物史観が歴史的社会現象を説明する理論的根拠となっている。これに対して、ミルの場合は、サン・シモン主義の動的に発展する歴史観に感銘を受けたとはいえ、歴史を決定論的に捉えるのではなかった。彼は歴史の批判期に対立する教義の半面の真理の折衷的総合を図ったのである（Smart 1991, 5）。

コリーニは、ミルの哲学の方法から政治思想を検討する論文「ものごとの傾向—ジョン・ステュアート・ミルと哲学の方法」(1983)で、ミルの歴史観は、方法論（逆の演繹法）の帰結として、蓋然性から歴史を演繹するものであるからして、マルクスのような決定論（必然論的歴史観）とは異なると理解して次のようにいう。

ミルは、観念連合主義的に理解する人間精神の法則が道徳科学の基礎であると確信し、心理学とエソロジー（性格形成の科学）の構想をもった。この構想をもつことによって、ミルは決定論的なコントから離反した（Collini 1983, 135, 136/113, 114 頁）。
ミルの社会科学の方法は、人間本性から演繹される漸進的進化として考察される歴史的過程の分析と特定の民族や時代の性質によって因果関係が左右される歴史的過程の分析の総合を目指すものである。それは帰納法と演繹法の不整合を意味するものではない（Ibid. 127-129/107, 108 頁）。ミルの興味は歴史の社会的進化の型や不可逆的進歩の法則の探究にあるのでない（Ibid. 146/123 頁）。そしてミルの歴史観は、決定論（必然論的歴史観）ではなく、蓋然性（ものごとの傾向）からの演繹（Ibid. 127/107 頁）によって捉えられる

第7章　マルクスの批判に対するミルの思想からみた反論

ものなのである。

　以上のように、フォイア、スマート、コリーニともに、ミルの歴史観は、動的な歴史観ではあるが、方法論上の理由で、マルクスのように決定論的な進歩史観ではないという点で一致しているようにみられる。我々はミルとマルクスの社会科学の方法論の違いをマルクスの唯物弁証法とミルの思考の弁証法との差異性にみたが、ミルが革命を好まず人間の個性と社会の多様性を尊重する方法はミルのマルクスと異なる歴史観に現れる。ミルが決定論的な歴史観を採用しない方法論上の理由は、本書第2章第3節（3）（ミルのサン・シモン主義に対する評価と批判）で考察したコントに対するミルの歴史観批判で明らかなように、ミルは人類の歴史が自然の順序に従って漸進的に発展するというコントやサン・シモン派の動的な歴史観を受容しながら、彼らには人間や歴史社会の多様性をみる視点が欠如していると考えたことである。ミルはコントやマルクスのように歴史が一つの発展法則によって推移するとは思わず、人間の能力や社会の発展は多様な法則性に支配されると考える。そして人間の精神の進歩の段階に応じてさまざまな制度がありうると考えるミルは、マルクスのように、物質的生産力と生産関係を基礎とする経済的下部構造が歴史的発展の動力になるのではなく、人間の精神法則を基礎とする人間性と国民性の漸進的変化を「逆の演繹法」によって捉える方法を採る。ミルの社会動学の課題は、人間の歴史の進歩を「ますます多数で多様で」複雑に構成されている「人間と環境の間の作用と反作用」の長い系列における法則性により蓋然性としてしか捉えられない歴史社会の発展性を探るものである（CWⅧ915, 916/（6）146-149頁）。コリーニのいう通り、ミルの関心は歴史的進化の法則の型や歴史法則によってもたらされる制度のひな形にあるのではない。ミルは人間の精神の進歩の段階において、人間性を高めることのできる制度、人間と環境の間の作用と反作用による歴史社会の変化に適合しうる制度の選択を導き出しうる原理の探究にあったものと思われる。

　しかしながら、このようにマルクスと異なるミルの歴史観の差異性が方法論上の理由によることは、方法論の基礎にあるミルとマルクスの哲学、特に倫理

学に関わる問題であると思われる。

　ミルは『自由論』で功利の原理を基礎にして個人の自由と個性を擁護した。ミルによれば、人間にとって「功利（utility）」は「進歩する存在としての人間の恒久的利益を基礎とする」「すべての倫理の問題の究極的な訴え（CW XVIII 224/26頁）」であり、それは『自由論』で展開される人間の自由と自発性を発揮することによってもたらされる。スコラプスキーは、ミルの自由主義の基礎にある「自己陶冶」と「自己制御」の思想にロマン主義とギリシャ哲学の調和をみて次のようにいう。

　　ミルがロマン主義から受理した「感情の陶冶」をはじめとする人間の「自己陶冶（self-culture）」は、人間の自発性（spontaneity）の働きであり、ミルはこの働きによって個人と社会が歴史的に発展するものと考えた（Skorupski 2006, 53）。他方でミルは、ギリシャ哲学でいう「自己制御（self-government）」が「自己陶冶」と調和することによって、人間の資質が理想的に発展すると考える。これはミルにおけるロマン主義とギリシャ哲学との融合である（Ibid. 54）。「自己陶冶」と「自己制御」はいずれも人間の「意志（the will）」の発展であり、ミルはこれを「道徳的自由（moral freedom）」（Ibid. 55）と呼び、カントと同様にこの道徳的自由を「徳（virtue）」と呼ぶ。ミルはカントと異なり有徳の意志が内在的な善とは考えないが、この道徳的自由が啓蒙思想と矛盾するとは考えず、『論理学』の「自由と必然」の章で啓蒙思想とロマン主義の調和を試みたのである（Ibid. 56）。

　スコラプスキーのいうように、ミルが『論理学』第6編第2章で展開した「自由と必然」の考察は、啓蒙思想とロマン主義の調和を試みたミルの思想的特質を理解するためには大切な章であると思われる。ミルはこの章を『論理学』の中で最も重要な章であると述べている（CW XIII, 612）が、『論理学』の著者自身が認めるこの章の重要性は、この章がミルの哲学の基礎に関わっているからと解釈される。ミルはこの章で、人間が因果法則の貫徹する社会環境に支配されながら、この法則性を認識し制御し選択する道徳的自由について議論

してオウエンの必然的な環境決定論を批判したのである（本稿第2章第2節）。ミルは認識論においては観念連合説を論拠とする父ミルの決定論を継承する一方で、倫理学においては自由意志論と決定論との調和を図った。ミルは「自由と必然」の章において、自然や社会の環境の法則性に支配されながら、その法則性を制御し利用することによって性格を高め、自発性を発揮して進歩する個人としての人間について議論した。しかし、人間の自発性の働きは、個人のみならず社会の歴史的な発展の基礎となる。ミルは社会を個人の集合体（mass）として捉える方法論的個人主義の立場にたつから、ミルの個人としての人間に関する議論は、社会に関する議論の基本となるのである。ミルはマルクスのように人間を社会的存在としてのみ捉えず、社会が個人を超越し個人の力の及ぶことのない抽象的な概念であるとは考えない。ミルは社会における法則性は認めるとはいえ、マルクスのように歴史的社会が一つの経済法則に支配されて、必然的に体制が移行[3]するとは捉えない。ミルの主張は歴史的社会が法則性に支配されながら、経済体制が必然的に決定されるのではなく、法則性を制御して、より高い人間性を求めて人間の自由と自発性を最大限に発揮できる体制を人民が選択する理想をアートとして目指している。ミルが自由と必然の半面の真理の総合を図ることによって、ミルが父より継承した観念連合説による決定論は、ミルの倫理学においてはロマン主義との調和が図られるようになった。ミルは人間精神の内的陶冶による人民の知的道徳的向上なしにはよき制度改革もありえず、人類の歴史的進歩を倫理と制度の調和するところに期待したのであった。

おわりに

本章での検討によって、ミルの経済学の理論的な領域におけるマルクスの批判を度外視するならば、マルクスのミル批判は思想的な立場の違いによる外在的な批判であることが明らかにされた。しかしマルクスのミル批判は外在的な批判とはいえ、ミルの社会主義論の核心を突いて両者の思想の際立つ対照を示しているのである。

マルクスがエッカリウスの名のもとに行ったミルの思想の全般的な批判において、完全に無視されている「将来の見通し」の章は、その後ミルの社会主義論の解釈の分岐点となった。シュンペーターが「将来の見通し」の章をミルの社会主義論の主張の核心をなす章とみなすのに対し、ロビンズは「将来の見通し」の章を重視する解釈を諫めた。しかし、マルクスが「将来の見通し」の章を無視することによって、マルクスのミル批判が迫力を増すことから理解されるように、体制変革を予測するハリエットの思想が混在するこの章を重視しない方がミルとマルクスの思想の対比を浮き彫りにするのである。その後の研究者であるダンカン、ライアン、スマートともに、ミルとマルクスが社会改革の究極の姿に人間の自由を追求したという共通性を認めながら、功利主義に基づくミルの穏健な改革と、マルクスの唯物弁証法に基づく社会的矛盾の止揚との対比を指摘する。階級闘争を歴史の原動力として革命の役割を重視するギゾーを継承するマルクスと、逆にギゾーを批判し、所有と制度の多様性をみて体制を選択する問題とするミルとの違いである。ミルとマルクスの社会改革の方法の差異は、理論と実践の統一を図るマルクスと社会主義を科学の対象とするミルとの違いであるとともに両者の方法論を含む哲学の異質性の帰結なのであった。

1) パップは、社会主義はハリエットにとっては「科学の産物」であったが、ミルにとっては「科学の対象」であったと述べている (Pappe 1960, 46)。そして、ミルが『経済学原理』で社会主義に容易に反対していると思えば、今度は容易に賛成しているのは、ミルが社会科学者として社会主義を科学の研究の対象としており、ミルができる限り冷静かつ客観的に取り扱おうとしているからであると解釈している。パップはミルがイギリスの労働運動の指導者たちに社会主義のユートピアの夢から地面に足を下ろして地道な運動を行うことを教えたと述べている (Ibid. 43)。
2) ベンサムは社会を個人の集合した擬制的な集団とみなし、精神科学の研究も個人の観察と経験を出発点とする。ベンサムは『道徳および立法の諸原理序説』で個人と社会の関係について次のようにいう。

　社会はそのメンバーを構成するとみなされる個々人から成る「擬制的な集合体 (a fictitious party)」である。その社会の利益とは、社会を構成しているメンバー

第 7 章　マルクスの批判に対するミルの思想からみた反論

の利益の総計にほかならない（Bentham 1789, 126/83 頁）。

　ベンサムは人間の精神に関する科学を自然科学と同様の精密科学として、立法を科学的原理の下に樹立することを課題とした。そしてその課題を探究するベンサムの方法は自然科学におけるベイコン的方法の精神科学への応用であった。すなわち、自然科学が感覚的に経験しうる特定の物体を分析してその成分を分析したり、特定の物体の実験から運動法則を明らかにするように、精神科学の方法も社会から出発するのではなく、社会を構成している個々の人間の観察や経験から認識できる現象から法則性を帰納的に把握する方法があるとベンサムは考える（関 1967 年、25, 26 頁）。
　ミルは社会科学の研究の出発点において、以上のようなベンサムの方法論的個人主義を継承し、この方法を貫いたとみられる。ミルは社会科学の方法を議論する『論理学』第 6 編第 1 章（序説）で、自然科学に比べて未発達な社会科学を含む精神科学の遅れを取り戻すためには、自然科学の方法を応用することであるとして次のようにいう。

　　精神科学（Moral Sciences）の遅れは自然科学の方法を適当に拡大し一般化して、これを適用することによってのみ改善することができる（CWⅧ833/（6）3 頁）。

　そしてミルは、精神科学の課題を「有機体としての人間の自然的本性」である「精神の法則（the laws of Mind）」と「社会の法則（those of Society）」に分ける（Ibid. 834/（6）4, 5 頁）が、ベンサムと同様に社会を人間の集合体として捉え、社会の法則を個人の人間性の法則の帰結として次のようにいう。

　　社会のすべての現象は、「人間の集合体（masses of human beings）」に対して外的環境が作用して生じる「人間性（human nature）」に関する現象である。それゆえ、人間の思考、感情、行動の現象が確定した法則に従うなら、社会現象は、人間性の法則の帰結である確定した法則に従わないわけにはいかないのである（Ibid. 877/（6）79, 80 頁）。

　ミルはこのように方法論の出発点においてはベンサムの個人主義を継承し、社会改革においても制度面の改革とともに人間性の向上、とりわけ人間の精神の内的陶冶を重視するのである。しかしミルがベンサムを継承しながらベンサムを批判し、ミル独自の方法論を展開したことはすでに述べた通りである。
　ポッパーはマルクスと異なるミルの方法論の極めて重要な相違点は、ミルが社

323

会学の研究を心理学に還元されなければならないと信じ、歴史的発展の法則が人間性、精神の法則、とりわけ精神の進歩の言葉で説明されなければならないと信じたことであると述べる (Popper 1962, 299)。ポッパーはマルクスを方法論的全体主義であり、決定論学派として捉えるから、ポッパーのこの指摘はミルの方法論的個人主義との対比として解釈される。
3) スマートが述べるように、ミルのイギリス経験論の伝統にある方法論的個人主義と、マルクスの形而上学的決定論と方法論的全体主義との対比は、両者の思想的差異性を浮き彫りにして興味深い。ミルとマルクスの歴史観に関わる方法論に関連して、バーリンは「歴史の必然性」と題するオーギュスト・コント記念講義 (1953) で自由主義の立場から、マルクス主義を含む方法論的全体主義を次のように批判している。

> いかなる科学的経験主義とも両立し難い形而上学的歴史主義の誤謬を最も明晰に証明し、強力かつ精密に述べた人はポッパーであり、彼の業績は高く評価することができる (Berlin 1969, 49/185, 186 頁)。歴史理論には、大きく分けて個人ないし不特定な多数の諸個人の意図や行為などの役割を認める個人主義的な理論と、超個人的な実在ないし力、すなわち精神的、物理的、社会的要因、例えば、世界精神、宗教、文明、民族、国家、階級、社会構造などによって歴史的変化がなされるという二つの理論がある (Ibid. 44, 45/174-176)。後者はプラトンに起源をもつ形而上学の流れにあり、歴史的変化における超個人的な精神や力を重視する決定論的な立場である。この理論は我々の実際の観察による記述や量的用語によって述べられる経験的に検証しうる理論ではなく、人間の歴史が法則に従うという信念に基づいて、人間生活のあらゆる出来事が必然的な歴史の歩みの一要素となって全体的・宇宙的図式の中で歴史が描かれる。ヘルダー (Johann G. Herder, 1744-1803)、コント、サン・シモン主義者、ヘーゲル (Georg W. F. Hegel, 1770-1831)、マルクス、シュペングラー (Oswald Spengler, 1880-1936)、トインビー (Arnold J. Toynbee, 1889-1975) はこの立場をとる思想家である (Ibid. 43-51/173-187 頁)。上記の人々の中で、ヘーゲルとマルクスは人間と人間の社会を広大な自然の一部である弁証法的に発展する歴史的過程として決定論的に歴史を把握する。ヘーゲルは歴史を巨大な精神的諸力の絶えざる展開として、又マルクスは社会的に条件づけられた階級闘争の歴史として物質的に描いたのである (Ibid. 60, 61/201, 202 頁)。

　歴史的決定論は人間の選択の自由や個人的責任という観念を排除するが、この歴史的決定論に経験論の科学的論議が進められると歴史の形而上学は社会学的理論に取って代わられ、問題は深刻さを増す。マルクス主義は大胆で知的に

歴史を科学として扱おうと試み、その勇敢な絶望的な試みにおいて不成功に終わったのであった（Ibid. 109/281 頁）。

　バーリンはこのように自由主義の立場からマルクス主義の歴史的決定論を批判し、人間の自由を抹殺した20世紀の思想の病根を衝き、ミルの『自由論』の意義を強調するのである。バーリンの提起する問題、すなわちマルクスの形而上学的な歴史的決定論を継承するものが人間の自由を抹殺する思想を生み、功利主義、自由主義、経験主義を特質とするミルの思想が人間の自由を束縛する力から人間を守ることができたのかどうかは、まさにミルの社会主義論の核心にふれるところである。しかしながら、本稿の課題は、ミルの社会主義論におけるミルの真の主張を探ることを優先するので、バーリンの提起した問題については、ミルとマルクスの思想の後世への影響を探りながら深めるべき問題として、次の課題として残すことにしよう。

第8章　ミルの体制論の倫理と科学

　以上のように考察された七章におよぶミルの社会主義論は、論点が多岐にわたるため全体の叙述を本章で要約することにしよう。
　財産の私有か共有か、あるいはいかなる所有制度が人類の幸福を促進するのかという所有と制度の問題は、古くはプラトンとアリストテレスによって提起され、ロックやルソーの対立する思想を経て、後世の思想家達によってさまざまな議論がなされた。ミルはギリシャの哲学者によって提起されたこの問題を科学の対象として探究する課題として取り組んだが、ミルの方法論を含む思想的特質によりその結論を明示することはなかった。ミルが体制論の結論を未決にしたことにより、ミルの社会主義論はその解釈が分かれることになった。この異なる解釈を生む主たる理由は、人間や社会における真理の多様性をみるミルの方法論と彼の叙述の方法による。ミルは時として半面の真理を強調しながら逆の半面の真理に言及することをせず、逆の半面の真理を別の文脈において叙述するので、半面の真理を強調する叙述にのみとらわれるとミルの主張の理解を誤ることになる。しかしながら、我々がみたように、ミルの思想の全体像からみるとミルの社会主義論の主張は一貫性を有しているので、その一貫性にミルの真意を読むことによりミル研究者の解釈の隔たりを狭めることは可能であろうと期待される。ミルは社会主義論で特定の制度を理想化することを差し控え、体制の問題を「時代と場所と環境に適する制度」を選択する問題とした。しかしそれは、ロビンズのいうように、ミルが人類の進むべき道に確信がもてなかったために問題を未決としたというよりも、体制論に倫理と科学の調和を図るミルの思想に基づくものと思われるのである。
　ミルは18世紀啓蒙思想を批判しそれと対立する新しい思想を18世紀と19世紀の思想の闘いとして捉え、啓蒙思想を保持しながら新しい思想との融和を図った思想家であった。父ミルから薫陶を受けたギリシャ哲学を基礎として、

ミルは功利主義に対してロマン主義、自由主義に対して社会主義が調和する可能性を探った。ミルはベンサム主義を継承しながらロマン主義的自由主義を受容し、彼独自の功利主義、自由主義と経験主義の思想のもとに、『論理学』で展開した方法を基礎として比較体制論を主張した。ミルの社会主義論は、ミルが18歳の時のオウエン主義批判から「遺稿」に至るまで、思想的立場の変化と思想の成熟度、時代的文脈の違いによって主張の力点の置き方に濃淡の差があるものの、ミルの主張の核心的な部分は変わらず、現代の我々にも体制に関する考察に対して示唆を与えてくれるのである。若きミルの思想形成から「遺稿」に至るまでのミルの思考の後を辿り彼の思想をまとめることにしよう。

　ミルが3歳から成人するまでの父による英才教育は、ミルを早熟の思想家として育てる基盤をつくった。ミルは学校教育を受けなかったのである。ギリシャの古典学に始まる父の厳格な教育は、人間の教育に無限の信頼を置く観念連合説に基づく父の教育思想に基づくとともに、父とベンサムとの協議により、ミルを功利主義による社会改革の闘士を育成するという意図のもとになされた。功利主義と観念連合説を軸とする父の思想はミルへと継承された。だが父の教育がミルの精神の成長におよぼした影響のうち社会主義論に関して重要なことは、ミルが幼少の時より教育と生活を含めて父の完全な管理のもとで育ったために、精神的に父に従う依存性体質になったこと、そして知的でない女性を軽蔑する父の女性観も受け継いでしまったことである。それは後になって、父の死後、知的な妻ハリエットに対するミルの精神的依存を強め、ミルの社会主義論に影響をおよぼすことになるのである。

　ミルは1820年に一年余りフランスに滞在する。このフランス滞在はミルに大陸の自由主義への永続的な関心を呼ぶ。フランスから帰国後、ミルは急進主義と民主主義を指針として人類の現状を変革する決意を固め、父ミルの指導する哲学的急進派の主役として実践活動に携わり、哲学的急進主義の普及のために活躍する。だがミルが1826年の秋に陥った精神の危機は、ミルが父の思想的支配から脱却して独立して歩む転機となった。ミルは半年余り悩んだ後、その精神的苦悶から徐々に回復するが、危機を克服する過程でミルが悟ったことは、人間の感情の働きの重要性、および精神の内的陶冶が人間に幸福をもたら

すという幸福感であるとともに、父の政治論や代議制民主主義を絶対的な原理としてはみなさなくなったことである。ミルは精神の危機の後、人間を快楽と苦痛を感じる存在として捉えるとともに、社会は私利を追求する諸個人の集合体であるとして捉えるベンサム主義に疑問を感じるようになる。ミルは1820年代後半から30年代にかけてワーズワスの詩、コウルリッジの思想などロマン主義に親しみ、カーライルとの交流を深めて、感情の陶冶と人間の自由の観点からベンサム主義に修正を加える。ミルはベンサムによる人間性の把握は狭すぎるし社会の把握は一面的すぎる。人間性を高め社会改革を図るためには、個性豊かな人間性と多様な国民性をみるべきであると考える。ミルは功利の原理をより広く捉え、低次元の快楽と高度な幸福との両立を図る。ミルは最大幸福を第一原理とする人生の目的のために自己の幸福を直接求めず、人類の進歩あるいは美や真理の探究などを目的とする何らかのアートを目指して、精神や行動を集中することによって付随的に幸福感が得られるものと考える。精神の内的陶冶に人間の幸福をみる若きミルは、功利主義を柱としてギリシャ哲学の素養と父ミルから継承した観念連合説の経験主義に加えて、人間の自由意志を重視するロマン主義的な倫理的自由主義の調和を図る。ミルが社会主義論でよりよき体制を選択する鍵を「人間の自由と自発性を最大限に発揮する」ことができる制度かどうかを判断の規準とする思想の源泉は、精神の危機を契機として必然論との調和を図った倫理的自由主義にあるとみられるのである。ミルの社会主義論に関係する思想的源泉は上記のほかには、民主主議論ではトクヴィル、方法論ではコント、そして社会主義論ではオウエン主義者ウィリアム・トンプソンとサン・シモン派をあげることができよう。ミルはトクヴィルから民主主義に潜む多数の専制の危険、フランスの中央集権に対するアメリカにおける地方自治の重要性を教えられた。方法論では、ミルはベンサムから方法論的個人主義、コントから社会静学と社会動学の区別、および逆の演繹法を継承した。そして社会主義論では、トンプソンから、小規模で民主的かつ自発的な相互協働のアソシエーションの思想を学び、サン・シモン派から動的な歴史観と私有財産の歴史性についての刺激を受けた。このようにミルの社会主義論は、功利主義、自由主義そして経験主義を軸として上記の思想が融和することによ

ってミルの思想として展開されていくのである。

　ミルの社会主義論の背景にある時代的文脈はいかなるものであろうか？　ミルが活躍した1830年代から1870年代に至るヴィクトリア時代のイギリスは、前世期後半からの技術革新を基礎とする経済発展の波にのって工業化と都市化が進展し、産業資本家を中心とする資本主義体制が確立した時代であった。ミルの社会思想の展開は、世界の工場として繁栄するイギリスの経済発展とその矛盾という光と影を反映している。19世紀前半のイギリスにおける急速な工業化に伴う体制の変化はイギリス社会に対立と混乱をもたらした。1820年代末には、労働階級の失業と貧困の克服を目指すオウエン主義者の活動により、協同組合がイギリス各地で設立され、労働組合が活動を開始する。当時のイギリスにおいて労働問題が深刻な社会問題となったのであった。ミルは私有財産制度を前提として社会改革を図るベンサム主義の徹底した教育を受けた。ミルはアリストテレスが論じた私有の原理を評価し、農民が土地所有によって徳を高める効果を賞賛した。しかしその一方で、ミルは時流には敏感であり、新しい社会問題である労働問題に強い関心を抱いた。ミルは1832年の第一次選挙法改正に不満をもつ労働者による30年代末からのチャーティスト運動による労働運動の高まりを意識しつつ、1848年フランス二月革命の際には、革命を非難し共和制に反対した知識人ブルーアム卿を批判し、社会主義運動を評価する自らの政治的立場を表明する。ミルは1851年に保守的な道徳哲学者ニューマンの社会主義批判に反論し、社会主義の正当な評価を訴えている。ミルが第3版（1852）の前年に書かれたニューマン批判の論文は、第3版の改訂の意義の理解を助ける。ミルの社会主義論について研究者の間で議論を呼ぶ『経済学原理』第3版と「遺稿」（1879）の間にある異なる印象もこのような時代的文脈抜きには解釈できない。ミルが社会主義に関する独立の著作を著す意図をもったのは二月革命直後の1849年であり、ミルはその20年後に「遺稿」を書いた。ミルが社会主義に関する書物を実際に著す契機となったのは第一インターナショナルの結成である。ミルは1866年から毎年一回開催されたこの国際的な労働者の会議における議論から理解される社会主義運動の動向をみて、社会主義の問題が現代の大きな問題となるのは不可避であると判断すると同時に、

大陸の社会主義者が主張する体制変革の動きに接してこれは人間の自由に対する脅威であると感じ、ヴィクトリア朝におけるイギリス経済の繁栄を背景として、ミル独自の社会哲学に根差す体制論を「遺稿」で著したものと理解されるのである。私的所有が人間性におよぼす利点を賛美する一方で社会主義の理想化までを射程にする広範囲でアンビヴァレントな要素を含意するミルの社会主義論をこのような時代的文脈の中でいかに理解すべきなのであろうか？

　ミルの『自伝』におけるハリエットに対する誇張した表現により、『自伝』それ自体に対する信憑性に疑問がもたれるようになったことは、ミルの親友であるベインによって指摘された。ミルのハリエットに関する叙述のみならず、社会主義論についても研究者の多くは『自伝』で読者が受ける印象と他の論文でミルが繰り返し語る彼の主張とのずれをいうのである。ミルは『自伝』で自分が社会主義の影響を受けたのは、ハリエットとサン・シモン派のお蔭であり、ハリエットと自分が社会主義者という一般的呼称によって呼ばれる思想家になったという趣旨のことを述べている。しかしながら、ミルがいうようにハリエットが社会主義者という一般的呼称に入る思想の持ち主であるといえるとしても、人間の自由と個性を重視して最善の私有制と理想的な社会主義との体制比較と体制の選択を主張するミルが社会主義者という一般的呼称で呼ばれるのが適切なのかどうかは異論が多い。一方、若きミルは動的な歴史観のもとに私有財産の歴史性をいうサン・シモン主義に感銘を受け、1820年代の終わりから数年間サン・シモン派との交流を通じて社会主義に関する理解を深める。しかしミルとサン・シモン派との蜜月はなく、ミルはサン・シモン主義に心酔したわけではなかった。ミルはサン・シモン主義をオウエン主義やフーリエ主義と同じく所有制度改革のための科学的研究対象の一つとして客観的に扱う。ミルがサン・シモン派から受けた私有財産の歴史性の認識によって社会主義に対する理解を深めたことは事実であるとしても、ミルが彼らのお蔭で社会主義者になったという表現は疑問が残るのである。

　ミルの社会主義論における主張の一貫性は、若きミルのオウエン主義批判において萌芽的な示された思想が、『経済学原理』を経て「遺稿」に至るまで保持されて、最初に提示された論点が変わらずに考察が深められ主張にぶれがみ

られないことによって理解される。ミルは実に早熟の思想家であり、ホランダーがいうように、生涯にわたって思想的に変化の少ない哲学者である。18歳のミルは哲学的急進派を代表して競争と私有財産を否定するオウエン主義を批判する立場にあった。しかしミルがオウエン主義者の代表であるトンプソンとの議論の応酬を通じて知ったことは、論敵であるはずのオウエン主義者が、ミルと同じ社会改革の目的を有していることである。即ちオウエン主義者は人類の最大幸福という功利の原理を目標に分配的正義を実現すべく社会改革を図っている。ミルは功利主義に基づく彼らの目標に同意するが、オウエン主義者は誤った人間性の把握をしていると考え、正しい人間性の把握によって幸福にとって都合がよく、人間性の完成に導く制度を探ることが重要であると思うようになった。そしてミルは競争の制度か協同の制度かという問題は人間の幸福にとって極めて重要な制度の問題であるから、二つの制度の欠点を比較しながら判断すべきであるという考えを述べた。若きミルのオウエン主義批判が、後に功利の原理を第一原理として人間性の完成を導く制度を比較しながら探り、分配的正義を図る思想となってミルの社会主義論の骨子となるのである。そしてミルがオウエン主義を批判した論点のうち、①分配の完全な平等は労働の貢献度を看過している点で分配的正義とはいえない、②オウエン主義者は競争の意義を誤解しているが競争原理は正しく評価すべきである。もし協同の制度で競争による貧富の差がなくなれば、労働者の勤労意欲と経営者の競争意欲を減退させ生産力を妨げる恐れがある、③協同の制度は過剰管理の危険性があり、人間性にとって大切な人間の行動の完全な自由を保障しているわけではない、④人口原理は社会主義になれば解決されるというものではなく、人類が体制の問題を超えて取り組むべき課題である、⑤協同の制度はコミュニティの設立と維持に多額の資金が必要であるが、その多額の資金は教育投資にまわす方が制度改革には効果的であるという五つの論点は、ミルの社会主義論の検討の素材になった。ミルの社会主義論の揺籃期の論点が生涯保持されることになったわけである。

　ミルが初めて労働問題について述べた「労働の主張」（1845）はミルの社会主義論の出発点である。博愛主義者アーサー・ヘルプスの同名の著書を書評す

第8章　ミルの体制論の倫理と科学

る形で批判しているこの論文でのミルの主張は、労働者の自立を促す精神的改革と労資の対立を解消する制度改革の両面から労働問題の解決を図るものである。ミルは功利の原理に基づき、人間の生存のための所有の安全を確保する重要な活動をつかさどる労働者が、雇用者によって「買われた道具となって、仕事に興味を示さない」状況がみられるのは極めて不幸な事態であるとして解決の方向を示す。ミルは雇用者側の同情に基づいて解決を図るヘルプスの父権主義的従属保護の理論を批判する。そして労働者自身の意識的な精神の陶冶を促すための教育の役割を強調する。労働者の精神的改革は労働者自身が社会改革の主役になることを意味するとともに、労働者が教育によって知性と徳性を高めることによって、ミルは暴力を用いることなしに世論による民主的な社会改革がなされることを期待する。そして、ミルは労働者の精神的改革と並んで、労働者の勤労の権利と資本家の所有の権利を調和する実践的な方法は「協同の働き」であるとして、アソシエーションの実験を繰り返し行うことを可能にする法制度の改善を提案する。「労働の主張」におけるミルのアソシエーションは、労働者が少額の資金を出し合って「パートナーシップないし株式会社」の形態で労働者が雇用者になる試みである。ミルはこのアソシエーションの実例として、「将来の見通し」の章で検討されるフランスのルクレールの実験をあげる。ミルのここでのアソシエーションは、小規模で民主的で、労働者が労働の自立性をとり戻す実験であり、トンプソンの影響を推測することができる。またミルが制度比較の実験を繰り返し主張するところに、ミルの社会主義論の科学性と比較体制論の思想の基礎を読み取ることができる。ミルは「労働の主張」では農業における自作農の利点と労働者アソシエーションによる土地の共同所有との比較検討を示唆している。この比較体制の思想は「所有論」へと連なり、またアソシエーションの検討は「将来の見通し」の章へと、そして暴力を避け世論による民主的な社会改革を行うのは「遺稿」へと連なる思想である。ミルが「労働の主張」で述べた精神（倫理）的改革と制度（科学）的改革を車の両輪として改革を図らなければ効果がないという主張はミルの社会主義論全体を貫く思想なのである。

　二月革命は、ミルとハリエットに衝撃を与えた。ジェイコブズによれば、ハ

333

リエットは二月革命に刺激されて革命の後、独自の革命の思想をもったといわれる。ミルは彼女ほど過激な反応は示さなかったといえ、社会主義運動が社会におよぼす影響は今後大きくなると判断し、『経済学原理』初版を出版した直後の1849年に社会主義論を執筆する意図をもつに至った。そして『経済学原理』第2版（1849）を改訂し第3版（1852）を著した。しかしこの第3版の改訂は、「将来の見通し」の章において著しい変化がみられる一方で、「所有論」についてはミルが『自伝』や第3版の序文でいうような大きな改訂とはいえず、原理的な変化はみられないのである。ミルの第3版の改訂の意図は、ミルの書簡、および初版と第3版の間に執筆された二本の論文、「二月革命の擁護」（1849）と「ニューマン経済学」（1851）から推測することができる。それゆえ、「所有論」については第3版で初版の社会主義に反対する表現の大部分を削除したという『自伝』でのミルの叙述はここでも誇張した表現としてみられる。当時のミルの書簡によれば、ミルが『経済学原理』初版の書評からミルが社会主義に対して反対であるような誤解を受けていることが判明したため、この誤解を解く必要が生じたのであった。ミルは1845年に「労働の主張」でアソシエーションの実験を繰り返し行うことを主張したが、その3年後に、普通選挙を基礎とした共和制政府によって「勤労の組織化」の実験が実際に行われたことは経験主義者ミルにとって画期的なことであった。ミルは「二月革命の擁護」を著し、社会主義運動の歴史的意義を正しく評価することを主張する。ミルは社会主義の掲げる「分配的正義」「労働の尊厳」「勤労の組織化」という目標を二次的アートとして経済体制の問題を科学的に探ることを示す一方で、彼らの現体制批判に学び彼らの目的と努力を利用することに改革の意義を見出すという政治的立場を表明する。そして「ニューマン経済学」では、ミルはニューマンの体制認識の甘さを批判して、功利の原理をアートとして分配的正義を図る倫理と科学の両面から体制の問題を探究しようという経済思想の立場を表明する。それゆえ第3版改訂の意図は『自伝』でミルが述べる反社会主義的表現を社会主義の立場から改め体制論を議論するということとは異なるのである。

　ミルは「半面の真理を総合するところに人間の自由があり」この方法により卓越した思想が生まれるとして、半面の真理の総合を重視する。しかしミルが

第8章　ミルの体制論の倫理と科学

語るのは、ミルがこの方法を重視して使用しているということだけで、ミルが特にこれについて理論的に語ることはない。ミルの社会主義論の方法は、『論理学』で展開される。なかでも社会主義論に関しては、「実践の論理（アートと科学）」、エソロジーとポリティカル・エソロジーの構想、および社会静学と社会動学の区別が重要であると思われる。ミルは「アートと科学」をベンサムから学んだ。アリストテレスは倫理学で、アート（到達すべき目的）を最高善である「幸福（Eudaemonia）」としたが、ベンサムはアート（功利あるいは最大幸福原理）と科学の密接な関係を捉え、アートを目指す新しい科学の創出を社会科学の課題とした。ミルはベンサムのこの課題を受容する。そして実践の論理を『論理学』の最終章で展開して、アートと科学の相互依存の関係を方法として社会科学に適用する意図を示すのである。実践の論理は、ミルが『論理学』の中で最も重要だと述べている「自由と必然」の論理を基礎とする。それは人間の自由意志によって目的を目指す当為の議論であるとともに自然や社会の必然的な法則性の制約を受ける存在の議論であるから、倫理と科学の世界の論理である。このような実践の論理に従えば、ミルの社会主義論のアートは人類の幸福の増進という功利の原理であり、科学はこの目的にとってのぞましく実行可能な制度を実証的に探究し、人間が究極的な規準に従って実証的な探究の結果を評価し人間性に適する制度を選択することになる。功利主義者であるとともに自由主義者であるミルにとって、体制選択の究極的な規準は功利の原理であり、人間の自由と自発性を最大限に発揮する制度を探ることである。社会主義者の主張する目標を究極的規準に従属する二次的アートとして具体的に経験的に探究されることになるのである。

　実践の論理とともにミルの社会主義論にとって重要な方法は、エソロジーとポリティカル・エソロジーの構想と社会静学と社会動学の区別である。ミルは、自然界が自然法則によって支配されているように、人間および人間の集合体としての社会は人間性の経験的法則によって支配されていると考える。だが人間および社会の法則は、自然法則に比べて人間の個性や国家や社会の特殊性があるから、法則性の把握が困難である。ミルは人間の精神の法則が心理学による解明に加えて、人間の個性や社会の多様性を研究する科学によって解明される

335

必要性を感じる。そして 1843 年に『論理学』を出版した後、ミルは人間の個性のもとをつくる性格（人間性）の形成と多様な国民性を科学的に捉える方法として、エソロジー（性格形成の科学）とポリティカル・エソロジー（国民性の科学）を創出する構想をもつが実際に研究に着手するまでに至らなかった。所有の思想の多様性を認め、制度の問題を「時代と場所と環境に適する制度を選択する問題」として考えるミルにとって、この構想が手つかずのままであったことは、ミルの社会主義論の展開にも影響することである。しかしミルはこの構想を断念するがその思想は保持するのである。

ミルはコントの方法を受容して社会静学と社会動学の区別を社会主義論に適用する。社会静学は「所有論」において比較体制論として展開され、他方、社会動学は定常状態論における理想社会論と「将来の見通し」の章におけるアソシエーション論として展開される。そして「遺稿」は静学と動学を総合する視点から理論が展開される。先ず「所有論」における比較体制論の要旨をみることにしよう。

「所有論」の課題は、人間性の法則を認識するとともに人間性を完成に導くことのできる制度を比較しながら探ることである。ミルは社会主義を共産主義と社会主義の二つに分類する。共産主義は分配的正義の完全な実現を図るため私有財産の全廃と完全な分配の平等を唱える。共産主義にはオウエン主義をはじめとしてルイ・ブランやカベの思想があげられる。共産主義と対置される狭い意味の社会主義は共産主義に対する非難に考慮して分配の不平等を認め、生産手段など何らかの共有共営を図るが、偶然による不平等を認めず、定められた原理に従って分配的正義を図る思想である。この社会主義は穏健で思慮深く独自の哲学をもっているという意味で「哲学的社会主義」であり、サン・シモン主義とフーリエ主義がこの思想に属する。

ミルは「所有論」で先ず共産主義に対する反対論について検討する。それは財産の共有と分配の完全な平等を図る共産主義と私有制との比較において、ミルが 30 年前にオウエン主義者との議論の応酬に重なる論点について次のようにいう。①私有制から共産制に制度変化した場合の勤労意欲は、共産制における教育による労働者の公共心が、私利の動機を超えて勤労意欲が増すかどうか

は未知である、②共産制において実質的に完全な分配の平等を図るための異種労働の質的差異を考慮した労働配分は困難であろうが、だからといって人類がこの問題を解決できるかもしれないという希望を捨てるべきでなく、この困難性をもって共産主義を排除してはならない、③世論と法的な刑罰が厳しくなる共産制における人口管理は管理し易くなるであろう、④自由を捨てて平等を要求する社会組織は、人間性の法則に反し、人間性の最も高尚な特性を奪うものである。いかなる制度が人類にとってのぞましいかという体制選択の問題は、人間の自由と自発性を最大限に許す制度かどうかを選択の規準として、教育の普及と人口調節を条件に、経験的知識を基礎として分配的正義を図る複数の制度を最善の状態で比較することによって選ばなければならないのである。

　分配的正義を目指して完全な平等を図る共産主義に対する反対論に考慮して工夫された哲学的社会主義の検討は、サン・シモン主義とフーリエ主義の比較である。ミルは、サン・シモン主義が労働者の担当する業務の重要度と労働者の仕事に対する貢献度に応じて報酬を定めることによって労働者の勤労意欲に配慮し、分配の不平等を認めている点で共産主義より精緻な社会主義であるとしてサン・シモン主義を評価する。しかしこの制度は、アソシエーションの指導者が労働者の能力に応じて仕事を割り当て労働者の貢献度を評価するために、指導者に権限が集中する専制を必要とする。専制的な制度は人間性の法則に反し、労働者の満足を得られないであろうからとしてミルはサン・シモン主義に反対する。ミルは「所有論」ではフーリエ主義を高く評価する。フーリエ主義の長所は、分配的正義に対して多面的に考慮し、人間性の回復を目指す労働の尊厳を目標としていることにある。フーリエ主義は労働者の最低生活が保障された上で労働は自発的に選択され、労働、資本、才能の三要素を考慮した個人の貢献度を認めた分配方式をとるから、労働者の勤労意欲が現制度よりも高まると考えられる。しかしミルはフーリエ主義の唱えるファランジュを、扱いにくい性格をもつとして必ずしも賛同するものでなく、またフーリエ主義者は制度改革には熱心であるが、改革に最も大切な道徳教育を忘れている。この点では、制度改革に教育の役割を重視するオウエン主義はすぐれているのであるが、ミルは「所有論」ではフーリエ主義をさまざまな社会主義と同様に「勤労の組

織化」の実験の機会を与えるに値するアソシエーションとして提示したのであった。

　人間と社会の進歩性を明らかにすることを課題とする社会動学の領域で、ミルの社会主義論は人間の理想社会とアソシエーション論が述べられる。ミルはアソシエーション論の前に定常状態論を展開し、人間性を完成に導く理想社会を描くことによって、体制論の理想を示す。ミルはトクヴィルからの情報などを参考としてアメリカの経済社会を私有制と市場競争を基礎とする資本主義経済の典型とみなし、経済成長主義に基づく過度の競争社会を批判する。ミルによれば、私有制と競争を基礎とする経済は、無制限の資本と人口の増大を続けるとすれば、技術の改良と資本輸出という成長要因を利潤率低下の法則とマルサスの人口法則が凌駕することによって、終極的には資本と人口の定常状態を迎えることになる。人類が経済的に利用可能な地球上の資源は有限であるから、富と人口は無限に増大するわけにはいかない。スミスの流れにある経済学者たちは、経済成長主義の立場にたって、定常状態を人類の到達する悲観的な状態としてみているが、ミルは悲観するにはおよばないという。なぜなら、経済的定常状態は人類の人間的進歩の停止を意味するわけではないのであるから、経済成長主義を改め、分配的正義と人口の適度な制限、および教育と地球環境に配慮する経済運営をすることによって、定常状態と両立する制度において人間的進歩を図る方向を目指すべきという。ミルが定常状態と両立すると考える理想的な経済社会は、人々が富の獲得に専念することなく、「人生のアート」を豊かにするような人間性を高めることを可能にする制度改革によってもたらされる。

　このような理想社会を示した後で、ミルは「将来の見通し」の章でアソシエーション論を展開する。『自伝』によれば、ミルは初めハリエットの書いたこの章を『経済学原理』に挿入する意図はなく、最初の原稿にはなかったが、彼女が「将来の見通し」の章が必要であり、この章がないことには、『経済学原理』が著書として不完全であるという理由でミルを説得し、ミルが彼女の要求を受け入れてこの一章を加えたという。しかしミルのこの『自伝』の叙述も事実と多少異なり表現に正確さを欠くのである。すなわち『経済学原理』初版と

第 2 版に「将来の見通し」の章はあるとはいえ第 3 版とその内容が異なる。問題は第 3 版の「将来の見通し」の章の変化が重要なのであり、第 3 版で労働階級の将来の見通しを予測しないことには社会動学の意義が薄れるという彼女の主張をミルが受け入れて彼女の労作を挿入したという方が事実を表わしている。「将来の見通し」の章というタイトルは同じでありながら、初版と第 2 販の場合は、初版執筆直前に書いた「労働の主張」(1845) とほぼ同じ主張を更に発展させて、父権的理論を批判し、労働者の精神的陶冶と知的道徳的向上を訴え、人口原理の制御、雇用関係の廃棄と勤労の組織化の原理によるアソシエーションの実験の主張、パートナーシップを含む多くの種類のアソシエーションと株式会社制度の普及や発達への期待が述べられる。そして第 3 版の第 1-3 節においては、初版と第 2 版「将来の見通し」の章のミルの主張を繰り返し、従属保護の理論に代わるべき労働者の自立の理論を展開する。すなわち社会改革に相即の関係にある労働者の徳と自由意志による精神改革の重要性の主張である。ところが第 3 版の第 4-6 節においては、ミルとハリエットの思想が混在するアソシエーション論が展開される。先ず第 4 節では「労働の主張」から初版と第 2 版へと流れるアソシエーションの実験を試みるミルの思想は削除され、正義と平等の観念と労働者階級の勢力の増大による労働者アソシエーション (生産協同組織) への体制変革の予測がなされる。第 5 節では「所有論」第 3 版で一定の評価がなされたフーリエ主義については何も言及されず、第 2 版での資本と労働のアソシエーション (パートナーシップ) の記述が縮小される代わりに労働者アソシエーションが詳述される。そして第 6 節の結論的な部分で、歴史社会がアソシエーションの原理によって、予想以上に近い将来、一種の自然発生的過程を経て一つの社会変革に辿りつく道を歩むというのである。第 4 節と第 6 節における結論は、資本家と労働者のアソシエーションと労働者アソシエーションを実験の対象とするミルの思想ではなく、私有制から労働者アソシエーションへの必然的な体制移行を予測するハリエットの思想が述べられている。労働者アソシエーションへの体制移行の思想は、「労働の主張」から『経済学原理』第 3 版「所有論」、および「遺稿」に至るまでのミルの思想、あるいは「第 3 版の序文」で述べるミルの社会主義論の目的と矛盾するのである。「第 3

339

版の序文」でミルは経済体制の結論を未決のまま残すことを明言している。この矛盾はミルが第3版の「将来の見通し」の章を『経済学原理』に挿入する意図が全然なかったにもかかわらず、彼女に促されて挿入したという叙述から推測すると、方法論的に次のように理解される。

　すなわちミルの方法論に従えば、「将来の見通し」の章は社会動学の分野に属するから逆の演繹法によって理論展開がなされるべきである。逆の演繹法は歴史的経験から概括的結論を得た場合、心理学およびエソロジーの法則による不断の検証によって人間性の法則に合致しているかどうかを演繹的に確かめなければ科学とはならない。労働者アソシエーションへの体制変革の予測が、歴史的経験から得た結論といえるのかどうかが先ず問題となるが、この結論が社会静学の分野である比較体制論による不断の検証なしに叙述されることは、体制論の科学的解明を課題とする社会主義論では方法論的視点からみて問題なのである。ミルが初版と第2版における「将来の見通し」の章の最初に、この章は社会動学の方法が適用されるという方法論的叙述を述べながら第3版でこの叙述を削除したのは、第3版における方法論的な欠陥をミルが意識していたものと推測される。方法論的に問題であることをミルが知りながらハリエットの思想を述べた「将来の見通し」の章を第3版に挿入したのは、ミルのハリエットに対する精神的依存の帰結とみられるのである。

　「遺稿」はミルが青年時代から思索を続けてきた社会主義論の結論としてのまとまりがみられる。「遺稿」執筆の動機に第一インターナショナルを軸とする大陸の社会主義者の動向があり、「遺稿」全体に共産主義を懸念する論調がみられるため、「遺稿」は共産主義に対する反対論として解釈する論文が多い。しかしながら、ミルの社会主義論全体の流れと「遺稿」における共産主義批判の後に述べられる体制比較のバランス、および「遺稿」第5章における私有の観念の歴史的な可変性の叙述をみると、ミルが共産主義への懸念を強めれば強めるほど体制論の原点に返り思索することの重要性を感じていたように思えるのである。ミルは共産主義への過激で革命的な体制変革には反対するが、共産主義を排除しているわけではない。逆に私有制についても、ミルは無秩序で無制限な競争と自由放任の私有制には反対するが、競争と私有制を放棄するので

第 8 章　ミルの体制論の倫理と科学

はなくその原理と制度のもたらす弊害の改善の可能性をみているのである。
　競争に基づく私有制と共産主義を対極において、功利の原理を究極のアートとして、人間の自由と自発性を最大限に発揮できる制度を経験や実験を通じて科学的に比較しながら探りつつ選択するものとし、体制の問題を未決にする「遺稿」の社会主義論は、原理的には「所有論」と変わりはない。「遺稿」が「所有論」と異なるのは共産主義に対して好意的ではなく、革命的な社会主義が検討の対象から除かれてオウエン主義、フーリエ主義、ルイ・ブランのアソシエーションを「単純な共産主義」としてモデル化し私有制と比較の対象として検討されていること、および「所有論」の比較体制論にはない社会動学の視点から、私有制の永続性と所有の観念の可変性という矛盾する思想が述べられ、私有制の改善と共産主義の理想の追求という両義的な制度改革が示唆されていることである。ミルの社会主義論にとって、より重要なのは両義的な制度改革が示唆されたことである。なぜなら、研究者によるミルの社会主義論の解釈は、私有制の改善か、それとも究極の体制としての共産主義かのいずれかの方向に力点がおかれて解釈されて、ミルの体制論の両義性が看過ないし過小評価される場合が多いからである。ミルが半面の真理を重視する方法を採用し、資本と労働の立場を一方に片寄ることなく体制の問題を経験的に判断すべきとした意図が無視ないし軽視されていることが問題なのである。
　「遺稿」がミルの社会主義論の最終的立場であるとすると、功利主義、自由主義、経験主義というミルの思想的特質は、いかなる調和を示しているのであろうか？　ミルの目的論の究極的規準は、功利の原理あるいは人類の最大幸福原理であるが、ミルの体制論の結論は、理想を追求する共産主義的原理の試練と改善を重ねる私有制とのいずれが人類の最大幸福を目指すのに適した制度なのか新しい光が絶えずあてられる未解決の問題であり続けるであろうとされる。ミルが『自由論』第3章で述べるように、ミルにおける制度改革は、人間および社会の「唯一の確実な永続的な改革の源泉は自由である」とともに、「個性の自由な発展が幸福の最も本質的な要素」であることによって功利主義と自由主義は融和し、人間性を高め人間の自由と自発性を最大限に発揮する制度が探究されることになる。そして制度改革はアートと相互依存の関係にある科学の

341

領域であるから、観察や実験による経験によってアートにとってのぞましいことが経験主義の立場から証明されることなしには、選択の対象にはなりえない。だがたとい特定の制度が選択されたとしても、ミルは個性の自由な発展が社会的に矛盾を生み、その社会的矛盾の存在が社会の進歩の条件として永遠に存続すると考えるから、ミルによれば、歴史的社会の進歩のための体制の選択は「新しい光が絶えずあてられる未解決の問題」であり続けることになる。

　ミルは競争と私有制のもたらす問題の解決に、社会主義者の掲げる分配的正義、労働の尊厳、勤労の組織化という目標を二次的アートとして体制比較の議論を展開する。ミルが「遺稿」で私有制と対比する社会主義は、消費財の私的所有を排除せず生産財の共有を工夫するオウエン主義、フーリエ主義、ルイ・ブランのアソシエーションなどの哲学的社会主義であり、ここでは「単純な共産主義」と呼ばれる。ミルは彼らの主張にみられる経済学的な誤りを正し、異なる体制における人間性の変化を比較する。比較する論点は、勤労意欲、分配的正義、自由の問題であり、これらの論点は「所有論」と変わらない。「遺稿」における勤労意欲についてのミルの主張は、労働者についての変化よりもむしろ、共産主義における経営管理者がリスクを避ける官僚的な発想をする傾向が強くなるであろうとの指摘である。分配的正義については「所有論」と同じく共産主義における労働配分の困難性が指摘され、形式的な平等が労働の適材適所の利点を損なう危険性が述べられる。それは生産性の観点からみれば、人間の適性に従った分業の経済的利点を損なう共産制に内在する欠陥の可能性を指摘しており、「所有論」よりは共産主義批判の強い表現となっている。最後に人間の自由の問題については、共産主義における多数者による個性への圧縮の危険性が強調される。ミルによれば、共産主義においては私有制における物質的利害の争いに代わって管理における優越と権勢のための争いが激しくなる。人間の平等を重視する共産主義においては多数者の意見が強力となると同時に、官僚制によって指導者の管理する公権力が拡大するから、民主主義において憂慮された以上に個人の自由と個性を抑制する「多数の専制」の危険性があるというのである。そして「遺稿」においても、人類の進歩に対する障害を克服するためには、功利の原理をアートとして人間の自発性を自由に発揮できる制度

を思考と実験によって探究するという「所有論」と同じ結論が述べられる。

　ミルが「遺稿」でこのような共産主義批判をしているとしても、ミルが共産主義に反対しているわけではないことは、ミルが「遺稿」で現在の水準、すなわち知的道徳的に不十分な水準における人民の異なる制度のもとでの人間性の変化を比較していることから理解される。ミルにおける制度比較は、可能な限り最善の私有制と理想的な共産制を目指した制度の比較でなければならない。よりよき制度の比較は教育による人民の知的道徳的水準の向上を前提とするが、ミルは教育を「最も困難なアート」とするから、制度比較のために要する年月は極めて長い時間が必要となるのである。

　「遺稿」は社会静学に属する比較体制論とともに、社会動学の視点から私有制の永続性と所有の観念と社会制度の可変性が両立するという両義的な体制論が述べられる。一方において、人類社会が存続する限り私有制は存続するであろうという私有制の永続性は、教育の困難性と私欲に基づく人間の保守性によるものである。他方において、ミルは所有の観念と社会制度の歴史的可変性に関する過去の例証を示すことによって所有の観念の可変性の証明を試みる。私有制の永続性と所有の観念の可変性が両立するミルの思想が目指す体制は未決であり、現実的な体制の選択は体制比較により経験が決めることとされる。

　以上のように考察されたミルの社会主義論の結論をミルの思想的特質とその方法論から解釈して要約すると次の通りになると思われる。

　社会改革の究極のアートは人類の幸福の増進であり、人間性の完成を目指すアートである。人間性の完成のために人間精神の内的陶冶と人々の知的道徳的水準の向上を目指す教育とともに、人間性に逆らわない制度の改善が求められる。社会主義者の指導原理である分配的正義、労働の尊厳、勤労の組織化は功利の原理に従属する二次的アートである。科学は、アートに課題を与えられて、人間の自由と自発性を最大限に発揮し二次的アートと両立するとともに、競争原理を生かして経済的原動力を活性化し、労働配分に対して人々に不満がない制度を複数の制度を比較しながら実験や経験によって探求する。その制度は中央集権や官僚の肥大化を排し、分権的で民主的であると

同時に体制の選択も民主的、漸進的に行われるものとする。その体制の選択は、「時代と場所と環境に適する制度」を選択するものとし、その選択肢は、できるだけ広いほうがのぞましい。ミルの意図する社会改革は、制度面とともに教育による人々の精神の陶冶に依存するから解決は容易ではない。私有制における経済的調和は市場の自動調節機能によってなされるが、共産主義における経済的調和のためには、人々の利己心を克服するよう教育による高い知的道徳的水準が要求される。教育は長い年月を要する困難なアートなので、人々が当面なすべきことは、私有制を転覆することなしに、教育の普及とともに二次的アートの課題にこたえる私有制の改善とアソシエーションの実験を絶えず重ねることによって、経験的に比較体制の選択を図ることである。そしてこのように異なる体制の選択の問題が「新しい光が絶えずあてられる未解決の問題」であり続けるのは、所有の観念の可変性とともに、自由主義の思想によれば矛盾は人間と社会の進歩の条件なので、矛盾をはらむ社会改革を果てしなく続けるべきと考えられる。プラトンとアリストテレスの提起した所有と制度の問題は、両者の思想を半面の真理として含意しつつ人類にとって古くて新しい永遠の課題となったのである。

　以上のようなミルの社会主義論が後世におよぼした影響は単純ではなかった。それはミルが総合を図った半面の真理の一面に光をあてる見方により、一方では社会民主主義、他方では自由主義的民主主義の源泉として政治的に利用されたのである。このような影響をもたらした背景にはミルの社会主義論の異なる解釈を許すミルの思想の両義性がある。これらの解釈を代表するものとして、マルクス、シュンペーター、ロビンズの評価とミルの主張との関連をみることにしよう。
　ミルとマルクスは、ともに人間の自由を追求する社会改革を図った点では共通しているが、マルクスはミルを厳しく批判した。マルクスの批判は二人の社会改革の哲学と方法が異なり、改革に対する姿勢に差異がみられることによるものとみられる。資本主義体制の革命的転換を図るために第一インターナショナルの理論的指導を行っていたマルクスにとって、イギリスの労働運動の指導

者達に影響力のあったミルの思想は労働運動の障害であった。マルクスは自分の名前で直接ミルを批判せず労働者エッカリウスに論文を書かせてミルを批判したのである。マルクスはミルの思想を鋭く洞察して、ミルの思想的特質に基づく理論の展開を誤りとして批判することになる。マルクスの批判は多岐にわたるが、ミルの思想に対する彼の批判の要点をみることにしよう。

マルクスはミルの社会科学の方法を、魂の抜けた折衷主義であり、調和しうるべからざるものを調和しようとしてないものねだりをしていると批判する。ミルの方法では資本主義社会の資本と労働という基本矛盾を捉えて剰余価値の秘密に迫ることができない。そしてミルが資本主義経済の生産関係を正しく把握し分配の不平等を認識しておりながら、市場競争と私有制を自明の前提とするブルジョワ経済学の立場にたつとともに、唯物史観に基づく歴史観が欠如しているから、プロレタリアによる体制変革という歴史的使命を理解せず、資本主義的生産関係を固定化して人間の意志による分配関係の可変性だけで問題の解決を図ろうとしていると批判するのである。

ミルが市場競争と私有制を前提とした経済学の立場にたっていると批判するマルクスは、市場競争と私有制を前提とする「ニューマン経済学」の批判で明らかなように、ミルが市場競争と私有制を自明の前提とせず、経済体制に関する問題意識を高めることの重要性を強調している事実を看過している。ミルはサン・シモン派の影響を受け私有制を自明の前提とした政治経済思想を教えるベンサムや父ミルを批判して社会科学の歴史性の重要さを主張したのである。それにもかかわらず、ミルは『経済学原理』で市場競争と私有制を前提とした経済学を展開した。この点はマルクスのいうとおりであるとしても、ミルによれば、それは科学的な判断に基づく体制変化がなされるまでの暫定期間の経済学なのである。もし暫定期間が過ぎて体制が変わったならば、ミルにおいてもその体制に即した経済学があるはずである。しかし現体制の変革を焦眉の急とするマルクスにとって、永遠に続くかもしれない暫定期間を設けて体制の問題を未決とするミルの思想は受け入れ難く、ブルジョワ経済学として拒否されるべきものなのであろう。ミルは所有と制度の多様性をみて、体制の問題を科学の対象として探り社会改革のための活用を図ったのであり、理論と実践を相即

345

とするマルクスとは改革の姿勢が異なる。しかしこのようなミルとマルクスの差異は二人の哲学の異質性に顕著にみられる。マルクスはヘーゲルの観念弁証法を批判する一方でヘーゲルの方法論的全体論を継承して、唯物弁証法を社会科学の方法とする。これに対しミルの弁証法は思考の弁証法であり、ミルはギリシャ哲学とロマン主義から半面の真理の折衷的総合を学び、ベンサムの方法論的個人主義を継承し、自由主義と決定論の調和を図る「実践の論理」を体制論に適用した。そしてマルクスの決定論的な唯物史観に対してミルの歴史観は精神史観である。経済的な要因が動力となって歴史的社会を変化させるとみる唯物史観と異なり、ミルの精神史観は人類の歴史的進歩の動因に人間の精神をみる。それは先験的なイデオロギーとしての進歩史観ではなく、自由な思想の展開が人間の精神の進歩を促し社会制度を変化させると考える。そしてミルはコントやサン・シモン派の動的な歴史観を批判的に継承し歴史社会の法則性を認めながら、多様性に富む社会の歴史は単一の法則性をもって決定論的に推移するとは考えず、人間が功利の原理を規準として社会の法則性を制御し選択して歩む社会を経験的に捉えようとするものである。

　マルクス（エッカリウス）のミル批判は、「将来の見通し」の章を無視したという欠陥はあるが、エッカリウスがハリエットの体制変革の主張が述べられた「将来の見通し」の章を無視したことは、結果的にミルの社会主義論の特徴を比較体制論と教育による倫理性の重視というマルクス主義とは異質な思想として批判することができたといえるのである。

　シュンペーターはマルクスのミル批判をミルの世界観（哲学）を理解する上で極めて重要であるという。ミルとマルクスの思想は人間の自由の追求という同じ目標をもちながら際立つ対照を示しているからである。シュンペーターによれば、ミルが究極の目標としての社会主義の明示的な承認をしながら革命を退け、ブルジョワジーの階級哲学に基づき優柔不断で誠実に真理を展開するため、マルクス主義者にとってミルの思想は単刀直入に社会主義を非難する思想よりはるかに排除すべき敵に思われたのであろうと述べる。シュンペーターはミルを進化論的社会主義者と捉えて、ミルの思想に対するマルクス主義者の反応を見事に表現しているように思われる。しかしながら、マルクスが無視した

第8章　ミルの体制論の倫理と科学

「将来の見通し」の章をシュンペーターが重視して、ミルが究極の目標として社会主義を承認したという解釈は、その後の研究者が『経済学原理』第3版の改訂を重視し「遺稿」を軽視するという影響を及ぼすことになった。だがミルにおいては、体制論における究極のアートは功利の原理であり、私有制と共産主義との体制比較は科学の領域であり経験的に実証されなければ結論が未決であることは、すでにみたとおりである。究極の目標としての社会主義は、最善の状態における体制比較の対象の一つではあっても、他に比較することのできない唯一の目標ではないのである。

　ロビンズはシュンペーターのように「遺稿」を軽視して第3版の改訂を重視する解釈を諌める。ロビンズは第3版におけるミルの思想の変化と「遺稿」の初版への回帰を認めるが、この変化をあまりにも重視することがミルの真意を損ねる原因であるという。ロビンズはミルの社会主義論の結論を「遺稿」にみて、ミルの真意は比較体制論と財産制度自体の可変性であり、「将来の見通し」の章を「あらゆる体制に対して偏見をもたず、あらゆる体制を仮のものとする思想」の表れとして理解する。マルクスとシュンペーターのミル解釈と比べてロビンズはミルの社会主義論を広くミルの思想全体から捉えようとしている点では説得力がある。ミルが体制に対して開かれた心をもち、「遺稿」をミルの社会主義論の結論として、ミルの真意を比較体制論と人類の所有の観念の可変性にみるのは、我々が本稿で考察した通りである。しかしながら、ミルが体制に対して開かれた心をもっているならば、ミルは理想的な究極の体制としての社会主義を可能性の一つとして心に描き、最善の状態における私有制との比較を探ったことは否定できない。シュンペーターのようにミルが私有制から社会主義へと進化論的に必然性をもって到達するという解釈には疑問が残るとはいえ、ミルは自由主義者であると同時に社会改革者として、社会主義者の改革の指導理念を二次的アートとして受容したのも事実である。ミルが体制の問題を未決にしたのは、ミルが人類の将来あるべき体制に自信がなかったからではなく、ミルの方法論を含む思想的特質の帰結として理解されるのである。

　ミルは生涯、社会改革を意図して体制の問題を課題とした。ミルは民主制を基本とするが多数の専制、中央集権、官僚制の弊害を憂慮し、過激な制度変化

に反対し、ギリシャ哲学の素養の上に功利主義、自由主義、経験主義が調和する思想に基づく制度の探究に捧げた。ミルは功利主義の立場から、一方で教育に無限の信頼を置く父の観念連合説に基づく経験論的な環境決定論を継承しながら、他方でギリシャ哲学の徳とロマン主義の倫理的自由主義を融合させて人間精神の内的陶冶によって人間性を高めるとともに、環境に働きかける人間の自由意志を重視する思想を展開した。人間と社会が法則性によって支配されるという決定論と、人間がこの法則性を認識し、自由意志によって法則性を制御し実践のあるべき道を選択するという自由意志論が両立する思想である。そしてミルの社会主義論は人間の自由と自発性を最大限に発揮する制度を求めて、さまざまな制度における人間性の変化を科学的に探るとともに、教育と人間精神の内的陶冶による人間性の向上があって初めて制度改革の効果があるという倫理性と科学性の調和を図る体制論なのであった。

あとがき

　第2次大戦後、世界の人々は米ソ冷戦体制の下で核戦争の現実性に直面し、資本主義か社会主義かという経済体制の問題を真剣に考えた。だが1989年にベルリンの壁が、そして、その2年後にソ連が崩壊して冷戦の緊張が解けると、多くの人々は世界が自由主義と市場経済を基礎とする体制のもとで、平和な日々が続くことを期待した。このような背景のもとで、リベラルな民主主義が共産主義というイデオロギーを打ち破ったことによって、イデオロギーの対立する歴史は終わり、人類はヘーゲルのいう人類の根本的なあこがれを満たすような社会状態の下で、歴史の根底をなす原理や制度にはもはや発展のない日々を送ることになると予想する思想を著した本が世界的なベストセラーとなった。だがその後、90年代以降の世界はグローバル化が進展する中で、国内外の所得格差の拡大、自然環境破壊、地球規模の人口増大と食糧や農業の将来に関する問題、リーマンショックと世界金融危機、一部の社会主義国にみられる中央集権と官僚の腐敗、自由の抑圧、テロと対テロ戦争、核拡散と世界的な軍備費増大など焦眉の急を要する課題のみならず、人類社会の持続可能性に疑問がもたれるような歴史的推移をたどっている。このような歴史の流れをみると、冷戦が終結した今こそ、歴史の根底をなす原理と制度の考察や改善が一層重要性を増し、ミルが社会改革の重要問題として考えた経済体制の問題が、今なお意義を失わずにいるようにみえるのである。

　ミルの思想には多様性とともに将来の問題を見通す先見性がある。ミルは、人間の所有の観念の可変性から、共産主義を含むあらゆる体制の選択の可能性を認めた。しかし、共産主義社会において人間の自由が失われることを懸念し、人々の知的道徳的水準に見合う体制を選択することなしには、たとえ共産主義革命が起ころうとも、制度的な失敗を招くであろうことを予見した。

　ミルの思想の先見性は、体制論ばかりでない。経済成長による富の増加を重視する思想を諌め、人類と自然との調和による幸福の増進を主張した「定常状

349

態論」は、適切な成長による自然環境保護の先駆的理論として評価される。また、ミルがトクヴィルやロマン主義の影響を受けて主張した『自由論』第3・4章での民主主義社会における多数の専制や民衆の画一化の問題は、現代社会にも通じる大衆社会論の先駆的思想でもあると思われる。また「遺稿」第4章における中央集権化批判や『自由論』第5章における官僚制批判は極めて現代的な課題と共通するのである。

我々はミルとマルクスの時代から一世紀半を経過し、ロシア革命（1917）とソヴィエト体制の崩壊（1991）という二つの体制移行、およびその後の新自由主義による市場経済の可能な限りの規制緩和のもたらす問題という歴史的推移を体験した。ミルが探究し求め続けた社会的実験の一部を我々が経験したことになる。世界のグローバル化が進展し社会がますます多様化している現在、ミルやマルクス亡き後の歴史的経験をふまえ、多面的な視角から社会改革を図るミルの社会思想を再評価することは時宜を得ることと考えられるのである。

本書の研究は、坂本達哉先生のご指導のもとに行われました。30数年間、東レ株式会社に勤務し、学問から遠ざかっていた私の拙い研究を辛抱強く見守り、ご指導下さったことを心から感謝いたします。また1998年に慶應義塾大学経済学研究科後期博士課程に入学した私の最初の指導教授である飯田裕康先生と、論文をご指導いただいた池田幸弘先生には公私ともにお世話になりました。しかし、私の研究における誤りはすべて私の責任であることはいうまでもありません。この研究過程のそれぞれの局面で、以上の三人の先生のほかに多くの先生方と学友達の恩恵を受けました。そのうちゼミへの参加を許されたのは、高草木光一、深貝保則の諸先生、私の論文の内容についてのご批評を下さったのは、土方直史、泉谷周三郎、有江大介、諸泉俊介の諸先生です。私の研究についてのコメントを下さったのは、、伊藤誠、金原實、神谷傳造の諸先生、研究のヒントとなる知的刺激を与え、資料について助言したり便宜をはかって下さったのは、ミル研究会、J. S. ミル研究会、近代思想研究会、経済学史学会、日本イギリス哲学会、飯田ゼミ、坂本ゼミの先生方、諸先輩と学友達です。最後に、未熟な私の研究を精神的にも日常的にも支えてくれた妻絢子に心から感謝の意を捧げます。

参考・引用文献

I．ミルの著作：

Collected Works of John Stuart Mill (1965-91) I – X X X III, General Editor：J. M. Robson, University Of Toronto Press（以下 *CW* と略す）。

CW I （1873）*Autobiography and Literary Essays*, 山下重一訳注『評註ミル自伝』御茶の水書房、2003 年。

——（1873）*The Early Draft of John Stuart Mill' Autobiography*, 山下重一訳『ミル自伝初期草稿』御茶の水書房、1982 年。

——（1873）*Rejected Leaves*, 泉谷周三郎訳「ハリエット・テイラーとの親交」『J. S. ミル初期著作集』(2)、御茶の水書房、1980 年。

CW II, III （1848-71）*Principles of Political Economy with Some of Their Applications to Social Philosophy*, 末長茂喜訳『経済学原理』岩波文庫、(1)-(5) 1959-63 年。

——（1848）*Principles of Political Economy* (1st ed.) vol. 1, 2. London：J. W. Parker.

CW IV （1836）"On the Definition of Political Economy" 井上琢智訳「経済学の定義と方法」『J. S. ミル初期著作集』(4)、御茶の水書房、1997 年。

——（1844）*Essays on some Unsettled Questions of Political Economy*, 杉原四郎・山下重一編（訳）『J. S. ミル初期著作集』(4)、御茶の水書房、1997 年。

——（1845）"The Claims of Labour".

CW V （1850）"The Saving of the Middle and Working Classes".

——（1851）"The Law of Partnership".

——（1851）"Newman's Political Economy".

——（1871）"Land Tenure Reform", *Programme of the Land Tenure Reform Association*,

——（1879）"Chapters on Socialism", 永井義雄・水田洋訳「社会主義論集」『世界の大思想』II、河出書房、1967 年。

CW VII, VIII （1843-73）*A System of Logic：Raciocinative and Inductive*, 大関将一・小林篤郎訳『論理学体系』(1)-(6)、春秋社、1949-59 年。

CW IX （1865-71）*An Examination of Sir William Hamilton's Philosophy*.

CW X （1838）"Bentham" 泉谷周三郎訳「ベンサム論」『J. S. ミル初期著作集』(3)、御茶の水書房、1980 年。川名雄一郎・山本圭一郎訳「ベンサム」『功利主義

351

論集』京都大学学術出版会、2010 年。
 ― (1840) "Coleridge" 柏經學訳「コールリッジ論」『J. S. ミル初期著作集』(4)、御茶の水書房、1997 年。
 ― (1861-71) *Utilitarianism*, 水田玉枝・永井義雄訳「功利主義」『世界の大思想』Ⅱ、河出書房、1967 年。川名雄一郎・山本圭一郎訳「功利主義」『功利主義論集』京都大学学術出版会、2010 年。
 ― (1865, 66) *Auguste Comte and Positivism*, 村井久二訳『コントと実証主義』木鐸社、1978 年。
 ― (1874) *Three Essays on Religion*, 大久保正健訳『宗教をめぐる三つのエッセイ』勁草書房、2011 年。

CW XⅡ, XⅢ (1812-48) *The Ealier Letters*.
CW XⅣ-XⅦ (1849-73) *The Later letters*.
CW XⅦ (1869) "Letter to the Employees of Messrs. Brewster of New York" (Dec. 12).
CW XⅧ (1859-69) *On Liberty*, 塩尻公明・木村健康訳『自由論』岩波文庫、1971 年。
 ― (1835, 40) "Tocqueville on Democracy in America" (1)(2), 山下重一訳「トクヴィル氏のアメリカ民主主義論」『J. S. ミル初期著作集』(3)(4)、御茶の水書房、1980、97 年。
 ― (1836) "State of Society in America".
 ― (1836) "Civilization", 山下重一訳「文明論」『J. S. ミル初期著作集』(3)、御茶の水書房、1980 年。

CW XⅨ (1861) *Considerations on Representative Government*, 水田洋訳『代議制統治論』岩波文庫、1997 年。
CW XX (1826) "Mignet's French Revolution".
 ― (1831) "The Spirit of the Age" 1-5, 山下重一訳「時代の精神」『J. S. ミル初期著作集』(2)、御茶の水書房、1980 年。
 ― (1845) "Guizot's Essays and Lectures on History".
 ― (1849) "Vindication of the French Revolution of Feburuary 1848".

CW XXⅠ (1867) *Inaugural Adress Delivered to the University of St.Andrews*, 竹内一誠訳『ミルの大学教育論―セント・アンドルーズ大学名誉学長就任講演「教育について」』御茶の水書房、1983 年。
 ― (1869) *The Subjection of Women*, 大内兵衛・大内節子訳『女性の解放』岩波文庫、1957 年。

XXⅥ (1825) "Closing Speech".
 ― (1820, 22) "French Journal", 山下重一訳『J. S. ミル初期著作集』(1)、御茶の

水書房、1979年。
Dissertations and Discussions (1859), (originally published during Mill's lifetime), New York : Haskel House, 1973.

Ⅱ．一次文献：
Aquinas, T.　高田三郎ほか訳『神学大全』『世界の名著』続5、中央公論社、1975年。
―　*The Rule of Princes*, (ed.) Jean Perrier, vol. 1, Paris, 1949.
Aristotelēs　出隆監修・山本光雄編集『アリストテレス全集』全17巻、岩波書店、1968-1973年。
―　高田三郎訳『ニコマコス倫理学』上・下、岩波文庫、1971、1973年。
―　山本光雄訳『政治学』、岩波文庫、1961年。
Bazard, Saint-armand, etc. (1830) *Doctrine de Saint-Simon. Exposition, Première Année, 1828-29*, troisième edition, Paris : Au Bureau de L' Organisateur, 野地洋行訳、バザールほか『サン・シモン主義宣言―サン・シモンの学説・解義、第一年度、1828-29』木鐸社、1982年。
Bentham, J. (1968-) *The Collected Works of Jeremy Bentham*, (eds.) J. H. Burns, J. R. Widdy, F. Rosen, and P. Schofield, Oxford : Clarendon Press, London : Athlone Press.
―　(1968) *The Correspondence of Jeremy Bentham*, vols 11, Oxford : Clarendon Press, London : Athlone Press.
―　(1776) *A Fragment on Government*, Oxford : Basil Blackwell, 1967, 永井義雄訳「統治論断片」『人間の知的遺産44　ベンサム』講談社、1982年。
―　(1780、出版は89年) *An Introduction to the Principles of Morals and Legislation*, Oxford : Basil Blackwell, 1967, 山下重一訳「道徳及び立法の諸原理序説」『世界の名著』第38巻、中央公論社、1967年。
―　(1802) *Traité de Legislation, civile et pénale*, (ed.) Dumont, P. É. L., (1820) Second Edition, Chez Bossange, Pére et Fils.
―　(1816) *Chrestomathia*, (eds.) M. J. Smith and W. H. Burston, Oxford : Clarendon Press.
―　(1817) *The Plan of Parliamentary Reform, in the form of catechism, with reasons for each article.*
―　(1827) *Rationale of Judicial Evidence*, 5vols, London : Hunt and Clarke.
Bernstein, E. (1899) *Die Voraussetzungen des Sozialismus und die Aufgaben der Sozialdemokratie*, Bonn : Dietz Verlag 1991, 松下芳男訳『マルキシズムの

353

改造』『世界大思想全集』春秋社、1928 年。
Blackstone, W. (1765-69) *Commentaries on the Laws of England*, (ed.by Wayne Morrison), London : Cavendish Publishing 2001.
Blanc, L. (1845) *L'organisation du travail*, 4thed., Paris : Libr. de l'ecole societaire, 浅野研真訳『労働の組織』、『社会思想全集』3、平凡社、1931 年。
Brougham, H.P. (1849) "The French Revolution of 1848" *Westminster Review*, April 1849.
Butler, J. (1736) *The Analogy of Religion, Natural and Revealed, to the Constitution and Course of Nature*, London, NewYork : G.Routledge.
Carlyle, T. *Collected Works of Thomas Carlyle*, London : Chapman and Hall, 1870, 1870, 宇山直亮編『カーライル選集』全 6 巻、日本教文社、1962、63 年。
— (1834) *Sartor Resartus, Carlyle's Collected Works* vol.1, 石田憲次訳『衣服哲学』岩波文庫、1946 年。
— (1837) *History of French Revolution, CW* vol.2-4.
— (1840) *Chartism, CW* vol. 9.
— (1843) *Past and Present, CW* vol. 13, 石田憲次・石田英二訳『過去と現在』(上) (下)、岩波文庫、1941 年。
Chalmers, T. (1832) *On Political Economy in Connection with the Moral State and Moral Prospects of Society*, Glasgow : W. Collins.
Coleridge, S. T. *The Collected Works of Samuel Taylor Coleridge*, general editor, K. Coburn, Princeton University Press, 1969-2002.
— (1818) "Essays on the Principles of Method", *The Friend*, (ed.) Barbara E. Rooke, vol.I, *CW of Coleridge* 4, pp. 448-524, 小黒和子編訳『方法の原理―知識の統合を求めて』法政大学出版局、2004 年。
— (1838) *The Literary remains of Samuel Taylor Coleridge*, vol. 3, collected and edited by Henry Nelson, London : W.Pickering.
Comte, A. (1822) *Plan des travaux scientifique nécessaires pour réoganiser la sociéte*, Paris : Aubier-Montaigne, 1970, 飛澤謙一訳『社会再組織の科学的基礎』岩波文庫、1937 年。
— (1830-42) *Cours de philosophie positive*, Paris : Bachelier, Imprimeur Libraire, 石川三四郎抄訳『実証哲学』上・下、春秋社、1928 年。
— (1851-54) *Système de politique positive ; ou, Traite de Sociologie, instituant la religion de l'humanité*, Paris : Chez les principaux libraires.
Condillac, E.B.de (1754) *Traités des sensations et des animaux, Ouvres complétes de Condillac*, Paris : Lecinte et Durey : Tourneux, 1821, 1822/ 加藤周一、三

宅德嘉訳『感覚論』創元社、1948年。
- ―(1769, 73) *Cours d'études pour l'instruction du prince de Parme, Ouvres complétes de Condillac*, Paris：Lecinte et Durey：Tourneu, 1821, 1822.

Considerant, V.P.(1848) *Destinee sociale*, 3me., Paris：Librairie phalanstérienne.

Darwin, E.(1794-96) *Zoonomia : or, the laws of organic life*, London：J. Johnson, St. Paul's Church Yard.

Darwin, C.R.(1859) *On the Origin of Species by Means of Natural Selection, or the Preservation of Favoured in the Struggle for Life*, London：John Murray, 八杉龍一訳『種の起源』上・下、岩波文庫、1990年。

Dumont, P. É. L.(ed.)(1802) *Traité de Législation, civile et pénale*, Paris：Bossange, Masson et Besson.
- ―(1823) *Traité des preuves judiciaires*, Paris：Bossange Frères.

Eccarius, J.G.(1866, 67)"A Workman's Refutation of J. S. Mill," *The Commonwealth*.
- ―(1868) *Eines Arbeiters Widerlegung der nationalökonomischen Lehren John Stuart Mill's, Göttingen*, Zürich：Verlag der Volksbuchhandlung, 倉岡稔訳「一労働者のジョン・スチュアート・ミルの『経済原論』反駁」『マルクスエンゲルス全集』16、1931年。

Enfantin, B. P.(1831) *Economie politieque et politieque; articles extraits du Globe*, New York：B. Franklin, 1970.

Engels, F.(1845) *Der Lage der arbeitenden Klasse in England. Nach eigner Anschauung und authentischen Quellen von Friedrich Engels*, Leipzig：Verlag von Otto Wigand, 一條和生・杉山忠平訳『イギリスにおける労働者階級の状態』上・下、岩波文庫、1990年。
- ―(1878) *Anti-Dühring*,『反デューリング論』、マルクス・エンゲルス全集20、1968年。
- ―(1880) *Die Entwicklung des Sozialismus von der Utopie zur Wissenschaft*, 大内兵衛訳『空想より科学へ』岩波文庫、1946年。

Feugueray, H.(1851) *L'Association Ouvriere Industrielle et Agricole*, Paris：Havard.

Fichte, J. G. *Johann Gottlieb Fichte's sämtliche Werke*(1845, 1846), Berlin：Veit und Comp.
- ―(1794) *Grundlage der gesamten Wissenschaftslehre*, Leipzig：Christian Ernst Gabler, 木村素衛訳『全知識学の基礎』岩波文庫、1949年。
- ―(1806) *Die Grundzüge der gegenwartigen Zeitalters*, Berlin：Im Verlag der Realschulbuchhandlung.

355

―― (1808) *Reden an die deutsche Nation*, München：Wilhelm Goldman, 大津康訳『ドイツ国民に告ぐ』岩波文庫、1940 年。
Fourier, C. (1967) *Oeuvres Completes de Charles Fourier*, Paris：Editions Anthropos.
―― (1808) *Théorie des quatre mouvements et des Destinées générales*, in *Oeuvres complètes de Charles Fourier*, Edition Anthropos, 1966-68, 厳谷國士訳『四運動の理論』上下巻、現代思想社、1970 年。
―― (1829) *Le nouveau monde industriel et sociétaire*, in *Oeuvres complètes de Charles Fourier*, Edition Anthropes, 1966-68, 田中正人訳「産業的協同社会的新世界」抄訳、五島茂、坂本慶一編『オーエン、サン・シモン、フーリエ』世界の名著 42、中央公論社、1975 年。
Galt, J. (1821) *The Annals of Parish*, Edinburgh：W. Blackwood, 1895.
Gibbon, E. (1776-88) *The History of the Decline and Fall of the Roman Empire*, 6vols., Dublin：William Hallhead and A. Leathley, 中野好夫・朱牟田夏雄・中野好之訳『ローマ帝国衰亡史』11 冊、筑摩書房、1976-94。
Godwin, W. (1793) *An Enquiry concerning Political Justice, and its Influence on General Virtue and Happiness*, Oxford：Woodstock, 1992, 白井厚訳『政治的正義（財産論）』陽樹社、1973 年。
Goethe, J. W. (1774) *Die Leiden des jungen Werthers, Sämtliche Werke*, Bd. 8, herausgegeben von Dieter Borschmeyer, Deutscher Klassiker Verlag, 1985-2013, 高橋義孝・近藤圭一訳『ゲーテ全集』第 7 巻、人文書院、1960 年。
―― (1796) *Wilhelm Meisters Lehrjahre, Goethes Werke*, Hamburger Ausgabe, Bd. 7, achte, neuarbeitete Aufl., München, 1973, 高橋義孝・近藤圭一訳『ゲーテ全集』第 5 巻、人文書院、1960 年。
Grote, G. (1822) *Analysis of the Influence of Natural Religion on the Temporal Happiness of Mankind*, Bristol ; Dulles,VA：Theommes Press.
―― (1846-1856) *History of Greece*. (2000), 4th ed., London：Thomas Press,.
Guizot, F. P. G. (1828) *Histoire Générale de la Civilisation en Europe, depuis la chute de l'Empire Romain jusqu'a la Révolution Francaise*, Paris：Pichon and Dider, 安士正夫訳『ヨーロッパ文明史』みすず書房、1987 年。
Hamilton, W. *Works of William Hamilton*, (ed.) Savina Tropea, Bristol：Thoemmes Press, 2001.
―― (1846) "Dissertations on Reid", *Philosophical Works of Thomas Reid*, Hildesheim：Georg Olmd, 1983.
―― (1852) *Discussions on Philosophy and Literature, Education and University*

Reform, 3rd ed. Edinburgh：Blackwood and Son, 1866.
— (1860, 61) *Lectures on Metaphysics and Logic*, Boston：Gould and Lincoln, 1864.
Hartley, D. (1749) *Observations on Man, his frame, his duty, and his expectations*, London, M. DCC. XLIX.
Helps, A. (1844) *The Claims of Labour, An Essay on the Duties of the Employers to the Employed*, London：Irish University Press.
Helvétius, C. A. (1758) *De l'Esprit*, Paris：Chez Durand libraire.
— (1772) *De l'homme, de ses facultés intellectuelles et des son éducation*, A londres：Chez la Société typographique, 根岸国孝訳『人間論』日本評論社、1949年。
Herder, J. G. (1767) *Sämtliche Werke von Johann Gottfried Herder*, herausgegeben von Bernhard Suphan, Olms-Weidmann, 1994.
Herschel, J. F. W. (1830) *A Preliminary Discourse on the Study of Natural Philosophy*.
Hobbes, T. *The Collected Works of Thomas Hobbes*, (ed.) Sir William Molesworth, London：Routledge Thoemmes Press, 1992.
— (1651) *Leviathan, or The Matter, Forme, & Power of a Common-Wealth Ecclesiastical and Civil*, by Thmas Hobbes of Malmesbury, London：Andrew Crooke, 水田洋訳『リヴァイアサン』岩波文庫、1992年。
— (1651) *Human Nature, or the Fundamental Elements of Policy*.
Hodgskin, T. (1825) *Labour Defended against the Claim of Capital, or the Unproductiveness of Capital Proved*, Cole's ed. London：Labour, 1922, 安藤悦子訳「労働擁護論」『イギリス近代経済思想』河出書房新社、1964年。
— (1827) *Popular Political Economy, Four Lectures Delivered at the London Mechanics' Institution*, London：Routledge Thoemmes Press, 1997.
Holyoake, G.J. (1855) *Self-help by the people ; History of Co-operation in Rochdale*, London：G. Allen & Urwin, 協同組合経営研究所訳『ロッチデール先駆者たちの歴史：民衆による自助』、1993年。
— (1873) *The Logic of Co-operation*, London：Trubner & Co., and Manchester：Co-operative Printing Society.
Humboldt, K. W. von (1968) *Wilhelm von Humboldt's Werke*, herausgegeben von Albert Leitzmann, Berlin：Walter de Gruyter.
Hume, D. *Complete Works and Correspondence of David Hume*, Past Masters, Intelex Corporation, 1995.

― (1739, 40) *A Treatise of Human Nature*, Oxford University Press, 1978, 大槻春彦訳『人性論』全4冊、岩波文庫、1951年。
― (1741, 1742) *Essays, Moral and Political*, Edinbugh：A. Kincaid.
― (1751) *An Enquiry concerning the Principles of Morals*, (3rd ed.), Oxford University Press, 1975, 渡部峻明訳『道徳原理の研究』哲書房、1993年。
― (1752) *Political Discourses*, Edinburgh, 田中秀夫訳『政治論集』京都大学学術出版会、2010年。
― (1752)"Of Luxury" 改め (1760)"Of Refinement in the Arts", in *Essays, Moral, Political, and Literary*, Liberty Classics, 1987, 田中敏弘訳「技芸の洗練について」『ヒューム政治経済論集』御茶の水書房、1983年。
― (1754-61) *The History of England from the Invasion of Julas Caesar to the Revolution in 1688*, 6vols, Liberty Classics, 1983.
Hutcheson, F. (1725) *An Inquiry into the Original of Our Ideas of Beauty and Virtue*, Collected Works of Francis Hutcheson, vol.1, Georg Olms, 山田英彦訳『美と徳の観念の起源』玉川大学出版部、1983年。
― (1747) *A Short Introduction to Moral Philosophy*, Collected Works of Francis Hutcheson, vol.4, Georg Olms, 田中秀夫・津田耕一訳『ハチソン道徳哲学序説』京都大学学術出版会、2009年。
Kant, I. 坂部恵、有福孝岳、牧野英二編集『カント全集』岩波書店、1999-2000年。
― (1781,87) *Kritik der reinen Vernunft*, Graz 1795, 篠田英雄訳『純粋理性批判』全三冊、岩波文庫、1961年。
― (1788) *Kritik der praktischen Vernunft*, Riga：J. F. Hartknoch, 波多野・宮本・篠田訳『カント実践理性批判』、岩波文庫。
― (1790) *Kritik der Urteilskraft*, Hamburg：Meiner, 2009, 篠田英雄訳『判断力批判』全二冊、岩波文庫。
Kautsky, K. (1899) *Bernstein und das sozialdemokratische Programm*, 山川均訳『マルキシズム修正の駁論』『世界大思想全集』春秋社、1928年。
Knight, C. (1831) *The Rights of Industry* (*Capital And Labour*, 2nd ed) London：W.Clowers, Stamford Street.
Locke, J. (1689) *Two Treatises on Government*, (ed.) Peter Laslett, Cambridge University Press, 1960, 1963；New York：Mentor, 1965, 加藤節訳『完訳統治二論』岩波文庫、2010年。
― (1690) *An Essay concerning Human Understanding*, Oxford：Clarendon Press, 1975, 大槻春彦訳『人間知性論』岩波文庫、1972-77年。
Macaulay, T. B. (1829) "Mill's Essay on Government：Utilitarian Logic and

Politics", *Edinburgh Review*, no. x cvii, March 1829.

Maine, H. J. S., (1861) *Ancient Law*, London：John Murray, 安西文夫訳『古代法』信山社、1948/90/2008年。

—— (1871) *Village Communities in the East and West*, London：John Murray.

Malthus, T. R. (1798) *An Essay on the principles of population.* 永井義雄訳『人口論』中公文庫、1973年。

—— (1820) *The Principles of Political Economy*, 小林時三郎訳『経済学原理』上・下、岩波文庫、1968年。

Mandeville, Bernard de (1714-1732) *The Fable of the Bees : or Private Vices, Public Benefits*, vol.1, 2, (ed.) By Kaye, Oxford University Press, 1924, 泉谷治訳『蜂の寓話——私悪すなわち公益』『続蜂の寓話——私悪すなわち公益』法政大学出版局、1985、93年。

Marmontel, J. F. (1800-06) *Memoires d'un père, pour server à l'instruction de ses enfant.* (1827) *Ouvres choisies de Marmontel*, Paris：Chez Verdiere：Etienne Ledoux.

Karl Marx-Friedrich Engels Gesamtausgabe, Institut für Marxismus-Leninismus, Beim ZK der SED (Hg.), Berlin, 1975 —.

Karl Marx-Friedrich Engels Werke, 39Bde., Sachregister und Erganzungsband, Institut für Marximus-Leninismus beim ZK der SED (Hg.), Berlin, 1956-1990, 『マルクス＝エンゲルス全集』ドイツ社会主義統一党中央委員会付属マルクス＝レーニン主義研究所編、大内兵衛、細川嘉六監訳、大月書店、1959-1991年。

Marx, K., Engels F. (1848), *Manifest der Kommunistischen Partei, Marx/Engels-Werke*, Band 4, 大内兵衛・向坂逸郎訳『共産党宣言』岩波文庫、1951年。

Marx, K. (1859) *Zur Kritik der politischen Ökonomie*, MEGA II-2, 武田隆夫・遠藤湘吉・大内力・加藤俊彦訳『経済学批判』岩波文庫、1956年。

—— (1867) *Das Kapital I, MEGA* II、向坂逸郎訳『資本論』岩波文庫（全9冊）、1969、1970年。

—— (1861-63) *Theorien über den Mehrwert, Marx/Engels-Werke*, Bd. 26-3, 大島清・時永淑訳『剰余価値学説史』国民文庫、大月書店。

—— (1867) Der Brief von Marx an Engels・27. Juni 1867. *Marx/Engels-Werke*, Bd. 19.

Mill, H. T. (1998) The Complete Works of Harriet Taylor Mill, (eds.) J. Jacobs and P. Payne, Indianapolis：Indiana University Press.

—— (1851), "Wife Murder", Morning Chronicle, *CW* XXV.

― (1851), "Enfranchisement of Women", *Westminster Review*, July 1851.
― (1852), " On the Probable Futurity of the Labouring Classes", *CW*Ⅲ.
Mill, James (1818) *The History of British India*, 3 vols, Baldwin, Cradock, and Joy.
― (1819) "An Essay on Education", *The Supplement to the Encyclopaedia Britanica*, London: Printed by J. Innes, 61, Wells Street, Oxford Street, 小川晃一訳『教育論・政治論』岩波文庫、1983年。
― (1820) "An Essay on Government", Cambridge at the University Press 1937, 同上。
― (1821) *Elements of Political Economy*, Baldwin, Cradock & Joy, 渡邊輝雄訳『経済学綱要』春秋社、1948年。
― (1829) *Analysis of the Phenomena of the Human Mind*, 2 vols., Baldwin and Cradock, new ed. 1869.
Mignet, F. A. (1824) *Histoire de la Révolution Francçaise, depuis en 1789, jusqu'en 1814*, 2 vols, Paris: Fermin Didot.
More, T. (1516) *Utopia, The Yale Edition of the Complete Works of Thomas More*, vol.1-15, 1963-1990, 平井正穂訳『ユートピア』岩波文庫、1957年。
Newman, F. W. (1851) *Lectures on Political Economy*, John Chapman.
Owen, R. (1993) *Selected Works of Robert Owen*, 4 vols. (ed.) Gregory Claeys, London: William Pickerling.
― (1813-14) *A New View of Society: or Essays on the Principle of the Formation of the Human Character*, 白井厚訳「社会にかんする新見解」『世界の名著、続8』中央公論社、1975年。
― (1820) *Report to the County of Lanark of a Plan for relieving Public Distress and removing Discontent*, 永井義雄・鈴木幹久訳『ラナーク州への報告』未来社、1970年。
― (1836-1844) *The Book of the New Moral World*, London: E. Wilson.
Platon, 田中美知太郎、藤沢令夫編『プラトン全集』全15巻、別巻1冊、岩波書店、1974-1978年。藤沢令夫訳『国家』上・下、岩波文庫、1979年。森進一・池田美恵・加来彰俊訳『法律』上・下、岩波文庫、1993年。
Reid, T. (1764) *A Inquiry into the Human Mind on the Principles of Common Sence*, 朝広謙次郎訳『心の哲学』知泉書館、2004年。
Ricardo, D. (1817, 1819, 1821) *On the Principles of Political Economy and Taxation, Works and Correspondence of D. Ricardo* Ⅰ, 羽鳥卓也・吉沢芳樹訳『経済学および課税の原理』上・下、『岩波文庫』1968年。
Robertson, W. (1996) *The Works of William Robertson*, London: Routledge/

Thoemmes.
— (1759) *The History of Scotland*, Works vol. 1, 2.
— (1769) *The History of the Reign of Charles V*. Works vol. 3-6.
— (1779) *The History of America*, Works vol. 7-9, 11.
Rousseau, J. J. (1964) *Oeuvres complètes de Jean-Jacques Rousseau*, Bibliothèque de la Plèiade, 5 Vol., Galimard.
— (1755) *Discours sur l'origine de l'inégalité parmi les hommes*, 原好男訳『人間不平等起源論』白水社、1991年。
— (1762) *Contrat social*, 作田啓一訳『社会契約論』白水社、1991年。
Saint-Simon, C.-H. de, *Oeuvres Claude-Henri de Saint-Simons*, 6 vol., Paris: éditions Anthropos, 1966, 森博編・訳『サン・シモン著作集』全5巻、恒星社厚生閣、1987-88年。
— (1823-1824) *Catéchisme des industriels*, Paris: Impaimerie de Setier, 森博訳『産業者の教理問答』岩波文庫、2001年。
— (1825) *Nouveu christianisme : dialogues entre un conservateur et un novateur*, 森博訳『産業者の教理問答他一篇』岩波文庫、2001年。
Say, J. B. (1803) *Traité d'économie politique*, Paris: Chez Deterville, 増井幸雄訳『ジャンバティストセイ経済学』上下、岩波書店、1926-29年。
Sismondi, J. C. L. (1819) *Nouveaux principes d'économie politique; ou de la richesse dans des rapports avec la population*, Paris: Delaunay, 菅間正朔訳『経済学新原理』日本評論社、1949年。
Smith, A. (1759) *The Theory of Moral Sentiments*, (ed.) D. D. Raphael & A. L. Macfie, Oxford, 1976, 水田洋訳『道徳感情論』岩波文庫、2003年。
— (1776) *An Inquiry into the Nature and Causes of the Wealth of Nations*, (ed.) R. H. Campbell & A. S. Skinner, Oxford, 1976, 水田洋監訳・杉山忠平訳『国富論』岩波文庫、2000-01年。
Thompson, W. (1824) *An Inquiry Into the Principles of the Distribution of Wealth, Most Conductive To Human Happiness*, Longman, Hurst Rees, London: 1Orme, Brown and Green, 鎌田武治訳『富の分配の諸原理1, 2』京都大学学術出版会、2011、12年。
— (1825) *Appeal of One Half the Human Race, Women, Against the Pretentions of the Other Half, Men*, London: Longman Hurst Rees, Orme, Brown and Green.
— (1827) *Labor Rewarded. The Claims Of Labour And Capital Conciliated : or, How to Secure to Labour the Whole Products of its Exertions*, London:

Hunt and Clarke,「労働の報酬」(抄訳) 都築忠七訳編『資料イギリス初期社会主義 オーエンとチャーチズム』平凡社、1975 年。
— (1830) *Practical Directions for the Speedy and Economical Establishment of Communities on the Principles of Mutual Co-operation, United Possessions and Equality of Exertions and Means of Enjoyments*, London：Strange and E. Wilson.
Tocqueville, A. de (1835, 40) *De la démocratie en Amérique*, Paris：Charles Gosselin, 松本礼二訳『アメリカのデモクラシー』第 1, 2 巻全四冊、岩波文庫、2005、2008 年。
Toulongeon, F. E. (1801-10) *Histoire de France, depuis la révolution de 1789*, 4 vols., Paris.
Whewell, W. (1837) *History of Inductive Sciences*, London.
— (1840) *The Philosophy of the Inductive Sciences, Founded upon their History*, London.
Wordsworth, W. (1822) *A Description of the Scenery of the Lakes in the North of England*, 3rd ed., London：Longman.
Young, A. (1793) *Travels during the Years 1787, 1788 & 1789 ; undertaken more particularly with a view of ascertaining the cultivation, wealth, resources, and national prosperity of the Kingdom of France*, London：Richardson.

Ⅲ. 二次文献 (欧文献)

Althusser, L. (1965) *Pour Marx*, François Maspero, 河野健二・田村俶・西川長夫訳『マルクスのために』平凡社、1994 年。
Annan, N. (1969) "John Stuart Mill", *A Collection of Critical Essays*, (ed.) Schneewind, J. B., London：Macmillan.
Anschutz, R. P. (1953) *The Philosophy of John Stuart Mill*, London：Oxford University Press.
Arendt, H. (1963) *On Revolution*, London：The Viking Press, 志村速雄訳『革命について』ちくま学芸文庫、1995 年。
Arnold, N.S. (1994) Philosophy and Economics of Market Socialism, Oxford.
Ashcraft, R. (1989) "Class Conflict and Constitutionalism in J. S. Mill's Thought", N.Rosenblum (ed.), *Liberalism and the Moral Life*, Cambridge, Mass：Harvard University Press.
— (1998) "John Stuart Mill and the Theoretical Foundations of Democratic

Socialism", *In Mill and the Moral Character of Liberalism*, (ed.) E. Eisenach, University Park : Pennsylvania University Press.
Ashley, W. J. (1909) "Mill's earlier and later Writings on Socialism", *Principles of Political Economy* (ed.), London : Longmans.
August, E. (1975) *John Stuart Mill*, New York : Charles Scriber's Sons.
Bain, A. (1882) *John Stuart Mill : A Criticism with Personal Recollections*, London : Longmans, Green, 山下重一・矢島杜夫訳『J. S. ミル評伝』御茶の水書房、1993年。
— (1882) *James Mill, A Biography*, London : Longmans, Green.
Balassa, B. A. (1959) "Karl Marx and John Stuart Mill", *Weltwirtsschaftsliches Archiv*, vol. 83.
Ball, T. (2000) "Formation of Character : Mill's "Ethology" Reconsidered", *Polity*, 33.
— (2010) "Competing Theories of Character Formation, James vs. John Stuart Mill", G. Varouxakis and P. Kelly (eds.) *John Stuart Mill-Thought and Influence, The Saint of Rationalism*, London and New York : Routledge.
Barry, B. (2001) *Culture and Equality : An Egalitarian Critique of Multiculturalism*, Cambridge : Polity Press.
Baum, B. (1999) "J. S. Mill's conception of economic freedom", *History of Political Thought*, vol. XX, Issue 3, UK.
— (2000) *Rereading Power and Freedom in J. S. Mill*, University of Toronto Press.
— (2007) "J. S. Mill and Liberal Socialism", *J. S. Mill's Political Thought*, Cambridge.
Beecher, J. (1986) *Chareles Fourier : The Visionary and his World*, University of Berkely Press.
Beer, M. (1919, 21) *A History of British Socialism*. London : G. Bell and Sons, 大島清訳『イギリス社会主義史』岩波文庫、1968-75年。
Berger, F. D. (1984) *Happiness, Justice and Freedom : The Social and Political Philosophy of John Stuart Mill*, London : University of California Press.
Berlin, I (1969) *Four Essays on Liberty*, London, Oxford and New York : Oxford University Press, 小川晃一ほか訳『自由論』みすず書房、1971年。
Bester, A. E. (1950) *Backwood Utopias*, University of Pennsylvania Press.
Bladen, V. W. (1948) "The Century of Marx and Mill", *Journal of Economic History*, vol. 8.

―― (1965) "Introduction" to J. S. Mill, *CW* 2.
Bliss, W. D. P. (1891) *Socialism by John Stuart Mill*, "Introduction", The Humboldt Publishing Co., 石上良平訳『J. S. ミル「社会主義論――遺稿」』社会思想研究会、1950年。
Borchard, R. (1957) *John Stuart Mill ―― the Man*, London：Watts.
Bradley, M. E. (1983) "Mill on Proprietorship, productivity and population", *History of Political Economy*, XV.
Brown, D. G. (2010) "Mill's Moral Theory：Ongoing Revisionism", *Politics, Philosophy, & Economics*, 9.
Bruford, W. F. (1975) *The German Traditions of Self-Cultivation：Bildung from Humboldt to Thomas Mann*, Cambridge University Press.
Burrow, J. (1988) *Whigs and Liberals：Continuity and Change in English Political Thought*, Oxford University Press.
Capaldi, N. (1973) "Mill's forgotten Science of Ethology", *Social Theory and Practice*, 2.
―― (1983) "Libertarian Philosophy of John Stuart Mill", *Reason Papers*, no. 9.
―― (2004) *John Stuart Mill：A Biography*, New Orleans：Cambridge University Press.
Card, R. (2010) "Situationist Social Psychology and J. S. Mill's Conception of Character", *Utilitas*, 22.
Carlisle, J. (1991) *John Stuart Mill and the Writing of Character*, Athens：University of Georgia Press.
―― (1998) "Mr. J. Stuart Mill, and the Character of the Working Class", E.Eisenach (ed.) *Mill and the Moral Character of Liberalism*, University Park：Pennsylvania State University Press.
Carlyle, T. (1851) *Life of John Stuart Mill*, London.
Cavenaugh, F. A. (ed.) (1931) *James Mill on Education*, Cambridge University Press.
Claeys, G. (1987) (1) "Justice, Independence, and Industrial Democracy：The Development of John Stuart Mill's Views on Socialism", *Journal of Politics*, 49：1.
―― (1987) (2) *Machinery, Money and the Millennium, From Moral Economy to Socialism, 1815 to 60*, Cambridge：Polity Press,.
Cohn, N. (1962) *The Pursuit of the Millennium*, London：Mercury Books.
Cole, G. D. H. (1953) *Socialist Thought：The Forerunners, 1789-1850*, London：

参考・引用文献

Macmillan.
Coleman, J. (1983) "John Stuart Mill on the French Revolution", *History of Political Thought*, 4.
Collini, S. (1983) "The tendencies of things: John Stuart Mill and the philosophic method", 坂本達哉訳「ものごとの傾向—ジョン・ステュアート・ミルと哲学の方法」、*That Noble Science of Politics -A study in nineteenth century intellectual history*, Cambridge University Press, 永井義雄・坂本達哉・井上義朗訳『かの高貴なる政治の科学』ミネルヴァ書房、2005年。
―― (1991) "From Sectarian Radical to National Possession: John Stuart Mill in English Culture, 1873-1945", *A Cultivated Mind*, (ed.) M. Laine, University of Toronto Press.
Courtney, W. L. (1889) *Life of John Stuart Mill*, London: Scott.
Cowling, M. (1990) *Mill and Lberalism* (2nd ed.), Cambridge University Press.
Crisp, R. (1997) *Mill on Utilitarianism*, London: Routledge.
Cumming (1964) "Mill's History of his Ideas", *Journal of the History of Ideas*, 25.
Davis, E. G. (1985) "Mill, Socialism and the English Romantics: An Introduction", *Economica* 52.
Debout, S. (1978) *L'utopie de Charles Fourier*, Paris: Payot, 今村仁司監訳『フーリエのユートピア』平凡社、1933年。
Demetriou, K. (2009) "Socratic Dialectic and the Exaltation of Individuality: J. S. Mill's Influence on G. Grote's Platonic Interpretation", *Quaderni di Storia*, 69.
Dicey, A. V. (1905, 1920) *Lectures on the Relation between Law and Public Opinion in England: during the 19th Century*, London: Macmillan.
Donner, W. (1991) *The Liberal Self: John Stuart Mill's Moral and Political Philosophy*, New York: Cornell University Press.
―― (2010) "John Stuart Mill and virtue ethics", *John Stuart Mill—Thought and Influence*, Routledge.
―― (2011) "Morality, Virtue, and Aesthetics in Mill's Art of Life, B. Eggleston, D. Miller, and D. Weinstein (eds.), *John Stuart Mill and the Art of Life*, Oxford and New York: Oxford University Press.
Duncan, G. (1973) *Marx and Mill—two views of social conflict and social harmony*, Cambridge University Press.
Edgeworth, F. Y. (1910) "John Stuart Mill", *Dictionary of Political Economy*, (ed.) R. H. I. Palgrave, London.

365

Eggleston, B., Miller, D., Weinstein, D. (eds.) (2011) *John Stuart Mill and the Art of Life*, Oxford and New York : Oxford University Press.

Eisenach, E. (1987) "Mill's Autobiography as Political Theory", *History of Political Thought*, 8.

― (ed.) (1998) *Mill and the Moral Character of Liberalism*, University Park : Pennsylvania State University Press.

Ekeland, R. B. and Tollison, R. D. (1976) "The New Political Economy of John Stuart Mill, The Means to Social Justice", *Canadian Journal of Economics*, 9.

Evans, M., (1989) "John Stuart Mill and Karl Marx, some problems and perspectives", *History of Political Economy*, 21 : 2, Duke University Press.

Feuer, L. S. (1949) "John Stuart Mill and Marxian Socialism", *Journal of History of Ideas*, vol.X.

― (1959) *Marx and Engels : Basic Writings on Politics and Philosophy*, Garden City, NY : Anchor.

― (1976) "John Stuart Mill as a Sociologist : The Unwritten Ethology", *James and John Stuart Mill/Papers of the Centenary Conference*, University of Toronto Press、泉谷周三郎訳「社会科学者としてのJ. S. ミル―書かれざる性格学」『ミル記念論集』木鐸社 1979 年。

Fox Bourne, H. R. (ed.) (1873) *John Stuart Mill : Notices of His Life and Works*, London.

Francis, M. & Morrow, J. (1994) *A History of English Political Thought in the Nineteenth Century*, London : Duckworth.

Fredman, L. E., Gordon, B. L. J. (1967) "John Stuart Mill and Socialism", *Mill News Letter*, vol. 3, no. 1.

Freeden, M. (1978) *The New Liberalism : An Ideology of Social Reform*, Oxford University Press.

Fukuyama, F. (1992) *The end of history and the last man*, New York : Free Press. 渡部昇一訳『歴史の終わり』三笠書房、1992 年。

Garnsey, P. (2007) *Thinking about Property : from antiquity to the age of revolution*, Cambridge University Press.

Glassman, P. J. (1985) *J. S. Mill : The Evolution of a Genius*, Gainesville : University of Florida Press.

Gray, J. (1979) "John Stuart Mill on the Theory of Property", A.Parel and T. Flanagan (eds.) *Theories on Property : Aristotle to the Present*, Waterloo, Ontario : Wilfred Laurier University Press.

―― (1983) *Mill on Liberty : A Defence*, London : Routledge and Kegan Paul.
Gray, J. and Smith, G. W. (eds.) (1991) *John Stuart Mill's On Liberty in Focus*, London : Routledge, 泉谷周三郎・大久保正健訳『ミル自由論再読』木鐸社、2000年。
Haac, O. A. (1995) *The Correspondence of John Stuart Mill and Auguste Compte*, New Brunswick, NJ : Transaction.
Haddad, L. (2004) "J. S. Mill on the Stationary State, Economic Development and Underdevelopment", *Middle East Business and Economic Review*, Vol. 16, No. 2.
Hagberg, K. (1930) *Personalities and powers*, London : John Land at Bodley Head.
Halévy, H. (1928) *The Growth of Philosophic Radicalism*, London : Faber & Faber.
Hall, E. W. (1969) "The "Proof" of Utility in Bentham and Mill" (originally published 1949), *Mill, A Collection of Critical Essays*, (ed.) Schneewind, London : Macmillan.
Halliday, R. J. (1976) *John Stuart Mill*, London : George Allen & Unwin.
Hamburger, J. (1957) "The Writings of John Stuart Mill and His Father James Mill in the Archives of the India Office", *American Philosophical Society Yearbook.*
―― (1965) *Intellectuals in Politics : John Stuart Mill and the Philosophic Radicals*, New Haven : Yale University Press.
―― (1976) "Mill and Tocqueville on Liberty", *James and John Stuart Mill, Papers of the Centenary Conference*, (eds.) Robson and Laine, Toronto and Buffalo, NY : University of Toronto Press.
―― (1999) *John Stuart Mill on Liberty and Control*, Princeton and New York : Princeton University Press.
Hamilton, M. A. (1933) *John Stuart Mill*, London : Hamish Hamilton.
Harris, A. L. (1959) "J.S.Mill on Monopoly and Socialism", *Journal of Political Economy*, Vol.67, Dec. 1959.
Harrison, J. F. C. (1969) *Robert Owen and Owenites in Britain and America; The Quest for the New Moral World*, London : Routledge and Kegan Paul.
Harrison, R. (1965) *Before the Socialist : Studies in Labour and Politics 1861-1881*, London : Routledge & Kegan Paul.
Hausman, D. M. (1984) The Philosophy of economics.
Hayek, F. A. (1951) *John Stuart Mill and Harriet Taylor ; Their Correspondence and Subsequent Marriage*, London : Routledge & Kegan Paul.

― (1952) *The Counter-Revolution of Science: Studies on the abuse of reason*, Glencoe, Free Press, 佐藤茂行訳『科学による反革命：理性の濫用』木鐸社、1979 年。

― (1982) *Law, legislation, and liberty*, 3 vols., Routledge and Kegan Paul.

Hayward, A. (1873) "John Stuart Mill", *The Times*, 10. May.

― (1873) "John Stuart Mill", *Fraser's Magazine*, NS8.

Henderson, J. P. (1986) "Agency or alienation? Smith, Mill, and Marx on the joint-stock company.", *History of Political Economy*, 18：1.

Hicks, J. (1983) "From Classical to Post-Classical, The Work of John Stuart Mill", *Collected Essays on Economic Theory*, Ⅲ, Oxford.

Himmelfarb, G. (ed.) (1962) "John Stuart Mill", *Essays on Politics and Culture*, New York：Doubleday.

― (1965) *The Two Mills, a review of the Principles in the New Leader*.

― (1974) *On Liberty and Liberalism, The Case of John Stuart Mill*, New York：Alfred Knopf.

Hollander, S. (1985) *The Economics of John Stuart Mill*, vol. 1, 2, Oxford：Basil Blackwell.

― (1987) *Classical Economics*, Oxford：Basil Blackwell, 千賀重義・服部正治・渡会勝義訳『古典派経済学・スミス、リカードウ、ミル、マルクス』多賀出版、1991 年。

Hont, Istvan (2005) *Jealousy of Trade*, Harvard University Press, 田中秀夫監訳、大倉正雄・渡辺恵一訳者代表『貿易の嫉妬』昭和堂、2009 年。

Hughes, W. H. (1973) "More on Mill's Socialism", *Mill News Letter*, 5.

Inoue, T, (2014) (ed. & annot.) *J. S. Mill's Journal and Notebooks of a year in France. May 1820-July 1821.* (Historical Archives：Primary Sources from Kwansei Gakuin University, Series 1). 井上琢智編集・解説『J. S. ミル日記　1820 年 5 月-1821 年 7 月』。

Jacobs, J. E, (1998) *The Complete Works of Harriet Taylor Mill*, Indianapolis：Indiana University Press.

Kahan, A. S. (1992) *Aristocratic Liberalism：The Social and Political Thought of Jacob Burckhardt, John Stuart Mill, and Alexis de Tocqueville*, Oxford University Press.

Kahn, L. (ed.) (2012) *Mill on Justice*, London：Palgrave Macmillan.

Kaufman, W.A. (1971) "Wants,Needs, and Liberalism", *Inquiry* X, Ⅳ-3.

Kinzer, B. L., Robson, A. P. & Robson, J. M. (1992) *A Moralist in and out of*

Parliament, John Stuart Mill at Westminster 1865-1868, Toronto, Buffalo, NY, and London : University of Toronto Press.
Kinzer, B. L. (2007) *J. S. Mill Revisited : Biographical and Political Explorations*, New York and Basingstoke : Palgrave Macmillan.
Knights, B. (1978) *The Idea of the Clerisy in the Nineteenth Century*, Cambridge University Press.
Kubitz, O. A. (1932) "Development of John Stuart Mill's *System of Logic*", *Illinois Studies in Social Science*, XVIII.
Kurer, O. (1991) *John Stuart Mill : The Politics of Progress*, New York & London : Garland.
— (1992) "J. S. Mill and Utopian Socialism" *The Economic Record*, 68.
Lange, F. A. (1866) *J. S. Mill's Ansichten ueber die soziale Frage*, Duisburg : Falk & Lange.
Laura de Mattos, V. (2000) "John Stuart Mill, Socialism, and his Liberal Utopia : an Application of his View of Social Institutions", *History of Economic Ideas* VIII, Feb. 2000.
Leader, R. E. (ed.) (1897) *Life and Letters of John Arthur Roebuck : With Chapter of Autobiography*, London & New York : E. Arnold.
Leavis, F. R. (ed.) (1980) *Mill on Bentham and Coleridge*, Cambridge University Press.
Letwin, S. R. (1965) *The Pursuit of Certainty. David Hume, Jeremy Bentham, John Stuart Mill, Beatrice Webb*, Cambridge University Press.
Levi, A.W. (1945) "The Mental Crisis of John Stuart Mill" *Psychoanalytic Review*, Jan. 1945.
— (1951) "The Writing of Mill's Autobiography", *International Journal of Ethics*, July 1951.
Levin, M. (2003) "John Stuart Mill : A Liberal Looks at Utopian Socialism in the years of Revolution 1848-9." *Utopian Studies*, vol. 14-2.
Levy, D. (1980) "Libertarian Communists, Malthusians and J. S. Mill, Who is Both", *Mill News Letter*, XV, Winter.
Levy, M.B. (1981) "Mill's Stationary State and The Transcendance of Liberalism", *Polity*, 14, Winter.
Loizides, A. (ed.) (2014) *Mill's System of Logic : Critical Appraisals*, Routledge Studies in Nineteenth-Century Philosophy, Routledge, UK.
Losman, D. L. (1971) "J. S. Mill on Alternative Economic System", *American*

Journal of Economics and Sociology, 30：1, Jan. 1971.
Lyons, D. (1994) *Rights, Welfare, and Mill's Moral Theory*, New York and Oxford：Oxford University Press.
Marshall, A. (1873) "The Future of the Working Classes", repr. A. Pigou, *Memorials of Alfred Marshall*, London：Macmillan.
McCloskey, H. J. (1971) *John Stuart Mill：A Critical Study*, London：Macmillan.
Marjorie, E. (1977) "John Stuart Mill and Socialism", University Microfilms International.
Mawatari, S., (Review) Hollandar, S. (1989) "The Economics of John Stuart Mill", *History of Political Economy*, 21：2.
― (2005) "Marx and J. S. Mill on socialism", *Marx for the 21st Century*, Uchida (ed.) Abingdon, London：New York：Routledge.
Mazlish, B. (1975) *James and John Stuart Mill：Father and Son in the Nineteenth Century*, New York：Basic Books.
Mendus, S. (1994) "John Stuart Mill and Harriet Taylor on Woman and Marriage", *Utilitas*, 6：2, Nov. 1994.
Miller, D. (2003) "Mill's socialism" *Politics, Philosophy & Economics*, 2.
― (2010) *J. S. Mill, Moral, Social and Political Thought*, Cambridge and Malden Mass：Polity Press.
Mineka, F. E. (1963) "Autography and Lady" *University of Toronto Quarterly*, vol. 32.
Morlan, G. (1936) *America's Heritage from John Stuart Mill*, New York：Columbia University Press.
Mueller, I. W. (1956, reprinted 1968) *John Stuart Mill and French Thought*, Urbana：University of Illinois Press.
Nagel, E. (1950) "Introduction", *John Stuart Mill's Philosophy of Scientific Method*, New York.
Neff, E. (1926) *Carlyle and Mill：An Introduction to Victorian Thought*, New York：Columbia University Press.
Neil de Marchi (1986) "Mill's Unrevised Philosophy of Economics：A Comment on Hausman", *Philosophy of Science*, 53：1, Mar. 1986.
Nozick, R. (1974) *Anarchy, State and Utopia*, New York：Basic Books, 島津格訳『アナーキー・国家・ユートピア―国家の正当性とその限界』木鐸社、1992 年。
Oppenheim, F. (1968) *Moral Principles in Political Philosophy*, New York：Random House.

参考・引用文献

Packe, M. ST. J. (1954) *The Life of John Stuart Mill*, New York: Macmillan.
Panichas, G. E. (1983) "Mill's Flirtation with Socialism", *Southern Journal of Philosophy*, 21.
Pankhurst, R. K. P. (1958) *The Saint Simons, Mill and Carlyle*, London: Sidgwick and Jackson.
Pappe, H. O. (1960) *John Stuart Mill and the Harriet Taylor Myth*, Victoria: Melbourne University Press.
Pigou, A. C. (1937) *Socialism versus Capitalism*, London: Macmillan, , 北野熊喜男訳『社会主義対資本主義』東洋経済新報社、1952年。
Pocock, J. G. A. (1975) *The Machiavelian Moment, Florentine Political Thought and the Atlantic Republican Tradition*, Princeton University Press, 田中秀夫・奥田敬・森岡邦泰訳『マキァヴェリアン・モーメント』名古屋大学出版会、2008年。
Popper, K. (1950) *The Open Society and its Enemies* (4th ed.), Princeton University Press.
— (1957) *The Poverty of Historicism*, London: Routledge & Kegan Paul、久野収・市井三郎訳『歴史主義の貧困—社会科学の方法と実践—』中央公論社、1961年。
— (1962) *The Open Society and its Enemies*, vol. 2, London: Routledge.
Pyle, A. (ed.) (1994) *Liberty. Contemporary Responses to John Stuart Mill*, Bristol: Thoemmes Press.
Qualter, T. H. (1960) "John Stuart Mill, Disciple of Tocqueville", *Western Political Quarterly*, 13.
Randall, J. H. Jr. (1965) "John Stuart Mill and the Working-out of Empiricism", *Journal of History of Ideas*, 26.
Rawls, J. (1971) *A Theory of Justice*, Harvard University Press.
— (1999) *The law of peoples*, Harvard University Press,『万民の法』中山竜一訳、岩波書店、2006年。
Rees, J. C. (1985) *John Stuart Mill's On Liberty*, (ed.) G. L. Williams, Oxford: Clarendon Press.
Reeves, R. (2007) *John Stuart Mill: Victorian Firebrand*, London: Atlantic.
Riley, J. (1989) "Justice Under Capitalism", (eds.) J. Chapman and J. R. Pennock, *Markets and Justice: Nomos* XXXI, New York and London: New York University Press.
— (1996) "Mill's Liberal Utilitarian Assessment of Capitalism Versus Socialism",

371

   Utilitas vol. 8.
— (1998) *Mill on Liberty*, London and New York : Routledge.
— (1998) "Mill's Political Economy : Ricardian Science and Liberal Utilitarian Art", (ed.) J. Skorupski, *The Cambridge Companion to Mill*, Cambridge : Cambridge University Press.
— (2005) "J. S. Mill's Doctrine of Freedom of Expression", *Utilitas*, vol. 17-2, July 2005.
— (2010) "Justice as higher pleasure", *John Stuart Mill—Thought and Influence*, London : Routledge.
Robbins, L. (1966) "Socialism" in the Introduction of Essays on Economics and Society by John Stuart Mill, *CW*Ⅳ.
— (1978, 2nd ed.) *The Theory of Economic Policy in English Classical Political Economy*, London : The Macmillan Press, 市川泰治郎訳『古典派経済学の経済政策理論』東洋経済新報社、1964 年。
Robson, J. M. (1964) "John Stuart Mill and Jeremy Bentham, with Some Observations on James Mill", M.Machure and F. F. Watt (eds.) *Essays in English Literature from the Renaissance to the Victorian Age*, Toronto : University of Toronto Press .
— (1968) *The Improvement of Mankind*, Toronto : University of Toronto Press and London : Routledge & Kegan Paul.
John M. Robson and M. Laine (eds.) (1976), *James and John Stuart Mill, Papers of the Centenary Conference*, Toronto : University of Toronto Press
Roemer, J. E. (1994) *A Future for Socialism*, Harvard University Press, 伊藤誠訳『これからの社会主義―市場社会主義の可能性』青木書店、1997 年。
Rosen, F. (1987)" Bentham and Mill on Liberty and Justice", (ed.) G.Eeaver and F.Rosen, *Lives, Liberties and the Public Goods*, New York : St. Martin's Press.
— (2003) *Classical Utilitarianism from Hume to Mill*, London : Routledge.
— (2010) "Parallel lives in Logic : The Benthams and the Mills", G.Varouxakis and P. Kelly (eds.) *John Stuart Mill—Thought and Influence*, The Saint of Rationalism, London and New York : Routledge.
— (2013) *Mill, Founders of Modern Political and Social Thought*, Oxford, Oxford University Press.
Russell, B. (1969) "John Stuart Mill", *Mill : A Collection of Critical Essays*, (ed.) J.B.Schneewind, London : Macmillan.

Ryan, A. (1970, 87) *The Philosophy of John Stuart Mill*, New York：Pantheon Books, London：Macmillan.
— (1975) *J. S. Mill*, London：Routledge.
— (1984) *Property and Political Theory*, Oxford and New York：B. Blackwell.
— (1987) *Property*, Open University Press, 森村進・桜井徹訳『所有』昭和堂、1993年。
— (2007) "Bureaucracy, Democracy, Liberty：Some Unanswered Questions in Mill's Politics", *J. S. Mill's Political Thought*, Cambridge University Press.
Sarvasy, W. (1985) "A Reconsideration of the Development and Structure of John Stuart Mill's Socialism", *The Western Quarterly*, Vol. 38, No. 2, University of Utah Press.
Scarre, G. (2007) *Mill's On Liberty, A Reader's Guide*, London and New York：Continuum.
Schapiro, A. M. (1949) "Comment to Mill and Marx", *Journal of the Ideas*, vol. 10, Apr. 1949.
— (1956) "Karl Marx und die englischen Trade Unions in der Erste Internationale", übersetzt von S. Bünger, *Sowietwissenschaft, Gesellschaftwissenschaftliche Beiträge*, Berlin：Verlag Kultur und Fortschritt.
Schneewind, J. B. (1976) "Concerning Some Criticisms of Mill's Utilitarianism, 1861-76", *Papers of the Centenary Conference*, University of Toronto Press.
Schofield, P. (2006) *Utility and Democracy-The Political Thought of Jeremy Bentham*, Oxford University Press.
— (2009) *Bentham：A Guide for the Perplexed*, London：Continuum, 川名雄一郎・小畑俊太郎訳『ベンサム―功利主義入門』慶應義塾大学出版会、2013年。
Shoul, B. (1965) "Similarities in the Work of John Stuart Mill and Karl Marx, *Science and Society*, vol. 29, 1965.
Schumpeter, J. A. (1936) "Can Capitalism Survive?", *The Economics and Sociology of Capitalism*, Princeton University Press.
— (1942) *Capitalism, Socialism and Democracy*, New York：Harper & Brothers, 中山伊知郎・東畑精一訳『資本主義・社会主義・民主主義』東洋経済新報社、1995年。
— (1954) *History of Economic Analysis*, London：Georg Allen and Unwin, 東畑精一・福岡正夫訳『経済分析の歴史』（中）、岩波書店、2006年。
Schwartz, P. (1968) "John Stuart Mill and Socialism", *Mill Newsletter*, 4-1, London：

University College of London.
— (1972) *The New Political Economy of John Stuart Mill*, London: Weidenfeld and Nicolson.
Semmel, B. (1984) *John Stuart Mill and Pursuit of Virtue*, New Haven and London: Yale University Press.
Shaw, G. B. (1928) *The Intelligent Woman's Guide to Socialism and Capitalism*, New York: Brentano's, 藤本良造訳『資本主義・社会主義・全体主義・共産主義』角川文庫、1954 年。
Sidgwick, H. (1874) *The Methods of Ethics*, 7th ed., 1907, London: Macmilan.
Skinner, Q. (1978) *The Foundations of Modern Political Thought*, vol.1, Cambridge University Press, 門間都喜郎訳『近代政治思想の基礎』春風社、2009 年。
Skorupski, J. (1989) *John Stuart Mill*, London and New York: Routledge.
— (ed.) (1998) *The Cambridge Companion to John Stuart Mill*, Cambridge: Cambridge University Press.
— (2006) (1) *Why Read Mill Today?*, London: Routledge.
— (2006) (2) "The Place of Utilitarianism in Mill's Philosophy", *The Blackwell Guide to Mill's Utilitarianism*, Oxford: Blackwell Publishing.
— (2010) "Liberalism as free thought", *John Stuart Mill—Thought and Influence*, London: Routledge.
Smart, P. (1991) *Mill and Marx—Individual liberty and the roads to Freedom*, Manchester University Press.
Smith, G. W. (ed.) (1998) *John Stuart Mill's Social and Political Thought: Critical Assessments*, 4 vols. London: Routledge.
Spengler, J. J. (1960) "John Stuart Mill on Economic Development", B. F. Hoselitz (ed.) *Theories of Economic Growth*, New York.
Stafford, W. (1998) *John Stuart Mill*, London: Macmillan .
Stephen, L. (1900) *The English Utilitarians*, London: Duckworth.
Stigler, G. J. (1968) "Mill on Economics and Society", *University of Toronto Quarterly*, 38, Oct.
Stillinger, J. (1961) *The Early Draft of John Stuart Mill's Autography*, "Introduction", Urbana; University of Illinois Press.
Stove, D. (1993) "The Subjection of John Stuart Mill", *Philosophy*, 68.
Strong, E. W. (1955) "William Whewell and John Stuart Mill: Their Controversy About Scientific Knowledge", *Journal of the History of Ideas*, 16.
Su, Huei-chun (2013) *Economic Justice and Liberty: The Social Philosophy in John*

Stuart Mill's Utilitarianism, Routledge, UK.
Talmon, J. L. (1952) *The Origins of Totalitarian Democracy*, London：Secker & Warburg.
— (1960) *Political Messianism, The Romantic Phase*, London：Secker & Warburg.
Taylor, C. (1989) *Sources of the Self : The Making of the Modern Identity*, Cambridge：Harvard University Press, 下川潔、桜井徹、田中智彦訳『自我の源泉』名古屋大学出版会、2010 年。
Taylor, H. (1879) "Preliminary Notice" of Chapters on Socialism, *CWV*/391 頁。
Ten, C. L. (1980) *Mill on Liberty*, Oxford：Clarendon Press.
— (1998) "Democracy, socialism, and the working classes", *The Cambridge Companion to Mill*, (ed.) Skorupski, Cambridge University Press.
Thomas, W. (1979) *The Philosophic Radicals : Nine Studies in Theory and Practice, 1817-1841*, Oxford：Clarendon Press, New York：Oxford University Press.
— (1985) *Mill*, Oxford University Press, 安川隆司、杉山忠平訳『J. S. ミル』雄松堂出版、1987 年。
Tucker, D. F. B. (1980) *Marxism and Individualism*, Oxford：Blackwell.
Turk, C. (1988) *Coleridge and Mill*, Aldershot：Gower.
Urbinati, N. (2002) *Mill on Democracy : From Athenian Polis to Representative Government*, Chicago and London：Chicago University Press.
— (2011) "An Alternative Modernity：Mill on Capitalism and the Quality of Life", *John Stuart Mill and the Art of Life*, New York：Oxford University Press.
Urbaniti, N. and Zakaras, A. (ed.) (2007) *J. S. Mill's Political Thought-A Bicentennial Reassessment*, Cambridge：Cambridge University Press.
Urmson, J. O. (1969) "Interpretation of the Moral Philosophy of J. S. Mill", *Mill : A Collection of Critical Essays*, (ed.) J. B. Schneewind, London：Macmillan.
Van Holthoon, F. L. (1971) *The Road to Utopia, A Study of John Stuart Mill's Social Thought*, Assen：Van Gorcum & Co.
Varouxakis, G. and Kelly, P. (ed.) (2010) *John Stuart Mill—Thought and Influence, The saint of rationalism*, London and New York：Routledge.
Viner, J. (1949) "Bentham and Mill：The Utilitarian Background", *American Economic Review*, 39.
Wallas, G. (1951) *The Life of Fracis Place, 1771-1854*, London：G.Allen & Unwin.

Webb, S. J. (1894) (With Beatrice Webb) *The History of Trade Unionism*, London：New York：Longmans, Green and Co., 荒畑寒村監訳『労働組合運動の歴史』日本労働協会、1973年。
West, E. G. (1965) "Liberty and Education：John Stuart Mill's Dilemma", *Philosophy*, 40.
— (1978) "J. S. Mill's Redistribution Policy：New Political Economy or Old", *Economic Inquiry*, 16, Oct.
West, H. R. (2004) *An Introduction to Mill's Utilitarian Ethics*, Cambridge University Press.
— (2005) (ed.) *The Blackwell Guide to Mill's Utilitarianism*, Oxford：Blackwell.
— (2012) "Mill and Rawls", *Mill on Justice*, London：Palgrave Macmillan.
West, J. (1913) *John Stuart Mill*, (Fabian Tract 168), London：Fabian Society Pamphlet.
Williams, R. (1958) *Culture and Society*, New York：Columbia University Press, 若松繁信・長谷川光昭訳『文化と社会』ミネルヴァ書房、2008年。
Whitaker, J. K. (1975) "John Stuart Mill's Methodology", *Journal of Political Economy*, 83, Oct.
Wilson, F. (1982) "Mill's Proof that Happiness is the Criterion of Morality", *Journal of Business Ethics*, Ⅰ.
— (1990) *Psychological Analysis and the Philosophy of John Stuart Mill*, Toronto, Buffalo, NY, and London：University of Toronto Press.
Winch, P. (1963) *The Idea of a Social Science and its Relation to Philosophy*, London：Routledge and Kegan Paul.
Winch, D. (2009) *Wealth and Life, Essays on the Intellectual History of Political Economy in Britain*, 1848-1914, Cambridge：Cambridge University Press.
Wolfe, W. (1975) *From Radicalism to Socialism. Men and Ideas in the Formation of Fabian Socialist Doctrines*, 1882-1889, London and New Haven：Yale University Press.
Wollheim, R. (1979) "Mill and Isaiah Berlin：The Ends of Life and the Preliminaries of Morality", *The Idea of Freedom：Essays in Honor of Isaiah Berlin*, (ed.) Alan Ryan, Oxford University Press.
Wood, J. C. (ed.) (1987) *John Stuart Mill：Critical Assessment*, London：Croom Helm.
Zimmer, L. B. (1976) "John Stuart Mill and Democracy, 1866-7", *Mill Newsletter*, 11.

Ⅳ. 二次文献（日本語文献）

荒牧正憲（1984）「J. S. ミルの『功利主義』について」九州大学『経済学研究』49-4・6号。
— (1984)「J. S. ミルの『人間の法則』について」広島大学『経済論叢』7-41号。
出口勇蔵（1960）「社会思想史上のジョン・ステュアート・ミル」堀恒夫編『ミル研究』未来社。
— (1968)「ジョン・ステュアート・ミルの経済学方法論」『経済学と歴史意識』ミネルヴァ書房。
深貝保則（1990）「J. S. ミルの経済と倫理―科学・経済人・功利性」『山形大学紀要』21-1。
— (1993)「J. S. ミルの統治と経済―人間性の把握と関連して」平井・深貝編著『市場社会の検証』所収、ミネルヴァ書房。
— (2000)「賃金基金説」『経済思想史辞典』丸善株式会社。
— (2009)「ウェルフェア、社会的正義および有機的ヴィジョン―ブリテン福祉国家の成立前後における概念の多元的諸相」小野塚知二編『自由と公共性』日本経済評論社。
深貝保則・高島和哉・川名雄一郎・小畑俊太郎・板井広明（2007）「ジェレミー・ベンサム：その知的世界への再アプローチ―フィリップ・スコフィールド『功利とデモクラシー』（2006）をめぐって」『横浜国立大学経済学会エコノミア』58-2。
深田弘（1972）『J. S. ミルと市民社会』御茶の水書房。
早坂忠（1968）「J. S. ミルの社会主義論についての一考察」、東大教養学部『社会科学紀要』17。
— (1976)「解説」、『ミル自伝』（1960年）朱牟田夏雄訳所収、岩波書店。
土方直史（1993）『協同思想の形成―前期オウエンの研究』中央大学出版部。
— (2003)『ロバート・オウエン』研究社。
— (2007)「チャーティスト運動」『イギリス哲学・思想事典』日本イギリス哲学会編。
— (2011)「ウィリアム・トンプソンにおける功利主義と経済思想」『功利主義と政策思想の展開』中央大学出版部。
平尾透（1992）『功利性原理』法律文化社。
福原行三（1956）「J. S. ミルの社会主義思想についての一考察」『大阪府立大学紀要』人文・社会科学編第4巻。
池田誠（2009）「ロールズのミル解釈」『イギリス哲学研究』32。
伊藤誠（1995）『市場経済と社会主義』平凡社。

── (1995) *Political Economy for Socialism*, Macmillan.
── (1997) ジョン・E. ローマー『これからの社会主義』「訳者あとがき」青木書店。
稲垣良典 (1979)『トマス・アクィナス』勁草書房。
今村仁司 (1998)「社会主義」『哲学・思想辞典』岩波書店。
泉谷周三郎 (1980)「ハリエット・テイラーとの親交」『J. S. ミル初期著作集』(2)、御茶の水書房。
── (1992)「ミルの功利主義における善と正」『J. S. ミル研究』御茶の水書房。
── (1996)『ヒューム』研究社出版。
── (2002)「J. S. ミルにおける自由原理と個性」『横浜国立大学教育人間科学紀要』3。
── (2007)「功利主義」『イギリス哲学・思想事典』研究社。
── (2013)「J. S. ミルとロマン主義──ワーズワス、コールリッジ、カーライルとの関わり」、有江大介編著『ヴィクトリア時代の思潮と J.S. ミル──文芸・宗教・倫理・経済』、三和書籍。
── (2014)「J. S. ミルとロマン主義」行安茂編『イギリス理想主義の展開と河合栄治郎』世界理想社。
井上琢智 (1974)「J. S. ミルにおける"自由と必然"問題と"生産・分配二分法"問題」『経済学研究』(7) 関西学院大学。
戒能通弘 (2007)「パノプティコン」『イギリス哲学・思想事典』研究社。
鎌田武治 (1968)『古典経済学と初期社会主義』未来社。
── (2000)『市場経済と協働社会思想──イギリス資本主義批判の思想的源流』未来社。
── (2012)「J. S. ミルへの影響」『W. トンプソン富の分配の諸原理 2』京都大学学術出版会。
川名雄一郎 (2012)『社会体の生理学── J. S. ミルと商業社会の科学』、京都大学学術出版会。
小泉仰 (1997)『J. S. ミル』研究社出版。
河野健司編 (1979)『資料フランス初期社会主義──二月革命とその思想』平凡社。
小沼堅司 (1985)「J. S. ミルの 1848 年フランス革命論」、専修大学社会科学研究所『社会科学年報』第 19 号。
前原正美 (1998)『J. S. ミルの政治経済学──ミルの停止状態論と国家』白桃書房。
前原直子 (2011)「J. S. ミルの理想的市民社会論と株式会社論」『経済学史研究』52-2。
── (2013)「J. S. ミルの経済思想における共感と公共性」、『ヴィクトリア時代の思潮と J. S. ミル』三和書籍。
松井名津 (1993)「J. S. ミルにおける雇用関係廃棄論とその労働観」『経済評論』5 月

号。
　──（1994）「労働と陶冶──J. S. ミルのモラルサイエンス」大阪市大『経済学雑誌』95（1-2）：85-105.
　──（2005）「ジョン・ステュアート・ミル」『経済学の古典的世界1』日本経済評論社。
　──（2013）「J. S. ミルの経済学と人間的成長──教育と労働者の自律をめぐって」柳田芳伸、諸泉俊介、近藤真司編『マルサス ミル マーシャル──人間の富の経済思想』昭和堂。
馬渡尚憲（1997）『J. S. ミルの経済学』御茶の水書房。
道盛誠一（1980）「協同組合株式会社」、渡辺佐平編『マルクス金融論の周辺』法政大学出版局。
水田洋（1997）『代議制統治論』「解説」岩波文庫。
　──（2006）『新稿社会思想小史』ミネルヴァ書房。
水野俊誠（2013）「J. S. ミルにおける徳と幸福」、有江大介編著『ヴィクトリア時代の思潮と J. S. ミル──文芸・宗教・倫理・経済』、三和書籍。
森博（1987・88）「サン・シモンの生涯と著作」、『サン・シモン著作集』恒星社厚生閣。
村井久治二（1990）『比較マルクス研究試論──弁証法的方法の問題』、日本評論社。
村岡健次（1999）「ヴィクトリア時代イギリスの光と影」『世界の歴史』22、中央公論新社。
村田和博（2007）「J. S. ミルにおける企業分析とアソシエーション──C. バベッジの所説を手掛かりに」『経済学史研究』49-1。
　──（2010）「J. S. ミルの経営思想──人間性の進歩と企業経営」『19世紀イギリス経営思想史研究』五絃社。
諸泉俊介（2000）「J. S. ミル：市場とアソシエーション」中村・高編著『市場と反市場の経済思想』ミネルヴァ書房。
　──（2013）「J. S. ミルの救貧思想」柳田芳伸、諸泉俊介、近藤真司編『マルサス ミル マーシャル──人間と富の経済思想』昭和堂。
永井義雄（1993）『ロバアト・オウエンと近代社会主義』ミネルヴァ書房。
　──（2003）『ベンサム』研究社。
中川雄一郎（1984）『イギリス協同組合思想史研究』日本経済評論社。
　──（1986）「消費協同組合思想の発展」『協同組合事典』、家の光協会。
　──（2002）『キリスト教社会主義と協同組合──E. V. ニールの協同居住福祉論』日本経済評論社。
野地洋行（1964）「バザールと『サン・シモンの学説・解説』の思想──サン・シモンの思想からの発展を中心として」『近代思想のアンビバレンス』所収、1997年、

379

御茶の水書房。
　　—(1979)「フランス社会主義の諸潮流」、平田清明編『社会思想史』青林書院新社。
野地洋行編著 (1997)『近代思想のアンビバレンス』御茶の水書房。
大久保正健 (1982-4)「ジョン・スチュアート・ミルとサン・シモン学派」『杉野女子
　　大学紀要』19, 20, 21.
　　—(2011)『J. S. ミル、宗教をめぐる三つのエッセイ』「訳者解説」勁草書房。
　　—(2013)「ジョン・スチュアート・ミルと直観主義形而上学」、有江大介編著
　　『ヴィクトリア時代の思潮と J. S. ミル─文芸・宗教・倫理・経済』、三和書籍。
大前朔郎 (1958)『ミル社会主義論』「解説」、関書院。
小黒和子 (2004) コウルリッジ『方法の原理』訳者解説、法政大学出版局。
小田川大典 (2012)「後期ロールズとジョン・スチュアート・ミル─共和主義的転回と
　　の関連において─」『政治思想研究』第12号、政治思想学会編。
小沢佳史 (2013)「停止状態に関する J. S. ミルの展望─アソシエーション論の変遷と
　　理想的な停止状態の実現過程─」、経済理論学会編『季刊経済理論』49-1.
坂本達哉 (1995)『ヒュームの文明社会─勤労・知識・自由─』創文社。
　　—(2007)「共和主義パラダイムにおける古代と近代─アリストテレスからヒュー
　　　ムまで─」『共和主義ルネサンス─現代西欧思想の変貌─』NTT 出版。
　　—(2011)『ヒューム希望の懐疑主義─ある社会科学の誕生』慶應義塾大学出版会。
　　—(2014)『社会思想の歴史─マキャヴェリからロールズまで』名古屋大学出版会。
関嘉彦 (1967)「ベンサムとミルの社会思想」『世界の名著』38、中央公論社。
関口正司 (1989)『自由と陶冶─ J. S. ミルとマス・デモクラシー』みすず書房。
四野宮三郎 (1974)『J. S. ミル体系序説』ミネルヴァ書房。
　　—(1992)「ミルとマルクス─体制変革論の性格─」『J. S. ミル研究』御茶の水書
　　　房。
　　—(2002)『J. S. ミル思想の展開Ⅲ』御茶の水書房。
下條慎一 (1998)「J. S. ミルの労働者教育論」『中央大学研究所年報』第2号。
篠原洋治 (1990)「フーリエの「魅力的労働」論」『現代思想』青土社、4月。
　　—(1997)「ファランジュの建設、あるいはドメスティックな改革」野地洋行編
　　『近代思想のアンビバレンス』御茶の水書房。
島内明文 (2007)「バトラー, J.」『イギリス哲学・思想事典』研究社。
白井厚 (1972)『ウィリアム・ゴドウィン研究』増補版、未来社。
　　—(1986)「協同組合思想の起源」『協同組合事典』家の光事典。
杉原四郎 (1967)『ミルとマルクス』増訂版、ミネルヴァ書房。
　　—(1980)『J. S. ミルと現代』岩波新書。
　　—(1985)『ミル・マルクス・河上肇─経済思想史論集』ミネルヴァ書房。

―(1999)『ミル・マルクス・エンゲルス』世界書院。
―(2003)「J. S. ミルと現代」『杉原四郎著作集Ⅱ』藤原書店。
鈴木芳徳 (1983)『株式会社の経済学説』新評論社。
田上孝一 (2012)「マルクス疎外論の射程―新たな社会主義構想のために―」、社会主義理論学会編『資本主義の限界と社会主義』時潮社。
高草木光一 (1997)「ルイ・ブランのサン・シモン主義批判―能力と家族をめぐって」野地洋行編『近代思想のアンビバレンス』御茶の水書房。
―(2005)「アソシアシオン概念をどう捉えるか」『ロバアト・オウエン協会年報』(30)。
―(2009)「19 世紀フランス社会主義をどう読むか」『三田学会雑誌』102-1.
高島光郎 (1963)「J. S. ミルにおける論理学と経済学」『商学論集』32-1, 2. 福島大学
高橋聡 (1996)「J. S. ミル「社会主義論の検討―私的所有観念の可能性のもつ意味」『中央大学大学院研究年報』第 25 号。
―(1997)「J. S. ミルのアソシエイション論―私的所有の観念の可変の視角から」『論究』第 30 号。
武田信照 (1998)『株式会社像の転回』梓出版社。
竹内洋 (1984)「J. S. ミルの『経済学原理』と「社会主義論」―ひとつの方法論的素描―」『經濟と經濟學』東京都立大学経済学会。
田中正司 (2007)「市民社会」『イギリス哲学・思想事典』研究社。
玉野井芳郎 (1992)「比較経済体制論」『経済学辞典』第 3 版、岩波書店。
柘植尚則 (2002)「商業精神をこえて―J. S. ミルのヴィジョン」、『季刊北海学園経済論集』50-1.
―(2009)「ジョン・ステュアート・ミル」『イギリスのモラリストたち』研究社。
内田弘、沖浦和光、杉原四郎 (1974)「マルクスにおける「自由」概念」『現代の理論』。
矢島杜夫 (1982)『J. S. ミルの社会哲学』論創社。
―(1993)『ミル「論理学体系」の形成』木鐸社。
―(2001)『ミル「自由論」の形成』御茶の水書房。
―(2006)『ミルの「自由論」とロマン主義―J. S. ミルとその周辺』御茶の水書房。
―(2013)「J. S. ミルと S. スマイルズ―ヴィクトリア時代の思潮」有江大介編著『ヴィクトリア時代の思潮と J. S. ミル―文芸・宗教・倫理・経済』三和書籍。
山下重一 (1967)「代議政治論」訳注、『世界の名著』中央公論社。
―(1970)『J. S. ミルの思想形成』小峰書店。
―(1976)『J. S. ミルの政治思想』木鐸社。
―(1977, 1978)「J. S. ミルとフランス 7 月革命」(上)(中)(下)、『国学院法学』15-1, 2, 3.

―(1979)「サン・シモン派との交流」『J. S. ミル初期著作集』(1)、御茶の水書房。
　―(1997)『ジェイムズ・ミル』研究社出版。
　―(1998)「ミルとスターリング」(上)(下)『国学院法学』36-1, 2。
　―(1999, 2000)「J. S. ミルとハリエット・テイラー」(1)-(3)、『国学院法学』37-2-4。
　―(2003)『評註ミル自伝』御茶の水書房。
　―(2009)「J. S. ミルの個性論―『自由論』の研究―」、『国学院法学』47-3。
安井俊一(2003)「J. S. ミルの社会主義論とハリエット・テイラー」『三田学会雑誌』96-1。
　―(2013)「オウエン・トンプソン・J. S. ミル―ヴィクトリア時代のアソシエーション論」有江大介編著『J. S. ミルとヴィクトリア時代の思潮』三和書籍。

人名索引（J. S. ミルを除く）

ア行

アクィナス（Thomas Aquinas）34
アシュリ（William James Ashley）165-168, 226, 266
アリストテレス（Aristotelēs）34, 46, 83, 84, 87, 90, 196, 344
アーレント（Hannah Arendt）60
アンファンタン（B. P. Enfantin）30, 112, 113, 115, 175
泉谷周三郎　33, 89, 182, 215
稲垣良典　34
今村仁司　170
ウィリアムズ（Raymond Williams）174
ヴィルヘルミナ（Wilhelmina Stewart）6, 10, 73
ウィンチ（Donald Winch）245
ウェストン（John Weston）302
ウォーバートン（Henry Warburton）77
エッカリウス（J. George Eccarius）291-302, 309, 346
エヴァンズ（Michael Evans）286, 302, 305
エリス（William Ellis）33, 39
エルヴェシウス（Claude Adrien Helvétius）17, 23, 24, 27
エンゲルス（Friedlich Engels）81, 92, 286, 287
オースティン（John Austin）13, 74, 232, 278
オースティン（Charles Austin）33, 39
オウエン（Robert Owen）（主義）91-112, 133, 134, 151, 174, 175, 209, 210, 257-261, 332, 336, 337
オコンネル（Daniel O'Connel）77
オジャー（George Oddger）291, 302, 309
大久保正健　123, 262, 279, 314

小黒和子　78, 79

カ行

カーライル（Thomas Carlyle）46, 47, 77, 78, 125, 137, 316, 329
戒能通弘　76
カウツキィ（Karl Johann Kautsky）284
カバニス（Pierre J. G. Cabanis）24
カベ（Étienne Cabet）151, 210
鎌田武治　100, 108
川名雄一郎　80
カント（Immanuel Kant）19, 22, 23, 56, 58, 79
カンバーランド（Richard Cumberland）77
ギゾー
　（François Pierre Guillaume Guizot）232, 236, 322
ギボン（Edward Gibbon）12
キャパルディ（Nicholas Capaldi）v, 10, 26, 47, 54, 57, 125, 168, 175, 177, 227
キューラー（Oskar Kurer）226, 236-239
グレイアム（George J. Graham）33, 39, 64
クレイズ（Gregory Claeys）93, 101, 174, 227, 242
グロウト（George Grote）13, 33, 39, 74, 77, 177
ゲイ（John Gay）77
ゲーテ（Johann Wolfgang von Goethe）54, 57, 114, 115, 313, 316
小泉仰　5, 8, 64
コウルリッジ（Samuel Taylor Coleridge）51, 53-57, 78, 79, 90, 125, 316
ゴドウィン（William Godwin）90
コリーニ（Stefan Collini）82, 232, 233, 278, 318, 319

383

ゴールト（John Galt）39
コンシデラン（Victor P. Considerant）162, 177, 208, 257-259
コンディヤク（Etienne B.de Condillac）18-20, 27
コント（Auguste Comte）50, 121, 124-134, 150, 196, 202, 314-319, 324, 346

サ行

坂本達哉　87, 88
サン・シモン（Claude-Henri de Saint-Simon）（派、主義）30, 112-134, 152, 173, 175, 176, 206-209, 222, 259, 260, 337, 346
シーニア（Nassau William Senior）294, 303
ジェイ（John Jay）204, 278
ジェイコブズ（Jo Ellen Jacobs）iv, 66-71, 157, 171, 188
ウィリアム・ジェイムズ（William James）58
シジウィック（Henry Sidgwick）245
ジスケ（Gisquet）158
シスモンディ（Jean C. L. Sismondi）294, 296
四野宮三郎　176, 179, 222, 226
島内明文　74
シャピロ（A. M. Schapiro）291
シャフツベリ（Anthony Ashley Cooper 3rd Earl of Shaftesbury）77, 86
シュヴァルツ（Pedro Schwartz）69, 167, 168, 237
シュンペーター
　　（Joseph Alois Schumpeter）iii, v, 166, 167, 179, 225-241, 283, 284, 346, 347
シュペングラー（Oswald Spengler）324
杉原四郎　168, 179, 181, 249-253
スコフィールド（Phillip Schofield）36, 196

スコラプスキー（John Skorupski）46, 57, 58, 214, 320
鈴木芳徳　222, 223
スターリング（John Sterling）114, 175, 316
スティリンガー（Jack Stillinger）68, 182
ステュアート（Dugald Stewart）5, 32
ステュアート卿（Sir John Stewart）5, 9, 10
ストラット（Edward Strutt）77
スペンサー（Herbert Spencer）232
スマート（Paul Smart）285, 307, 308, 313, 318, 322, 324
スミス（Adam Smith）87, 88, 154, 221, 293, 302, 338
スレイニー（R, A. Slaney）219-221, 280
セー（Jean Baptiste Say）30, 289, 294, 302
関嘉彦　35, 323
ゼトベア（Adolf Soetbeer）205
ソクラテス（Sōkratēs）14, 21, 53, 79

タ行

ダイシィ（Albert V. Dicey）54, 313
ダーウィン（Charles Robert Darwin）24, 125, 233, 279
ダーウィン（Erasmus Darwin）24
高草木光一　143, 177, 218
高島光郎　236, 316
高橋聡　223, 249
武田信照　222, 223, 226, 280
竹内洋　236, 246, 247
玉野井芳郎　249
タルマン（Jacob L. Talmon）285
ダンカン（Graeme Campbell Duncan）180, 306, 322
チャドウィック（Edwin Chadwick）303
チャーマーズ（Thomas Chalmers）294

ティエリー（Augustin Thierry）112, 121
ジョン・テイラー（John Taylor）63, 64, 67
ハーバート・テイラー（Herbert Taylor）66
アルガノン・テイラー（Algernon）66
デシュタル（Gustave D'Eichthal）90, 113, 126, 173
デュポン（Paul Dupont）158
デュモン（Pier É L. Dumont）31, 43, 76, 77
テン（Chin Liew Ten）183, 245
トインビー（Arnold J. Toynbee）324
トゥーク（William Eyton Tooke）33, 39
トゥーク（Thomas Tooke）41
トゥランジャン（François E. Toulangeon）76
トクヴィル（Alexis de Tocqueville）15, 59-61, 153, 198, 218, 270, 329, 350
トマス（William Thomas）33
トンプソン（William Thompson）v, 91-112, 141, 158, 174, 175, 260, 261, 329

ナ行

ナイト（Charles Knight）108
ニューマン（Francis William Newman）144-149, 176, 330
ニューマン（John Henry Newman）144, 176
永井義雄　34, 77, 89, 93, 94
中川雄一郎　174, 175
ネイピア（Macvey Napier）135
野地洋行　121, 122

ハ行

ハグバーグ（Knut Hagberg）68
バークリ（George Berkeley）32

ハートリ（David Hartley）17-20, 22, 26, 27, 38, 75
ハイエク（Friedrich August von Hayek）182, 183,193, 230
バウム（Bruce Baum）223
バクーニン（Mikhail A. Bakunin）73, 161, 210, 260
バザール（Saint-Amand Bazard）30, 113, 175
ハーシェル（John F. W. Herschel）56, 196
バーデット（Francis Burdett）33
ハチスン（Francis Hutcheson）77, 86-88
パック（Michael St, John Packe）7, 65, 182, 183
パップ（H. O. Pappe）69, 70, 171, 182, 205, 245, 309, 322
バトラー（Joseph Butler）74, 77
バベイジ（Babbage）160
ハミルトン（William Hamilton）56, 79, 80
早坂忠　65, 66, 256, 257
ハリエット（Harriet Taylor Mill）iii, 4, 9, 16, 61-73, 155-160, 165, 179-193, 340
母ハリエット、ハリエット・バロウ（Harriet Burrow Mill）5-9, 65
ハリソン（Frederick Harrison）291, 302
バーリン（Isaiah Berlin）i, ii, 57, 324, 325
ピーコック（Thomas L.Peacock）44
ビーズリィ（Beesly）302
ピール（Robert Peel）41
土方直史　94, 101, 102, 109, 141, 174
ヒューエル（William Whewell）56, 196
ヒューム（David Hume）5, 12, 87-89
ヒューム（Joseph Hume）13, 33, 41, 74, 77
ヒンメルファルプ（Gertrude Himmelfarb）68, 183
フーグレ（Feugueray）158

385

ファーガスン（Adam Ferguson）5
フィヒテ（Johann Gottlieb Fichte）v, 113, 115
フォイア（Lewis S. Feuer）232-234, 317-319
フォクス（William J.Fox）64
フォーブズ卿（Sir William Forbes）10
深貝保則　195, 223
福原行三　226
ブラー（Charles Buller）77
ブラックストン（William Blackstone）34
ブラウン（Thomas Brown）32
プラトン（Platōn）9, 14, 21, 22, 51, 78, 79, 82-84, 90, 151, 327
ブリス（W.D.P.Bliss）166, 226
プリーストリ（Joseph Priestley）77
ブルーアム（Henry Peter Brougham）142-144, 176, 310, 330
プルードン（Pierre Joseph Proudhon）161, 162, 189, 260
フーリエ（François-Marie-Charles Fourier）（主義）134, 146, 147, 152, 206-209, 216, 259-265, 272-274, 337, 339
プレイス（Francis Place）12, 13, 33
フンボルト（Karl Wilhelm, Baron von Humboldt）57, 58
ベア（Max Beer）iii, 95
ベイコン（Francis Bacon）78, 323
ペイリィ（William Paley）77
ベイン（Alexander Bain）5, 7, 43, 63, 64, 150, 167, 182, 192, 226
ベスター（Arthur E.Bester）174
ベッカリア（Cesare Bonesana Beccaria）34, 77
ヘーゲル（Georg W. F. Hegel）215, 232, 307, 308, 312, 324, 346, 349
ヘルダー（Johann G. Herder）324
ヘルプス（Arthur Helps）135-137, 155, 176, 333

ベルンシュタイン（Eduard Bernstein）225, 284
ヘレン（Helen Taylor）4, 66, 161, 176, 225, 255, 256
ベンサム（Jeremy Bentham）（主義）ii, 9, 11, 31-41, 50-58, 73, 103, 115, 120, 196, 197, 274, 307, 313, 322, 323, 335, 346
ベンサム（Samuel Bentham）28, 76
ヘンダーソン（J. P. Henderson）223
ホジスキン（Thomas Hodgskin）98
ボーチャード（Ruth Borchard）iv, 6, 9, 65, 172, 182, 183
ポッパー（Karl Popper）236, 279, 280, 323, 324
ホッブズ（Thomas Hobbes）22, 85
ホランダー（Samuel Hollander）163, 167, 168, 180, 181, 195, 205, 227, 231
ホリオーク（George Jacob Holyoake）159, 174, 176

マ行

前原直子　180, 222
前原正美　180, 223, 247, 248
マカロック（John R. MacCulloch）41
マコーリ（Thomas Babington Macaulay）199
松井名津　195, 223, 262
マルクス（Karl Marx）（派、主義）215, 232, 235, 236, 249-252, 284-303, 305-325, 344-346, 350
マルサス（Thomas Robert Malthus）38, 136, 212, 213, 263, 294, 296-299, 303
マルモンテル（Jean-François Marmontel）42, 44, 45
馬渡尚憲　v, 179, 195, 229, 236, 252, 253, 276, 305
マンデヴィル（Bernard Mandeville）86

水田洋　86, 114, 115, 174
ミネカ（Francis E. Mineka）68, 182
ミニュエ（F, A, Mignet）76
ミラー（Dale E. Miller）226, 242
父ミル、ジェイムズ（James Mill）ii, 5-28, 38-50, 72-76, 89, 97, 199, 294, 328, 329
村岡健次　4, 81
村田和博　222, 223
メイン（Henry J.S.Maine）233, 278, 279
モア（Thomas T.More）85
モリス（John Frederick D.Maurice）50, 316
モウルズワス（William Molesworth）33, 77
モンテスキュー（Charles-Louis de Secondat Montesquieu）119

ヤ行

ヤング（Arthur Young）140, 296
矢島杜夫　176, 183, 279
山下重一　iv, 6, 11, 14, 28, 32, 49, 58, 61, 76, 78, 115, 123, 126, 136, 173, 175, 176, 183, 185, 190, 199, 214, 230

ラ行

ライアン（Alan Ryan）i, ii, 83, 195, 226, 307
ライリ（Jonathan Riley）166, 226, 239-242, 274
ラウ（Karl D. Heinrich Rau）205
ラファイエット（La Fayette）30
リカード（David Ricardo）13, 38, 41, 74, 107, 232, 278, 289, 303

リード（Thomas Reid）5, 19, 22, 23, 56, 80
ルイ・フィリップ（Luis Phillip）30
ルイ・ブラン（Jean Joseph Luis Blanc）111, 143, 144, 150-152, 177, 210, 257-265, 310
ルクレール（M. Leclaire）139-141, 158, 184, 216, 217, 333
ルソー（Jean-Jacques Rousseau）84-90, 119, 327
レスバーグ（Jonathan Loesberg）68
レヴィン（Michael Levin）242
ロウバック（John A. Roebuck）33, 39, 44, 48, 49, 78
ローゼン（Frederick Rosen）174, 243-245
ローマー（John E. Roemer）240, 241
ロールズ（John B. Rawls）172
ロック（John Locke）20, 26, 55, 75, 86, 87, 327
ロドリーグ（Olinde Rodrigues）112, 173, 175
ロバートスン（William Robertson）12
ロビンズ（Lionel C. Robbins）136, 149, 157, 161, 166, 167, 169, 172, 226, 227, 230, 231, 237, 281-283 , 347
ロブソン（Jack Robson）64, 70, 71, 182, 195
ローラ・ドゥ・マットス（Laura Valladão de Mattos）242, 243

ワ行

ワーズワス（William Wordsworth）48, 50, 78, 79, 125, 154, 296

著者紹介

安井俊一（やすい・しゅんいち）

1936 年	茨城県結城市の酒造家に生まれる。
1961 年	慶應義塾大学大学院経済学研究科修士課程修了。
同　年	東洋レーヨン（現東レ）株式会社入社。経済調査、輸出販売、海外事業、フランクフルト大学留学、国際財務、シンガポール勤務、東レグラサル（現東レ ACU）役員を歴任。
2004 年	慶應義塾大学大学院経済学研究科後期博士課程修了。
同　年	大月市立大月短期大学非常勤講師。
論　文	「J. S. ミルとハリエット・テイラー」『三田学会雑誌』96-1、2003 年。「オウエン・トンプソン・J. S. ミル－ヴィクトリア時代のアソシエーション論」有江大介編著『J. S. ミルとヴィクトリア時代の思潮』三和書籍、2013 年。
趣　味	囲碁とテニス。

J. S. ミルの社会主義論──体制論の倫理と科学

2014年10月10日　第1版第1刷発行

著　者──安井俊一

発行者──橋本盛作

発行所──株式会社　御茶の水書房
　　　〒113-0033　東京都文京区本郷5-30-20
　　　　　　　　電話　03-5684-0751

Printed in Japan

組版・印刷・製本──シナノ印刷（株）

ISBN978-4-275-01082-7 C3012

J・S・ミル初期著作集（全四巻）	杉原四郎 編	A5判 各三三〇頁 揃価一七〇〇〇円
評註 ミル自伝	山下重一 著	A5判・四六〇頁 価格 七四〇〇円
J・S・ミル評伝	A・ベイン 著 山下・矢島 訳註	A5判・二五〇頁 価格 四五〇〇円
J・S・ミルとジャマイカ事件	山下重一 著	A5変・二二〇頁 価格 二八〇〇円
英学史の旅	山下重一 著	A5変・二三〇頁 価格 二四〇〇円
J・S・ミル思想の展開（Ⅰ）（Ⅱ）（Ⅲ）	四野宮三郎 著	四六判 各二八〇頁 価格 各三〇〇〇円
近代思想のアンビバレンス	野地洋行 編著	A5判・三七六頁 価格 六〇〇〇円
J・S・ミルの経済学	馬渡尚憲 著	A5判・五一六頁 価格 五二〇〇円
経済学の生誕と『法学講義』——アダム・スミスの行政原理論研究	田中正司 著	A5判・二五〇頁 価格 二八〇〇円
民主主義と「知の支配」	矢島杜夫 著	菊判・一一四〇頁 価格 一五〇〇〇円
ミルの『自由論』とロマン主義——J・S・ミルとその周辺	矢島杜夫 著	菊判・三七〇頁 価格 六六〇〇円

御茶の水書房
（価格は消費税抜き）